U0907849

瑜伽　冥想

YOGA AND MEDITATION BOOK

瑜伽与冥想大全

美梓　编著

北京联合出版公司
Beijing United Publishing Co.,Ltd.

图书在版编目（CIP）数据

瑜伽与冥想大全 / 美梓编著 . -- 北京 : 北京联合出版公司 , 2014.12
（2022.1 重印）

ISBN 978-7-5502-2969-3

Ⅰ . ①瑜… Ⅱ . ①美… Ⅲ . ①瑜伽—基本知识 Ⅳ . ① R247.4

中国版本图书馆 CIP 数据核字 (2014) 第 284463 号

瑜伽与冥想大全

编　　著：美　梓
责任编辑：王　巍
封面设计：彼　岸
责任校对：赵宏波
美术编辑：盛小云

出　　版：北京联合出版公司
地　　址：北京市西城区德外大街 83 号楼 9 层　100088
经　　销：新华书店
印　　刷：德富泰（唐山）印务有限公司
开　　本：720mm × 1020mm　1/16　印张：31　字数：620 千字
版　　次：2014 年 12 月第 1 版　2022 年 1 月第 13 次印刷
书　　号：ISBN 978-7-5502-2969-3
定　　价：75.00 元

本书若有质量问题，请与本公司图书销售中心联系调换。
电话：（010）88893001　82062656

前言

瑜伽起源于5000多年前的印度，原本是印度僧人的一种修行方法，如今已成为风靡全球的健身方式。瑜伽（YOGA）一词意为“一致”、“结合”、“和谐”，它是一个运用古老而易于掌握的技巧来提升意识，帮助人类充分发挥潜能的体系。瑜伽姿势练习需要配合规律的呼吸和意识的集中，因此它有助于改善人们生理、心理、情感和精神方面的能力，是一种达到身体、心灵与精神和谐统一的，既修身又养性的锻炼方式。

瑜伽是一种将姿势、呼吸技巧和冥想结合起来的修习方法，经常练习不但可增强体力，锻炼身体的柔韧性和平衡性，塑身美体，还能改善身体各大器官的功能，甚至收获防病治病、延缓衰老、增长寿命的功效。瑜伽有很多分支，其中最经典的便是哈他瑜伽、阿斯汤加瑜伽和艾扬格瑜伽，这三种分支各有其独特的锻炼益处。哈他瑜伽还分为许多流派，有些流派注重身体塑形训练，有些流派注重心灵训练。阿斯汤加瑜伽是一种与呼吸同步的运动，是所有分支中最讲究体力的，注重力量、柔韧性和元气三者的同等重要性。艾扬格瑜伽旨在放慢并加深呼吸，促使能量在全身自由流动，使身体感到愉悦，让精神得到彻底的休息和放松。

瑜伽还能够与普拉提或健身球相结合而形成另外两种训练体系，普拉提能够使瑜伽更有力量，更具稳定性，而在普拉提中融入瑜伽则有利于身体的放松并协助呼吸。利用健身球练习瑜伽则不但能增加瑜伽练习的趣味性和美感，还能帮助你轻松练习较高难度的瑜伽体位，从而达到强化身体肌肉和骨骼力量，提升身体机能的作用。

冥想是瑜伽练习一个非常重要的方面，属于精神层面的修习，用于调心，它能够帮助我们集中注意力，平静心神，改善情绪，消除内心障碍，缓解压力，消除因压力带来的不良影响如偏头痛、神经衰弱等。《瑜伽经》中则说：“冥想是练习瑜伽的终极目的，通过冥想训练，帮助深陷重重压力之下的现代人释压，定心，重获身心自由，找寻到爱、快乐和幸福的真谛。”现代人把冥想当作一种心灵养生术，其本质是一种想象性的心理治疗方法，通过集中的观想一个对象，而使人心智专注，并通过积极的想象，将健康、开放的意识注入我们的精神之中。

若想实现身、心、灵的全面发展，练习者必须了解瑜伽的体式、理论、流派特点和冥想方法，将所有练习融会贯通，才能体会到瑜伽的本质，收获瑜伽带来的巨大益处。《瑜伽与冥想大全》是为了使读者全面了解瑜伽，涵盖了瑜伽的方方面面，系统介绍了瑜伽的历史和发展，瑜伽的体位法、呼吸法、凝视法、冥想法，全面收录哈他瑜伽、阿斯汤加瑜伽和艾扬格瑜伽三大分支的练习套路，将普拉提和健身球与瑜伽相结合，形成两种全新的锻炼体系，使读者获得更好的练习益处，传授利用瑜伽来防病治病的练习方法，详细阐释冥想的原理、准备工作、坐姿、各种练习方式和功效，印度瑜伽大师帕坦迦利的冥想体系，脉轮的重要理论及修炼脉轮给人体带来的巨大益处，使读者达到身心俱修、超越自我的境界。

本书从瑜伽的历史到分支流派，从瑜伽的基本体位法到呼吸法、凝视法，再到更高层次的冥想法，以及瑜伽治病的原理，都进行了详尽的介绍，各个层次的人都能在其中找到适合自己的练习，是一部真正意义上的瑜伽与冥想大全。

目录

第1篇 瑜伽

第一章 瑜伽基本知识

第二章 瑜伽基本体式

第一节 科学习练瑜伽

第二节 站姿体式

第3篇 瑜伽疗法

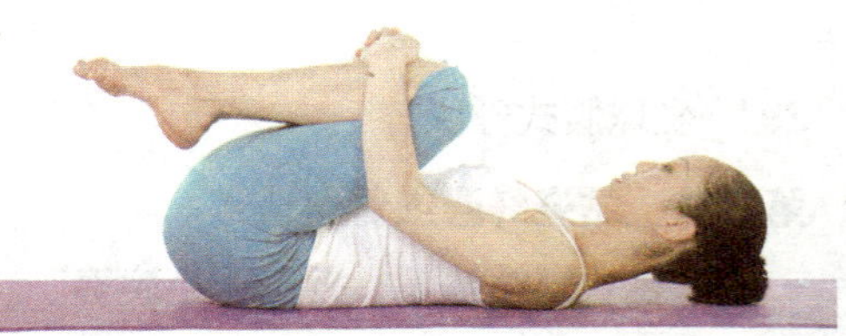

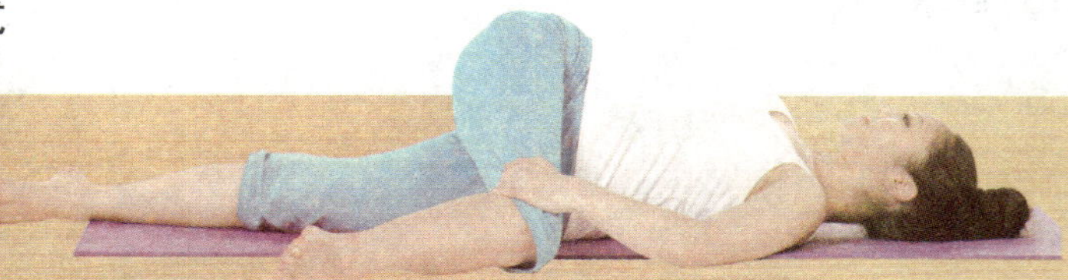

第4篇 瑜伽和冥想

第1篇
瑜伽

瑜伽是一门现实哲学，而不是宗教信仰，不需要练习者对某个特定的信念理论体系忠贞不贰。“瑜伽”(yoga)这个词来自梵语“yug”，意思是加入、连接或结合。这是一种传统的印度哲学，以身心结合获取健康和幸福意识（古代印度人相信天人合一，他们将瑜伽修炼方法融入日常生活，奉行不渝）。这种肉体与心灵的紧密联系和高度统一，与个人意识的关系更为密切。

第一章

瑜伽基本知识

什么是瑜伽

瑜伽是人类对真实本性及深层自我的一种追求。有史以来，人类就在不断地超越自我。诸如“我是谁”“我为什么在这里？”之类的问题已经使人类的精神追求穿越千年。每个人的内心都有深层次的渴望，渴望接触更强大的力量，渴望找到归属感和生命的意义，而在这些渴望的中心是超越文化和时代的人类对幸福的基本追求，每个人都想找到它。

追求幸福并不是要得到某些身外之物，而是要发现我们的真实本性。瑜伽的首要的目的是要唤起我们的深层意识和探寻存在的本质。瑜伽之旅就是发现我们存在的本质的内在修习。瑜伽的要旨和其内在精髓的本质就是幸福或喜乐（ananda），每个人内心对幸福的追求其实就是对我们自己的真实本质的探索。

印度人一直在不断追求对人类自身条件的超越，他们的执着和创造性是其他任何国家的人都无法比拟的。在这个国家，有一系列的精神信念及练习方法用来帮助修习者达到更高的觉悟水平。瑜伽已渗入到丰富的印度文化之中，和很多其他同源的精神修习一起不断发展。作为一门古老的科学，它旨在帮助我们在内在修习上达到一个更高水平。

虽然瑜伽艺术通常与印度教相连，但它并不是宗教。宗教强调人生的信仰结构，强调人与神的关系；而瑜伽则通过直接感受我们内在的“神性”来揭示我们深层次的本质。我们不需要虔诚地修习瑜伽，瑜伽也不排除任何虔诚的修习。练习瑜伽只是为了让我们更好地认识自己，认识我们与宇宙的关系。

瑜伽是梵文的译音，意思是和谐、统一、相应、结合，强调灵与肉、意识与行为的统一。大部分西方人认识的瑜伽是一系列的姿势练习，它们能使人的身体更强壮、更灵活。这种瑜伽实际上就是哈他瑜伽（Hatha Yoga），但它又不仅仅只是一些姿势练习。梵语hatha是ha（日）和tha（月）的组合，是一对矛盾体的统一，太阳代表热烈、阳刚、进取；而月亮代表冷静、阴柔、屈从。哈他瑜伽旨在使练习者同时在心灵、思想和身体中将这三对矛盾体加以融合，以帮助我们发现我们存在的本质。阿努萨拉瑜伽流派的创始人约翰·弗兰德认为这些矛盾体是通向神恩的石阶。它们是精神属性，比如进取和屈从、勇气和自足、寂静和嬉闹；它们也是物质属性，比如软和硬、热和冷、稳固和流动。实际上，瑜伽就是将明显对立的事物融合为一个和谐的整体，以达到平衡的境界。

这种和谐、平衡的境界是我们通往一个全新世界的道路，在那里，我们将会对我们的能力和人生的可能性有很多奇妙的新发现。这种境界也是我们通往内心世界的道路。当我们踏上这条道路时，我们不会孤单，我们会看到很多先辈们留下的足迹，指引我们前进的方向。我们会发现自己仿佛身处在一条历史长河中，这条长河夹带着几世纪以来无数精神追求者的希望和梦想，推动着我们沿着我们的精神之旅不断前进。通过踏上通往精神世界的道路，瑜伽修习者也更加接近了自己内在的幸福。

瑜伽的起源

早期的瑜伽（Yoga）是一种内省和冥想练习，主要用于祭祀仪式。它最早出现在印度教古老的《吠陀经》（一部由4章组成的最古老、最宝贵的印度教经文）里。在《吠陀经》里，yoga第一次出现，这便是瑜伽的起源，然而，在当时，瑜伽还没有形成系统。

瑜伽修行者进行水浴的场景。

许多学者认为《吠陀经》是由使用梵语的人们创作的，他们于公元前1800至前1500年来到印度河流域，也就是现在的印度。现在我们还不清楚这些自称为雅利安人（Arya）的人，是以何种方式将当时流行的文化吸收进他们自己的文化中，从而创造出最初的瑜伽。

“吠陀”的意思是“知识”、“智慧”，最初是4章。之后又增加了《梵书》（公元前1000至前800年）和《森林书》（公元前800年）两章。

在后吠陀时代（公元前600至前550年），随着《奥义书》的出现，瑜伽思想有了质的飞越。《奥义书》详细说明了瑜伽的发展之路，数世纪以来，它一直是所有瑜伽教义的最初根源。

在《奥义书》创作的同时或稍后，印度圣哲帕坦伽利的《瑜伽经》也在编纂中。“经”的梵文是Sutras，它是由“su（线）”和“tra（超越）”组成的，意为经书是将老师、教学方法和学生联系在一起的线，能够帮助学生获得超越。《瑜伽经》将瑜伽的智慧融入到简洁的语句中，就像谚语一样朗朗上口，便于记忆，这使得它一直流传至今。帕坦伽利的《瑜伽经》是现代经典瑜伽系统的奠基石，这将在下面做详细的介绍。

瑜伽的流派

如同宗教有很多不同的哲学体系和经书教义一样，瑜伽也有不同的哲学体系。因此，经过几个世纪的发展，现存的瑜伽形成了不同的流派。毫无疑问，思想及情感各不相同的人们都能在瑜伽王国中找到适合自己的提升精神、完善自我的途径。正所谓“条条大路通罗马”，所有的流派都有一个共同的目标。许多人发现，随着他们生命进程的不断推进，会有不同的瑜伽流派适合他们不同时期的精神需要。其实，最吸引你的就是最适合你的。

印度历史上有很多公认的瑜伽流派，其中有六大流派最为突出。

至尊瑜伽（Bhakti yoga），是强调对神的热爱的瑜伽，它强调神圣的爱敞开心扉，强调神和瑜伽修习者的结合。这种热爱通常以歌曲或赞美诗的形式来表达。至尊瑜伽修习者还经常入迷地重复神的名字。

智慧瑜伽（Jnana yoga），“jnana”是“知识”的意思。这派瑜伽倡导通过分辨真实与虚幻的修习获得自我认识。它是区别本性和超我的修习，直到真我得到认识，得到自由。这是严格的一元论（吠檀多非二元哲学），需要修习者将真实从虚幻中分离出来，将本我从非本我中分离出来。它的基本技巧是冥想、沉思。

实践瑜伽（Karma yoga），“karma”是“行动”的意思。实践瑜伽是不计个人得失，将所有的行动都奉献给神的瑜伽流派。为他人服务，也就是无私地为神服务。甘地就是实践瑜伽的修习者。

王瑜伽（Raja yoga），“Raja”就是“王”的意思。它试图展示掩盖在我们日常行动和思想活动中的王气，王瑜伽是古老的瑜伽流派，常与帕坦伽利的经典瑜伽——阿斯汤加瑜伽联系在一起。对王瑜伽修习者来说，《瑜伽经》是一个人现实经历的指导。

梵咒瑜伽（Mantra yoga），它是声音瑜伽。“Mantra”的词根是“man（思考）”，后缀“tra”的意思是“表达工具”。“Mantra”的意思就是用声音表达思考，即梵咒。梵咒是充满神力的神圣的声音。修习者利用梵咒达到冥想的更高境界，意识的更深层次。他们认为梵咒表达了神性的某些方面，从而有助于唤醒某些意识。例如，献给扫清障碍的象鼻神（Ganesha）的梵咒，就用来帮助唤醒我们克服困难的力量。公认的最著名的梵咒是“奥姆（OM）”。

哈他瑜伽（Hatha yoga）又称力量瑜伽。哈他瑜伽有许多流派，它们扎根于不同的哲学传统。哈他瑜伽的诸多风格在西方都广为流行，有些流派注重具体的身体塑形训练，有些流派注重心灵训练。你可以在有空调的房间里练习，也可以在温度为38℃的场地练习。哈他瑜伽有多种变化，总会有令你满意的选择。

帕坦伽利的雕像

灵体、灵轮与灵量

瑜伽练习不仅作用于我们身体的物质层次，它要高于这个层次。对瑜伽修习者来说，肉体层是能量层（灵体）的表现、反映。灵体有自己的系统，它是由7个主要的灵轮（chakra，意为“能量中心”）组成的，这些灵轮沿着从脊柱底部直通头顶的能量经络（nadi）依次向上排列，这条经络叫作中脉（sushumma）。中脉是灵体中灵量（kundalini，生命力）的主要通道。而七大灵轮就位于中脉与其他能量经络的交汇点上，即人体脊柱上各神经丛。经典瑜伽的目标就是唤醒沉睡在脊柱底部的灵量，使之上升至头顶最高的能量中心——顶轮。而密宗的方法是激起人们对已经被唤醒的灵量的意识，那些能达到并保持这种境界的瑜伽修习者就被认为是获得了觉悟。

灵体中大约有72000条经络，其中有3条主要的经脉，即中脉、左脉和右脉。左脉（ida）又称阴脉或月亮脉，它像月亮一样冷静、柔和、沉着、敏感。右脉（pingala）又称

灵轮

图中显示 7 个灵轮处在一条线上，贯穿脊柱。传统上每一个灵轮与一种颜色相联。

“底轮”（muladhara）主生存；

“腹轮”（svadisthana）与我们在社会中的角色相关；

“脐轮”（manipura）与能量和自尊相关；

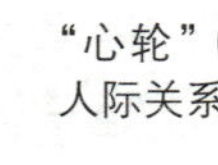

“心轮”（anahata）主人际关系；

“喉轮”（vishuddhi）主交流；

“额轮”（ajna，也称为天目）主直觉；

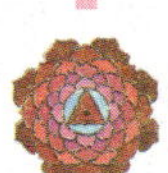

“顶轮”（sahasrara）主精神领悟。

阳脉或太阳脉，它像太阳一样热情、活跃、有力。左脉和右脉中能量流的平衡控制着身体的冷热感受。左右二脉源于位于脊柱底部的中脉，它们与底轮（muladhara）是对应的，并沿着中脉与其他 6 个灵轮交错而上。

7 个灵轮从身体前面看就像一朵莲花。灵量在灵体中流动，使 7 个灵轮旋转。灵体的健康取决于灵轮旋转的速度。如果灵轮旋转得过慢、过弱或者过快，能量流就会受到影响，系统就会失衡，进而产生各种身心疾病。

每个灵轮在身体上都有一个相应的位置，与我们的身体、情绪、精神特质相关。此外，每个灵轮与人们身体和精神上的感受也是相关的。例如，如果一个小孩被父母爱着，疼着，他就会有一种有益于健康的安全感，这样，与他的安全感相关的底轮的功能就会得到强化。

灵轮可以作为瑜伽练习者的能量健康监视器。通过哈他瑜伽的身体姿势的练习，身体每个部分的健康、意识和能量流都能得到强化。如果我们身体某一部分的能量运作为最佳状态，那么对应的灵轮也处于最佳的状态。

收束法

收束法是瑜伽特有的练习方法之一，顾名思义，“收束法”有着收缩、束缚的作用。通过练习收束法，可帮助我们快速进入冥想状态，发现身体内在的能量气体，把生命之气约束起来，实现对这些力量的有意识控制，从而达到其特定的目的，为我们进行正位瑜伽练习提供强大的内在支撑。

1.收颌收束法

收颌收束法（Jalandhara Bandha）指的是收颌收束的方法，要求下巴向下紧贴锁骨中心的 V 形入口处，这样就锁住了喉前部，影响大脑动脉血的供应，并挤压特定神经，从而达到强化身心不同部位的效果。在许多瑜伽体位法练习中都适合运用收颌收束法，如莲花座式、肩倒立式、犁式、胎儿式。

开始：选择一种稳定的坐姿，如莲花座或至善坐，也可以在臀部后半部放 1 个小蒲团或垫枕，使身体略向前倾，从而使两膝更稳固地靠落在地面上。

· 腰背挺直，双手放在两膝上，保持身体放松，双眼做 90% 的闭合。

· 深深吸气。

· 头向前弯，下巴下压，紧贴锁骨中心的 V 形入口处。

· 双臂伸直，手掌紧贴膝盖并向下压。

· 两肩稍向前耸一点，两肘挺直不动。

· 保持收颌姿势片刻。

· 在这个练习过程中，声门应始终保持微收状态，喉呼吸也应一直进行。

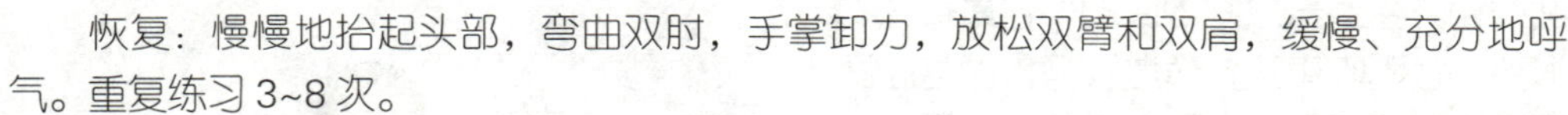

恢复：慢慢地抬起头部，弯曲双肘，手掌卸力，放松双臂和双肩，缓慢、充分地呼气。重复练习 3~8 次。

收额收束法对人的肌体和心灵有着广泛的影响，它使心搏减缓，对甲状腺和甲状旁腺有按摩作用，从而增强其功能，消除愤怒和紧张忧伤的情绪。收额收束法可以在瑜伽冥想前单独练习，也可与调息及其他收束法配合练习，效果更好。

注意：患有头颅内部压力（颅内压）症状和有心脏疾病问题的人只有经医生同意后方可做此练习，练习时还应非常小心。

2.收腹收束法

收腹收束法（Uddiyana Bandha）一词中“Uddiyana”意思为“上扬”。进行练习时，腹肌收缩把横隔膜向胸腔提升，从而将腹部器脏推向脊柱方向，使腹腔内的所有器官都得到按摩和刺激，迫使生命之气向上运行，消除体内堆积的障碍物。

开始：练习收腹收束法时可以盘腿，也可以以至善坐、半莲花座、莲花座等坐式练习。

· 腰背挺直，双手放在两膝上，保持身体放松，双眼向下或闭上眼睛，注意力转向内心。

· 通过鼻孔缓慢、充分地吸气。

· 通过口腔大口呼气，彻底排出肺部空气。

· 继续呼气，腹部肌肉向内和向上收缩。同时，可将下巴紧贴在锁骨中心，加收颌收束法。

· 双臂伸直，手掌向下放在膝盖上，双肩微耸一点，两肘挺直不动，尽量长久地保持这个姿势。但应避免过于用力，进行动作的同时注意保持身体舒适。

恢复：慢慢放松腹部肌肉，手臂与肩膀放松，如果你同时在做收颔收束法练习，这时也放松它。然后，抬起下巴，缓慢轻柔地吸气。深呼吸几次，待身体恢复力量后，重复做3~5次。

练习收腹收束法有助于滋养腹腔内所有器官，可促进肠胃蠕动，增强消化功能，减轻消化不良、寄生虫病和糖尿病的症状。这种练习还能使肾脏、脾脏、胰脏和肝脏全部都受到按摩，坚持练习下去，与这些脏器有关的疾病也能消除。同时，它还能调整肾上腺，加强活力，同时对心神不安的人有安心定神的功效。

注意：孕妇、患有心脏病、胃溃疡或十二指肠溃疡的人不应进行收腹收束法的练习。饱腹时不宜进行此练习，最好是在胃肠空着时做。

3.会阴收束法

会阴收束法（Mool bandha）中“Mool”意为“根基”、“根源”，这儿是指肛门和外生殖器之间的肌肉，它是脊骨的根部。会阴收束法，通过收缩骨盆盆腔底层肌肉，将压力集中于会阴部位，导气到脊椎末端，让身体与大地连结，增强身体的坚固性与稳定性。

开始：以舒适的坐姿坐好，脚跟抵住会阴部位。

· 挺直脊骨，伸展脊椎，双手放在双膝上，放松全身。

· 慢慢深吸气，微微收颔；同时收紧肛门，用力将会阴收缩上提，将注意力集中在被收缩的会阴部，尽可能长久地保持收缩会阴的状态。

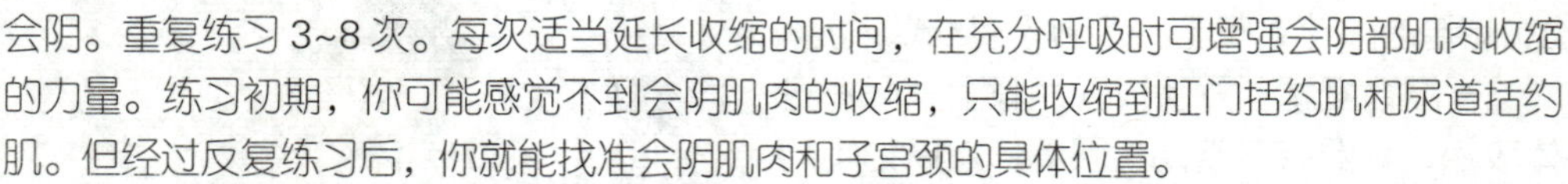

恢复：慢慢抬起头，呼气，然后放松会阴。重复练习3~8次。每次适当延长收缩的时间，在充分呼吸时可增强会阴部肌肉收缩的力量。练习初期，你可能感觉不到会阴肌肉的收缩，只能收缩到肛门括约肌和尿道括约肌。但经过反复练习后，你就能找准会阴肌肉和子宫颈的具体位置。

会阴收束法练习能强化肛门括约肌和会阴部位肌肉，女性往往还能更深入，锻炼到子宫颈处。通过练习，可加强肠蠕动，防治便秘，对痔疮有一定治疗作用。同时可刺激盆腔神经，把性能量升华到高级中枢，激活整个身体，减轻性挫折感和性压抑。

说明：这个练习应该在瑜伽姿势及呼吸后进行。建议初学者通过练习提肛契合法，强壮会阴肌肉，使自己学会控制这些肌肉，这样能增强会阴收束法的效果。

注意：当把本式和收颔收束法或其他收束法一起做的时候，务必要注意这些功法的“注意”事项。

凝视法的应用

在人类获取外界信息的五种感觉中，视觉和听觉接受外部信息的比例最高，最能激发感官刺激。通过将视觉注意力转移，能帮助我们快速进入内心，去探索真正的自我。凝视法让我们的视线停留在一点，这样我们的双眼就不会注意到凝视点以外的世界，从而帮助我们培养专注的习惯。注意力高度集中，精神能量、意识和自身也就可以得到进一步提高，瑜伽功效从而也能得到最大程度的实现。

瑜伽练习中常用的凝视点有 10 个，每一个凝视点都在姿势中完成身体的定位，它们分别是：眉心、鼻尖、肚脐、脚趾、拇指、手、向左、向右、向上或向天空、向下或向地面。

凝视法是传统瑜伽中最受重视的修习方法，瑜伽行者深信：精通凝视法，能暂停任何思维和情绪，保持内心的平静，从而达到超越自我，进入精神的最高境界的功效。从保健意义上来说，它能促进眼部健康，缓解紧张和愤怒的情绪，安定心神。

由于凝视法特殊的功效，凝视法常被作为冥想的手段，从而达到快速安定心神，保持内心的宁静和纯净。

在瑜伽体位法练习中，凝视法可帮助身体保持良好的平衡性和方向感，协调动作，保

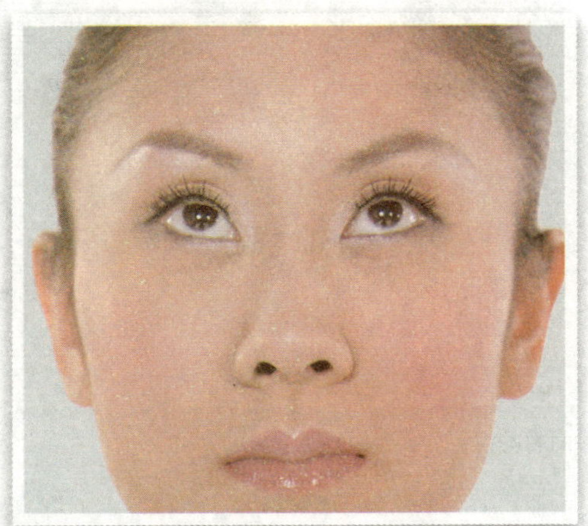
凝视眉心

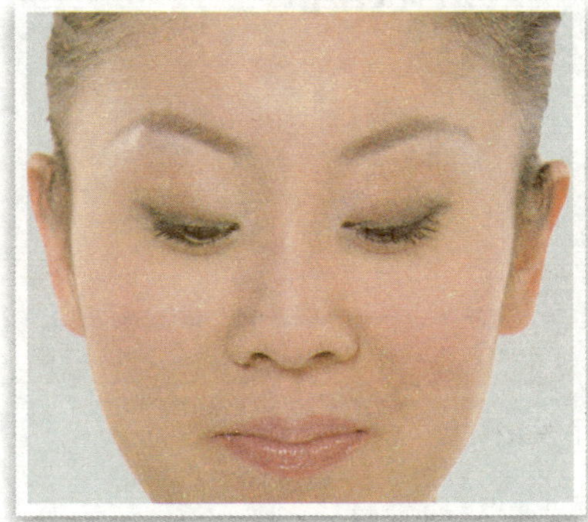
凝视鼻尖

凝视肚脐

凝视脚趾

凝视拇指

凝视手

向左凝视

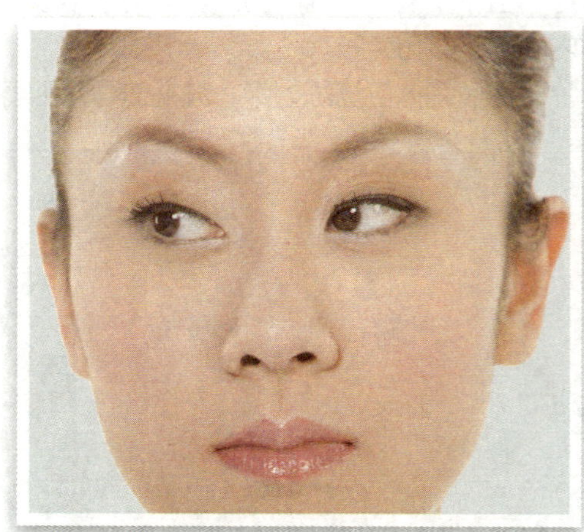

向右凝视

向上或向天空凝视

向下或向地面凝视

证体位法正确、准确高效地进行，使瑜伽正位得到实现。

呼吸法

呼吸始终伴随着我们的生命，它是如此自然、无意识，以至于很多人从未注意过它，除非因某些原因使之变得急促或困难。人一出生就开始呼吸，呼吸停止即意味着死亡。呼吸，是人类生命的象征。呼吸启发的活力被认为是能量（shakti）女神的游戏，能量是激活宇宙万物的神圣创造力。实际上，我们就是用这种神力进行呼吸的，当我们吸气时，能量女神把能量呼出，当我们呼气时，能量女神把能量吸入。

对于瑜伽而言，呼吸就是生命力（prana）的扩展，是这种能量自然流动的外在表现，是我们表达心中意见并将其转变为外部表现的媒介。通过呼吸，可以增强我们对能量流的敏感性，随着敏感性的增强，我们会更加接近真我。在瑜伽练习中，呼吸能帮助我们打开身体，使我们的能量在体内更自由地流动。呼吸意识的增强使姿势练习变得更认真、更庄重。

瑜伽是连接我们内在精神的练习，它的第一课就要学习如何正确使用呼吸法。瑜伽可以调整我们的思想和愿望，并且通过我们的身体来快乐地将其表达出来，而呼吸法则是我们建立这种连接的媒介。

自然呼吸法

我们出生时，呼吸是流畅的、不受抑制的。我们不必有意识地去呼吸，因为我们的身体能在无意识的状态下自然地呼吸。阿努萨拉瑜伽的创立者——约翰·弗兰德将这种呼吸法称为“自然呼吸法”，并总结出3个主要特点。

1. 吸气时，骨盆底扩张、下降；呼气时，骨盆底收缩、上升。

2. 吸气时，锁骨上升；呼气时，锁骨下降。

3. 吸气时，上臂向外旋转；呼气时，上臂向内旋转。

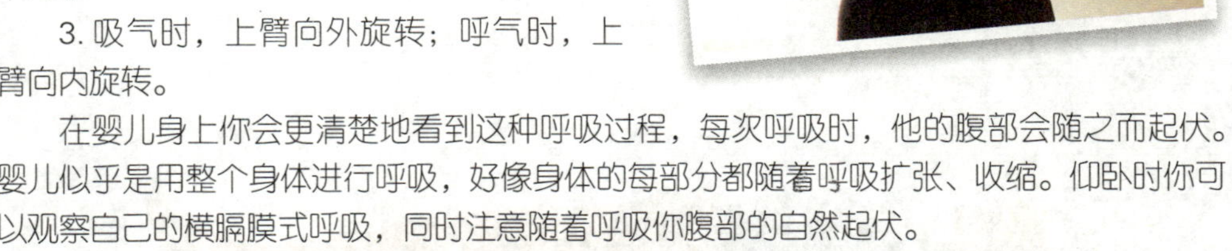

在婴儿身上你会更清楚地看到这种呼吸过程，每次呼吸时，他的腹部会随之而起伏。婴儿似乎是用整个身体进行呼吸，好像身体的每部分都随着呼吸扩张、收缩。仰卧时你可以观察自己的横膈膜式呼吸，同时注意随着呼吸你腹部的自然起伏。

自然呼吸法是能量在体内流动的最好表达。然而，如果精神或情绪受到创伤了，我们就会不由自主抑制自然呼吸从而限制了能量的自然流动。例如，当我们受伤或沮丧时，我们的生存本能就减少了——胃绷紧了，受限制的横膈膜式呼吸法和又快又浅的胸式呼吸法产生了，这对于走在一辆公交车之前的行人来说是有益的，但长期暴露在这种会引起“战或逃”反应的环境下会使人养成长期受限呼吸习惯。快节奏生活所带来的情感压力使我们丧失了完全呼吸的习惯，我们只用了呼吸量的一小部分。因此自然呼吸的回归有助于恢复我们健康的呼吸习惯。

不受限呼吸能引起腹部的自然起伏，这是因为横膈膜（负责呼吸活动的主要肌肉）的移动造成的。我们的躯干中包括胸腔和腹腔。在胸腔的底部有一块肌肉膜叫作横膈膜，它将胸腔和腹腔完全分隔。就像沿着胸腔的底部伸展的一块鼓面一样，横膈膜的轮廓与胸腔底部的轮廓基本一致，它连接着胸骨的底部，沿着肋骨的最底线回到腰椎，经由腱组织相连。横膈膜的“鼓面”上有3个开口，以便血液流动、养分输送。心脏位于横膈膜的上方，消化器官位于它的下面，肺的下缘接触着横膈膜的上表面。

当横膈膜大幅度地移动时，它充分改变了胸腔的容量。胸廓和上胸腔的肌肉也会改变胸腔的容量，但没横膈膜改变得多。

当我们自然吸气时，横膈膜下降，胸腔的容积增大，空气被吸入肺部。由于横膈膜挤占了腹部器官的位置，腹部自然扩大了，而呼气时又复原了。可以在腹部的肋骨和肚脐间放一小袋大米或豆子，以提高对横膈膜的认识。当吸气时，注意观察为了承载袋子额外的重量，横膈膜是怎样工作的；当呼气时，让腹部在袋子的重量下缓缓收回。增强对自然呼吸的意识，不要试图操纵或控制呼吸，使自己放松、平静。

横膈膜呼吸法

在瑜伽练习中，有意识地使用横膈膜的呼吸方法被称为横膈膜呼吸法。下面的练习就是横膈膜呼吸的形式，以应对会扰乱自然呼吸的一些问题。

开始练习时仰卧在毯子上。将 3 块毯子折成宽度比肩稍窄、长度略长于肚脐到头顶的距离的长方形。将 2 块毯子堆叠在一起，第 3 条毯子横着放在它们的一头。坐在毯子前面的地板上，躺下，将头枕在第 3 块毯子上，这样头部就略微抬高了。用这样的姿势，你可以很容易地做下面 3 个动作。

下腹部 / 腹式呼吸：将双手放在下腹部肚脐正上方的位置，双手中指尖互相触碰，这样当你的腹部升起时，你的指尖就稍微分离。让吸进来的空气充盈整个下腹部和两侧，这样腹部会得到全方位的扩展。当你呼气时，下腹部收缩，指尖复位了。多做几次练习。

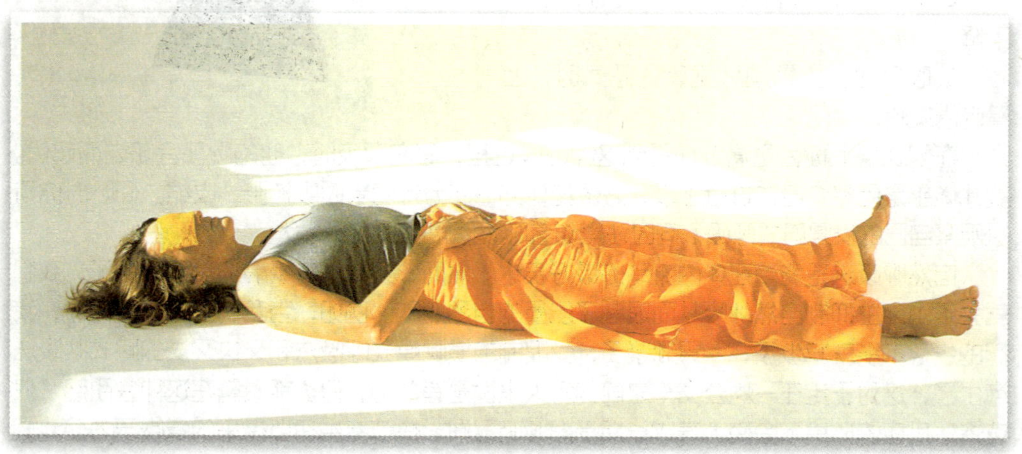

下腹部 / 腹式呼吸

腹部/胸式呼吸：将手放在胸廓的侧面，轻压肋骨。吸气时，除了下腹部升高了，胸廓也要向两侧扩展，这样就为呼吸创造出了更大的空间。注意观察你的胸廓扩展是如何使你的双手慢慢相互分离开的。多做几次练习。

上胸部/肩式呼吸：将手放在上胸部，食指放在锁骨上。吸气时，上胸部充气并抬升。你会注意到即使你非常努力地呼吸，这个部位的活动也是很细微的。

瑜伽完全呼吸法

瑜伽呼吸练习的下一步是学习瑜伽完全呼吸法，该方法也应用到了躯干的3部位：腹、胸、喉。它与横膈膜呼吸法有2个显著的不同：一是吸气时，收紧下腹部的肌肉，这样躯干就向身体侧面扩展了，不会引起腹部上升；二是呼气时，胸廓仍是扩展的（好像在吸气）。就是这两点不同，使得完全呼吸得以实现。

躺着练习瑜伽完全呼吸法与练习横膈膜呼吸法的3步骤是一样的。吸气时，收紧下腹部的肌肉，这样腹部就不会鼓起了。呼气时，保持胸部扩展，将空气慢慢排出。在呼吸中，保持呼吸的顺畅和稳定，使呼气、吸气的时间一样。初学时，可用手感受，掌握了以后，就可以站着练习了，手也不必放在身上了。注意吸气时保持骨盆下沉，气息就可以顺利通过腹、胸、喉；呼气时，要保持肋骨上升、扩张。

其他呼吸方法

数千年以来，瑜伽修习者已经意识到呼吸的力量可以改变我们的意识境界，并形成了许多呼吸方法，来创造所期望达到的境界。这些方法统称为调息法（pranayama）。

主要瑜伽流派对于呼吸法的应用和解释是相当有趣的。一些经典瑜伽修习者认为：Pranayama是由梵文Prana和Yama二字所组成，Prana意为生命之气，Yama为控制。这种解释源于经典瑜伽的观点，认为肉体次于精神，通过控制肉体使之屈从，我们能认清自己的真实本性。另有观点认为肉体和呼吸都是神性的表现，相应地Pranayama可被解释为Prana和ayama（无控制）的组合。该观点认为呼吸的方法即是熟练地参与呼吸，与神圣的能量女神共舞的一种方式。

喉呼吸法：这种呼吸法又称胜利呼吸法（Ujjayi Breathing），是最普通的瑜伽呼吸法。Ujjayi，意为“胜利地上升”，在所有的瑜伽班中你几乎都会听到这个名词。通过有意识地收紧会厌，使气流通过喉头后端时发出声音。吸气时你会发出“沙”的音，呼气时发出“哈”的音，有节律地呼吸时，这种声音就像海浪一样。这样，瑜伽修习者通过它来控制呼吸气流的流动时，可以得到一个直接的反馈。呼吸的质量与意识境界直接相关，当意识到呼吸时就能意识到真我。

练习喉式呼吸时，先深吸气——使气体充满肺部、胸部和腹部——然后深呼气。用鼻子吸气时你轻微地收紧喉头后面的肌肉就会发出“沙”的音，呼气时发出“哈”的音。你要自始至终都保持均匀而平静的吸气和呼气，因为很多人通常在开始时，呼气和吸气都很快，到后来呼吸就逐渐减弱了。在喉式呼吸中，由始至终都要保持呼吸气流的节奏一致，这就要求后半段的呼吸要更用力，以保证气流平衡。你要像完全呼吸法一样让全身充满气息，提起脊骨和躯干，呼气时也如此；通畅而平稳地呼吸，保持吸气和呼气的时间一致。该方法有助于镇定神经系统，使情绪平静下来。

鼻孔交替呼吸法：该方法是用来净化能量经脉的。前面已经提到人体有3条主经脉以

鼻孔交替呼吸法

1 深吸气，右手手势如图。

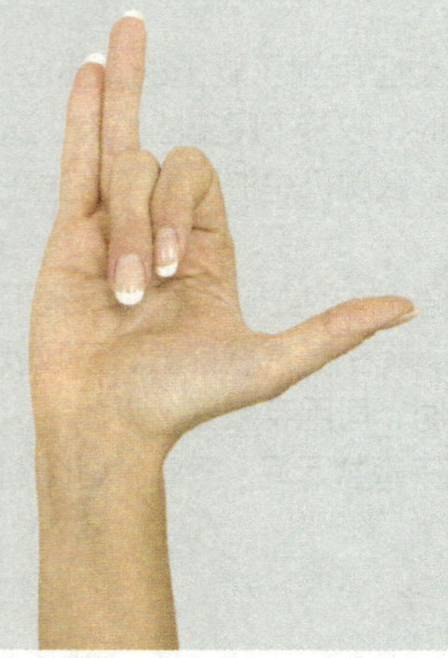

2 用无名指压住左鼻孔，用右鼻孔深呼气。

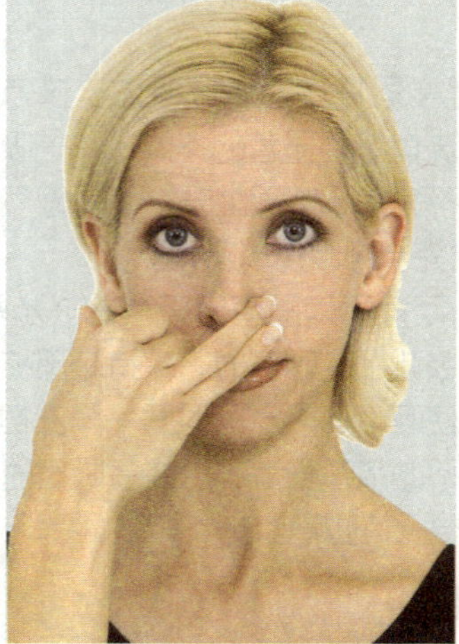

3 用右鼻孔深吸气，然后用大拇指压住右鼻孔，屏住呼吸。

4 放开左鼻孔，用左鼻孔深呼气，屏住呼吸。

5 用左鼻孔深吸气，再用无名指压住左鼻孔，屏住呼吸；松开大拇指用右鼻孔深呼气。

6 反复练习几分钟，然后用右鼻孔吸气，放下手，用两鼻孔深呼气，结束练习。恢复自然呼吸。

供生命之气运行，包括左脉、右脉和中脉。一天中左右脉的能量流动是循环往复的，你留意一下呼吸时左右鼻孔就会注意到了，它们轮流工作。鼻孔交替呼吸法能净化并平衡左右脉的能量流动。

你需要一些小技巧来控制鼻孔的呼吸：伸出右手，掌心向上，食指和中指弯曲，拇指伸出，这样就可以用拇指来控制右鼻孔的呼吸，无名指和小手指来控制左鼻孔了。

练习瑜伽的着装、工具

练习哈他瑜伽时，着装是很重要的，要舒适并实用，不能限制你的活动，同时要与练习所在房间的室温相适宜。要脱掉鞋袜，赤脚踩在瑜伽垫上进行练习，这样你的脚及脚趾就可以舒展了。

在阿努萨拉瑜伽或艾扬格瑜伽（Iyengar Yoga）等强调身姿体态等原则的公共瑜伽课上，要穿着使教练能看到你身姿的衣服。例如长而宽松的裤子就不适宜，因为教练不能看到你的腿部动作是否规范。如果想看到肩胛骨是否收拢要穿束身衣。建议女士穿紧身衣裤，男士穿短裤背心。在不强调身姿的练习中，可以更随意地穿衣。在康复班和初级班中，穿得越舒服就越好。

工具的使用

瑜伽练习时最重要的工具就是一块好的瑜伽垫，瑜伽垫的防滑表面保证了做动作时的平稳。有许多瑜伽垫可以选择，质量好的瑜伽垫有助于瑜伽的练习。最薄的瑜伽垫（不到 4 毫米厚）是橡胶的，彩色的，防滑效果好，但没有衬垫，当你躺下做地面练习时会感觉太硬。最厚的瑜伽垫是变压垫，这种瑜伽垫里面加了很多衬垫，防滑效果也好，但比较重，且比较贵。在确定哪种瑜伽垫最适合自己之前，最好先暂时使用健身馆提供的瑜伽垫。

可以在瑜伽用品专卖店购买瑜伽工具，也可以把家具或其他居家用品改造成工具。

还有其他的一些工具也有助于练习，比如一条好毯子对初学者而言是必需的，许多健身馆都提供毯子，不必自己买。最好的毯子是墨西哥密织毯，能提供最平稳的支撑。合成的、松散编织的毯子或毛巾不能提供稳定的支撑。另外，瑜伽木块、带子、长枕、沙袋和眼罩都是有用的工具。许多瑜伽馆会免费提供这些工具，而眼罩一般需要自己单独购买。

当你坐在地上时，用一条毯子垫在臀部下可提供额处的缓冲并帮助你将下背部挺直。带子可以辅助完成许多比较难的姿势，比如在把脚伸直后，用手去触碰脚趾等。当你做屈体动作时瑜伽木块可以放在手下帮你完成，直到你在没有它们的情况下也能够到地板为止，同时木块在某些姿势中可用来把大腿隔开。所有这些道具都可以放松身体。眼罩会对眼睑产生轻微的压力，这对康复姿势和最后的放松都是非常有益的。

柔和而有力的手把手调整可以帮助身体快速进入各种姿势。

练习的地点、时间

瑜伽练习的另一个特点是自由灵活，你可以随意选择练习的地点和时间。如果你离家在外，你可以决定中转时在机场练习（做头立式有助于思维清晰，适合在会议前练习），在宾馆房间（需移走一些家具）练习或在会议室练习。

如果你在家练习，硬木地板或光滑瓷砖地面都是理想的场地。如果你用瑜伽垫来防滑，在上面铺一条薄的毯子会更舒适。瑜伽垫在瑜伽用品店或网上都能买得到。

练习时间

练习的时间要规律，并要坚持下去，练的次数越多，进步也就越大。每周要有1~2天的休息，以保证身体的恢复。生理期、生病时可以不锻炼。一般来说，即使不能每天都在同一时间段进行锻炼，也最好坚持每天都锻炼一定的时间。选择在空闲的时间段进行锻炼，即使你每天只做15~20分钟，你也能感觉到体力、柔韧性的逐步提高。随着锻炼的进行，你可以增加锻炼时间，以为瑜伽馆全程的公共课（一般为90分钟）做好准备。

早上锻炼精神容易集中，但身体行动迟缓。在黄昏或傍晚锻炼，身体柔韧性较强，但精神疲惫，很难集中精神。通常在中午前后，身体和精神都处于最佳状态，是最理想的练习时间。

发热时不要练习，因为瑜伽会使人体温升高，不利于身体康复。同样的，在感冒时，

初次练习具有挑战性的动作时，最好有位经验丰富的教练在一旁协助。

只能做些康复锻炼，不能做其他练习；女性在生理期时，要避免做肩立或头立等倒立动作，以免经血逆流，可以做靠墙倒立式，或下犬式动作。

如果生病或受伤了，要听医生和教练的建议，精通瑜伽疗法的教练更能帮助你，但要确定教练受过专业的瑜伽疗法培训。哈他瑜伽的两个流派——艾扬格瑜伽和阿努萨拉瑜伽都很重视瑜伽疗法。

如果要参加瑜伽健身班，建议每周至少要锻炼 2 次，以使你的练习取得进步。本书所提供的这些练习既可以使你为第一次参加瑜伽班而做好准备，也能作为你在瑜伽班上取得进步和强化你的家中练习的极好参考。

瑜伽饮食

有许多关于瑜伽饮食的原则需要遵循，比如饭后 3~4 小时才能进行剧烈的锻炼等。在进行瑜伽锻炼前，最好确保食物已经消化完了，因为饭后消化管壁的肌肉会与其他肌肉“争夺”血液。如果血糖低或者练习中休息时间短，可以在练习前每隔 30~60 分钟补充一些水果、酸奶。如果时间很短，可以补充流体蛋白，因为流食容易消化。

一些哈他瑜伽流派特别强调吃素，而有些不会提及。饮食道德的争论导致了瑜伽修习圈内外的激烈讨论。对大部分人来说，饮食完全是私人化的；有人则认为饮食关系到我们对其他生物的态度。

饮食中关于不吃肉类的论点源于帕坦伽利《瑜伽经》中“不杀生”的观念。关于这个原则有许多种解释，一些人认为不杀生就是非暴力，而伤害任何生命（包括你自己的生命）的行为都是暴力行为。有的瑜伽修习者甚至在走路时先打扫前面的路面以免伤害昆虫。

另一些人则认为不杀生就是不伤害，认为世界本来就充满了暴力行为，比如婴儿出生时要剪断脐带，或保护自己或所爱之人不受伤害而采取的行动都是暴力行为。如果一生中不能避免暴力，那就尽量控制它所造成的伤害。该派认为行为本身并不重要，重要的是目的何在。衡量一个行为的主要标准是它是否是为了保护生命而进行。例如：化疗对身体的伤害是巨大的，但它却是为了挽救病人的生命。

对其他人来说，饮食是健康和快乐的问题，有些食物比其他食物更健康，能直接影响我们的生命质量。许多练习瑜伽的人会发现自己能意识到身体的感觉以及饮食对身体的影响。当我们对身体的意识提高了，就能自然地选择最适合自己的饮食。

第二章

瑜伽基本体式

第一节　科学习练瑜伽

瑜伽应从最基础、最正确的动作出发，我们应该强调精准，而非过度，真正受益于瑜伽训练，避免运动伤害。

正确的练习才会有益身体

瑜伽是一种古老且易于掌握的运动方式，它不仅能修炼身心，还有瘦身、塑体、养颜等功效。因为感受到瑜伽的神奇功效，以及瑜伽的安全性高，所以越来越多的人开始热衷于这项运动，瑜伽练习逐渐成为一种时尚。

瑜伽，保护脊椎还是伤害脊椎

人是直立行走的动物，相对于大自然的其他动物而言，脊椎的作用更重要，负担也更重。瑜伽之所以对健康有如此大的影响，很大程度上是因为它能直接作用于脊柱。瑜伽体式的训练涉及到脊柱各个方向的运动，如伸展、扭转、拉伸、左右侧转等，能很好地梳理脊柱，强化、平衡脊椎肌肉群的力量和柔韧性，使身体保持健康年轻的状态。

造成脊柱异常或退化的原因有很多。同身体的任何器官一样，随着年龄的增长，椎间盘会出现磨损；其次，肌肉和韧带的状态也影响脊柱的状态，如果你平时疏于活动，肌肉就可能逐渐松弛，脊柱也会因此而松弛；此外，长期坚持不正确的运动方式，包括错误的瑜伽动作，也可能引起脊椎问题。

因此，我们强调采用正确的瑜伽体式才能达到强化脊柱和肌肉的目的。很多的脊柱问题最初是由肌肉的不平衡造成的。不正确的或激进的练习方式，都可能让脊椎不正确地拉伸，造成脊柱变形，从而引发一系列身体问题。

例如，半莲花加强背部前曲伸展坐式、加强侧伸展式等单腿前屈姿势，如果髋部位置不正确，没有保持正位，就极易造成脊柱侧弯（骨盆不正带动腰椎不正，腰椎不正带动脊柱侧弯，腰与脊柱问题反应到腿上，造成腿疼痛）。

再比如，进行眼镜蛇式、鸽王式等向后伸展的练习，如果不顾个人身体伸展的极限，急于求成，想做得完美，而超过身体本身的柔软度，就有可能造成第三、四、五节腰椎的前突。

如果脊柱侧弯并加腰椎前突，更可导致骨盆倾斜，引发更多的身体问题。

如何避免练习中带来伤害

因为瑜伽具有减肥、消压、塑身、调节内分泌等功效，以及它所具有的低伤害率和柔和的运动形式，使得这个有着“时尚运动”之称的锻炼方法迅速风靡全球，成为都市年轻女性所推崇的至爱运动。

但随着练习人数的增加，因不当练习受伤的案例也逐年增加，其中受伤者很大一部分就是瑜伽老师。这些伤害多是由于动作错误或者肌肉和关节的伸展方向不对所造成的。最常见的“瑜伽病”主要集中在韧带拉伤、软骨撕裂、关节炎症、神经痛等方面。

澳大利亚的一项调查研究显示，1/4 的瑜伽练习者都受过伤，因此在开始练习瑜伽前，初学者一定要建立正确的瑜伽修炼观念，坚持正确科学的方法进行练习，方能让你的身体对伤害说“NO！”

找到好的瑜伽老师

瑜伽是一门修行的学问，体式只是它的手段而非目的。一个好的瑜伽老师不仅可以教授你正确的瑜伽练习方法和瑜伽体式，而且他健康的人生态度还会渗透到你生活的方方面面，给你带来积极的影响。

那么如何找到一位好的瑜伽老师呢？除了看一个老师的学习背景、从业资历等客观因素外，你可以多观察，多询问，深入了解这个老师。首先，相由心生，从精神面貌来说，好的瑜伽老师应该是积极的、健康的、向上的。其次，好老师更是激励高手，会激励你，帮你树立自信，培养持之以恒的态度。从专业技能来说，经验丰富的专业瑜伽老师对人体的构造、瑜伽修行的观念、体位法的正位概念、动作编排都有很好的掌握能力，对于动作的讲解能够进行完整、详细的说明，能给不同练习阶段的练习者提供合适正确的练习方法。例如，在初学者进行难度较高的动作时及时提出警告，为初学者讲解其他替代动作，传授利用辅助道具练习的方法，练习具体动作时应该注意的安全事项，等等。

找到好的老师后，练习时就应谨记老师的讲解，遵行量力而行、循序渐进的修炼原则，切忌操之过急，追求完美的练习目的。练习过程中有任何问题，身体有任何不适，都应随时停下来请教老师。每个人的身体状况都不同，如果只顾模仿唯美的动作，那么瑜伽带给你的伤害会很大，因此要学会向老师提出问题。

从最基础、最正确的姿势开始练习

瑜伽大师强调，瑜伽最重要的是练习的过程，而不是练习的结果，切忌为了瘦身、塑形等神奇的练习功效，强迫身体扭转，从而引发脊椎歪曲、腰背扭伤等问题。

要保证瑜伽练习正确科学地进行，第一，应先了解正确姿势的概念，以科学的方式，通过垂直、水平、与地心引力等对照方法，建立起身体各部位的中心线，为精进体位准备好科学准则。第二，要掌握身体各部位的活动姿势，包括手掌、脚掌、盆腔、肩膀等部位的姿势，如果身体出现歪斜，可及时将身体拉回正确的姿势。第三，要正确练习关键的基础姿势，包括站姿、坐姿、跪姿、卧姿等，从而循序渐进地切实掌握瑜伽的各种体位法。第四，还要了解基础的身体解剖知识，熟悉人体的主要肌肉群和其主要作用，正确锻炼各部位肌肉。此外，在进行瑜伽练习时要学会正确的呼吸方式，呼吸有了问题，身体的循环系统、消化系统、排泄系统都会受影响，大量毒素会蓄积在身体各部位，从而成为致病之源。

想快速、简洁地掌握这些正确的习练技巧，要学会聆听自己身体的声音，它会告诉你是对了还是错了，是够了还是过了。每次练习瑜伽时，先调整好呼吸，再从最基本、最正确的姿势来操控身体，不要勉强身体超出负担，或以不正确的姿势过度拉伸筋骨、肌肉与肌腱。只要练习过程中感到不舒畅、不舒服，就应警觉自己的姿势是否正确，是否过度勉强了自己。

避免过重负荷，保持适可而止的态度

具体进行瑜伽体位法的练习时，应该遵循量力而行、循序渐进的原则，针对各人的身体状况找到合适的练习方式。因为瑜伽体位法基本都是直接作用于脊柱的，只有运用正确的方法才能达到强化脊柱和肌肉的目的。如果习练不得当，体位法不正确，或是练习时操之过急等，都可能引起肌肉、韧带的损伤，造成脊椎的移位。比如，某人平常不热爱运动，练瑜伽完全是一时兴起，此时若不按照循序渐进的原则来练习，突然对身体进行牵、拉、扭、挤等练习，就极易引发肌肉的疲劳、韧带拉伤等问题，进而造成脊椎移位，引发脊椎病或其他相关疾病。

因此，瑜伽练习者，尤其是初学者一定要从最基础、最正确的姿势开始练习，循序渐进地进入其他体位的练习。初学者最好不要进行单侧伸展式的练习，因为很容易引起肌力不平衡或身体重心失衡，而应多进行全伸展式的练习，练习时还要检查身体的各部位是否有倾斜的，只有这样才能全方位杜绝运动伤害。

科学认识人体最主要的骨骼——脊椎

脊椎是人体最重要的机体骨骼，它在人体中扮演着极重要的角色，不仅支撑人体重量，更提供全方位扭转的活动力。它还是人体的第二条生命线，在人体内占据中枢地位，是身体感觉和动作等生物讯息的重要传输通道。

脊椎若存在问题会影响到身体健康。日常生活中姿势不良、运动伤害、错误施力、长期或过度使用脊椎而致其受伤，都可能引发全身性的健康危机。科学认识脊椎，不仅要熟悉脊椎与人体健康的重要关系，更要学习辨别脊椎受损病变时身体发出的警告讯息，如肩、颈、背、腰、腿等部位有不明病症的发生，应及时进行预防与治疗。

脊椎健康与身体健康密切相关

脊椎又称“脊柱”或“龙骨”，位于身体背部正中，是支撑人体的主梁。脊椎在人体中最先发育，它不仅有负重、减震、保护和运动等作用，而且具有保护脊髓和神经根等功能。一但脊椎受到伤害，尤其伤到脊椎管，则会影响脊髓及神经的正常工作，从而引起驼背、胸廓异常、腰背疼痛、心律失常、头痛眩晕、血压增高、性功能障碍等不良症状。目前发现，有超过百种的疾病发生与脊椎有关。

人类有32~34块脊椎骨，通常以33块为最多，包括：颈椎7块、胸椎12块、腰椎

5 块、底椎 5 块、骶椎和尾椎 3~5 块（以 4 块为最多）。脊椎内部自上而下形成一条纵行的脊管，内有脊髓，脊髓两侧连有 31 对脊神经，其从侧面观呈“S”型。

检查你的脊椎是否健康

随着生活方式的改变和生活节奏的加快，越来越多的人忙碌一天后，觉得脖子不舒服、肩膀僵硬疼痛、背部疼痛或麻木，专家提醒你，这或许就是你患有脊椎病的信号。

脊椎本身有没有问题，最权威的手段是医生的检测，医生通过问诊、触诊、脊椎 X 光片等诊疗手段可得出结论。另外，为了保护脊椎健康，需要经常进行自我检查，以判断个人的脊椎现状。

你可以通过以下的简单测试，判断你的脊椎是否健康：

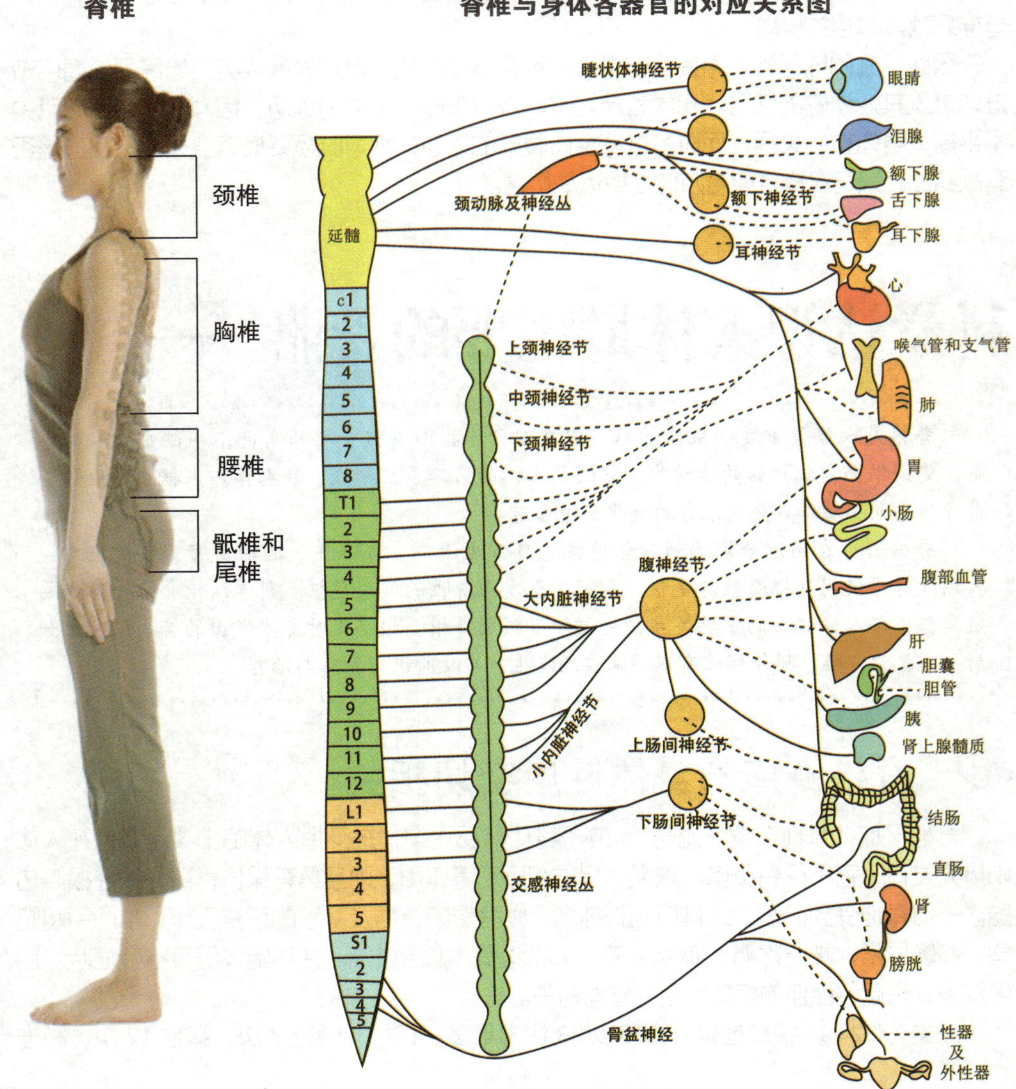

（1）鞋后跟常被磨得高低不平、左右不对称，这通常是由于脊椎长轴受压的不均衡或双腿长度不相等造成的。

（2）不能完全进行十分舒适的深长呼吸，而呼吸能力的强弱与脊椎的健康紧密相连。

（3）下颌上下、左右运动时会发出“卡嗒卡嗒”的声音，这可能是因为颞下颌关节负荷过重，或两侧关节不均衡运动影响两侧颌骨的发育和肌力量的平衡而引起。

（4）头部或臀部不能轻松地向两侧扭动或旋转相同的角度，伸展、旋转的范围逐渐缩小。

（5）颈部、背部、腰部等更多部位的关节运动时会发出爆裂的声音，多是由于脊椎关节被锁住或卡住了。

（6）常有头痛、精神不能很好的集中的情况出现，因为脊椎问题会影响大脑健康。

（7）颈、腰、背部及肌肉或关节的软组织经常出现疼痛症状。

（8）体质差，对疾病的抵抗力较弱。脊椎问题可影响神经内分泌系统工作，而神经内分泌系统在抵抗疾病和防止传染方面扮演着重要的角色。

（9）向前行走时脚尖会向外展开，这通常是由下部脊椎或髋骨问题引起。

（10）感到背和颈部僵硬不适。

（11）有驼背、耸肩等不良姿态，这说明身体的中心线已经发生偏离。

（12）左右腿长短不一。

如果发现自己有这些情况中的一种或多种，说明你需要向脊椎矫正医生进行咨询。

疗治脊椎，揭秘瑜伽奇效

当你发现脊椎有问题时，首先应找脊椎外科医生咨询确诊，并进行有效的治疗。在治疗的同时或治愈后才可在医生和瑜伽教练的专业指导下有选择性地、有针对性地练习。这是因为瑜伽并不是万能的，它不是灵丹妙药，但它的确有良好的辅助治疗和预防脊椎病的功效。

同时，考虑到不正确的瑜伽姿势可能带来的种种伤害，瑜伽爱好者们一定要根据自己的身体状况，从最基础的瑜伽锻炼出发，以科学的方式让肌肉和骨骼自我训练，端正肢体，练就平衡。只有通过长期正确的练习，方能很好地梳理自身的脊柱，强化支撑脊柱的肌肉，消除脊椎与四肢病痛，永葆健康的体魄和年轻的心态。

如何开始练习瑜伽

瑜伽应从练习最基础、最正确的动作出发，强调“精准”而非“过度”，这样能快速、准确并有效地让练习者学会瑜伽，改正错误的练习方式，避免运动伤害，让你实质性得到瑜伽锻炼带来的效益。

什么是“正确的瑜伽”

简单来说，“正确的瑜伽”是指进行瑜伽体位法的修炼时，肢体必须保持在对的位置、方向和伸展上，从最基础、最正确的动作出发，开始锻炼身体的呼吸、肌肉、肌腱和骨骼，从而避免错误的体位动作给身体带来的伤害。

这一理念起源于全世界最伟大的瑜伽导师艾杨格（B.K.S. Iyengar）的瑜伽教学理念。艾杨格瑜伽非常注重人体的正确姿势、生理结构、骨骼肌肉的功能等，强调体位动作的精准性，有非常好的矫正形体和恢复体能的功效。初学者和身体僵硬者，或脊椎有问题的人在练习过程中可以借助各种工具来完成相应的练习，从而确保瑜伽练习的安全可靠，从而达到矫正身体，治愈伤病的目的。

在融合艾杨格瑜伽理念的基础上，根据瑜伽实践教学成果，后来传承者们进一步提出了科学测量方法与正确的练习技巧，对每一个体位法的肢体动作都有精确详细的细节解释、科学正确的伸展要求及常见错误的细致分析。同时为较难动作提供简易式，非常适合初学者、身体僵硬者、受伤需要恢复者的练习需求，使每一个练习者都能获得矫正、治疗等多种训练功效。

建立身体各部位的中心线

要确保正确地进行瑜伽练习，首先要在心中建立身体的正确姿势，学会自我审视动作是否正位。通常情况下，可在镜子前利用立体解剖和部位解剖的方法，一步步调整身体来练习正确的瑜伽体位。

立体解剖，确定正确姿势

以站姿为例，正确的站姿是指人体挺直站立，双脚平贴地面，脚尖向前；手臂自然下垂，贴于大腿两侧；头部摆正，目视前方。

此时对身体进行解剖，应符合以下几种标准。

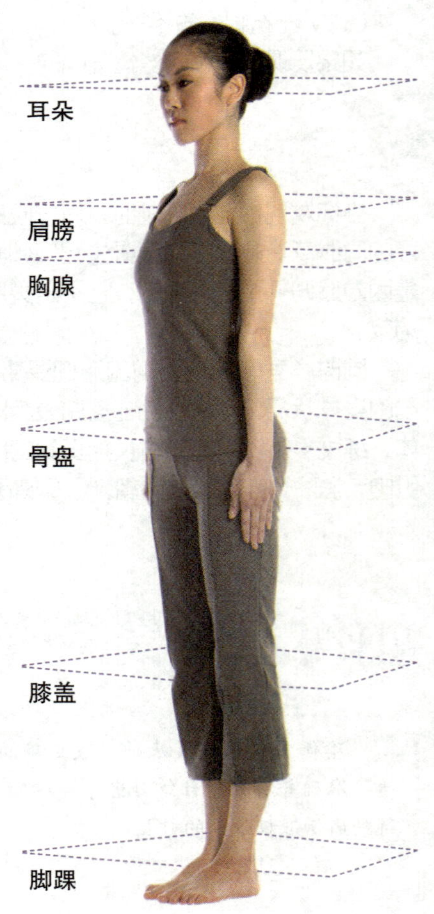

横切面——即人体的水平状切面

将两耳连线，做一条与此垂直的线，两线形成的切面应水平切过身体，与地面保持平行。同理，将两肩、两胸腺、左右骨盆、两膝、两脚踝连线，做一条与它们垂直的线，形成的各切面都应水平切过身体，与地面保持平行。

矢切面——即人体的正中垂直切面

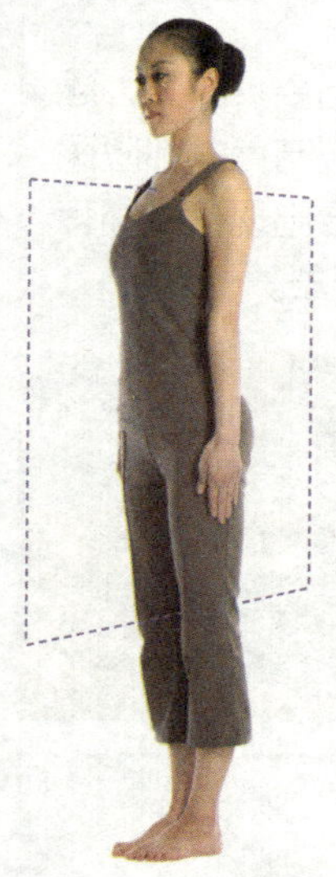

以身体前后侧中心线为基准，向前向后延伸，形成切面，垂直从身体前侧穿过后侧，将身体分为左右平衡的两部分。

额切面——即人体的侧面垂直切面

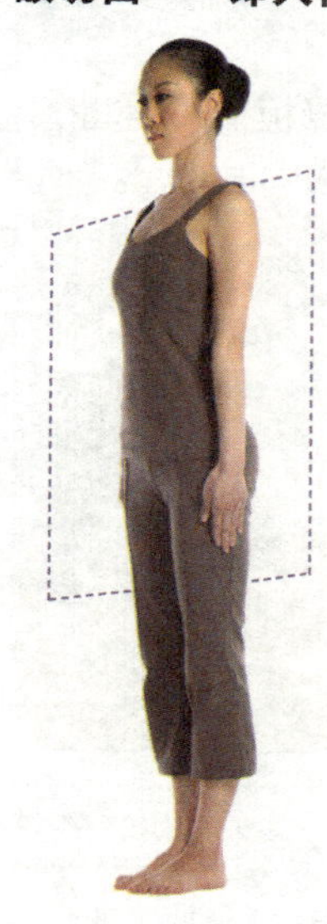

以两肩、两膝连线为基准，向两侧延伸，形成切面，垂直从身体左侧穿过右侧，将身体分为前后平衡的两部分。

部位解剖，细剖正确姿势

再对身体各部位进行解剖，也应符合以下几种标准：

脚部

进行站姿瑜伽练习时，双脚脚掌应平贴地面，脚趾放松打开并紧贴地面，脚尖向前。此时脚踝向腿部上下延伸的直线应与地面垂直，形成90度夹角。

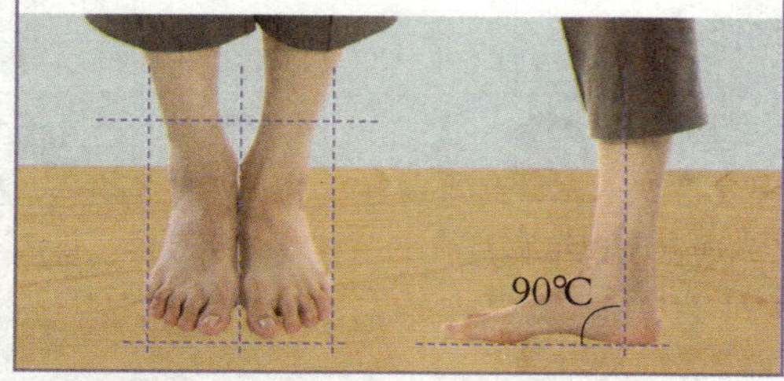

脚掌

站姿时，双脚应平行向前，此时脚跟应分开约1~2指宽，才能使双脚掌呈现正确的姿势。

脚掌正位　　歪斜的脚掌

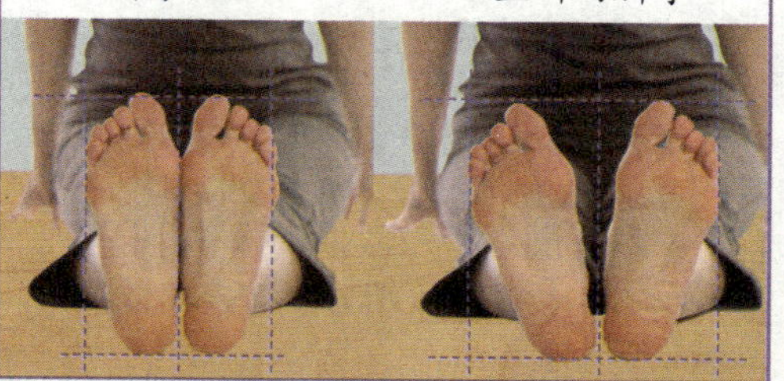

手掌——当手指向外伸展时

手指打开，指尖向外伸展，中指指尖应从手部中心线向外张开。

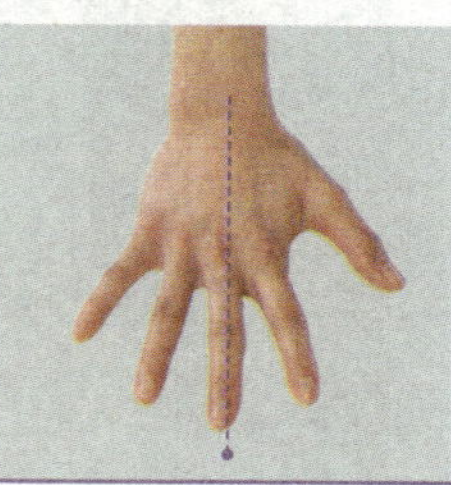

手掌——当手指自然并拢时

手指自然并拢，指尖向外伸展，五指应向手的中心线靠拢。

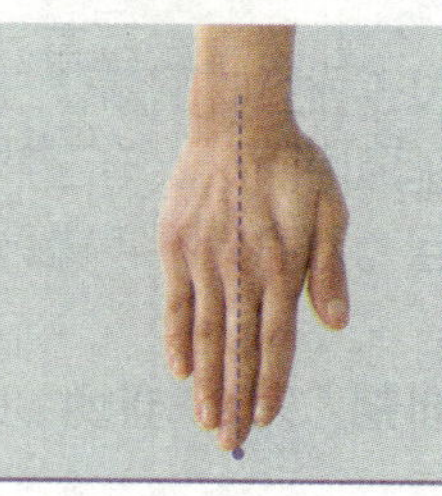

脚部动作

压脚板 脚部沿腿向前伸展时，应从脚踝处伸展，使脚板下压。

勾脚板 脚踝弯曲，脚板向上勾起。

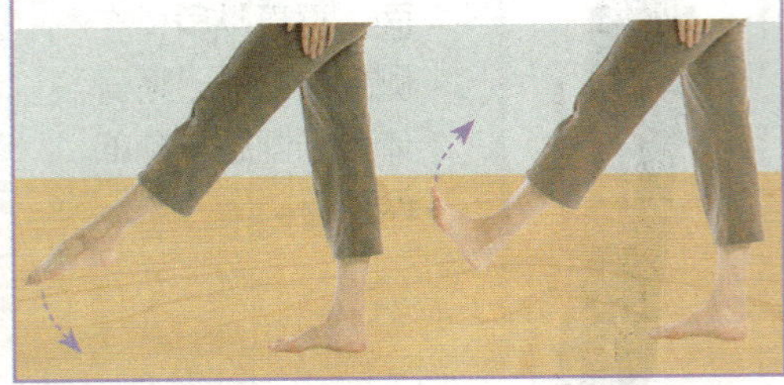

盆腔

不论是进行坐姿、站姿、卧姿，还是倒立、扭转等练习，左右骨盆都应保持在同一水平线上，不要出现盆腔翻转或左右盆腔高低不平的现象。

肩膀

进行瑜伽练习时，如同盆腔一样，左右肩膀应在同一水平线上，不应出现高低肩、前后肩等问题。

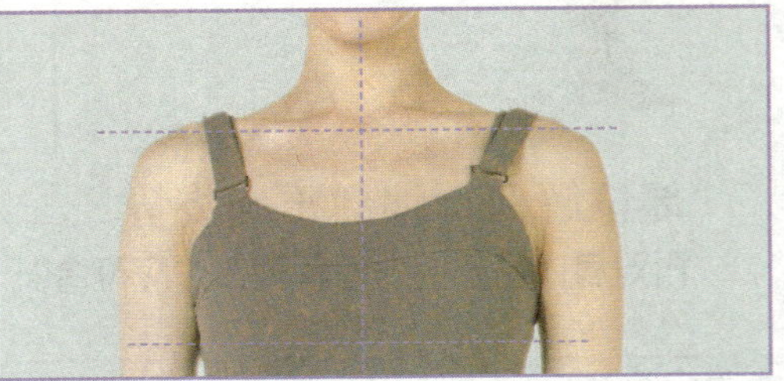

从瑜伽的基础动作开始练习

站、卧、坐、跪，四个人体运动的最基础动作，也是瑜伽运动中最基础、最要讲究正确的动作。如果能掌握好这四大基础动作，做到准确、自然，那么进行瑜伽体位法练习时，必能事半功倍。

站姿

进行站姿体式练习时，应先练好以下基础动作。

正面

从正面看，从头顶向下，与印堂、鼻头、下巴、胸口、肚脐、耻骨、两膝的中点、两脚踝的中点，直至脚掌合并处，应该成一条直线，垂直于地面。同时，两耳、两肩、两胸口、左右髋部、两膝的连线应与此条直线垂直，并与地面平行。以上条件都符合，才是正确的站姿。

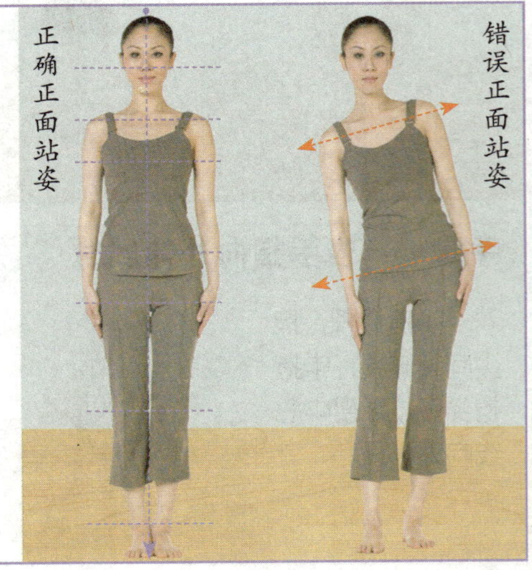

侧面

从身体侧面看，头顶、耳尖、肩膀、手肘、髋骨、膝侧，至脚踝应该成一条直线，并与地面垂直，才是正确的站姿。

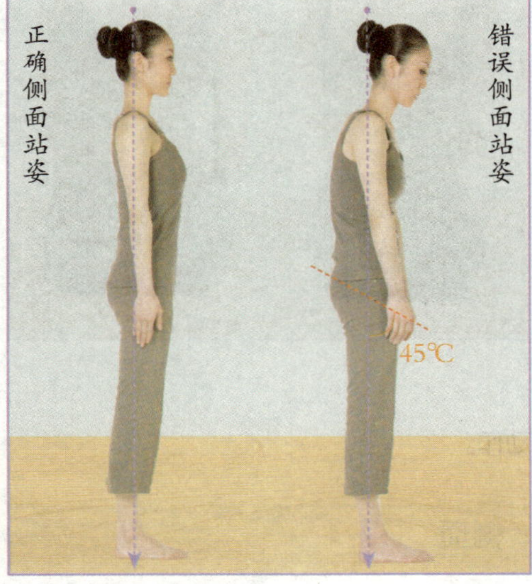

背面

从身体背面看，头顶、颈椎、脊椎、腰椎、尾椎、两膝的中点，至脚、两脚踝的中点应该成一条直线，并与地面垂直，才是正确的站姿。

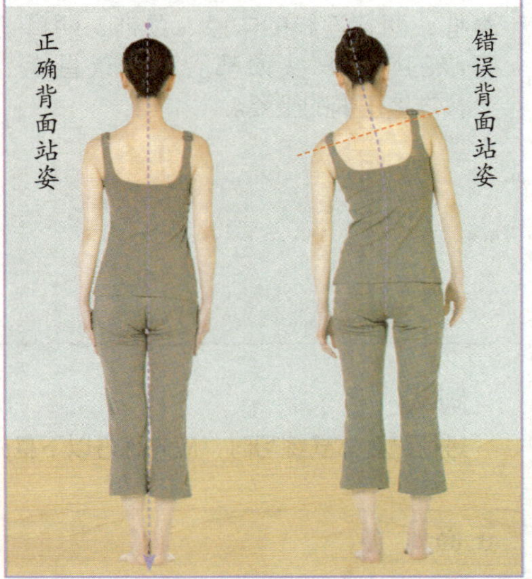

坐姿

进行坐姿体式练习时，应先练好以下基础动作。

正面

从正面看，由耻骨往上，肚脐、锁骨中点、下巴、鼻头、眉心，至头顶都应在一条直线上，才是正确的坐姿。

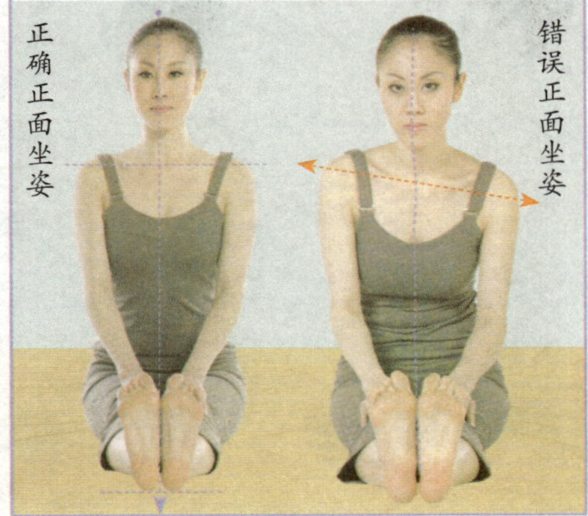

侧面

从身体侧面看，由坐骨往上，髋骨、肩膀、耳朵，至头顶都应在一条直线上，才是正确的坐姿。

背面

从身体背面看，由尾椎往上，腰椎、脊椎、两肩连线的中点、颈椎、两耳连线的中点、头顶都应在一条直线上，才是正确的坐姿。

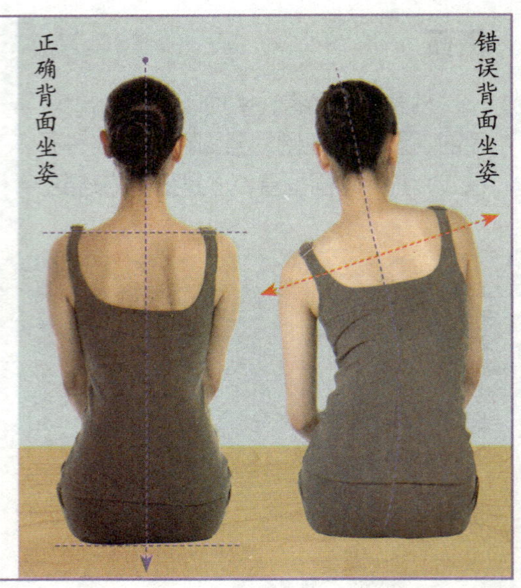

跪姿

进行跪姿体式练习时，应先练好以下基础动作。

正面

从正面看，两膝连线的中点、肚脐、锁骨中点、下巴、鼻头、眉心，至头顶都应在同一切面上，才是正确的跪姿。

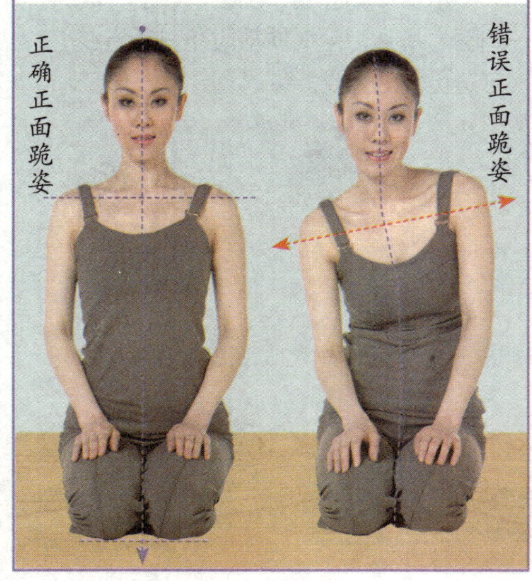

侧面

从身体侧面看，由坐骨往上，髋骨、肩膀、耳朵，至头顶都应在一条直线上，才是正确的跪姿。

背面

从身体背面看，由两脚连线的中点往上，腰椎、脊椎、两肩连线的中点、颈椎、两耳连线的中点、头顶都应在一条直线上，才是正确的跪姿。

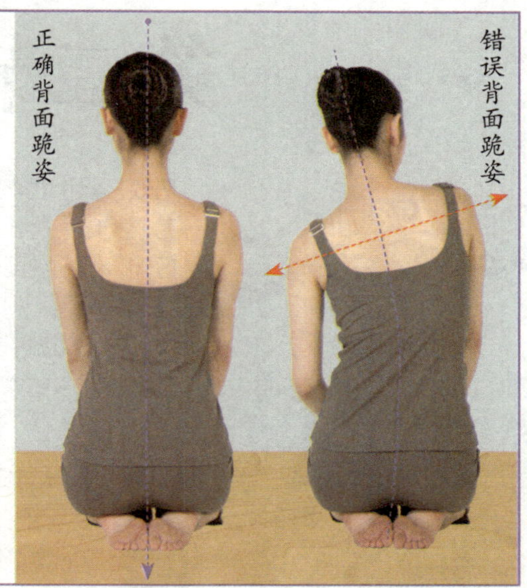

卧姿

进行卧姿体式练习时，应先练好以下基础动作。

正面

从正面看，由两脚连线的中点向上，耻骨、肚脐、两肩连线的中点、下巴、鼻头、眉心、头顶都应在一条直线上，才是正确的仰卧。

背面

从背面看，尾椎、腰椎、两肩连线的中点、头顶都应在一条直线上，才是正确的俯卧。

第二节 站姿体式

合掌立脚式

功效：双手上举的动作，能充分运动手臂肱三头肌，增强手臂肌力，美化手臂线条；手臂的向上延伸，还能带动腰部两侧肌肉的拉伸，纤细腰身；垫脚动作能拉伸腿部前侧肌肉，收紧腿部后侧肌肉和臀部肌肉，塑造挺翘的臀部曲线。这个体式还能锻炼脚部、腿部和脚部关节肌肉，使关节更灵活，肌肉耐力更强。

1 站姿，重心均匀分布在双脚上，双手自然垂落在体侧，抬头挺胸，小腹内收，肩膀放松。

2 吸气，双手在体前合十，肘部抬高，眼睛看向指尖，肩膀放平。呼气，感受身体的放松。

3 吸气，双臂上举过头顶。呼气时，指尖向上延伸，尾椎骨收紧，完全地伸展脊柱。收紧下颌，深呼吸。呼气，将脚跟踮起，脊椎保持挺直。吸气时，手臂向头顶心的方向延伸。

简易式

初学者无法很好地保持身体的平衡时，可以先从简易式开始练习。保持手臂在体前合十，脚尖尽量上挺，感觉从脚下往头顶方向有一个垂直的力提拉身体和脊椎，收紧尾椎、小腹。能保持较长时间的平衡后，再练习将手臂举过头顶的体式。

错误姿势

身体向上延展才能缓解膝盖和脚部的压力，错误的姿势让脊椎不能得到很好的向上拉伸，会让头和腰背向前或者向后倾斜；双脚分开让身体的重量不能很好地分布，让练习者失去平衡。

标准图解

技巧

练习此式时，需要全身各个部分的配合。收紧肚子，可以减轻膝盖的压力；手臂和脊椎向上延伸，感受到腰部和脊椎的拉伸，同样也会让身体感觉轻盈；练习熟练后，可以尝试着把脚尖再踮高一些，让身体得到完全的向上伸展。

站立侧拉腿式

功效：侧拉腿的动作可以同时锻炼大腿内外侧肌群及臀肌，并有助于增加骨盆与大腿关节灵活性，使其更柔韧、有力，打造笔直的双腿；手臂向上伸直可以促进身体侧面淋巴循环，加快这一部位脂肪的消耗。此体式对身体的稳定性要求较高，长期练习这个体式，可以增强身体的平衡力和控制力，使身体各个部位更均衡地发展。

1 站姿预备，双手在体前合十，肘部抬高，手臂与身体垂直。抬头挺胸，小腹内收，肩膀放松。

2 吸气，双臂上举过头顶。呼气时，手臂带动身体向指尖方向向上伸展，臀部收紧，感觉脊椎从尾椎自下而上地提拉。下颌微收，缓慢呼吸。

3 吸气，重心转移到左脚，向侧面抬高右腿，平衡后，呼气。身体保持正位，肩膀放松，朝前打开，双眼目视前方。

4 吸气，脚尖绷直；吐气，右腿再次往外打开，抬高到极限，膝盖不要弯曲。保持姿势，吸气，体会大腿外侧肌肉的延伸。收回时，先缓慢收回右腿，再自身体两侧放落两臂，换腿练习。

错误姿势

练习时，脊椎侧弯或者前后倾斜，都会让练习者很容易失去平衡，拉伤两侧侧腰的肌肉，感到肩颈酸痛。

标准图解

技巧

练习此式时，要注意保持好身体的平衡；肩部放松，手臂带动身体向上延伸，会减轻对膝盖和脚掌的压力；大腿尽量抬高，拉伸至大腿内侧肌肉有微酸感的程度，保持身体稳定；脊椎伸直，不要前倾或者后仰，从侧面看，身体处在一个平面。

山式

功效：紧实身体肌群，强化内脏器官；保护脊椎，提高身体免疫力；锻炼集中注意力和冥想的能力；增加身体中积极向上的情感能量，帮助保持乐观的心态。山式是站姿最基本的姿势，如果能掌握站姿的正确技巧，对预防肢体歪斜，预防因脊椎歪斜带来的病痛都很有效。

1 站姿，腰背挺直，双腿并拢，脚尖向前，两臂向下伸直，微微打开；肩膀放松，臀部收紧，脊椎往上延伸、拉高，胸腔微微打开。

2 吸气，保持身体站姿正位，双手自身体两侧向上举起，掌心相对，指尖朝上；呼气时收紧臀部与腹部，延伸脊椎。

3 再次吸气，保持手臂向上伸直的姿态，十指交叉相握，掌心朝上；呼气时，绷直双腿，收紧臀部，向上提拉整条腿后部肌肉，肩膀放松，感觉自己是一座巍峨的大山，身体自下而上稳定延伸，专注于呼吸。

错误姿势

站立伸展时，弯腰驼背，长期如此可造成脊椎弯曲，形成了耸肩、驼背、脊椎侧弯等不良体态。

标准图解

技巧

练习山式时，身体不要歪斜，站立的腿要伸直，掌心并拢，双脚紧贴地面，不要左右前后摇晃。脚掌均匀承受身体的重量，脚趾撑开，大脚趾与脚踝内侧相贴，双脚后跟微开约一手指的宽度，让身体重心平均落于脚掌上。此体式是许多体式的热身动作，因此注意力应放在身体的放松和延展上，脊椎一定要保持向上延伸的状态。

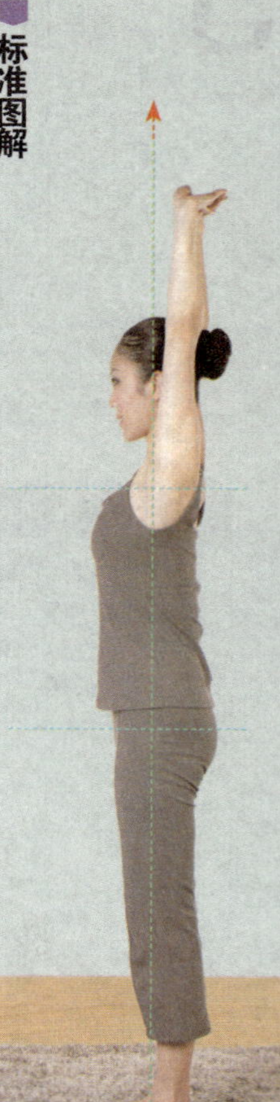

三角式

功效：练习此体式，可以美化手脚曲线，紧实腰部肌肉，纤细腰围，预防肥胖；有助于促进脊椎神经血液循环，舒缓坐骨神经痛。

1 站立，挺直腰背，手臂自然垂落于体侧。脊椎往上延伸、拉高，肩放松，做深呼吸。

2 吸气，双脚打开两个肩宽，右脚尖朝向右侧，左脚朝前，身体保持挺直；呼气，双手抬起，与肩平行，保持1次呼吸的时间。

3 吸气，身体向右侧弯曲，右手握住右脚踝；左臂上举，指尖朝上。头部转向上侧，眼睛注视左手指尖，呼气时左手向上拉伸，保持3~5次呼吸的时间，感受到侧腰和腿部的拉伸。吸气时恢复到开始的姿势，换方向练习。

简易式

在侧腰下弯幅度不够时，不需刻意追求手臂落地的程度，可利用瑜伽砖辅助完成动作的练习，但要注意保持姿势正确到位。

错误姿势

初学者或身体比较僵硬的练习者在练习此式时，常让身体处于弯腰驼背的状态。这样的体位是不正确的，会造成练习者骨盆后推，核心肌群松散无力，还会在练习中感觉憋气、头昏、血液不循环。

标准图解

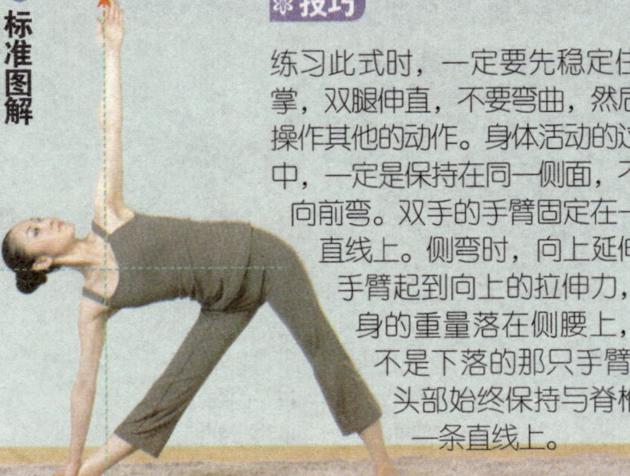

技巧

练习此式时，一定要先稳定住脚掌，双腿伸直，不要弯曲，然后再操作其他的动作。身体活动的过程中，一定是保持在同一侧面，不要向前弯。双手的手臂固定在一条直线上。侧弯时，向上延伸的手臂起到向上的拉伸力，上身的重量落在侧腰上，而不是下落的那只手臂上。头部始终保持与脊椎在一条直线上。

反三角式

功效：练习此体式，有益于身体肌肉、关节、内脏。侧弯的姿势可以减去腰部多余的赘肉；双腿的支撑可以美化大腿和小腿的线条；在腹部与大腿贴近时，可以有效按摩到腹部的内脏器官；向上延伸的手臂可以拉紧上臂的肌肉，美化肩部，扩张胸部；长期练习此式，可以消除下背疼痛，消除便秘。

1 紧接三角式开始练习。

2 吸气时放松，右手撑地，左臂放下，左手撑于右脚外侧。

3 呼气，身体转向后侧，右臂抬起举高，与地面垂直，指尖向上延伸；头部右转，眼睛注视右手指尖的方向。注意保持腰背伸直，不要弓背塌腰，保持姿势 3~5 次呼吸的时间。

4 稳住身体，吸气时抬起左臂，从侧面开始将身体慢慢抬起，回复到基础站姿，舒缓身体，休息片刻，再换边练习。

错误姿势

从图中可以很明显看出，左手撑地，上身的重量落在左手上，背部的肌肉呈现一个弯曲的紧张状态，并没有得到很好的扩张和伸展。身体并不是在一个平面上向右后方转动，而是向下掉，没有处在正确的位置上。

简易式 反三角式的简易式可以同三角式一样，将手扶在腿上，或撑在瑜伽砖上，完成练习。

标准图解

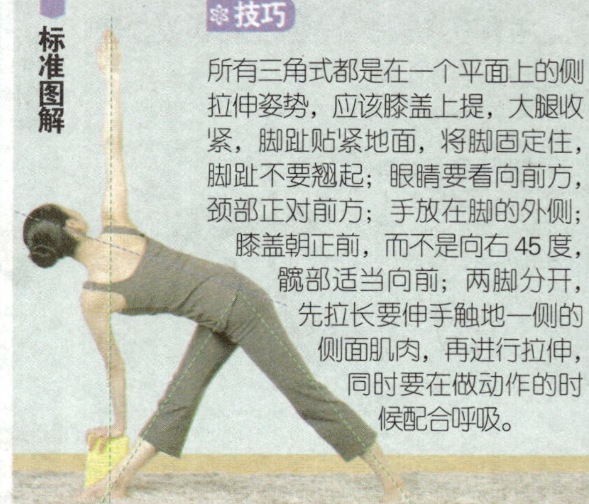

技巧

所有三角式都是在一个平面上的侧拉伸姿势，应该膝盖上提，大腿收紧，脚趾贴紧地面，将脚固定住，脚趾不要翘起；眼睛要看向前方，颈部正对前方；手放在脚的外侧；膝盖朝正前，而不是向右 45 度，髋部适当向前；两脚分开，先拉长要伸手触地一侧的侧面肌肉，再进行拉伸，同时要在做动作的时候配合呼吸。

三角扣手式

功效： 拉伸大腿内侧，强壮腿部肌肉；消除腰侧和臀部多余的脂肪；通过扭转促进新鲜的血液流向脊柱，使脊柱灵活；缓解并消除腰、背部的紧张、疲劳感；缓解坐骨神经痛以及关节的疼痛。

1 站姿预备，两腿分开两个肩宽，右脚跟向右旋转90度，吸气，弯曲右腿，髋部下压，手向两旁拉伸，目视右前方。

2 呼气，腰向右送，身体向右侧弯曲向下，右腿膝盖前推，右手放置于右腿内侧，手臂抵住膝盖内侧，左手臂向上伸展。

3 吸气，右手向后，手肘弯曲，穿过右腿，伸向背后，左臂继续向上延伸，眼睛看向左臂指尖所指方向。

4 吸气，左手收回，从背侧绕过，握住右手手腕，颈椎姿势应到位，肩膀打开，右大腿保持与地面平行，停留约3~5次呼吸的时间。初学者，双手难以相握的，可借助瑜伽带或毛巾完成练习。

错误姿势

练习此式时，容易出现上身前倾、头部下垂的错误姿势，这是由于脊椎没有得到正确旋转，肩部没有打开而引起的。错误的姿势在练习时，使人感觉呼吸不畅，虽然双手扣住，但身体各个部分没有得到很好的伸展。

技巧

练习此式时，一定要先稳定住脚掌，双腿伸直，不要弯曲，然后再操作其他的动作。身体活动的过程中，一定是保持在同一侧面，不要向前弯。双手的手臂固定在一条直线上。侧弯时，向上延伸的手臂起到向上的拉伸力，上身的重量落在侧腰上，而不是下落的那只手臂上。头部始终保持正确的姿势，与脊椎在一条直线上。

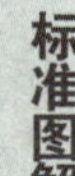

标准图解

半莲花站立前屈式

功效：练习此体式，有益于身体肌肉、关节、内脏。侧弯的姿势可以减去腰部多余的赘肉；双腿的支撑可以美化大腿和小腿的线条；在腹部与大腿贴近时，可以有效按摩到腹部的内脏器官；向上延伸的手臂可以拉紧上臂的肌肉，美化肩部，扩张胸部；长期练习此式，可以消除下背疼痛，消除便秘。

1 挺直腰背站立，双腿并拢，双手放在身体两侧，肩膀微微打开、放平，眼睛看向前方。

2 左腿向左弯曲，将左脚脚踝放到右大腿上，脚背贴近大腿，左膝朝外打开。左手绕过身后，抓住左脚脚趾，身体保持平衡。

3 深深吸气，呼气时身体有控制地缓慢向前屈，右手碰到前方的垫子后，停留保持住，右腿伸直，脊柱也应向前伸展。保持3~5次呼吸的时间。

4 再次呼气时，身体进一步向前弯曲，低头，使胸口尽量向大腿靠近，保持两次呼吸的时间。吸气时，上身缓慢抬起，回复到基础站姿，换边重复练习。

简易式 若手无法从背后绕过抓住脚趾，可以将手背在后背；身体下弯时，可以在体前垫瑜伽砖降低难度，但身体的重量一定不要全部落于落地的手臂上，应该稳稳地放在落地的那只脚掌上。

错误姿势

抬起的那只脚，应该紧贴大腿根部，这样才可以保持身体的平衡，减轻站立的腿所承受的压力。错误的姿势很容易使练习者身体失去平衡，造成腿部、膝盖或背部的伤害。

技巧

此体式对身体的平衡性要求较高，练习过程中一定要保持动作的协调性，俯身下屈时，右腿支撑着全身的重量，注意不要左右晃动；左腿贴近大腿根部和腹部，膝盖朝外打开，帮助保持平衡的同时，伸展大腿内侧肌肉；头颈部不要下垂，和脊椎在同一直线上，保持身体的控制力。

标准图解

舒缓拉背式

功效：练习这个体式，可以有效修饰身体各个部分的线条，收紧大腿后侧、上臂的多余的赘肉；锻炼身体的控制能力和平衡能力，改善腰椎间盘突出等问题；同时可以增强面部血液循环，改善面部细纹。

1 挺直腰背站立，双脚打开约两个肩宽的位置，双臂自然垂落，放在大腿外侧，肩膀放松，胸部微微挺起，注意腰部保持平直，不要翘臀凸肚。

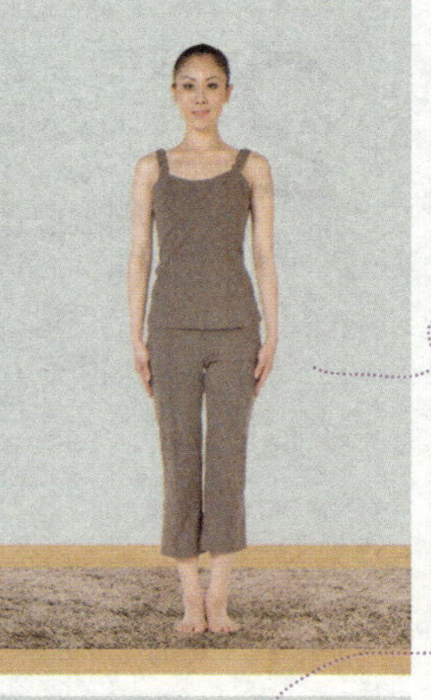

2 吸气，自体侧抬高双臂，交叉于头顶位置，左手握住右臂肘部，右手握住左臂肘部；呼气，腰背挺直，脊椎向上延伸，停留保持1次呼吸的时间。

3 吸气，脚掌稳稳贴住地面不动；呼气，绷直双腿，身体在双臂有控制的带动下缓慢前屈，至上半身与地面平行，脊椎向前向下延伸。

4 再次呼气时，臀部收紧，腰背、双腿挺直，身体继续向前弯曲，至双臂落至地面，停留保持3~5次呼吸的时间。还原时，松开双臂，自体前缓缓带动身体回复到原位。

错误姿势 ×

身体下弯时，脊柱若无法做到向前伸展，会给腰部、腹部带来很大压力，同时还有可能使身体重心不稳，失去平衡。

技巧

练习此式时，一定要控制好身体的平衡，动作要缓慢；身体前倾下落时，膝盖不要弯曲，脚跟贴地不要前后摇晃；整个练习过程中，尽量保持背部的平直，配合呼吸地拉伸身体，不要憋气。初学者或腰部韧性不够的练习者，要保持脊椎的伸直，感受到腰背和大腿后侧的拉伸即可，可以放几块瑜伽砖在身体前侧，来帮助身体保持平衡，降低练习难度。练习熟练后，可以尝试双腿往前倾，感受腿部更大的拉伸力度。

标准图解

树式

功效：这个体式能使能量集中于脊椎，增强身体的稳定性，提高平衡能力；加强了腿部、胸部和背部的肌肉力量与肌肉耐力；使髋关节、踝关节得到放松，变得更灵活；修饰双臂和背部的线条，对久坐形成的不良体态有很好的纠正作用。

1 挺直腰背站立，双腿并拢，双手放在身体两侧，肩膀微微打开、放平，眼睛看向前方。

2 吸气，屈左膝，抬高左腿，重心转移到右脚，左手帮助左脚跟放置在右腿根部，靠近会阴处的位置，身体伸直，呼气。

3 挺直腰背，吸气，双臂抬起在胸前合十；左腿膝盖朝外打开，脚心抵住右大腿内侧，控制左腿不往下滑。

4 呼气时，双臂沿着身体中线向上抬起，推举过头，上臂夹于耳后，肩膀向下向后打开。停留保持5~8次呼吸的时间。每次呼气时都将肚脐内收上提。吸气时收回双臂，恢复到开始的姿势，换边练习。

错误姿势

练习此式时，要循序渐进，千万不能操之过急，容易出现的问题是抬高的那条腿无法打开髋部，脊柱弯曲，这些都有可能使人失去身体的平衡，受到伤害。

标准图解

技巧

呼吸时，用胸部和胸腔进行呼吸，放松肩膀，稍微收腹以支持背部；双手手臂向上延伸，带动身体向上；将注意力集中在温和地伸展脊椎和脖子，以及脚腿着地的感觉上，才能使身体较好地保持平衡；抬高的那条腿朝外打开，从侧面看，与身体保持在一个平面上，可以帮助身体平衡；若抬高的腿无法靠近大腿根部，可以先将脚背放在膝盖上同样可以起到打开髋部，保持平衡的作用，练好了再慢慢上升。

功效：改善腰部和脊柱的柔韧性，通过伸展，拉伸了两侧腰肌，起到消除腰部多余脂肪的作用；有按摩腹腔内脏，加强消化系统功能的作用。

1 挺直腰背站立，双腿并拢，双手自然落于体侧。吸气，双臂侧平举，脚掌稳稳地站在地面上，感觉向两侧延伸。脊柱向上伸直。

2 呼气，收紧腰腹，右臂上举伸直，左臂落回体侧，保持1次呼吸的时间。注意左右肩膀保持平直，不要一高一低。

3 呼气时，腰部以上部位在右臂的带动下，慢慢向左弯曲，如同挺直的树干被风吹弯，头部转向上方，保持2~5次呼吸的时间。

4 吸气时身体慢慢回正，放下右臂，回到开始的姿势，换边练习。

错误姿势

练习风吹树式时，很容易出现脊椎向前弯曲，失去上身正位的错误。错误的姿势不仅让身体得不到伸展，还会给腰椎、肩背部位带来较大压力，长期坚持错误的练习，会造成脊椎变形、肩周不适等后果。

标准图解

技巧

平衡是瑜伽练习中的一个难点，在这个体式中可以得到很好的锻炼。练习时，目视较远的地方，有助于身体保持平衡；呼吸要缓慢柔和，配合身体的弯曲；向上伸展的手臂有一种向上提拉的感觉，但不能使肩膀偏离正确的位置；脚掌稳稳地贴住地面，重心均匀分布在两脚上，注意身体不要前后摆动。

弦月式

功效：提高脊柱弹性及灵活性；消除手臂及腰侧赘肉，使身体更加挺拔、轻灵、优雅；此体式还能增强身体的消化能力；提高对身体的控制能力，有效集中注意力；伸展全身肌肉，有利于纤体塑形。

1 山立式站姿预备，双手在体前合十，肘部抬高，前臂与身体垂直。抬头挺胸，小腹内收，肩膀放松。

2 吸气，双臂上举过头顶。呼气时，臀部收紧，手臂带动身体向指尖方向向上伸展，手臂尽量放在耳后，保持姿势2次呼吸的时间。

3 呼气时，上身在手臂的带动下，慢慢向左弯曲，头部右转，眼睛看向右臂上方的天空，保持2~5次呼吸的时间。

4 吸气时，脚掌稳稳地贴在地面上，手臂带动上身缓慢收回身体，调整呼吸后，换边练习。

错误姿势

身体侧弯时，身体各个部分没有做到正确的拉伸，那么配合起来也会出现肩膀内收、头部下垂、上身前倾、髋部歪斜等许多问题。长时间以错误姿势练习，会让身体肌群变得紧张，练习者感觉血液循环不畅。

标准图解

技巧

上身侧弯时，注意保持两髋在同一高度上；在练习中，身体的重量平均分布在双脚脚掌上，重心在两脚之间；保持手臂的挺拔与伸展，感觉向上的牵引力；初学者可以背靠墙壁练习，这样可以纠正练习中出现的侧面弯曲的错误姿势。

手抓脚单腿站立伸展式

功效：练习此式，可以增强身体的平衡能力和控制能力；向上拉伸的动作能增强腿部力量和腰腹部力量，帮助拉伸腿部后侧线条，纤细大腿。

1 站姿，重心均匀分布在双脚上，双手自然垂落在体侧，抬头挺胸，小腹内收，肩膀放松。

2 吸气，左手叉腰，屈右膝，右手去抓右脚脚趾，抬高右腿。

3 呼气，抓住右腿向侧面打开伸直，伸展右腿，脊椎伸展向上，髋关节摆正，保持两次呼吸的时间。练习熟练者可以将右腿再拉高靠近身体。吸气时缓慢放下右腿，恢复到站姿，再换边练习。

技巧

整个体式中，都要脊椎伸展向上，保持垂直地面；腿向正前方伸展或伸直，脚尖尽量勾起；身体的重心在支撑脚上，不要左右摇摆，否则很容易引起拉伤或扭伤；左右髋关节应摆正，以帮助保持身体平衡；练习时，可以用腹式呼吸，感受内脏器官得到滋养。初学者可以用带子或用背靠墙帮助练习，身体姿势一定要正确，待练习熟练后，再尝试做更大的拉伸。

错误姿势

脊椎弯曲，髋部不平，会让练习者很快感到肩部疲劳、腿部酸痛，失去身体的平衡。长久练习错误的体式，可能引起腹部、腿部肌肉拉伤，和肩周、腰椎疾病，同时也会伤害到初学者的信心。

标准图解

幻椅式

功效：练习此式，可以强健脊椎、大腿、臀部和背部，增强肌力；纤细手臂线条，扩张双肩，纠正肩部、背部的不良体态。肚脐至骨盆底部的部位不仅是生殖、消化、排泄器官的居所，它还负责控制沿着脊椎的能量流，多多练习此体式，可以让骨盆区域的能量得到补充。

1 站姿，重心均匀分布在双脚上，双手自然垂落在体侧，抬头挺胸，小腹内收，肩膀放松。眼睛看向前方。双脚分开一个肩宽左右的距离，脊椎向上伸直，自然呼吸。

2 吸气，双臂向上伸直，头微微仰起；呼气，放松肩膀，收紧尾骨，伸展双臂与脊椎，脚跟不要离地。保持姿势2次呼吸的时间。

3 再次呼气，收紧腰腹与臀部，膝盖弯曲，臀部后坐，想象自己稳稳地坐在椅子上，注意力集中在向上向前延伸的脊椎上，保持5~8次呼吸的时间。

简易式

腰腹力量不够，可在臀部下方放一把椅子，屁股轻轻接触椅面，完成练习。脚跟韧带比较僵硬的练习者或者初学者则可把脚跟垫高（放置铺巾或垫子，或者把双脚再分开点来练习；肩部很僵硬的练习者，则可将双臂打开进行练习）。

错误姿势

错误的姿势通常出现在腰椎和腿脚的部位。练习时，脚掌不稳会带动下半身不稳定；同时，腰椎弯曲会使腰背受到过度的挤压，失去延展的功效。

标准图解

技巧

练习此式时，要求脊椎、大腿、臀部和背部都有良好的体力。手臂向斜上方伸展，与臀部的后坐力一起，对背部自尾椎到腰椎、颈椎都能起到拉伸的效果；大腿支撑身体的重量，下弯和回复时都应动作缓慢；练习时头部也应沿脊椎方向伸直，不要放松下吊。

加强侧伸展式

功效：练习此体式，可以伸展脊柱，纠正弯曲的脊椎和各种不良体态；放松髋关节，促进骨盆区域的血液循环；拉伸侧腰，消除腰部堆积的赘肉；温和地刺激腹部，改善内脏器官功能。

1 正立，双脚打开约两个肩宽，深吸气，右脚向右侧转90度，左脚向右侧转45度，身体转向右侧。

2 吸气，双臂在背后肩胛骨的位置合十，指尖朝上。呼气，头部带动身体往上拉伸，下颌微收。

3 吸气，抬头，颈椎向上伸展；身体微微后仰，感觉到背部脊椎向后向上受到提拉。

4 呼气，上身向前倾，胸部尽量贴着右大腿。下巴搁在小腿胫骨上，腹式呼吸，保持3~5次呼吸的时间。收回时，以头部的力量带动，缓慢抬起上身。调整呼吸后，换边练习。

错误姿势

练习此式时易犯因追求上身前倾的幅度而弯曲背部的错误。这种错误的体式致使练习者的脊椎没有得到伸展，胸部内收，造成呼吸方面的困难。

标准图解

技巧

练习此式时，双腿一定要伸直，不要弯曲，只有这样才能充分拉伸腿部；腰部也应在平直的状态下向前延伸，颈部、背部和腰部的脊椎处在一条直线上，脊椎神经才能得到正确滋养；下巴不能碰到小腿时，不必勉强，只要以正确的体位练习，感受到腰部和腿部的拉伸即可。

鸟王式

功效：锻炼整体的平衡性，协调手部和肩部的关节，使手臂更灵活；锻炼双臂的韧性，收紧双臂松弛的肌肉，使手臂线条更美；活动手腕关节，避免“鼠标手”的产生；修饰双腿，塑造笔直的腿部线条。

1 挺直腰背站立在垫子上，目视前方。双肩微微朝外打开，手臂自然垂落于体侧，脚掌稳稳站立，紧贴地面。

2 双膝略微弯曲，抬起左小腿，从前面跨过右膝，勾住右小腿，将身体重心放在两腿之间，右脚趾张开，牢牢抓住垫子。腿部力量不够的练习者，可将一条腿跨过另一条腿的膝盖，以脚尖点地，给身体更多支撑力量。

3 向上抬起双臂，左臂从上方压过右臂，肘关节交叠，双手掌心相对，手臂柔韧度不够的练习者，不用双手掌心相对，肘关节交叠后，一只手抓住另一只手的手腕即可。

简易式

吸气，下蹲，上身向前倾，让腹部靠近大腿，保持5~8次呼吸的时间。恢复到起始姿势，反方向练习。

错误姿势

鸟王式是个极其优美的姿势。但是如图所示的动作，使支撑腿弯曲，双手胡乱缠绕，都令练习者不仅体会不到各个部位的拉伸，而且令其失去身体平衡。错误的姿势在扰乱呼吸的同时，还有可能给身体带来运动伤害。

技巧

尽量保持好呼吸，动作宜缓慢，手臂交叠后，尽量上抬，令上臂保持在与地面平行的位置，这样手臂拉伸与肩部的活动更加到位；下弯时，腰身保持平直，不要驼背或者弯腰；脚部要稳稳地站立在垫子上，控制好身体的平衡。

标准图解

双角式

功效：强健、伸展大腿内侧及脊柱的肌肉，增强体力；调和腹部器官，锻炼到平时容易忽视的地方；使肩关节灵活、柔软，减轻背痛，有效地改善“耸肩”，缓解各种肩周疾病的疼痛症状。

1 以山式的站姿为起始姿势，分开双腿约两个肩宽，脚尖向前。双手背后交叉握紧，微微扩张肩部，打开胸部。

2 吸气，抬头，胸口伸展打开。呼气，身体缓慢向前、向下伸展，使背部柔软而纤长。手臂在身后伸直。

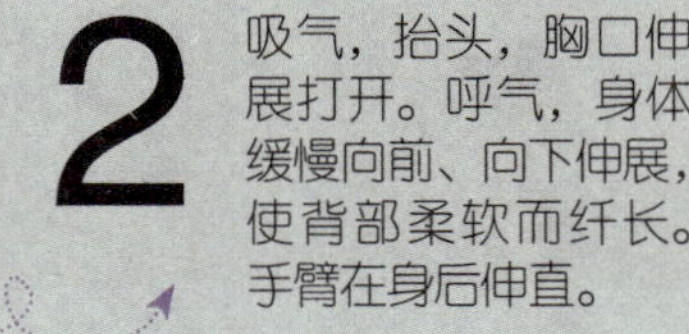

3 继续呼吸。呼气时，手部向前伸展到地面，前额和头顶部分轻轻落在垫子上。保持5~8次呼吸的时间，感受腹部的起伏。

4 吸气，缓慢抬起头部，手部在背后不要松开，脊椎正一节一节地向上伸展还原。

简易式 腰背韧性不足的练习者和初学者在头顶无法着地时，可以在体前双脚中间的位置放置瑜伽砖，以降低难度。练习过程中，在感受到腰背的拉伸到达自身的极限时，便可以停留保持，同样能收到良好的效果。

错误姿势

腰部不是在平直的平面拉伸时，会给腰部、背部带来极大的压力；脚部向上翘起，令身体无法很好地掌握平衡；头部下垂也会令血液集中于头部，长时间保持错误姿势，会令练习者感到缺氧、头晕。

技巧

上身下弯时，需要抬头向前，颈部伸长，背部伸展拉长；结束动作时，要尽量伸展背部，并拉长再返回初始姿势。练习整个体式时，要保持缓慢的呼吸和动作，脚掌稳稳踩住地面。正值生理期的女性，尽量不要练习此体式，练习时，也不要使头部下弯过度，以与髋部在同一平面为宜。

标准图解

站姿炮弹式

功效：增强手臂的力量和弹性，收紧臀部肌肉，美化身体线条；打开肩部，有保持良好体态的效果；拉长颈部线条，促进身体的协调性；促进臂部、颈部、臀部的血液循环，美容美体。

1 挺直腰背，侧立在垫子上，目视前方。双肩微微朝外打开，手臂自然垂落于体侧，脚掌稳稳站立，紧贴地面。

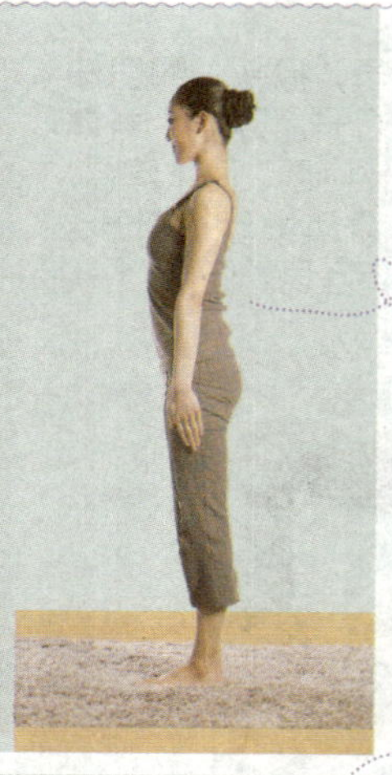

2 将重心慢慢转移到右腿上，吸气，左膝抬起，手指交叉抱膝，脚尖绷直向下，腰背伸直，右脚掌稳稳站立在垫子上。

3 吐气，大腿往胸前靠，腹部收紧。继续吐气，坚持到极限，慢慢吸气，放下腿。放松深呼吸，相反方向重复此动作。

技巧

练习此式时，保持身体平衡的关键在于身体脊椎的向上伸延，支撑身体那条腿的脚掌脚趾撑开，稳稳地抓住地面；双肩可以微微打开，放平肩部，收紧手肘；将抬起的腿收拢到胸前时，腰背不要弯曲，头也要保持挺直，看向远处，感受大腿对腹部的轻轻按摩刺激。

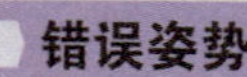

错误姿势 ×

因为尽力抬高腿部，容易出现的错误是，上身后仰，将膝盖上拉。同时髋部也向前推，腿部无法靠近腹部，大腿的肌肉得不到收紧；腰、背、颈都弯曲，不再在一条直线上，容易形成耸肩驼背等不良体态。

标准图解

壮美式

功效：消耗大腿的脂肪，消除腿部赘肉，使腿部曲线修长，体态匀称；美化臀部曲线，塑造完美翘臀；强化内脏，改善胃部功能；按摩内脏器官，对治疗糖尿病有一定辅助效果。

1 身体右转90度，挺直腰背，目视前方。双肩微微朝外打开，手臂放于体侧，耳朵、肩膀、髋部和脚踝都处在同一垂直于地面的垂直线上，脚掌稳稳站立，紧贴地面。

2 左手握左脚，右手自体前抬高伸直，拇指与食指合十，其余三指伸直。眼睛看正前方，上身微微向前倾，正常呼吸，身体保持平衡。

3 吸气，右手向前伸直，身体向上向前伸展，左腿向后向上抬高，左手臂抓紧脚掌，保持好身体的平衡。

4 集中意识，吐气，左腿尽量往后上方提高，收紧臀部，注意力在腰肌、大腿上，保持3次呼吸的时间。吐气时，放松后腰背部位，还原，左右腿交换再做一次动作。

错误姿势 ×

抬脚时应视自己身体状况量力而行。图中的错误在于后腰、大腿后侧并没有在同一条直线上，所以也无法使身体的各个部位向上正确延展，导致肩膀、髋部、腿部等身体各个部位不在正确的位置上，这样容易失去身体平衡，拉伤腿部。

技巧

在瑜伽的体式中，这是一个经典体式，需要身体有良好的平衡能力和支撑力量。练习时，站立的那条腿稳稳贴住地面，手臂要把大腿从后侧尽量向上提，往身体方向拉伸，不要偏离；肩膀放松，上半身不要向前弯。当动作熟练以后，眼睛看向上面的手指尖，让腿部尽量往身体靠拢，腰背部和腿部在侧面形成美丽的“U”字形。

标准图解

脊椎扭转式

功效：练习此式可以有效锻炼腿部肌肉的力量，收紧腿部后侧多余的赘肉，修饰腿部线条；使腿部、臀部的各个关节灵活；向前拉伸背部的脊椎，可刺激腹腔内的器官；打开双肩，使肘部和肩部灵活，减轻肩颈疼痛和腰背酸痛；还能加快面部血液循环，细致、美化面部肌肤。

1 站姿，重心均匀分布在双脚上，双手自然垂落在体侧，抬头挺胸，小腹内收，肩膀放松。吸气，双手在体前合十，肘部抬高，双手小臂成平行于地面的一条直线，肩膀放平。

2 呼气，双手合十不动，弯曲双腿膝盖，臀部向后坐，背部伸直朝前倾，至腹部贴近大腿后，保持呼吸。

3 保持身体的平衡，身体右转，左手肘抵住右腿膝盖，目视地面，呼吸时，用大腿去感觉腹部的起伏。

4 再次吸气，身体向右上方转动，双肩保持平行，尽量与地面垂直。停留约 2~3 次呼吸的时间，将身体还原至正前方，向左边转动身体，给脊椎以反方向的扭转。

错误姿势

上身朝前朝下倾时，会减少腰背及臀部的拉伸，让腿部、臀部、脊椎得不到应有的锻炼，还让上半身往前倾，可能使身体失去平衡；同时，图中左右腿和髋部明显不在同一水平线上，这样会导致脊椎和侧腰在不正确的位置扭转，有可能造成身体受伤。

技巧

练习此式时，双腿要保持平稳，髋部也相应地保持左右平行；臀部往后，保持上半身与地面大致平行的状态。上半身朝一边扭转时，注意上半身的重量不要全部落在左手手肘上；脊柱在平直的状态下微微扭转，做深长的呼吸，呼吸时放松背部，吸气时再将身体往上转动一些；眼睛看向双手指尖，颈椎朝前伸直，帮助保持脊柱的伸直状态。

标准图解

前蹲式

功效：练习本体式，可以有效锻炼腿部后侧和前侧的肌肉；灵活髋关节、膝关节和腕关节；朝前伸展脊椎，拉伸背部，改善腰椎间盘突出等症状；为骨盆区域注入能量，对生殖、消化系统的疾病都有一定的辅助治疗作用。

1 站姿，双脚分开约一个半肩宽，重心均匀分布在双脚上，双手自然垂落在体侧，抬头挺胸，小腹内收，肩膀放松。

2 吸气，双手侧平举，放平双肩，手臂朝手指尖方向延伸。

3 呼气，双手在体前合十，双手小臂保持在同一直线上，双肩放平不要上耸，胸部微微朝前打开，腰背继续保持平直，尾骨向内收。

4 吸气，臀部朝后送。弯屈膝盖，脊椎自尾骨一节节向前延展，感觉臀部稳稳地蹲坐在后面，脚跟不要离地。

错误姿势

练习时，要保持腿部前侧有一定的紧张感，否则可能让臀部过于向后坐；让脊柱向前伸直时，双膝往外打开，也会让腹部放松；手臂和手肘过于打开，会造成肩部上耸，令肩颈变得疲劳。

技巧

练习此式时，双腿要保持平稳，髋部也相应地保持左右平行；双膝向里靠拢，收紧腿部肌肉，臀部不要下掉；臀部往后帮助维持身体平衡的同时，还能有效地修饰臀形；脊柱始终保持向前延伸，不要塌腰或者驼背；腹部收紧，保持身体朝前朝上延伸；手臂在体前放松合十，肩部也随之放松。

标准图解

新月式

功效：练习此式，可以有效强化双脚、脚腕、小腿、膝部和大腿的力量，增强肌肉耐力，锻炼练习者的意志力；增强循环系统的功能，增加肺活量；提高身体的平衡控制能力；舒展髋部和肩部，纠正各种不良体态，使身体变得更轻盈。

1 以站姿或下犬式为起始姿势。吸气，左脚向前迈出一大步，左脚掌紧贴地面，左腿膝盖弯曲，不要超过左脚前侧。右脚伸直，脚尖点地，朝前推送髋部。上身弯曲向前，腹部紧贴左前腿，双手撑地。背部保持平直，向前延伸，呼气。

2 吸气，身体向上伸展，双手置于髋部。左脚紧压地面，右脚伸直往前靠，髋部摆正。保持2~3次呼吸的时间。

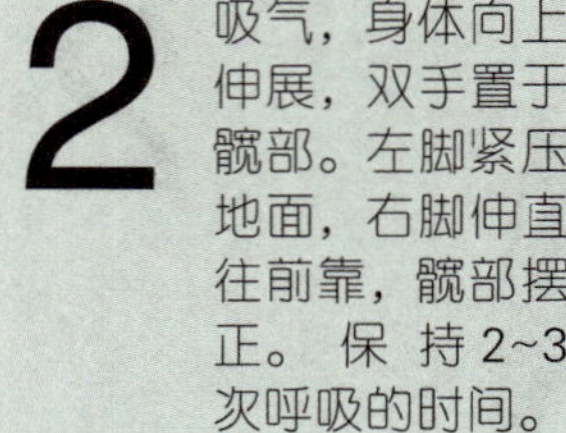

3 吸气，双臂上举过头顶，贴近双耳，扩张肩部和胸部，手臂伸直带动身体向上，继续延伸脊柱，稳固双脚，下沉小腹。右腿膝盖着地，扩展左右髋部。自然呼吸，眼睛看向前方，保持身体稳定。

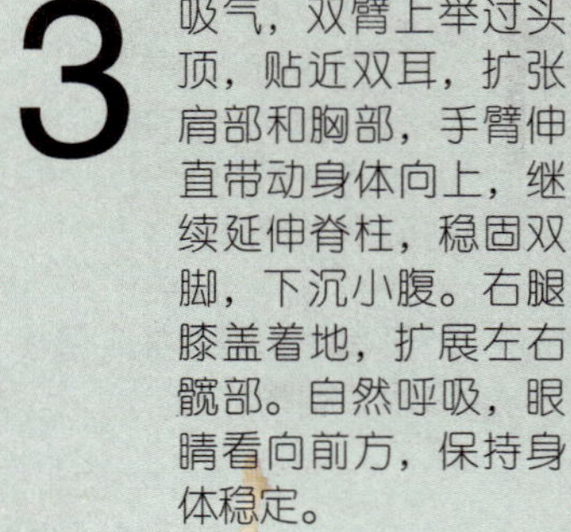

4 继续吸气，双臂带动上身往后仰，髋部、腿部保持不动，体会脊椎后侧的挤压感。停留大约5~8次呼吸的时间，双手带动上身缓慢回复，调整呼吸后，换腿练习。

简易式 初学者或者腿部力量不够的练习者，后腿膝盖可不下沉着地，保持膝盖伸直即可，手臂十指交叉向后延展，拉长脊椎。

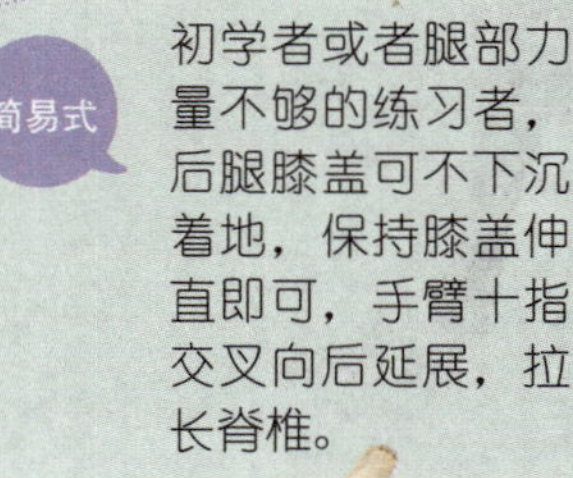

错误姿势

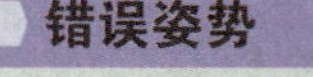

图中的错误姿势在于前腿膝盖过于前伸，前脚跟离地前冲。这样给髋关节和前大腿带来十分大的压力，不利于身体向上伸展，也有可能造成腿部韧带的拉伤。

标准图解

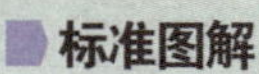

技巧

练习此式时，双腿要保持平稳，髋部也相应地保持左右平行；臀部往后，保持上半身与地面大致平行的状态。上半身朝一边扭转时，注意上半身的重量不要全部落在左手手肘上；脊柱在平直的状态下微微扭转，做深长的呼吸，呼吸时放松背部，吸气时再将身体往上转动一些；眼睛看向双手指尖，颈椎朝前伸直，帮助保持脊柱的伸直状态。

鹰式

功效：锻炼整体的平衡性，协调手部和肩部的关节，使手臂更灵活；锻炼双臂的韧性，收紧双臂松弛的肌肉，使手臂线条更美；活动手腕关节，避免“鼠标手”的产生；修饰双腿，形成笔直的腿部线条。

1 站姿，重心均匀分布在双脚上，双手自然垂落在体侧，抬头挺胸，小腹内收，肩膀放松。

2 吸气，双手微微在体侧抬高，左膝微弯，重心移至左脚脚掌上，弯曲右膝，右大腿放在左大腿上，右小腿绕过左腿膝盖，右脚脚背勾住左脚小腿，稳定住身体后，呼气。

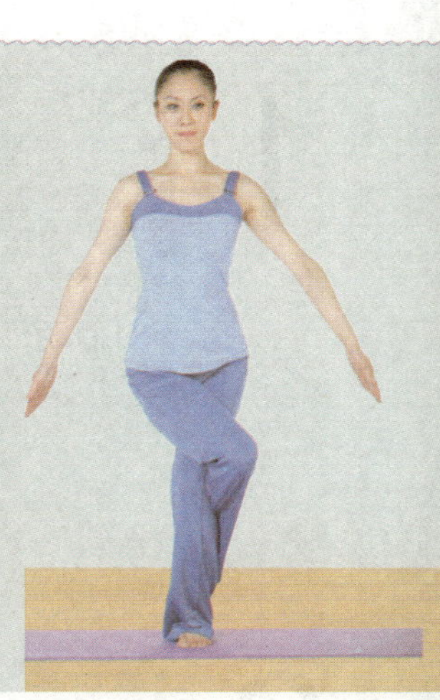

3 呼气，双腿夹紧，绷紧左腿的肌肉，向上抬起双臂，两臂肘关节交叠，前臂环绕，使双手掌心相对。眼睛看着前方。再次呼气时，手臂带动身体往上方延伸，保持5~8次呼吸的时间，吸气时松开手肘、双腿，换边重复练习。

技巧

练习这个体式时，应尽量保持好呼吸，手臂交叠后，手肘尽量上抬，令上臂保持在与地面平行的位置，这样手臂能得到更有效的拉伸；弯曲的膝盖绷直后，可以使身体更加平稳；脚部要稳稳地站立在垫子上，控制好身体的平衡；脊柱尽量伸直，不要朝前倾。

错误姿势

弯曲抬高的腿松松地搭在另一条腿上，这样对双腿起不到拉伸收紧的作用；上身往前倾，容易造成脊椎扭伤；手肘部无法正确交叠，也不能很好地修饰手臂线条，还使身体失去平衡。

标准图解

鸵鸟式

功效：练习这个体式，可以有效修饰身体各个部分的线条。前倾的动作可以有效拉伸大腿后侧的肌肉；腹部贴近大腿，能有效按摩到腹腔内的各个器官，预防腹部器官下垂等问题；锻炼身体的控制能力和平衡能力，改善腰椎间盘突出症状；同时可以增强面部血液循环，改善面部细纹，润泽面部肌肤。

1 脚掌平行，双脚打开约一个肩宽。脊椎往上延伸、拉高，腰背挺直，肩放平，胸腔微微打开，手臂叉腰，手肘稍朝外打开，收紧上下臂。

2 吸气，大腿肌肉收紧，小腹内收，脊柱向上拉伸。呼气，骨盆前倾，从髋部开始上半身慢慢下弯，靠近双腿，进一步拉伸脊柱。

3 缓慢吸气，手握住大脚趾，坐骨上提，头往前伸，收缩腹部肌肉。

4 缓慢呼气，骨盆进一步拉伸，上半身深深下弯，头部下垂，腹部紧贴大腿，肘部弯曲往外突出，扩张胸部，使上半身与腿部尽量贴合。拉伸后颈部，缓慢进行5次喉呼吸，背部随重力自然往下。

错误姿势

腿部韧性不够的练习者，多会出现不自觉弯屈膝盖的错误；为了让双手抓到脚趾，也会使背部弯曲，头颈部和背部的脊椎不再平直。这样的错误会让练习者的腿部和背部得不到较好的拉伸，还容易造成腿部肌肉紧张、脊柱变形。

技巧

练习此式主要是要保持两个部位的平直，一个是腿部，另一个是腰背部。上身前倾时，伸直的腿部会感受到强烈的拉伸力，这个时候一定不能弯屈膝盖来减轻压力。只要腰背平直往前、往下延展，就可以起到良好的拉伸效果。等腿部的柔韧性变高后，可以在膝盖伸直的情况下，将臀部往前推送，以加强腿部和背部的拉伸。整个过程中，一定要保持身体的平衡，脚掌稳稳地踩在地面上，以免前倾过度引起身体受伤。

标准图解

舞者式

功效：练习此式，可以锻炼身体整体的平衡性，缓解生理期的不适；锻炼双臂的韧性，收紧双臂松弛的肌肉，使手臂线条更美；强化腿部肌肉和双脚的力量；拉伸脊椎，打开双肩，矫正驼背等不良体态；增大肺活量，舒展身心；修饰双腿，内收臀部，塑造挺翘的臀部曲线，拉长腿部比例，美化身形。

1 山式站立。面朝前方，左腿往后弯起，左手抓住左脚内侧，帮助左脚跟接近臀部。

2 吸气，右臂向上伸直，用左手拉左脚，使左脚向后与右膝平行。尾骨内收，右腿伸直，保持身体平衡。

3 呼气，上半身从髋关节处稍向前倾，左腿向后抬高，左肩后转，胸腔朝前打开。保持髋高不变，伸展脊柱。

4 呼气，上半身继续向下弯曲，左腿向上伸，左髋部往下压，右臂向前伸直，保持身体的平衡。停留姿势约5~8次呼吸的时间。收回身体，换边重复练习。

错误姿势

图中的身体已经完全偏离了正确的位置，很容易发生摔倒等事故。站立的腿部向外翻，导致身体整个向一边倒；抬升的腿并没有在身体的后侧往上延伸，身体也无法在牵引中保持平衡。

技巧

撑地的脚在整个练习中，一定要保持好身体的平衡。脚趾五指张开，紧紧抓住地面，腿部膝盖平伸；抬高的腿尽量靠近身体内侧延展，不要向外打开；从体前看，身体应该是保持在肩宽的范围内，不应出现左歪右倒的情况；髋部和腹部下压，帮助身体控制平衡；双肩打开，往两侧延展，带动身体两侧尽量往上延伸。

标准图解

半月式

功效：拉伸脊柱和下背部；强化足弓、脚腕、膝部和大腿的力量；舒展腘绳肌腱，加强腿部后侧的韧性；舒展胸部与髋部；缓解生理期不适和坐骨神经痛；提高平衡性和协调性，改善循环系统的功能。

1 站姿，两腿分开大约两个肩宽，脚尖指向前方。吸气，肩膀放松、放平，手臂侧平举，感觉手臂向身体两方延伸。

2 右脚外转90度，左脚微微内转，右脚后跟与左脚弓在同一直线上，双腿充分伸直。呼气，右膝弯曲成90度，右手放在右脚前方20公分的位置，左手放在髋部，眼睛看向右手指尖，腹部贴近大腿。

3 吸气，左臂用力向上伸直，左腿向上抬起并伸直，重心移往右脚右手上。保持3~5次呼吸的时间。左手放在髋部，呼气，右膝弯曲，左腿慢慢放下，双手放在髋部，收回姿势。调整呼吸后，换边重复练习以上动作。

错误姿势

图中的身体由于过于前倾，使双臂失去了正确的位置，不再朝两边延伸，也使肩部没有完全向外扩张，致使头颈部血液循环不畅。错误姿势保持时间过长会让练习者感觉头晕；撑地的腿弯曲，也容易使身体无法保持平衡。

技巧

练习此式时，一定要注意保持身体的平衡，将注意力集中在对身体的控制上。双臂在完成体式中，应该保持在一条直线上。落地的那只手掌，帮助身体保持平衡的同时，给上举的手臂一个向下对应的力，来保持上臂的拉伸；双腿在练习完成式中也应该一直伸直，肌肉绷紧；全身的平衡点在骨盆处，从侧面看，身体应该处在一个平面上。

标准图解

三角转动式

功效：改善消化系统、循环系统的功能；锻炼并伸展小腿、大腿、腘绳肌腱和腹部肌肉，提高身体的平衡能力和控制能力；拉伸脊柱，拉伸手臂和肩部，使肩部、髋部的关节灵活；打开咽喉，清理体内垃圾。

1 站姿，两腿分开大约两个肩宽，脚尖指向前方。吸气，肩膀放松、放平，手臂侧平举，感觉手臂向身体两方延伸。右脚外转90度，左脚微微内转，右脚后跟与左脚弓在同一直线上，双腿充分伸直。

2 吸气，伸展上半身。呼气，身体前屈，从小腹处向左扭转身体，然后依次扭转胸部、肩部、头部，左手撑地，右臂上举。停留保持5~8次呼吸的时间后，还原身体，换边重复练习。

简易式

身体向后侧扭转时，在手下放置一块瑜伽砖，可以减轻腰部的压力，但脊柱一定不要下吊，由伸直的手臂带动身体往上延伸。

技巧

这个体式是对三角伸展式的反式拉伸，能让练习者掌握身体转动的技巧。要实现身体从脊椎到头部的有效扭转，需要以双腿和髋部的稳定为基础。练习时，要注意左右髋部处在同一水平面；翻转身体时，肩部、胸部朝上打开，扩张胸腔，完全地扭转上半身；上抬的手臂带动上半身往上延展，注意力集中在侧腰处，不要把身体的重量都放在落地的手臂上。

错误姿势 ✗

初学者由于腰腹力量不够，会在扭转上身时，不能很好地控制身体，让上身过于下垂，重心不稳，双肩无法在同一水平面上延展。这样的错误姿势容易让身体侧腰受伤，还容易造成肩颈部肌肉紧张，血液循环不畅。

标准图解

侧角伸展式

功效：这个姿势可以让身体在三角伸展式的基础上，进一步地在侧面伸展。同时，在腿部的力度和灵活性之间形成一种动态平衡，修饰了整个身体的侧面线条。练习这个体式，可以改善消化系统、循环系统的功能；缓解更年期不适，缓解坐骨神经痛症状；舒展脚弓、小腿、腘绳肌腱和腹股沟，增强肌肉的耐力；打开咽喉、胸腔、肩部及髋部。

1 站姿，两腿大大地打开，脚尖指向前方。吸气，肩膀放松、放平，手臂侧平举，感觉手臂向身体两方延伸。右脚外转 90 度，右脚后跟与左脚弓在同一直线上，双腿充分伸直。

2 缓慢呼气，屈右膝，使右膝位于右脚脚踝正上方，膝盖不要超过脚尖，右大腿与右小腿成 90 度。向右后侧伸展身体，右手放在紧挨右脚小脚趾的地面上，右膝盖顶住右腋窝。举起左臂，向上伸展使其位于肩部上方。头部转动，眼睛看向左手指尖的方向。

3 呼气，左肩向下放松，左臂向斜后方伸出，手臂贴近左耳，掌心朝下。深呼吸 5~10 次，躯干左侧向上拉长，胸部向天花板方向打开。缓慢吸气，膝部伸直，起身直立。双脚转成平行，然后在身体左侧重复以上动作。

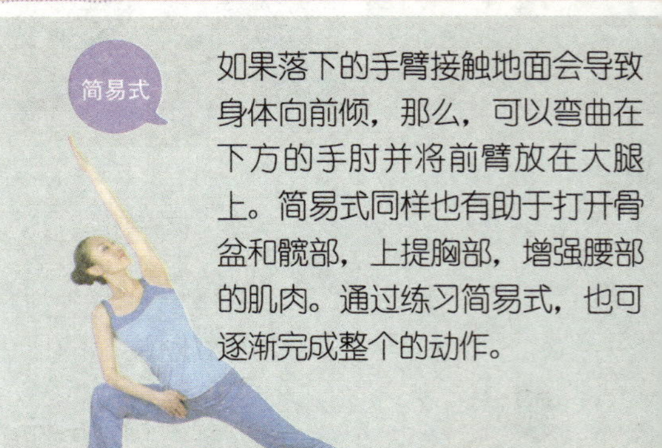

简易式 如果落下的手臂接触地面会导致身体向前倾，那么，可以弯曲在下方的手肘并将前臂放在大腿上。简易式同样也有助于打开骨盆和髋部，上提胸部，增强腰部的肌肉。通过练习简易式，也可逐渐完成整个的动作。

错误姿势 ×

错误的姿势往往是由于练习者肩部往下，使得身体的侧腰并没有完全打开造成的。这种向前向下的错误姿势让手臂承受了过大压力，头颈部也会在练习中感受到血液循环和呼吸等方面的问题。

技巧

练习这个体式时，一定要注意保持身体的平衡。双腿分开的距离以个人的最大限度为标准，但弯曲的膝盖一定要在脚踝的正上方，不要超过也不要隔得太远，否则会给腿部带来不正常的压力；身体往侧腰伸展时，肩部打开，胸腔向上翻转，脊椎向头顶方向延伸，手臂和身体成一条直线，侧腰在不断延伸中得到拉伸。

标准图解

前伸一式

功效：这个姿势可以使脊柱充分伸展，并使腹腔内脏器得到调节。由于低头时流向头部的血液增加，因而可以镇定大脑细胞，缓解脑部压力，消除身心疲劳。

1 山式站立，双脚分开约肩宽，保持双脚内侧平行，脚趾向前，双腿伸直，膝部绷紧。双臂交叉互抱，右手握住左肘，左手握住右肘。吸气，双臂举过头顶，置于耳侧，脊柱向上伸展。

2 呼气，上身保持平直，缓慢前倾。当上身与地面平行时，停留保持 2 次呼吸的时间，稳定控制好自己的身体。

3 身体下压，双腿伸直，双臂接近地面，感觉脊柱从尾椎开始，一节一节地往下延伸。吸气，起身，双手放开，恢复山立式站立。

简易式

背部、腿部僵硬疼痛、肌肉紧张的初学者，可将双手放在与腰同高的支撑物上进行练习。如果练习时，感觉背部不适，可以将双脚再分开一些，脚趾略微内转。

错误姿势 ×

图中的错误在于，上半身前倾时，腰背并未挺直往头顶方向延伸，双肩和双肘也没有在正确的位置打开。这样的错误让练习者的腰背十分吃力，头颈部也会感到疲劳。

标准图解

技巧

这个前倾的体式可以借助重力作用完成，是比较轻松的前倾体式。身体前倾下压时，双腿保持伸直绷紧，不可因为腿部拉伸过大而弯屈膝盖；上身脊柱往头顶处延展，不要弯腰驼背，手肘打开，感觉身体上半部分的完全伸长；双腿保持与地面垂直，可微微往前推送髋部，增加腿部的拉伸。一定要注意保持身体的平衡，不要往前摔倒。

叭喇狗A式

功效：拉伸腿部、背部的肌肉，增强身体的控制力；按摩腹部，刺激消化系统，清理消化器官；打开髋关节，让能量从骨盆流到双脚；促进头面部的血液循环，细致面部肌肤，淡化面部细纹。

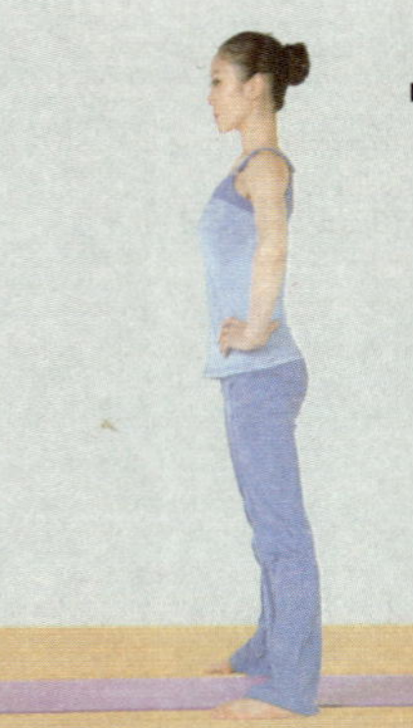

1 脚掌平行站立，双脚打开比垫子稍宽。脊椎往上延伸、拉高，腰背挺直，肩放平，胸腔微微打开，手臂叉腰，手肘稍朝外打开，收紧上下臂。缓慢呼吸，让气流进入背部和骨盆。

2 继续缓慢呼气，向前伸展背部，身体从髋部进一步往下深屈。双手放在双脚中间的垫子上，双手间的距离与肩膀同宽，十指张开，双手的中指朝体前平行伸直。保持胸部的打开和肩部的放松。

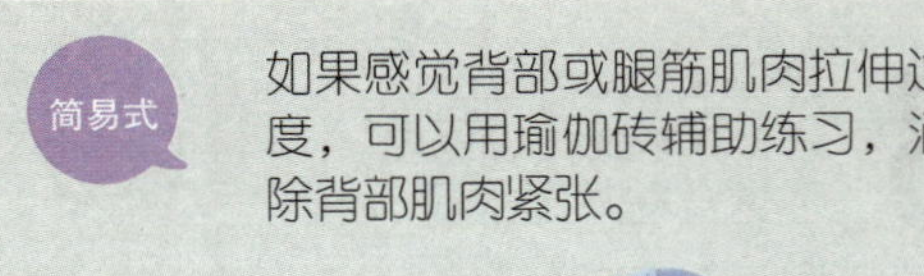

3 吸气，胸部前倾，保持颈部的拉长并与脊椎成一条直线。缓慢呼气，骨盆向前倾，头顶顶住地面，肘部弯曲。慢慢地自然呼吸5~8次。收回时呼气，先拉伸背部，与地面平行，双手放在髋部上。吸气，起身站直。

简易式 如果感觉背部或腿筋肌肉拉伸过度，可以用瑜伽砖辅助练习，消除背部肌肉紧张。

错误姿势

在拉伸腿部的体式中，最容易出现的错误是腿部弯曲，腰背力量不够，背部无法向前延伸。这样的错误容易让练习者的颈部疲劳，产生头晕、憋闷等感觉。因此，只要达到正确的伸展程度保持即可，不必过度追求姿势的完美。

标准图解

技巧

练习此式时，要注意保持好身体的平衡。上身前倾时，背部顺从重力自然向下，同时通过向上收紧大腿肌肉来保持双腿的力量和活力；双膝外转以避免膝部的内收或僵化；双肘打开放松，保持肘肩在手腕的上方；头颈部放松，体会血液倒流的感觉。

叭喇狗B式

功效： 这个体式可以释放脊椎骨的压力，在脊椎内部形成空间，为椎间盘补充活力；拉伸腿部后侧肌肉，减去腿部多余赘肉；按摩腹腔内部器官，预防腹内器官下垂；刺激面部血液循环，细致并美化面部、颈部肌肤，预防衰老。

1 脚掌平行站立，双脚打开比垫子稍宽。脊椎往上延伸、拉高，腰背挺直，肩放平，胸腔微微打开，手臂叉腰，手肘稍朝外打开，收紧上下臂。缓慢呼吸，让气流进入背部和骨盆。

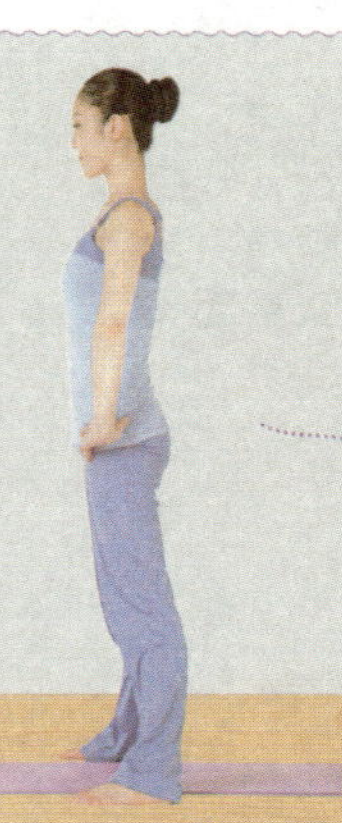

2 呼气，通过骨盆前倾使躯干有控制地慢慢地向下深屈，拉长脊椎，头顶伸向地面。双手放在髋部。

3 呼气时，身体继续前倾，松开双手，去抓双脚的脚踝，缓慢呼吸，停留2~3次呼吸的时间。每次吸气时，脊柱有意识地向前延伸，每次呼气时，身体都往地面贴近一点。

4 双脚牢牢地踩在地面上，打开手肘，与肩膀平行。头顶轻轻落在垫子上，让身体控制好平衡。保持5~8次呼吸的时间后吸气，腹部肌肉用力，使身体直立恢复到站立姿势。呼气，放松肩部，调整呼吸。

错误姿势

练习此式时，最容易出现的错误是腿部弯曲，腰背拱起，使身体无法向前向下延伸。这种情况下的头部和颈部，血液循环不畅，极易使练习者感到不适。

标准图解

技巧

练习这个变体时，双手要帮助身体保持平衡，动作宜缓慢，配合深长的呼吸来进行，脊椎自然下倾，而不是通过双臂的拉伸来使身体降低；若感觉腿部后侧的拉伸力过大难以承受，可以将臀部微微后移，以缓解腿部的紧张，待身体适应后，再将臀部往前推，拉伸腿部。

花环式

功效：促进消化系统内的血液循环；舒展髋部，伸展足弓和脚腕，增强关节的灵活性，使小腿后面、背部、脖子的肌肉都得到很好的拉伸和放松；缓解下背部的疼痛；按摩腹腔器官；能缓解痛经等症状，对各种妇科疾病有辅助疗效，对消化类疾病也有不错的治疗效果。

1 山式站立为起始姿势。挺直腰背站立，双腿并拢，双手放在身体两侧，肩膀微微打开、放平，眼睛看向前方。

2 双臂前平举，与地面平行，双脚并拢。呼气，身体下蹲，臀部不要触地。

3 双膝打开，尾骨下收，伸展上半身。呼气，身体前倾，手臂向后弯曲，环抱住膝盖。吸气，脚趾打开，脚跟尽量下压，控制好身体的平衡。

4 呼气时身体继续下弯。呼气，头触地，保持3~5次呼吸的时间，放松身体，还原动作。

简易式

在做花环式的时候，很多人由于身体柔软和韧性不够，感到无法平衡身体。这时，可以在臀部后面垫上瑜伽砖，双手在体前合十，帮助扩张肩部、胸部，拉伸背部。

错误姿势

图中的错误在于，身体的重量没有均衡地分布在双脚上，双脚也没有并拢，稳住身体；上身不能正确下弯，双肩打开不平，容易造成双肩受力不均，产生高低肩等问题。

标准图解

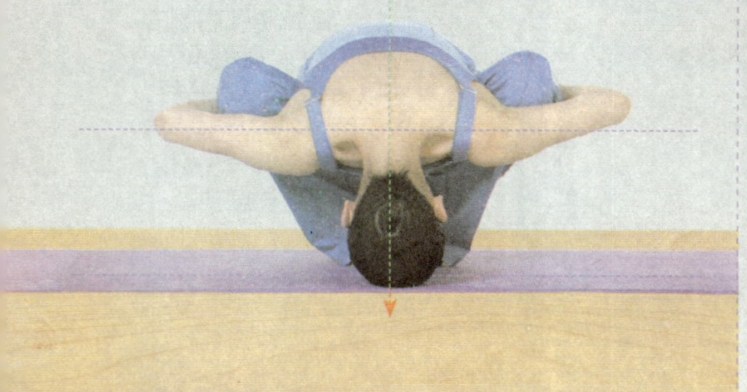

技巧

伸长的身体集中在身体的上半部，不要放松背下部的力量支撑，当背上部和胸部下沉时，颈部、头部和身体其他部分便无法放松。练习时身体不稳是由于重心没有下沉。要将脚趾踩稳地面，集中注意力，平稳呼吸，感受背部和腿部的拉伸。脚跟尽量踩住地面，充分拉伸腿部、背部；双肩打开，拉长颈部，不要耸肩缩背。

劈叉式

功效：伸展与锻炼大腿和腘绳肌腱；打开髋部、腹股沟和腰肌；增强循环系统的功能；改善消化系统、淋巴系统和生殖系统的功能；预防静脉曲张；预防与缓解坐骨神经痛、疝气；提高身体的平衡性。

1 跪立在垫子上，吸气，右脚向前跨出一步，右小腿和右大腿成90度角。左大腿与脊柱在一条直线上，挺直腰背，感觉头顶上方有一股拉力将脊椎往上拉伸。

2 上身前倾，双手落在右脚掌两侧，左腿向身体后方延伸，左脚脚尖点地。腹部贴近右大腿。

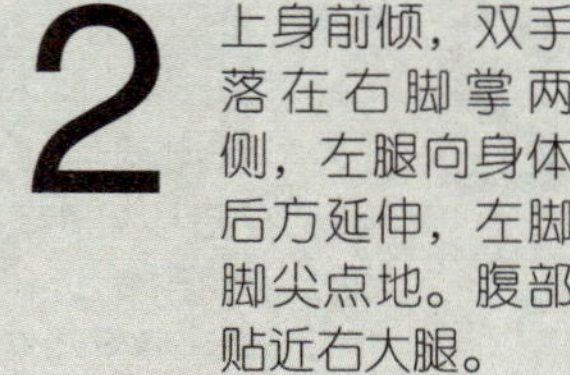

3 吸气，重心后移，左腿膝盖、脚背落在垫子上，右腿前伸，滑动至右腿后侧部最大限度即可。上身向前侧延展，肩部不要上耸，眼睛看向右脚脚尖方向。

4 双手后移放在髋部两侧，呼气，尾骨下压，从骨盆中心到双脚伸展双腿。控制好身体后，充分伸展上半身，保持5~8次呼吸的时间，缓慢收回双腿，换边练习。

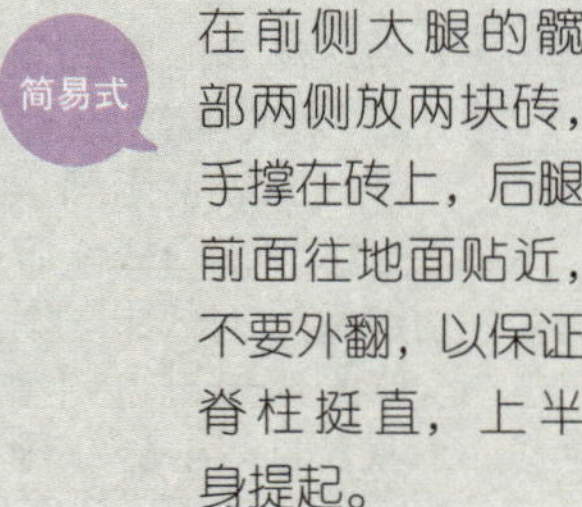

简易式 在前侧大腿的髋部两侧放两块砖，手撑在砖上，后腿前面往地面贴近，不要外翻，以保证脊柱挺直，上半身提起。

错误姿势

练习此式时，由于腿部韧性不够，会产生弯曲前腿，上半身前弯的错误。前腿弯曲后，虽然减轻了腿部紧张的拉力，但同时也使腿部无法有效拉伸。另外，上身前倾使脊柱侧弯，容易扭伤脊椎。

标准图解

技巧

此体式的重点在于腿部的前侧和后侧的拉伸。在上身帮助腿部下压时，一定要注意前腿的膝盖是否伸直拉伸，打开双侧的髋部，尽力使左右髋部处在同一水平线上；双腿在地面放平后，可以松开双手，向身体上方延伸，带动脊柱往上拉伸。

谦卑战士式

功效：伸展体侧和大腿的肌肉，增强身体力量；舒展髋部，强化踝关节、膝关节及髋关节，缓解手腕和前臂的不适，使关节部位灵活；提高平衡性，改善甲状腺、甲状旁腺的功能；按摩腹腔器官，对治疗消化系统疾病有一定辅助效果。

患有低血压的练习者不应练习此式。

1 山式站立，双脚平行分开与肩同宽。双手自然垂落体侧，自然呼吸，有意识地将脊柱往头顶上方延伸。

2 右腿向前迈出一大步，双腿伸直打开，右脚脚尖向前，左脚以脚跟为轴，向左转动90度。双手交叉于体后，双肩打开。

3 吸气，身体向上伸展，双臂夹紧，肩胛骨收拢。呼气，右膝盖弯曲，右大腿与地面平行，身体有控制地前倾，直至上身与右腿重叠。

4 呼气，身体前屈，置于双腿之间，头尽量伸向地面。保持肩胛骨收紧，双臂笔直向上举起。保持5~8次呼吸的时间，收回身体，换左腿重复刚才的动作练习。

简易式

若在练习时感到保持身体平衡有困难，可以采用简易式练习，同样能收到良好的效果。具体动作是进行到步骤3时，前腿往前倾，让后膝贴地，后腿的脚背贴地，做弓步动作，拉伸背部脊椎，伸展双腿肌肉。

错误姿势

练习此式容易出现的问题是，因双腿力量不够，所以支撑身体较为困难；上身前倾下压时，没有处在正确位置，极易使身体失去平衡；手臂没有向天空伸直延伸，肩胛骨外翻，让颈部血液循环不畅。

标准图解

技巧

练习时，一定要注意保持好身体的平衡，做深长的呼吸来配合身体的动作。身体向前下弯时，前腿充分伸直，脚掌贴地，保持身体稳定；后腿脚紧压地面，绷紧右腿肌肉；髋部下压，扩张骨盆区域，让前腿的大腿与地面保持平行；交叉的双臂伸向天空，收紧肩胛骨，向上拉伸身体，扩张双肩。

功效：强化足弓、脚腕、小腿和大腿的力量，提升身体的平衡能力；舒展胸部、肩部、大腿和髋部，拉伸脊椎，使身体变得更灵活；改善消化系统和循环系统的功能；缓解坐骨神经痛症状。

1 山式站立准备，吸气，重心移到右脚掌上，用右腿保持平衡，左膝弯曲，抬起左脚，左膝外伸，左脚后跟抬向肚脐处。

2 将右大腿后挺，左脚放在右大腿上方的腹股沟处，左脚趾紧贴在右大腿上。呼气，右脚掌紧贴地面，弯腰，上身缓缓前倾，双手撑地，保持腿部平直站立。

3 双手保持身体平衡，右腿弯曲，坐在右脚后跟上，右脚后跟抬起靠近会阴处，吸气，腰背挺直朝前延伸。保持5~8次呼吸的时间。还原成山式，换腿练习。

简易式 若无法使腿部上抬至腹股沟，可以将脚背压在站立的大腿上，打开髋部，保持身体平衡，一样可以起到拉伸双腿、按摩腹部的功能。

错误姿势 ×

练习时，由于腿部韧性不够，会容易出现站立的腿部不能伸直，弯曲的腿部无法打开，脊柱不在垂直地面的直线上的状况发生。再加上肩部左右歪斜，驼背弯腰，都容易发生摔倒，使脊椎扭伤的现象。

技巧

练习此体式时，脊柱要一直保持笔直平伸的状态，不要弯腰驼背；肩部打开，收紧手臂内侧；目视前方，不要低头，保持身体平衡；弯曲左腿时，双手将左腿尽量抬高，髋部打开，左脚脚背贴在右大腿根部；上身前弯时，挺直站立的腿，待身体稳定后，再弯曲踮脚，吸气，保持身体脊柱的延伸。

标准图解

战士一式

功效：增强足弓、脚腕、膝部和大腿的力量，增强身体肌肉的耐力，增强意志力；舒缓髋部和肩部，扩张胸腔；改善消化系统和循环系统的功能；缓解坐骨神经痛等症状。

1 脚掌平行站立，手臂自然垂落于体侧。脊椎往上延伸、拉高，腰背挺直，肩放平，胸腔微微打开，收紧上下臂。

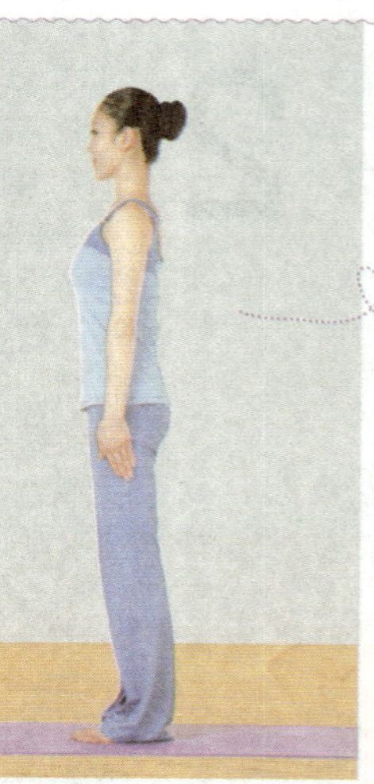

2 吸气，右脚向前迈出一大步，脚尖朝前，左脚跟稍向外旋转，稳定住身体。双手叉腰，脊柱向上伸直，自然呼吸，目视前方。

3 呼气，右腿膝盖弯曲成90度，左脚掌稳稳踩住地面，当右大腿与地面平行时，吸气，双臂向上伸直，十指打开。脊柱保持往天空方向延伸，尾骨向下内收，左腿往后方充分伸直。

技巧

此体式需要双腿有良好的耐力。练习时，腿部会有微微酸胀的感觉，双腿间的距离以前腿的大小腿成90度为最佳，调整好之后就不要过多频繁地移动双脚。手臂向上延伸时，带动身体往上，不要将身体重量过多地放在髋部和腿部；双肩打开，胸腔扩张，脊柱向上保持伸直。

错误姿势

由于腿部力量不够等原因，初学者容易在练习此式时感到十分吃力，出现双脚打开不够，后脚弯曲，肩部不能扩张向上等错误姿势。这些错误姿势让练习者容易失去身体平衡，扰乱呼吸，内心产生烦躁、焦虑等负面情绪。

标准图解

战士二式

功效：增强足弓、脚腕、膝部和大腿的力量，增强身体肌肉的耐力，增强意志力；舒缓髋部和肩部，扩张胸腔；改善消化系统和循环系统的功能。

高血压患者和颈部有伤的练习者不应练习此式。

1 正立，双脚打开约两个肩宽，双臂在体侧平伸，向两侧延展，放平双肩，脊椎保持向上伸直，感觉自头顶有一股拉力，带动身体向上。

2 右脚跟往右转动90度，左脚稍向内转，身体保持面向前方，不要左右转动。吸气，尾骨内收，帮助身体向上，保持平衡。

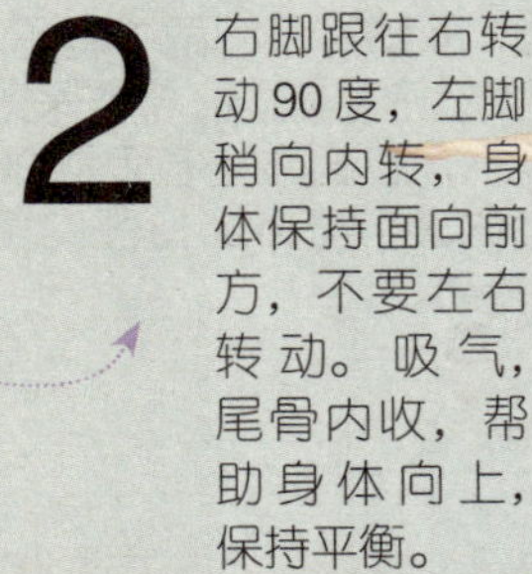

3 呼气，弯曲右膝，身体保持向上伸直，双臂继续保持在同一直线向两侧延伸。头部转向右侧，眼睛看向右手指尖的方向。

4 吸气，抬高右臂，身体在右臂的带动下往上延伸，左臂落在左腿上，保持5~8次呼吸的时间。吸气时收回身体，换边练习。

错误姿势

图中的错误在于，双脚打开不够，手臂延伸不平直让身体也失去了正确的位置。双脚打开不够，前脚内翻，后膝弯曲，让力量集中在大腿前侧的肌肉上，造成腿部的紧张，还有可能扭伤腿部和髋部关节。

技巧

练习时，一定要保持身体各个部分姿势到位。双臂向两侧打开延伸，扩张胸腔和肩部，使双肩和手臂都保持在一个水平线上；双腿在弯曲前，充分伸直，向上收紧肌肉；上身躯干始终与地面垂直，不要弯曲，以免摔倒。

标准图解

战士三式

功效：强化双脚、脚腕、小腿、膝部和大腿的力量，增强肌肉耐力，同时也修饰了身体各个部分的线条，使身体更匀称、更纤长；增强循环系统的功能；提高身体的平衡控制能力；舒展髋部，纠正各种不正确姿势，使身体变得更轻盈。

1 正立在垫子上，双脚打开约两个肩宽，双臂在体侧平伸，放平双肩，脊椎保持向上伸直。吸气，右脚跟往右转动90度，左脚稍向内转，身体保持面向前方，不要左右转动。

2 身体转向右侧，双臂向头顶上方延伸，掌心相对。呼气，弯曲右腿，上身在保持伸直的状态下缓慢前倾。左脚脚尖点地，左脚跟微微上抬，让双臂、颈部、背部、腿部都处在一条直线上。保持2~3次呼吸的时间。

3 吸气，将身体重量转移到右脚脚掌上。呼气，伸直右膝，抬高左腿，双臂朝体前延伸，以骨盆为中心，保持身体水平延展，凝视地面。停留约5~8次呼吸的时间，缓慢收回身体，换腿重复练习。

错误姿势

在错误的示例中，我们可以看到身体的各个部位都失去了正确的位置，没有在水平线上得到舒展延伸。手臂、背部、髋部、腿部都在勉强支撑，前后左右都不稳定，这样的错误姿势很容易让人摔倒。

标准图解

技巧

练习此式的重点在充分拉伸腿部肌肉后，控制好身体的平衡，让身体在水平线上得到有效地放松伸展。后腿离地前，腹部紧贴前腿，双臂保持贴耳伸直，腿部肌肉保持伸直；伸直前腿时，动作一定要缓慢稳定，后腿向后伸直不要弯曲，脚尖内勾，有一定紧张感；注意力集中在骨盆中间，臀部两侧也同样处在水平线上，不要一高一低。

第三节 坐姿体式

简易坐

功效：简易坐有利于呼吸过程中空气的畅通，是一种比较舒服的坐姿。此式是练习冥想的最佳体式，让居于脊柱通道内的心智之能能够畅通无阻于脊柱末端与大脑之间。适合初学者或腿脚比较僵硬的练习者，用于初级呼吸和冥想练习。

1 腰背挺直，自然坐在垫子上，双腿交叉，手指按压身体后侧的地面使身体向上伸展。

2 吸气时收回双手，双手自然放在膝盖上，掌心贴于膝盖；呼气时尾椎向下伸展，肩部向后打开，颈椎向上伸直，拉伸整个脊椎。

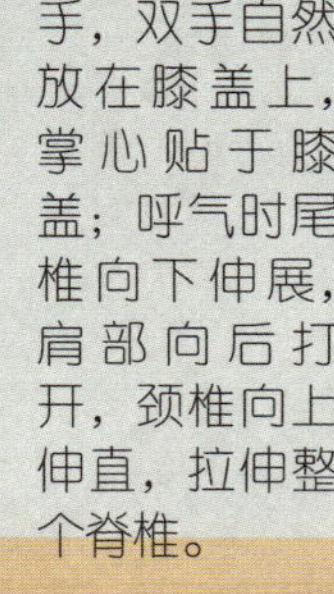

技巧

两腿的位置不应频频移动，意识应集中于固定的一点，不得因任何动作而受到干扰，这样身躯及头部所处的位置才可以长时间地保持平稳。肩部应放松平直，尾椎到颈椎线垂直地面，从侧面看腰背平直，不应翘臀凸肚或弯腰驼背。如感到背部酸痛，可以在臀部下放置一个垫子，增加舒适感。

错误姿势

以正确的动作练习时会感受到头顶一股向上的牵引力，让脊柱垂直向上延伸。此体式最容易出现的错误是弯腰驼背，含胸缩肩。以错误的体式为基础去练习其他体式，只会使整个动作出现错误。

标准图解

至善坐

功效：增加下背部的血液循环；通过呼吸动作锻炼腹腔器官；伸展脊柱；舒缓髋部；强化背部中下部肌肉的力量。同时至善坐还可以减轻压力及焦虑，平静大脑和心灵。此坐姿多用于呼吸，更适合长时间的冥想练习。

1 双腿伸直平坐在垫子上，吸气，弯曲左膝，左脚掌紧贴右大腿内侧，左脚根顶住会阴部位。

2 弯曲右腿，将右脚脚跟放在身体内侧，双脚脚跟轻轻相触。大腿肌肉、臀部依次内旋，以扩大骨盆底。双手做智慧手印，轻放于膝盖上。

3 吸气，向上伸展脊柱，感觉自头顶有一股力量轻轻向上拔伸身体，下颚微微向里收，双手合十在胸前。双手肘在一条直线上，与地面平行。膝盖尽量贴近地面，保持身体下半部分的稳定。

技巧

腰背挺直，肩膀放松，始终让脊柱和后背垂直于地面；双脚脚跟上下叠加在一起，双膝向下压，贴近地面的同时可以稳固下盘；下部柔韧性不够的人，可在臀部后半部加一个垫子，使双膝贴近地面；坐好后，眼睛凝视前方或者闭目冥想，集中注意力在身体的呼吸上。

错误姿势

图中的错误在于上身前倾，弯曲了脊柱，造成了两肩不平、含胸缩脖的体态。脊柱长期弯曲会造成练习者肩膀紧张、背部弯曲，甚至还有可能带来相关部位的疾病。

标准图解

莲花座

功效：呼吸的调整可使腹部深层肌肉群产生收缩，进而锻炼到腹横肌和骨盆底肌群，紧实腹部，美化背部和腰腹线条；双腿盘坐能够放慢下半身血液循环的速度，增加对上半身，尤其是头部和胸部区域的血液供应，有助于集中注意力，使人身心平和安定。

1 双腿伸直平坐在垫子上，双腿向前伸直，调整呼吸。吸气，弯曲右膝，右脚放左大腿下。屈左腿，将左脚脚腕放到右大腿根上方，脚心向上，双膝向两侧地面靠近。

2 将右脚放在左大腿上方，脚心向上。挺直背部，收紧下颌，使鼻尖与肚脐在同一直线上，双手于胸前合十，或轻放在双膝，大拇指和食指轻点在一起，另外三个手指自然打开，注意力集中于呼吸上。

错误姿势

坐姿体式中，最容易出现的问题就是脊柱弯曲，莲花座的练习也应该注意这个问题。所以，练习应先从半莲花开始，若超过自身限度去追求全莲花座姿的效果，会造成腿部血液循环不畅，还有可能伤害到髋关节和膝关节。

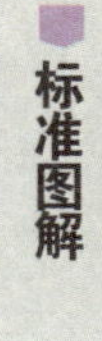

技巧

如果感觉双腿盘坐有难度，可采取半莲花座的体式，即步骤 1 所示的动作，只将一条腿搁置在另一条大腿上方。练习半莲花座时，双脚应交替练习，以免造成单侧腿部血液循环不畅。不管是半莲花座还是全莲花座，都应有意识地挺直背部，感觉脊椎向上挺拔伸直，肩膀放松放平。

标准图解

手杖式

功效：练习手杖式可以缓解身体、精神和情绪上的压力，将封闭的能量释放出来，使身体充满力量，变得柔韧，开启心智；消除身体的紧张感和僵硬状态。

1 双腿伸直平坐在垫子上，双手放于体侧保持身体平衡。吸气，坐骨紧压地面，向头顶的方向伸展脊椎。轻轻地将手掌向下压，感觉肩部向下降。

2 呼气，伸展背部，双手离开地面，在胸前合十。手肘放平，挺胸，拉长后颈部，打开锁骨，向上收腹，调整呼吸。

简易式 如果感到膝盖窝拉伸得很厉害，或者背部僵硬，相关部位有外伤，可以坐在一块瑜伽砖或者厚实的垫子上来练习这个姿势，通过整个脊椎的拉伸来保持背部的挺直。

技巧

这个姿势是所有其他坐式的基础，它教会我们如何静坐。在练习这个姿势时，细微的呼吸流经四肢，激活、锻炼身体的每一块肌肉，让这个姿势的练习充满活力。练习时，身体在放松中有意识地控制各个部位肌肉的活动，双腿紧压，将大腿前侧肌肉收紧，感觉腿部后侧肌肉被拉长，贴紧地面。向上提起髋关节，通过整个脊椎的拉伸来保持背部的挺直。

错误姿势

从侧面看，背部是弯曲、放松的C字型，背部并没有挺直，自然也就谈不上向上延展了。同时，长期保持肩部朝前弯曲，会引起颈部、肩部的肌肉僵硬，使练习者很快感到疲劳。

标准图解

半船式

功效：有效按摩腹腔器官，调节肝脏、胆囊和脾脏的功能，还能锻炼脊柱肌肉。增强身体的平衡能力，增强腹部力量，收紧腹部线条。

1 采用手杖坐，腰背挺直，双手放在臀部两侧的地面上。双手交叉，在颈部上方抱住头部。双肘微微外扩，使肩部打开，腰部不要内凹。

2 呼气的同时，身体微微后仰，双脚保持落在地面不要上抬，上身与地面大约成 60 度角时，保持住脊柱伸直，不要使背部接触到地面。

错误姿势

练习时，若背部弯曲后仰，容易给脊柱带来不正确的压力，使身体的中心偏移，部分背部可能因此后仰着地，造成脊柱损伤。同时，这种不平衡也容易使臀部受到伤害。

技巧

双脚伸直并拢，放在地面，用腹部和背部的力量控制住身体；眼睛看向脚尖或身体前方，帮助稳定住身体；正常呼吸，不要憋气；双手不要向前按压头部，以免造成颈部拉伤，手掌轻轻扶住后脑勺，肩膀打开，感受脊柱向斜上方延伸。

标准图解

坐广角A式

功效：这个体式可以拉伸腘绳肌，拉长腿部线条；促进骨盆区的血液循环，还能锻炼支撑膀胱和子宫的肌肉；缓解髋部的僵硬姿态，缓解坐骨神经痛症状。

1 双腿伸直平坐在垫子上，双手放于体侧保持身体平衡。吸气，坐骨紧压地面，向头顶的方向伸展脊椎。轻轻地将手掌向下压，感觉肩部向下降。

2 双腿向两侧伸开，大腿、膝盖和脚尖朝上，保持脊柱伸直，用双手的食指和中指勾住双脚大脚趾。

3 呼气，身体向前弯曲，脊柱保持舒展，脊背不要弯曲，沿着地面伸展身体，胸部、腹部尽量贴近地面。保持 5~8 次呼吸的时间。

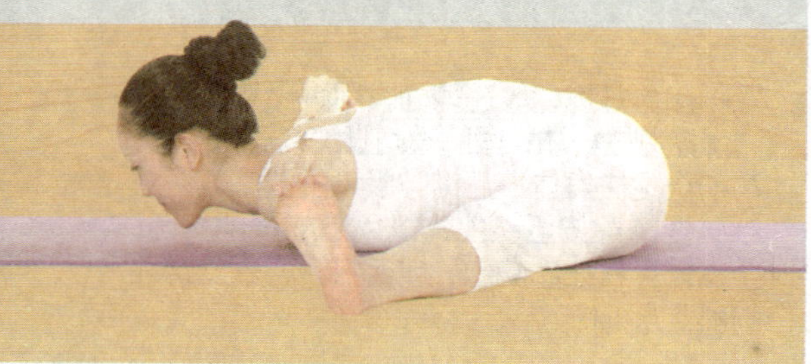

技巧

身体前倾下弯时，双脚不要外转，保持脚趾朝上；双脚脚跟尽量向外拉伸，双腿伸直按压地面，膝盖朝上。初学者可以靠墙练习，以支撑背部。坐在靠墙放置的瑜伽砖上也能获得进一步的支撑。如果手指勾不到脚趾，可以将带子绕在脚上，再用手抓住带子。

错误姿势

练习时，若感觉不能承受腿部后侧和背部的拉伸力，可以依据自身的条件来设定锻炼强度。若过分追求身体前倾，可能会使背部脊椎弯曲、肩部上耸或是脚跟翻转，反而使身体得不到正确的拉伸与放松。

标准图解

坐广角B式

功效：这个姿势可以练习髋部、下背部和大腿内侧的灵活性；训练对身体的控制力；拉长双腿，修饰身体下半部分的线条。

1 双腿伸直平坐在垫子上，双手放于体侧保持身体平衡。吸气，臀部紧压地面，脊椎向头顶的方向伸展。轻轻地将手掌向下压，感觉肩部向下降。

2 吸气，身体前倾抓住双脚脚趾，弯曲双腿，以坐骨为基础向后倾斜，带动腿部离地。向上伸展背部下侧，大腿贴近腹部，尽量保持小腿与地面平行。平衡好身体后，呼气，感受腹部得到腿部的按摩。

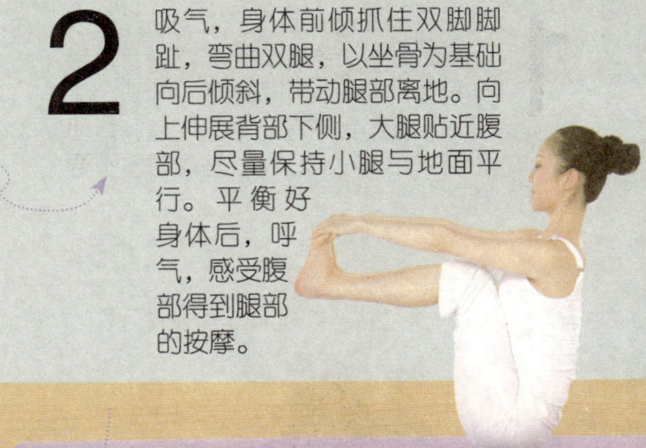

3 继续吸气，收腹，身体以坐骨为支点向后倾斜。同时，向上伸直双腿，后背向上延展，感觉两侧腰也得到拉伸，髋部微微前送保持身体平衡。保持5　8次呼吸的时间。

技巧

保持坐骨上方的平衡是安全地完成一个打开姿势的关键。将背部的下侧向上提起，同时有力地提起胸部，这有助于把重心转移到臀部，而不是下降至尾骨。这是一个很好的平衡点，掌握好这个平衡点，可以通过打开双肩和像弓一样伸展双腿来进一步提起胸部。

错误姿势

在练习时，腹部不能与大腿完全贴合也没有关系，但一定要记得背部保持向上伸展。若背部拱起，很容易造成脊椎的拉伤。

标准图解

莲花座前屈扭转式

功效：有利于腰部力量的增加，强健脊椎和肩关节；对内脏有压力和刺激，可以增强内脏功能；刺激身体和头面部的血液循环，振奋精神，细致面部肌肤，减少皱纹。

1 莲花座姿准备，吸气，上身前倾，双手支撑地板，右臂穿过左臂下方，带动身体向左转，右耳贴地，呼气。注意双肩依然保持在一条直线上，背部不要拱起，尽力往前。注意臀部不要移动。

2 吸气，伸直左臂，向天空方向延伸，带动头部向左上方转动，右肩放在地板上，感受双臂朝两个方向延伸。

3 呼气，收回左臂，右臂合十。双手肘连成的直线与地面保持垂直。眼睛看向斜上方的方向，保持 8~10 次呼吸的时间。收回时，先用左臂支撑肩部，再缓慢收回身体。

技巧

臀部不要向前抬起，稳稳地坐在地面上；肩膀往外张开放平，不要蜷缩起来；腹部尽量往地面和腿部贴近，感受腹部的器官得到按摩和刺激。初学者或腿脚僵硬者若感到腿部血液循环不畅，应采用简易坐或半莲花座坐姿，不可勉强自己。

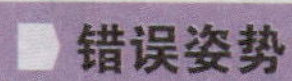

错误姿势 ×

图中的错误在于手肘下吊，造成肩膀歪斜没有伸平。这种姿势让颈椎处在歪斜的弯曲状态中，很容易引起颈椎方面的问题，造成扭伤和呼吸方面的困难。

标准图解

圣哲玛丽琪式

功效：在这个体式中，随着腿部和脚跟给腹部施加的压力，内部器官得到刺激、按摩和调整，能有效促进消化系统功能的改善，缓解盆腔压力，对痛经等妇科疾病有很好的缓解作用；上身的扭转有利于提高脊柱的灵活性；锻炼肩部肌肉，纤细双臂。

1 从手杖式开始，缓慢吸气，左膝弯曲并朝左肩方向移动，使左脚脚掌紧贴地面，小腿与地面垂直，两侧坐骨不要移动，稳定住下盘，呼气。

2 吸气，身体右转将左手和右手臂向外打开，左手绕过左腿膝盖，右手伸向背部，两手在身后相握。保持5~8次呼吸的时间后，换边重复练习。

简易式

双手相握有困难时，可以借助瑜伽带或者毛巾帮助双手形成能量环，或者将手背在背部，感受脊椎的轻微扭转带来的刺激。始终要记得，保持脊柱向上延展，两肩放平扩张。

错误姿势

有时为了追求双手相握的效果，会不自觉地弯曲脊柱，以减少侧腰的压力使双手相握。这样的错误姿势让双肩内收，扩张不了胸部还让颈椎感到疲劳；弯曲的腿部没有尽量贴近腹部，也影响了对腹部的按摩效果。

技巧

练习此式时，脊柱始终保持伸直，向上延伸。身体转动时，脊柱带动上半身向后旋转，不要低头含胸。双腿固定好位置后不要随意移动，伸直的腿膝盖不要弯曲，让弯曲的大腿尽量贴近腹部，感受呼吸的起伏；肩膀打开，向外扩张胸部，帮助侧腰更好地扭转。

标准图解

莲花式

功效：练习此式，能有效促进身体的血液循环，增强机体活力；加强髋部和骨盆区域的灵活性；锻炼腹部肌肉，矫正驼背等不良体态；帮助集中注意力，还能通过呼吸为身体清除体内垃圾。莲花式随时随地都可以进行，可以有效减轻焦虑和压力等负面情绪。

1 以莲花座的姿势盘腿坐好，保持骨盆底的宽度，尾骨向下，臀部肌肉挤向背部。吸气，向上伸展脊柱肩部向后打开，肩胛骨内收，放松呼吸。

2 呼气，双手撑于体后，脊柱向后向上伸直。进一步打开双肩，上身微微后仰，感觉新鲜的血液在体内流转。

错误姿势

错误的姿势不能正确地伸展身体的各个部分。膝盖上抬，造成臀部后坐，可能会给尾椎带来伤害；头部下垂、背部脊椎向前弯曲都让脊柱不能向上延拉伸长；肩部上耸，形成驼背含胸的不良体态。

技巧

如果感觉双腿盘坐有难度，可采取半莲花座的体式，只将一条腿搁置在另一条大腿上方。练习时，应有意识地挺直背部，感觉脊椎向上挺拔伸直，肩膀放松放平，手掌不要完全承受上半身的重量；膝盖下压，头部上扬，拉伸前颈的肌肉，帮助胸部挺起。

标准图解

闭莲式

功效： 强健肩关节、肩部肌肉和韧带；帮助打开胸和肩膀，提高肩关节的灵活性，消除背部疼痛；使脊椎神经旺盛有生气；打开髋部，使膝盖灵活。

1 莲花座姿势预备，充分向上伸展脊柱，肩部微微打开，肩胛骨收紧，双膝尽量压向地面，稳定住身体，自然呼吸。

2 吸气，身体稍向前倾，双手绕过背后，用右手去抓右脚脚趾，左手去抓左脚脚趾。呼气时，向上挺拔脊柱。

错误姿势

坐姿体式中，最容易出现的问题就是脊柱弯曲，莲花座的练习也应该注意这个问题。所以，练习应先从半莲花开始，若超过自身限度去追求全莲花座姿的效果，会造成腿部血液循环不畅，还有可能伤害到髋关节和膝关节。

标准图解

技巧

练习时，注意身体的各个部位都处在正确的位置上。脊柱向上伸直延展，不要向前或向后弯曲；双肩朝后打开，保持双肩在同一水平线上，收紧肩胛骨，感受胸腔得到扩张；双手抓不到脚趾也没有关系，手背背在侧腰处即可；双膝向下压，使身体下盘稳稳地贴在地面。

头部放松式

功效：此体式能有效调节呼吸系统功能，振奋精神，给身体带来积极的正面能量；拉长颈部前侧肌肉，修饰颈部线条；拉长脊椎，保持背部向上延展；扩展双肩，矫正高低肩等不良体态；促进面部血液循环，细致面部、颈部肌肤，增强肩、颈部的灵活性。

1 正坐在垫子上，弯曲左膝，将左脚掌贴近右大腿，左脚跟贴近会阴处。右腿弯曲向后，右小腿靠近右大腿和臀部。

2 吸气，抬高双臂，双手交叉抱住后脑勺。眼睛看向腹部，感受身体向上挺拔延伸，保持手肘和手臂所成的直线与地面保持平行。

3 呼气，收回双臂，交叉抱于胸前，左手扶右肩，右手扶左肩。头部后仰，感受颈部前侧的拉伸和新鲜空气在胸腔内的流动。保持 5~8 次呼吸的时间后，缓慢收回头部，放下双臂，换腿练习。

技巧

双手抱头时，双肘尽量往外打开，手部不要对头部施加压力，下颌微收，不要放松后颈部；扩张胸腔，背部保持平直状态；双腿不要移动，稳稳地贴在地面，头部和下部往两个方向延展，拉长背部；头部上仰时，身体不要后仰，感觉颈部待到有微微的拉伸。

错误姿势

练习此式最容易出现的错误是脊柱扭曲，肩部左右不平衡。这样的错误姿势使身体受力不平衡，不但不能有效放松头颈部的肌肉和关节，还有可能造成身体肌肉的错误拉伸，造成关节扭伤。

标准图解

敬礼式

功效：此体式可以增强身体的平衡感，改善体态；伸展颈部，对双肩、双臂、双腿和双膝的神经有益；身体大幅度地折叠变换，能有效地协调身体，增加体内的氧含量，改善情绪。

1 自然蹲在垫子上，双脚分开略比肩宽，双脚稍朝外；双手于胸前合十，拇指相扣。挺直腰背，目视前方。

2 吸气，脚掌稳稳地踩在地面上，抬头后仰，最大限度地向后伸展颈项，手肘顶住膝盖向两侧推开，肩部放平，感觉颈部的拉伸。

3 呼气，低头，并拢双膝，额头抵于膝盖上，手臂向前伸直，保持双手合掌，指尖指向前方地板，保持指尖和臀部不要接触垫子。

技巧

整个过程中应保持脚掌不抬离垫子，身体不要前倾，同时，臀部也不要后坐，以防向后摔倒。膝盖的打开与并拢，靠的是髋部的打开与收紧的平衡，因此脚踝和膝关节在练习中更加灵活；手肘和肩部在扩张和前伸的过程中，也应该保持两边放平。

错误姿势

图中的错误在于，臀部后坐在地面上，脚掌发生了移动，身体重心不再稳定在一点上；肩部也因此不能往前伸直，而是上抬耸起。这样的错误姿势容易让练习者背部僵硬，颈前伸宜导致呼吸不畅。

标准图解

吉祥式

功效：常做吉祥式，可改善新陈代谢、刺激腺体、调整及强化耻骨、尾骨肌肉的骨盆基部，增强性功能；改善腰背僵硬状况，舒缓情绪，缓解坐骨神经痛等症状。同时，还能消除腰部内侧赘肉，治疗低血压及便秘。

1 挺直腰背端坐在垫子上，弯曲双腿，双脚脚掌相贴，双手交叉握住前脚掌。眼睛直视前方，双膝下压，感受脊柱向上延展。

2 吸气，身体缓慢向前倾，双手抓住双脚脚踝，肘部打开，帮助上身向前向下不断延伸。达到身体最大限度后，停留保持约5~8次呼吸的时间，以头部上抬带动身体还原。

错误姿势

腰背部韧性不够或者肌力不足的练习者在练习此式时，会感到上身较难往前下压，这样腰背部因为追求前倾效果就会不自觉地弯曲，使背部形成驼背等不良体态。

技巧

练习的整个过程中，尽量保持好呼吸，停留保持动作时，可用腹式呼吸，感受腹腔器官的活动；身体下弯和上抬时都应动作缓慢，身体向前弯时，也同样要保持背部的平直。双手抓住前脚掌和脚踝，都可以帮助下盘稳定，使双膝下压，腿部更灵活。练习时，为了使精神专注，可闭上眼睛。注意，女性经期时可不练习此姿势。

标准图解

坐姿臂前伸式

功效：伸展双臂和脊背，消除肌肉紧张，防治腰酸背痛等“电脑综合征”；滋养脊柱，增强脊椎的灵活性和延展性；促进双臂和肩背脂肪燃烧，美化手臂和肩背线条。

1 坐姿，右腿弯曲向上，搁在左大腿上，脚心朝上；腰背挺直，下颌略向下收，使鼻头与肚脐处于同一直线上；双手弯曲向上，于胸口前合十。

2 呼气，两拇指相扣，指尖朝前，将合十的双手向前推，双臂向前伸直。

3 继续呼气，保持腰背挺直，肩膀放松，身体向下压，双臂向前推，使肩部、背部与腰部向前延伸。伸展至个人最极限处停下，保持几次呼吸的时间。

4 动作还原，双手自然放松，伸展于身体两侧，放松。

错误姿势

当身体向前伸展时，常因骨盆、腿部韧带、脚踝等的弹性不够，使身体无法挺直向前，呈现出驼背弯曲的错误姿态。长期使用错误的练习方法，容易挤压到脊背，导致肩背酸麻疼痛等症状。只有掌握并坚持腰背挺直的姿势才能达到练习效果。

技巧

这个是坐姿的练习体式，操作时务必配合呼吸，坚持正确的坐姿，使上半身保持挺直，髋部保持水平，要在水平及垂直的平衡下完成向前施力的动作，切勿因将身体向前而使身体失去正确的位置。

标准图解

手背交叉式

功效：通过手臂带动身体侧面肌肉的伸展，促进侧面脂肪燃烧，预防“副乳”和“游泳圈”等的形成；训练极少运动的上臂肌肉，收紧“蝴蝶袖”，塑造美丽双臂。

1 双腿自然盘坐在垫子上，肩膀放松，腰背挺直，双臂自然放松于体侧，掌心置于两膝上，目视前方。

2 吸气，双臂由体侧向上抬起至肩平，掌心朝上，使肩膀沿着指尖向左右两侧延伸。

3 吐气时双臂向上举高，肘部不要弯曲，掌心相对；头部慢慢向上抬起，视线专注在指尖延伸的方向，保持2次呼吸的时间。

4 呼气时，下颌向下收，视线下转；手臂继续向左向右移动，至两手掌背相靠，然后将双臂尽量向上伸展。

错误姿势

当手臂向上伸展时，很多练习者会习惯性地肩膀用力，导致肩膀耸起，肩膀左右高低不平，失去水平面上的平衡。长期保持这种错误的练习方法，很可能造成肩膀压力过大，导致肩膀炎症和疼痛的发生。

技巧

这个是坐姿的练习体式，同样要注意呼吸的配合和腰背的挺直，保持垂直面上的正确位置；同时，手臂向上伸展时，注意肩膀不要耸起，髋部不要离地，以免失去身体水平面上的平衡。只有同时把握水平面和垂直面上的正确位置，才能达到预期的练习效果。

标准图解

弯腰变形式

功效：训练手臂、颈部和身体侧面肌肉，塑造纤细的手臂和流畅的肩颈线条；舒展肩关节，消除肩颈紧张，预防肩颈疼痛；促进淋巴排毒和血液的供给，加快脂肪的燃烧，使身体更显健康纤美。

1 坐姿，自然盘坐，腰背挺直，目视前方；两臂自然下垂，掌心朝内，指尖向下延伸。

2 吸气，胸部抬起，保持腰背挺直，手臂弯曲，十指相扣于头顶，肘部向外打开，肩膀不要用力耸起。

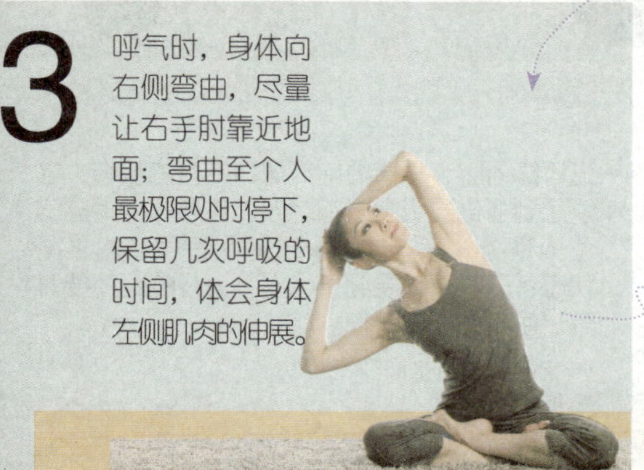

3 呼气时，身体向右侧弯曲，尽量让右手肘靠近地面；弯曲至个人最极限处时停下，保留几次呼吸的时间，体会身体左侧肌肉的伸展。

4 吸气时动作还原，身体慢慢回正，双臂自然伸展于体侧，休息一会，让手臂血液得到补充，然后换边练习。

错误姿势

进行弯腰变形式的练习时，常因追求侧弯幅度而使腰背弯曲失去正确的位置。这样弯腰驼背地练习容易挤压到腰部和内脏器官，是不利于身体健康的。筋骨僵硬者或初学者侧弯有难度时，应保持平和的心态，降低操作难度，循序渐进地练习效果才更佳。

技巧

身体向左向右弯曲时，应保持骨盆端正不偏地稳坐于地上，如大树般扎根于地底，使腰背在同一直线上向两侧弯曲。因此练习这个体式时，首先要掌握正确的坐姿，这样才能牢固操作肌肉伸展施力的支点（骨盆和腰部），确保动作的正确进行。

标准图解

"V"字式

功效： 强化尾骨的力量，促进骨骼对营养的吸收；锻炼腰腹肌肉力量，紧实腹肌，消除腹部赘肉；伸展膝关节和髋关节，增强韧带的韧性，提高身体的柔软度；促进双腿血液倒流，加快新陈代谢，消除腿部赘肉和水肿。

1 坐在垫子上，腰背挺直，目视前方；双膝弯曲，脚板向上勾起，手臂抱住双膝，双手分别抓住两脚脚板。

2 吸气，保持身体中正，以尾骨支撑全身的重量，双手抓住双脚板慢慢向上抬起。

3 呼气，将两腿继续向上抬起，使双腿向上伸直。注意双膝不要弯曲，保持绷直的状态，腰背继续保持挺直，保持1次呼吸的时间。

4 再次呼气，将绷直的双腿慢慢打开呈"V"字形。双腿打开有难度的可将手向下移动握住脚踝或小腿的部位，打开至最大限度时，保持2~3次呼吸的时间。

错误姿势

很多时候错误动作是具有多米罗骨牌效应的，一个错误通常会带来更多的错误。如图，当膝盖弯曲时，为了握住脚板，脊椎就会不由自主地弯曲。只要一个部位一个部位地做准确了，整个动作就会完成得准确而完美。

技巧

进行练习时，腰背要始终保持挺直的状态，才能起到强化腰肌腹肌的功效；注意保持骨盆的正确姿势，这样才能很好地保持身体的平衡状态；同时双腿要绷直，左右分开的距离要对等，使身体左右对称。

标准图解

鹭式

功效：训练双腿肌肉，拉伸、延长腿部肌肉线条，使双腿线条更显流畅优美；伸展双腿，提高韧带、膝关节和髋关节的灵活性；促进双腿血液循环，促进水分、毒素的排除，消除双腿水肿的现象。

1 单腿跪坐在垫子上，右腿向前伸直，左腿向后弯曲，脚背贴地；腰背挺直，目视前方，双臂自然伸展于体侧。

2 吸气，右腿弯曲抬起，双手握住右脚板，腰背保持挺直，上半身不要弯曲，头部摆正。

3 吐气，双手握住右脚板慢慢向上伸直，右腿伸直后，再次呼气，使右腿尽量向身体靠拢，保持2~3次呼吸的时间。

4 吸气，慢慢放下右腿，双腿向前伸直，调整呼吸，然后换左腿继续练习。

错误姿势

伸展腿部时若脊椎弯曲，不仅会挤压到内脏器官，还不利于呼吸的保持，使有氧运动变成无氧运动，增加体内“疲劳毒素”的堆积；而腿部伸展不充分，也就达不到训练臀部和灵活韧带关节的功效。

技巧

伸展双腿时，腰背一定要保持挺直的状态，不要为了追求伸展的效果而弯曲脊椎；其次，向上抬起伸展的单腿一定要尽量伸直，可降低抬起的高度，但一定不要弯曲单腿（当腿部向上伸直有难度，或身体柔软度不够，双手无法握住脚板时，可在脚板上套上瑜伽带，再进行练习。）；此外，盆腔要注意保持正确的位置，臀部要紧贴地面，使左右盆腔处在同一直线上。

标准图解

牛面式

功效：有针对性地训练上臂后侧的肌肉，促进脂肪燃烧，预防和改善“蝴蝶袖”现象；充分伸展双肩，促进肩部血液供给，消除肩部肌肉紧张与疲劳，预防肩周炎；打开双肩，伸展脊椎，矫正驼背、耸肩等不良姿势。

1 右膝在前，左膝在后，双膝弯曲坐下，使右膝叠放在左膝上，两脚背贴地；腰背挺直，目视前方，双手自然放于体侧。

2 吸气，两臂抬起，右臂向上伸直，左臂向体侧伸直；注意保持身体的中正，腰背要直，骨盆不要高低不平。

3 呼气，右臂弯曲向下，左臂弯曲向上，两手于背部中线相握；继续呼气，两手握紧，用力拉伸双臂，保持2~3次呼吸的时间。

4 吸气，双臂慢慢放松打开，自然伸展于体侧，休息一下，两臂换方向重复练习。初学者如果无法使双手在背后相扣，可用瑜伽带辅助进行练习：在上侧的手握住瑜伽带的一端，使其垂直向下，然后用另一只手握住瑜伽带的另一端，完成练习。

错误姿势

练习此式时常见的错误就是弯腰驼背，这样不仅达不到练习效果，长此以往还可能加重驼背、高低肩等不良体态，甚至可能诱发肩周炎、颈椎痛等病症。

技巧

练习过程中，腰背要保持挺直的状态，不要弯曲；手肘要尽量向外打开，这样才可使脊椎保持挺直，肩部得到充分伸展；在此过程中，肩部不要用力耸起，两肩要保持在同一直线上；骨盆不要倾斜，两手应在左右肩胛骨的中央处相握，从而确保身体的中正。

标准图解

半闭莲变体式

功效：拉伸脊柱、腿部韧带、跟腱和髋部肌肉；对肝、胰腺和肾脏起按摩的作用，有助于肠胃蠕动，改善吸收系统的功能；此外，对安抚心境有特殊功效。增加髋部和骨盆部位的灵活性，帮助形成直立的脊椎。

1 双腿自然盘坐在垫子上，腰背挺直，目视前方；双手放松，掌心置于双膝上。将左腿抬至右大腿上，成半莲花状。

2 弯右膝，双手自然下垂，掌心贴于膝盖上。吸气，肩膀微微下压，尾骨收紧，扩张胸腔，让空气充满肺部，放松整个脊椎。

3 呼气时，抬左臂，将左手移至右膝上，眼随手动，在肚脐的带动下使身体向左后方转动，保持腰背始终同地面垂直，臀部贴地，右臂与地面平行，看向指尖所在的方向。

4 吸气时收回左臂，身体向前旋转，回到正中位置。调整呼吸，换手臂练习。

错误姿势

因为追求腰部的偏转幅度，最容易出现的错误就是脊椎弯曲，肩膀歪塌。这样既使腰部肌肉得不到锻炼，还容易造成脊柱错位，给练习者带来不适的瑜伽体验。

标准图解

技巧

坐式以整条脊椎上拔伸直，两肩应舒张但不挺胸。然后从上而下顺势放松，上半身处于自然松直的状态。练习时臀部不要离地，稳稳贴住地面；脊柱始终与地面垂直，感觉到腰部的转动拉伸便可以起到良好的锻炼效果。

鸽子式

功效：打开胸腔，温和按摩内脏器官，增加肺活量，提高呼吸系统的功能，增加血液中氧气的供给；强化训练手臂后侧、大腿前侧和臀部肌肉，有效塑造身体“死角”部位的美丽线条。

1 坐姿，左膝弯曲，左脚跟靠近会阴处，脚背贴地；右腿打开向外伸直，小腿向后；双手自然放松于体侧。

2 吸气，将右脚尖放在右肘弯，左手上抬与右手相扣，两肩放平；吐气，保持身体平稳，重心向下压，眼睛注视右脚尖。

3 吸气，双手抬起相扣于头后，头部转向左上方，胸腔向外打开；臀部收紧下压，保持姿势三次呼吸的时间。呼气时放下右脚，恢复到开始的姿势，左右腿交换练习。

技巧

臀部收紧下压，保持身体重心平稳；手肘尽量向外打开，帮助胸腔向外扩张；头部抬起，打开咽喉，方便新鲜空气的吸收；尾骨向下延伸，颈椎向上延伸，拉伸整个脊椎。

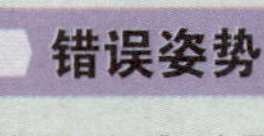

错误姿势

练习此式时最忌缩胸驼背，阻碍呼吸的顺畅进行，引起胸闷、腰酸等不适；身体蜷曲缩起，不保持向外打开的错误姿势，不仅达不到力量的训练效果，还极易引起手臂、双腿以及腰背肌肉疲劳。

标准图解

射手式

功效：多练习此式可以消除胁腹赘肉，美化腰部曲线，对手臂和侧腰有很好的减肥效果；脊柱保持伸直还可以矫正肩部歪斜的形体问题；同时，还有防治坐骨神经痛，促进代谢的作用。

1 坐位，挺直腰背，调整呼吸。左脚弯曲，将脚跟拉近，靠近会阴处。右脚打开往右外侧伸直，两腿尽量打开，臀部紧贴地面不要翘起或移动。

2 吸气，右手扶住左脚脚掌，左手从体侧抬起，贴耳，掌心朝内，向头上方延伸。呼气时，身体向右方侧弯。下弯时，腰背应挺直不前倾，手臂与身体侧线保持平直，从侧面看应在同一平面上。保持姿势2次呼吸的时间。

3 呼气时，左手臂带动身体继续右弯，向右腿靠近；右手顺着左腿向前滑动，试着用左手绕过头部上方，去抓右脚的脚掌；打开双肩，细细体会身体向左的拉伸，保持 2~3 次呼吸的时间。

错误姿势 ✕

此体式的侧弯腰是由手臂伸展带动身体侧弯。若刻意追求手抓脚板，会不自觉地使身体前倾，腰背弯曲。练习错误的体式时会感觉胸闷、恶心、颈部疲劳，长此以往还会造成脊柱的错位和变形。

4 吸气时慢慢恢复到开始的姿势，换腿进行练习。

标准图解

技巧

当准备做射手式动作时，就需要注意以正确的坐姿开始，骨盆与坐骨要稳，才能在操作上半身侧弯时保持在同一平面。身体向侧面延伸时，腰背要保持挺直，以腰腹的力量维持身体的弯曲；手肘不要弯曲，手臂应与身体侧面在同一直线上，细细感受手臂和侧腰无限延伸；肩膀放松向外打开，切勿含胸驼背。

摇篮式

功效：本体式可以作为莲花座法的辅助练习动作，也是练习其他体式前很好的热身运动，可以打开髋关节、膝关节，打开盆腔。同时，本体式可以强健脊椎，强健大腿后侧肌肉和韧带；使臀部重心上移，减少臀部多余脂肪，防止臀部下垂；减少小腿后侧多余脂肪，使腿部结实有力；扩张胸部，减少腹壁脂肪，能按摩腹部内脏器官，加强腹肌力量。

1 坐姿，腰背挺直，头部摆正，目视前方；双腿并拢向前伸直，脚尖朝上；双手自然下垂，指尖撑于臀部后侧。

2 吸气时，屈左腿，膝盖外转，双手抱住左脚和左小腿；右腿伸直并微微内收，使其得到充分的伸展。

3 呼气时，将左腿上抬，尽量让左小腿平行地面，将左脚板放右肘肘窝里，左膝盖放在左肘肘窝内。吸气，脊椎向上伸展，将左腿推离胸部。

4 呼气，放松肩膀，将左腿压向胸前；前后推动左腿时，重心放在大腿根部和尾椎处，右腿不要移动，脊柱不要弯曲。再次吸气时回到开始的姿势，换边操作。

错误姿势

腿靠近胸部时，练习者常常会弯曲脊背以达到贴近的效果，这样反而达不到伸展筋骨、按摩腹部的作用。在后面体式练习中，有可能因身体没有活动开而拉伤肌肉。

技巧

此体式难度不高，肩膀放松、放平，脊柱一定要保持伸直，不要弯曲。但若要大腿贴近胸部，对于韧性不够的初学者可能有一定困难，初学者可将原本伸直的腿弯曲，脚跟靠近臀部。

标准图解

细腿变化式

功效：此体式能修长腿部线条，燃烧腹部脂肪，去除腿部及腹部的赘肉，增强体力，增加腰腹和双腿的力量。

1 直腿坐，调整呼吸。吸气，上身后仰，双手肘撑地，保持上臂与地面垂直，腰部挺直，不要凸肚，吐气。

2 吸气，双脚高举，与身体保持90度，脚尖伸直，保持2~3次呼吸，准备下1个动作。

3 腿始终离地不要放下，双手撑起上身。右手前移带动上身缓慢左转，左手后移，保持身体平衡，上身与腿部之间的角度不变，此时双腿与地面的夹角约45度。

4 吸气，左脚慢慢向身体靠近，右手拿住左脚尖，深呼吸，右膝不断向后伸直。还原坐姿时，先双手辅助上身躺到地面，然后双腿并拢，一齐缓慢放下。调整呼吸后，换边练习。

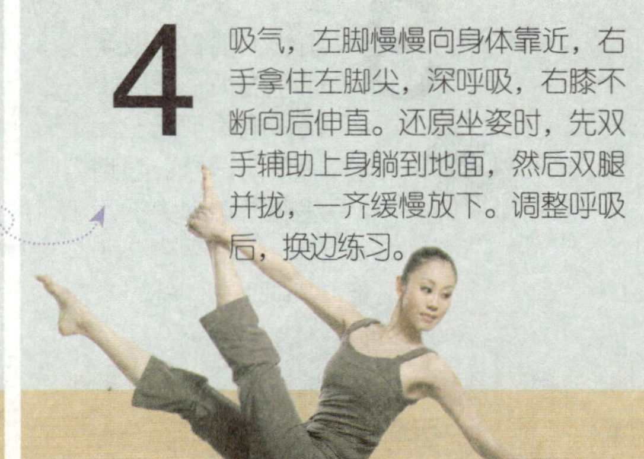

错误姿势

此体式对腹部、腿部的肌肉要求很高，初学者的右手不能抓到左脚时，容易弯屈膝盖，以减轻腹部的压力。同时，此体式中也有一定的扭转动作，脊柱弯曲会加重尾椎的重量，容易失去平衡，造成脊柱错位。

技巧

在细腿变化式的练习过程中，一定要注意呼吸的吐纳。上身与腿部保持90度，腿部应尽量伸直，利用腹部的力量平衡身体，而不是将全身重量落在手肘处。要注意手臂和肩膀始终在同一条直线上。腹部有酸胀的感觉时，是腹部的脂肪在燃烧。如果练习时突然放下双腿，会对腹部和腿部造成伤害；若有不适，应先放倒上身后缓慢放下双腿。

标准图解

身印式

功效：这个体式可以有效按摩腹部，促进血液循环，改善下半身寒冷症，消除肠气，防便秘。腿部的拉伸可纤细大腿，美化腿型，预防坐骨神经痛，预防腿部抽筋，使长期站立的人腿部得到很好的放松。

1 坐姿，腰背挺直，双腿并拢向前伸直；手臂伸直，指尖放在膝盖上，眼睛注视着指尖的方向，做深呼吸。

2 吸气，右膝弯曲，将右脚背放置于左大腿根部，脚心向上；保持腰背挺直，左右骨盆水平贴地，目视前方。

3 呼气，身体缓慢向前倾，试着用双手抓左脚板；腹部收紧，尾骨下压，保持腰背挺直，眼睛注视左脚脚尖的方向，保持姿势3~5次呼吸的时间。

4 再次呼气时，身体继续向前弯曲，让身体尽量贴近左腿，下颌贴于左腿上；双手顺着地面向前滑动，在左脚前相握；腰背挺直，保持姿势两次呼吸的时间。吸气时慢慢收回身体，恢复到开始的姿势，换腿练习。

错误姿势

因为追求大的伸展幅度，而弯曲脊柱，是练习此式时最容易出现的错误。这样的练习不仅起不到拉伸的效果，也易使练习者体会不到腹式呼吸的好处，产生憋气，感觉胸闷、头晕。

技巧

在练习身印式做准备动作时，需要注意坐姿的四平八稳，才能保持身体平衡。上身下压时，要保持脊柱伸直，手臂放松，不能为了抓到脚心而弯曲脊背或者膝盖。练习熟练后，可试着将手肘放置于地面，腹部贴大腿，胸部贴近膝盖。初学者柔韧性不够高，可以将手放在小腿胫骨处或膝盖处，保持脊柱伸直，上身有向前向上的牵引力即可，臀部要贴住地面不动。

磨豆式

功效：此式可很好地强化腰部肌肉力量和弹性，促进腰部脂肪燃烧，有纤腰、收腹的功效；同时可深层按摩腹腔和盆腔器官，加快血液的供给和废物的排出，从而改善肠胃功能和经期不适。

1 坐姿，双腿并拢向前伸直，腰背挺直；头部摆正，目视前方；臀部紧贴地面，左右骨盆保持平稳，双手自然伸展于体侧。

2 吸气，两臂向前水平上举，双手十指交叉相握成拳，将注意力集中在拳头上。

3 呼气，利用腰部力量以为尾骨为中心，上半身向右、向后、向左顺时针画圆，手臂保持伸直的状态，如同磨豆子一样。反复画圆3~5圈后，身体回到正中，再反方向逆时针画圆。

错误姿势

因为追求动作伸展的幅度，最容易出现的错误就是脊椎弯曲，这样既使腰部肌肉得不到锻炼，还容易挤压到内脏器官，引起胸闷、消化不良等不适。此外，还可能出现骨盆和肩膀偏移状况，练习时一定要注意。

技巧

身体按顺时针或逆时针画圆时，腰背要保持挺直的状态，不要弯曲；同时，左右骨盘要保持在一条直线上，不要出现左高右低等情况，以免失去身体的平稳；身体运动时，肩膀不要用力，要保持肩膀姿势到位，不要耸起或下压等问题。

标准图解

蝙蝠式

功效：此式可使卵巢旺盛，增强精力，舒缓生理期不适，改善性冷淡。腿部肌肉的拉伸能矫正骨盆异常，消除坐骨神经痛，收紧大腿肌肉，保持关节的柔韧与灵活性，预防下半身肥胖。

1 正坐，挺直腰背，目视前方；双腿并拢向前伸直，脚尖向前；双肩打开，手臂自然伸展于体侧，指尖撑于臀部后方。

2 吸气，两腿左右分开至个人极限处；腰背挺直，身体慢慢向前倾，感受到双腿内侧腿筋的拉伸。初学者可用双手扶住两侧小腿处，进阶者可试着用手指抓住两侧的脚趾。

3 呼气，将手掌移至身体前侧，慢慢将上身向前方地面趴下，直至双腿内侧腿筋有紧实感即可，腰背挺直，保持姿势 2~3 次呼吸的时间。

4 再次呼气时，双手向左右打开，手指抓住指尖，下颌贴地，让身体进一步贴近地面，保持姿势 1 次呼吸的时间。

错误姿势

只为做到前倾抓到脚趾的动作，容易让腰部弯曲，起不到拉伸背部和腿内侧肌的效果。

技巧

当做蝙蝠式准备动作时，就需要注意着地的尾骨需端正地坐稳，保持髋部平稳，才能让脊椎如梁柱般往上挺直。动作进行时，要水平及垂直地平衡往前施力，不要让身体因往前而失去正确的位置。

标准图解

双腿头碰膝式

功效：刺激脊柱、心脏，按摩腹部器官，改善肠胃功能和经期不适，对痛经患者有一定缓解作用。拉伸腰背部及大腿、小腿内侧肌肉，有修饰腿部线条和收紧小腹的功效。这个体式同时也锻炼颈部和面部肌肉，能有效收紧下巴，美化脸型。

1 坐姿，腰背挺直，目视前方；双腿并拢向前伸直，脚尖朝上；手臂伸展于体侧，指尖撑地。

2 手臂上举，掌心相对，拇指相扣；吸气，保持腰背挺直，尾骨收紧下压，指尖向上延伸，肩膀微微下沉，体会脊椎的伸展。

3 双手解开，手臂向下向前移动，与地面平行；呼气时手带动腰背向前倾，腹部收紧，保持腰背在一条直线上；双腿伸直，膝盖不要弯曲，眼睛注视正前方。保持姿势2次呼吸的时间。

4 再次呼气时，身体继续向前倾，向双腿靠近；放松手臂，两手相握于脚前；收紧腹部，额头尽量往小腿靠。注意腰背部伸直，保持此姿势2次呼吸的时间。

错误姿势

为了让头碰到膝盖，练习者可能会弓起背部或弯曲腿部，这都将失去拉伸的效果。练习时，可以将注意力放在感受腹式呼吸上，此体式是放松中的拉伸，不要憋气。

技巧

在弯腰向前倾时，要保持腰背部在同一直线上，腿部尽量伸直；骨盆贴地，保持坐姿。练习此体式时，以个人感觉到腿部的紧实感为度，不要刻意追求头接触膝盖的效果，否则可能会引起腿部肌肉的拉伤。当练习熟练后，腹部可以贴向大腿时，便能感受上半身与腿部的贴合与延伸。

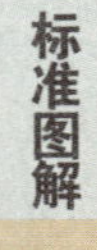

后视式

功效：可矫正脊椎，预防驼背，消除疲劳。能纤细腰围，美化身材。同时，扭转的后视式可强化背部与腹部肌肉，保养胃脏，刺激内脏，使肝机能旺盛，并且可以调整中枢神经与交感神经。

1 坐姿，腰背挺直，目视前方；右腿向内侧弯曲贴地，左腿弯曲直起，脚心踩在右膝外侧；臀部紧贴地面，保持左右骨盆平稳。

2 呼气，将身体往左边方向扭转，右手肘置左膝外侧，左臂伸展于臀部后侧；保持腰背挺直，目视前方，停留做 5~8 次深呼吸，体会脊椎的伸展。

3 吸气时恢复坐姿，换腿进行练习。

错误姿势

因为追求后视动作的偏转幅度，最容易出现的错误就是脊椎弯曲，肩膀歪塌。这样既使腰部肌肉得不到锻煤炼，还容易造成脊柱错位，引起胸闷、头晕、消化不良等不适症状。

技巧

做动作时，上身一定要保持挺直，不可弯曲。将身体左转时，应缓慢地以头的转动带动腰椎转动，腹部贴近竖起的大腿根部，感受腹部的起伏。若右手不能置肘在左膝外侧时，不可强求，可用右手扶住左脚脚踝保持平稳，以免错误姿势的过度偏转引起腰部扭伤。

标准图解

第四节　跪姿体式

抬腿式

功效：锻炼臀部肌肉，减少臀部多余脂肪，提臀翘臀；伸展两腿后侧韧带，拉动伸展腹肌、腰肌，塑造纤细的小蛮腰；反方向伸展脊椎，促进背部血液循环，消除脊椎紧张和疲劳；锻炼身体的平衡感，强化注意力。

1 自然跪坐，臀部坐于脚后跟处，脚背贴地；腰背挺直，目视前方，双手放松，掌心贴于大腿上侧。

2 吸气，大腿抬起与小腿垂直，双手向前撑于地面，使身体成四肢着地跪姿；注意保持腰背挺直，头部面向地面，使头、腰、背在同一直线上，与地面平行。

3 呼气，头部抬起，右腿从后方向上抬高，脚尖向天空延伸；注意保持左右骨盆的平稳，腿部抬起时不要使骨盆翻转；保持姿势 1 次呼吸的时间。

4 再次呼气时，左手抬起向前伸直，右腿进一步向上延伸，保持 2 次呼吸的时间。吸气时慢慢收回，恢复到开始的姿势，调整呼吸，手臂和腿部换边重复操作。

错误姿势

腿部和手臂歪斜，极易使身体失去平衡，翻转跌倒；身体歪斜还极易扭伤腰部或脊椎，长期坚持错误的姿势还可能引起脊椎侧弯等严重后果，所以一定要注意。

技巧

首先要保持手掌、膝盖和骨盆平稳、对称，保持身体的平衡，不要出现一前一后、一高一低等状况；保证身体平衡后，单腿向上伸展，向上伸展的小腿与跪于地的大腿要与地面保持垂直，不要左右偏转，使身体呈现积极向上的姿态。

标准图解

跪姿伸腿式

功效：腿部的拉伸可有效增强腿部韧带、肌腱和肌肉的伸展性，同时有助于消除腿部赘肉，塑造流畅的腿部线条。手臂的拉伸则可增强臂部、手部和背部肌肉的伸展，消除手部和背部的赘肉，达到细臂美背的双重功效。

1 跪姿直立，脚背着地，大腿与脊柱成一条直线。肩膀放松，身体放松，双腿并拢或微微分开皆可。

2 迈出右腿，伸直，脚掌放在地面。上身保持平直，双手自然下垂，放在大腿两边，眼睛看向前方。

3 吸气，绷紧右腿，脚尖勾起，拉伸右腿韧带；呼气时俯身向前，双手撑压于右腿两侧；不要塌腰，使腰背、颈部保持在一条直线上，并与地面平行；停留保持3次呼吸的时间，感受背部、手臂、大腿的拉伸。

4 再次呼气时，掌心沿地面向前滑动，身体进一步下压，贴近伸直的右腿，停留保持2~3次呼吸的时间。吸气时，以头的力量缓慢带动身体抬起，收回右腿，换腿练习。

简易式

若上身下压，不能完全使腹部贴近大腿时，可以把手轻放在小腿上（或左右两边垫瑜伽砖），但依然要保持脊背平直。注意肩部是向前延展的，不要耸起。

错误姿势 ×

练习此式时，前腿膝盖容易弯曲，后腿与地面不垂直，这样会使身体重心不稳；同时，上身的脊柱弯曲后，便失去了背部和臂部拉伸的效果。

标准图解

技巧

练习此式时，肩膀要保持放松，手臂向前延伸，身体重心放于双腿；左右骨盆保持平整，不要左摇右晃；身体前俯时，腰背要保持平直，均匀释放每个脊椎的压力，切忌弓腰塌背；身体柔韧度较高的练习者，尽量将前侧伸直的单腿的脚尖勾起，拉伸韧带。

骑马式

功效：打开骨盆，刺激舒缓骨盆的压力和紧张感，促进盆腔内血液循环，滋养盆腔内生殖器官并强化其功能；拉伸腿部，收紧腹部，有效消除或减少腹部及腿部多余脂肪，让松弛的身体线条变紧实；强化腿部及腰腹肌肉力量，增强身体的平衡力。

1 跪姿直立，腰背挺直，吸气时右腿弯曲向前迈出一步，脚尖向前，膝盖不要超过脚尖；掌心贴于右膝上。

2 保持腰背挺直，手臂伸直，指尖向下；呼气时臀部收紧，身体向下压，让指尖尽量贴近地面，使髋部有拉伸感，保持1次呼吸的时间。

3 再次呼气时，髋部下压，腹部收紧，身体慢慢弯曲向后；头部慢慢往后弯曲，拉伸颈椎；肩部打开向后，指尖尽量贴近地面，打开胸腔；保持姿势3次呼吸的时间。

4 吸气，手掌撑腰，身体慢慢回复到开始的姿势，再收回右腿，双腿跪在垫子上。呼气时身体前俯，臀部坐到脚跟上，休息片刻，再换腿进行练习。

错误姿势

初学者或者腰椎有病者容易过度挤压脊椎使其受伤，因此必须要量力而行，以不超过自身可承受的力度进行练习。若感到后背受到强烈的挤压，或有头晕、恶心等症状时，表明已经超过自身极限，应立即停止下弯。同时，要注意保持重心和正确的位置，以免颈部与脊柱受伤。

技巧

练习此体式时一定要注意动作不要超过自身的极限，否则很容易给脊柱带来伤害。另外，动作宜缓慢、稳定地进行，脊柱要有控制地后弯和抬起，不能急头急脑，必要时可以用手辅助。要注意保持髋部、膝盖、肩部等部位的正位，要正对身体的前方，分别与地面保持平行，不要左右翻转。

标准图解

骑马变形式

功效：通过身体的伸展可以调理脊椎和腰椎，矫正脊椎变形，治疗脊椎盘错位和腰椎盘突出，减轻腰酸背痛及坐骨神经痛；拉伸跨步和腿部弯曲的动作，有助于增加骨盆的血液供应，按摩结肠等器官，还能促进激素分泌，有效防止和治愈便秘等结肠类疾病。

1 跪姿，右膝前弯，向前迈出一步，脚尖向前，膝盖不要超过脚尖，使右腿与地面形成一个直角。呼气时身体向左胯前方压，使左胯前端有拉伸感。

2 右手按压于右膝的上方。左腿弯曲勾起，身体左转，左手握住左脚脚尖。

3 右手打开，手肘撑住右膝膝盖，右手结智慧手印；头部右转，双眼注视前方；呼气时左肘弯曲，拉住左脚脚尖向臀部靠近，保持 2~3 次呼吸的时间。吸气时恢复到开始的姿势，调整呼吸，换腿练习。

技巧

练习这个体式时，注意保持身体平衡，膝盖不要左右晃动；肩膀放松放平，不要缩肩或单肩翻转；胸腔向前打开扩张，脊椎挺直，保持向上伸展，不要前倾；下压骨盆，不仅可以保持平衡，更有利于伸展髋部。练习时注意感受大腿内侧、后侧的拉伸，使腿部肌肉得到锻炼。

错误姿势 ×

此体式若不能较好保持身体平衡，会给膝关节带来较大压力，扭伤膝盖，拉伤大腿内侧与后侧肌肉；肩膀倾斜也会造成肩部、颈部肌肉紧张。

标准图解

下犬式

功效：练习此式，可以锻炼到手臂和腿部的韧带；同时能够锻炼腰背的肌肉，强化背部力量，矫正驼背等不良体态；修饰全身线条，为脊柱注入活力。

1 假跪立，挺直腰背，臀部坐到脚跟上做深呼吸。吸气，身体向上伸直，头部、肩部、腰部和臀部都处在同一直线上。

2 呼气，手臂向上举起，带动身体前倾，直至额头落地，臀部不要离开脚跟。手掌落在头部前侧的垫子上，上身前移，调整手臂和大腿间的距离，保持手臂和大腿都与地面垂直。

3 吸气，臀部抬起，伸直双腿膝盖，手掌和脚掌紧贴地面。每次吸气时，腰背往下压，臀部向上提拉，保持 2 次呼吸的时间。

技巧

练习本体式时，注意好腿部、腰背部、手臂都处在一个平直的状态，在平直的状态下延伸，便可使身体得到正确的伸展。双腿伸直，脚跟踩地，感觉膝盖窝和腿部后侧得到拉伸；腰背平直，双手撑地，尽量将腰背部压向大腿的方向；臀部上抬，将注意力集中到上抬的髋部，双臂和背部保持在一个平面上。

错误姿势 ×

图中动作的错误很容易引起练习者的颈椎和背部的扭伤，因为腿部膝盖弯曲减轻了腿部后侧的拉伸，双肩和腰背不在同一平面，也无法使双臂对背部施加压力，让腰部得到应有的锻炼。

标准图解

蜥蜴式

功效：此体式可以舒缓背部的僵硬和紧张感，消除背部多余的脂肪；纠正不良体态，美化背部线条；还可以促进面部的血液循环，细致颈部、面部肌肤；身体前侧充分伸展，利用重心的移动和地心的引力来刺激体内的横膈膜，可增强呼吸系统的功能。

1 跪姿，挺直腰背，臀部坐于两脚跟上，掌心贴于大腿上侧，调整呼吸。

2 弯曲手肘，前臂相叠，掌心扶住手肘；吸气，上半身向前倾，两前臂与小腿贴地，支撑身体；将腰背挺直，保持在一条直线上。

3 呼气，手臂向前滑动，身体向前移动，直至下巴、胸部贴住地面；臀部抬起翘向天空，大腿抬起与小腿成 90 度角，腰背保持在一条直线上。保持姿势 3~5 次呼吸的时间，然后全身放松，缓慢恢复原位。

错误姿势

练习此式时，最容易出现的错误就是，手臂因承受不住身体的重量，而弯曲脊柱以减轻压力。长期依照此错误的姿势练习，可能造成肩部肌肉紧张，形成不良的体态。

技巧

练习此式时，重心移至胸部，肩膀放松，胸贴地面，让大腿始终与地面垂直，以减轻膝关节的压力，起到保护膝关节的作用；上臂尽量放松，让大腿垂直地面。把重心移到胸部，利用地心引力让胸部往下垂；移动过程中，肘不应移动，在整个过程中移动身体时大臂肌肉始终保持收紧状态，以稳定身体，防止肘关节和膝关节在不均匀用力的状态下受伤。

标准图解

塌式

功效：反方向伸展脊椎，消除脊椎压力，强化脊椎周围肌群力量；打开胸腔，增强肺活量，促进身体氧气的供给；有效拉伸肩部、颈部、手臂、腰腹等部位的脊椎，促进脂肪燃烧，完美各部位的线条。

1 坐姿，双膝并拢，小腿打开，使臀部坐在两脚之间的垫子上；双手放松，掌心贴于膝盖上，目视前方。

2 身体慢慢向后仰，双手向后移动，抓住脚掌；肩部微微向后向下压，打开胸腔，挺直腰背，吸气，保持1次呼吸的时间。

3 再次吸气，掌心抵住脚掌，身体慢慢向后仰，手肘撑地；腰背保持平直，颈部不要弯曲，与肩背保持在一条直线上。

4 头部慢慢往后仰，以头顶百会穴着地，背部向后弯曲呈弓形，呼气时胸腔打开向上顶起，放松肩部，细细体会脊椎向上不断延伸的感觉，保持2次呼吸的时间。

5 两臂举起，前臂交叉相叠向后打开，放于头后；呼气，将胸腔进一步向上顶起至极限，使脊椎得到个人最大限度的伸展，保持2~3次呼吸的时间。

错误姿势

腰腹力量不足和肩膀打不开的练习者，很容易将肚子而不是胸椎向上送出。用力部位不正确不仅会让上身抬起变得困难，且容易拉伤腰腹部肌肉。

标准图解

技巧

练习此式时，上身的重量不应该全部落在手掌上，而应该以胸部向上、向前的力量去带动身体向上延伸；颈部不要过于后仰，双眼注视前方或者看向天空，有助于缓解颈部带来的紧张压力；肩部应放松打开，胸部应有意识地缓缓向上顶；身体不要弯曲扭转，注意保持双臂、头部、背部、腿部等部位的中心线。

跪姿背部舒展式

功效：预防乳房下垂，有扩胸、丰胸的作用；消除肩背的酸胀感，矫正双肩不平、含胸等不良体态；加强面部血液的循环，细致面部肌肤。

1 跪坐在垫子上，臀部放在两脚的脚跟上，脚背紧贴地面。双手在背后交叉握拳，眼睛直视前方，调整呼吸。

2 吸气时身体有控制地缓慢前倾，上半身平直地与大腿贴合，额头贴地，保持1次呼吸的时间。注意脊柱不要弯曲，臀部不要翘起，保持身体中线不要扭曲。

3 再次吸气时，头部顶地，将臀部抬起，手臂向上伸直；保持2次呼吸的时间，注意保持腰背的平直，大腿与地面垂直。颈部前屈有压力时，可在头部放一块瑜伽砖或枕头，帮助动作的完成。

4 吸气时，慢慢放下手臂，手背贴地；再慢慢放下臀部，坐于脚跟上；脊椎一节一节放松，将重量放在大腿上；颈部慢慢放松，额头贴地，深呼吸，以缓解颈部、背部压力。

错误姿势

练习此式时，如果注意不到姿势的错误，臀部上抬不够，大腿无法与地面垂直，很容易前额着地，致使胸腔无法打开。这种姿势容易使人憋气，长时间进行错误姿势的练习容易让人感觉缺氧、疲劳、肩周及颈部肌肉紧张。

标准图解

技巧

练习此式时，要有良好的身体控制力，身体向前倾和手臂向天空伸直的时候，都要注意好大腿与地面是垂直的；这个姿势在练习时一定要注意打开胸部，肩胛骨尽量靠近；手臂尽量向上拉伸，指向天空，不要下吊，以免引起扭伤；头部一定要头顶着地，不要前后滚动，否则极易引起颈椎拉伤。

骆驼式

功效：改善背部线条，舒缓背痛及肩痛问题；扩展胸部，改善呼吸系统的疾病；促进整体血液循环，改善经期不适；拉伸腿部前侧肌肉，美化并修长腿部线条。

1 跪在垫子上，腰背挺直，臀部坐于脚跟上，手臂自然下垂，落在身体两侧。

2 吸气，双膝微微打开，上身立起，用右手去抓右脚掌，左手去抓左脚掌。注意保持身体平衡。

3 呼气时，双手撑住脚跟，髋部朝前推，身体慢慢向后仰；头部放松，自然下垂，保持3~5次呼吸的时间。

技巧

练习此式时，身体的各个部分应协调好。骆驼式体式要求练习者的脊椎有较好的韧性，能向后弯曲一定的幅度，身体从正面看一定要在正位，不能左右不平；肩膀向后打开，胸部向上挺起，髋部朝前推，感受到臀部肌肉向内侧收紧，背部得到温暖的挤压。

错误姿势

练习此体式错误时，由于需要尽量用双手抓到双脚脚掌，导致大腿后仰，不再与地面垂直，髋部向后压也起不到拉伸腿部前侧、收紧臀部的效果，还会让初学者感到头晕，容易过度挤压腰部、颈部的脊椎。

标准图解

髋屈肌伸展式

功效：这个体式可以有效地伸展整个大腿前侧的肌群，避免过度伸展腿后侧肌群所造成的肌肉单向性紧张，并且可以增强平衡、协调和集中注意力的能力。

1 双膝跪立于垫子上，双手扶住右膝，右脚向前跨出一步，小腿垂直于地面；左腿向后伸展，身体保持挺直，髋部打开。

2 呼气，指尖撑住右腿两侧地面，髋稍向前推送，身体向前倾，左脚向上勾起，保持姿势2~3次呼吸的时间。

3 吸气时，身体挺直，双臂伸直，双手握住左脚尖；呼气时，脚尖向后压，双臂伸直，肩部打开，臀部收紧，体会胸腔的扩张，保持2次呼吸的时间。

4 再次呼气时，身体再次前倾，双肘弯曲，将左脚跟拉向臀部，保持3~5次呼吸的时间。吸气时打开双手，轻轻放下左脚，回到基础跪姿，换腿练习。

错误姿势 ×

练习此式最容易犯的错误就是上身前倾时，髋部向后，使髋部不能打开。这样也易失去身体的重心，给脊椎、肩膀带来极大的压力，容易造成身体各个部位的肌肉拉伤。

技巧

练习此体式时，最重要的是要保持身体的平衡，在身体能够很好地平衡后，再尽力将胯往前推，达到后腿的脚跟贴近臀部的效果；如果感到大腿后侧痉挛，就说明已经达到身体的极限，此时应该立刻停止动作；练习较为熟练后，若想要增强练习强度，最好的方法是使左大腿尽量贴向地面并使骨盆稍向前倾。

标准图解

猫式

功效：练习此式可以充分伸展背部、腿部和肩膀，改善血液循环，消除肩背酸痛和疲劳，对痛经、经期紊乱有很好的调理效果；能够让脊椎得到适当的伸展，增加身体的灵活性；且有一定的瘦腰功效，特别适合久坐不动的职场女性。

1 四肢着地跪姿，双膝微微分开，头部摆正，颈部与肩背平行；臀部收紧，大腿绷直，与地面保持垂直；双臂伸直撑在肩膀正下方，与地面垂直，手指指向身体前方。

2 吸气，慢慢地将骨盆翘高，腰部向下压，使背部脊椎呈像猫一样向下弯曲的弧线；头部慢慢抬起，注视斜上方，眼望前方，不要过分把头抬高，保持3~5次呼吸的时间。

3 呼气，腹部收紧，慢慢将背部向上拱起，带动脸转向下方，注视大腿的位置，感受背部的伸展，保持3~5次呼吸的时间。配合呼吸，重复练习5~8次。

错误姿势

练习此式时，最容易出现肩部耸起，使颈椎、脊椎得不到充分伸展的情况；同时，身体也得不到充分的放松，反而可能增加肩颈压力，造成肩颈疲劳与酸痛。

技巧

练习这个体式时，一定要注意动作的轻柔与缓慢，并配合正确的呼吸。在保持身体平衡的前提下，内收和外向延伸的动作都应该轻收轻放。身体内收时，要尽量向内收起肩膀，拱起腰背；身体向外延伸时，腿部要尽量向后上方伸展，腰部、颈部和肩膀也尽量打开，使身体得到伸展。

标准图解

猫式变形式

功效：猫式变形式可以滋养脊神经，使脊柱更富弹性；颈、肩、腰、背在伸展和扭转中都得以放松，可以缓解身体多个部位的酸痛；腰部侧弯的体式可以锻炼到腰部的肌肉，按摩内脏器官，女性的各种妇科疾病能得到有效调理。

1 跪姿，双手和双脚微微分开，膝盖与双臂都调整至与地面垂直。臀部收紧，手指指向身体前方，头部微微向前伸，眼睛看向地面。注意腰背要与地面平行，不要内凹或上拱。

2 呼气，身体左转，左手撑住地面，头部右侧与右臂贴地，感受腰肩的扭转；保持 2 次呼吸的时间，注意保持下半身不动，骨盆正对地面，稳固住身体。

3 再次呼气时，左臂向上举，眼睛注视右手指尖，注意力在腰、肩部；臀部不要左右晃动，小腿紧贴地面，保持 3 次呼吸的时间。吸气时回复到开始的姿势，换方向重复练习。

技巧

练习此体式时，一定要注意保持好身体的平衡，以免扭伤腰椎和颈椎。手部向上伸展时，观察两肩是否平行成一条直线。胸部、肩部打开，才能使侧腰得到良好的伸展；大腿要与地面保持垂直，髋部不要左右晃动，稳定住下身，才能让上身得到更好的锻炼。

错误姿势

图中的错误姿势很容易让练习者发生腰椎、颈椎的扭伤。

标准图解

鹫鸟变形式

功效：此体式能锻炼到平时很容易被忽视的手臂内侧，可以美化手臂和胸部线条，柔软手臂关节；纠正日常生活中的不良体态，塑造良好的气质；同时可以锻炼脊椎，培养集中注意力的能力。

1 坐姿，右腿向前弯曲，大腿与小腿贴合；左腿向后伸展，脚背贴地；身体与右腿膝盖方向保持一直，双手扶住右大腿上侧，腰背挺直，目视前方。

2 呼气，尾骨收紧，两臂从体前上举，掌心相对，指尖向上空延伸。

3 吸气，将右手弯曲，前臂与地面垂直，掌心面向面部，左手臂继续向上伸直；再收回左臂，置于右手肘上，两臂交叉，掌心相对。

4 呼气时，手臂拉动身体向后仰，肩膀放松，手臂尽量往后推，注意力在胸部，眼睛看向指尖，保持3次呼吸的时间。吸气时恢复到基础坐姿，换边重复练习。

错误姿势 ✕

图中错误之处在于，手臂没有交叠拉伸，这样便达不到锻炼手臂的效果。后仰时，则要保持身体中正，脊椎不要左右扭转弯曲，以免发生扭伤。

标准图解

技巧

练习此体式时，手臂要保持向上伸直，手肘相叠时前臂要与地面垂直。若双手无法合掌，可以放在一手的手腕处位置，手臂内侧有拉伸的感觉即可；手臂带动身体后仰时，骨盆与双肩要保持正确的位置，不要翻转，还要注意呼吸的配合，不要憋气。

脚尖跪式

功效：此体式踮脚尖的动作能够强化脚踝和脚趾的力量，使脚踝圆润可爱，十指灵活修长；可促进脊椎的伸展，改善寒背；调理手部、手肘关节、膝盖、脚踝，增强这些部位的韧性，避免运动损伤。

1 跪坐在垫子上，腰腹部收紧上提。双膝与大腿保持并拢，将意念专注于腰椎，吸气。呼气，头顶的部位向上延伸。

2 控制好身体，保持平衡，慢慢踮起脚尖。双手可以轻触地面，以保持身体平衡。

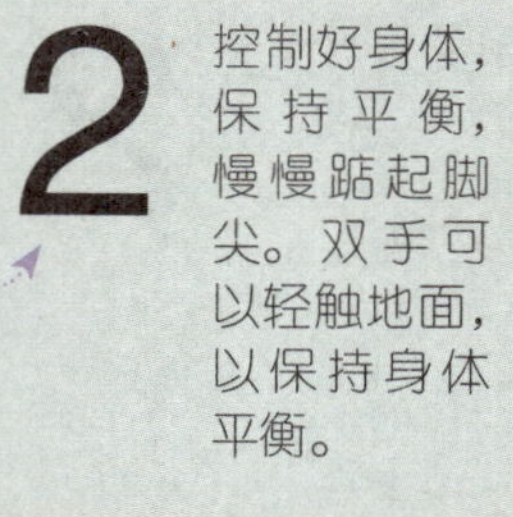

3 吸气，抬起手臂，向前方伸直，身体保持平衡，脚跟不要落下。

4 缓缓呼气，双手慢慢举起，掌心在胸前合十。保持3~5次呼吸的时间，在每次吸气时上提腰椎。

错误姿势

练习此式时，最容易出现腰腿力量不足而使脊椎前弯的状况。脊椎向前弯曲会给脚踝带来更大的压力，肩部得不到放松，同时还会让胸腔受到压迫，令练习者感觉头晕。

技巧

练习此体式时要格外小心，上身进行动作时，下半身一定要保持好平衡后再缓慢上抬，不可操之过急。尽量让腰背保持挺直，在感觉舒适的前提下保持住姿势，配合呼吸。练习熟练后，可试着将脚尖踮得更高，脊椎往上尽量延伸，这些都对身体的平衡力有着更高的要求。

标准图解

狗变式

功效：此动作中双腿向外伸展，锻炼到了臀部的两侧，使臀部的肌肉更加结实；拉伸了双腿内侧，有瘦大腿的功效。

1 双腿跪立在垫子上，脚背贴地，腰背挺直，双手自然下垂，贴于腿侧。

2 吸气，身体前俯，双手撑地与地面垂直，五指张开朝向前方；右腿打开伸直，向体侧伸展，脚尖与左腿膝盖连线及两臂连线平行。

3 呼气，右腿抬起与地面平行，如小狗撒尿的姿势一般；注意腰背要保持平直，不要弯曲，保持姿势2~3次呼吸的时间。

4 吸气缓慢放下右腿，回到开始的姿势，调息片刻，再换左腿进行练习。

错误姿势

图中的姿势已经偏离了正确的位置，从前面看，身体已经弯曲，不在同一直线上。练习时，腿部容易向后延伸。正确的做法是向侧面抬起延伸，与身体保持平行。

技巧

练习此式时，重点在于抬高的那条腿和身体各个部分的配合。在练习时，需要注意身体的正确位置，手臂伸直垂直于地面，髋部和腿部保持平衡，不要左右晃动，身体的重心平均落在手臂和落地的腿上。抬起的腿部向外侧延伸，保持同身体在同一平面上。

门闩式

功效：此体式可以有效修饰侧腰的线条，收紧手臂多余的赘肉；令髋关节区域的多余脂肪得以消除；维护腹部脏器功能，有效缓解痛经等妇科疾病；可以滋养脊椎神经，改善面部气色；缓解长期伏案造成的背部及肩部的僵硬状况。

1 跪立在垫子上，腰背挺直，双手自然下垂。右腿向侧面打开伸直，脚趾指向右侧，与左腿膝盖平行；左大腿保持垂直于地面，右手轻放在右腿上。

2 吸气，放松双肩，两臂由侧面平举，体会两臂向两侧无限延伸的感觉。

3 呼气，右臂扶住右腿向下滑动，身体向右侧弯曲，左臂随之上举，与地面垂直，眼睛注视左手指尖延伸的方向，保持2~3次呼吸的时间。

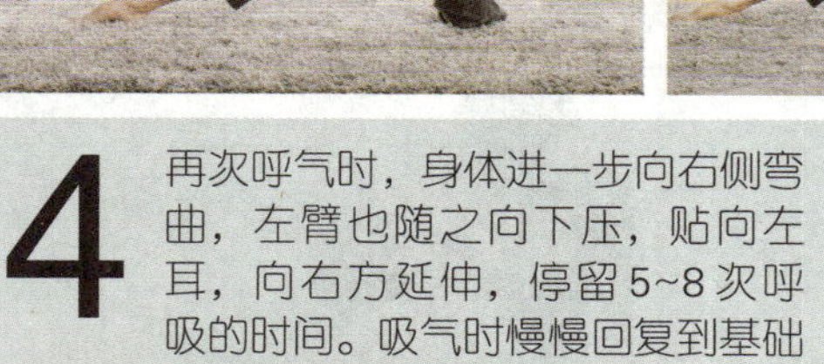

4 再次呼气时，身体进一步向右侧弯曲，左臂也随之向下压，贴向左耳，向右方延伸，停留5~8次呼吸的时间。吸气时慢慢回复到基础跪姿，换方向练习。

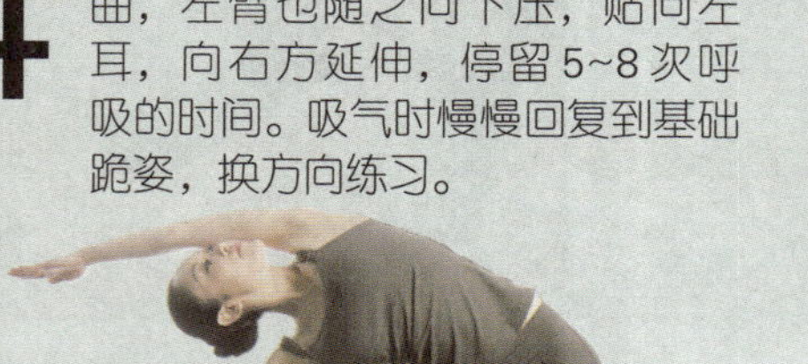

错误姿势

练习此体式时最容易出现体前倾的状况，这样身体的重量会落在扶住腿部的手臂上，腰部就难以得到侧面方向的拉伸。

简易式 初学者，可以借助瑜伽砖或板凳等来完成动作，只要保证动作正确进行，练习效果是一样的。

技巧

首先注意将身体保持在同一切面上。身体侧弯时，髋部要向前顶，使脊椎挺直，不要前倾或后仰；同时肩部要打开，两肩与身体保持在同一平面上；重力不要全部放在膝盖和腿上，要利用腰部的拉力来保持身体的平衡；撑地的大腿要保持同地面垂直，向两边歪斜可能会拉伤腿部内侧肌肉。

标准图解

海豚式

功效：此体式能美化手臂线条，消除手臂多余赘肉，紧实手臂肌肉，柔软肩关节与膝关节，强化内脏器官，预防脏器，增加体温，暖身防寒；促进血液循环与新陈代谢，美化面部、颈部肌肤。

1 跪立，挺直腰背，做深呼吸。臀部后移，坐到脚跟上。吸气，身体准备向下，手臂前侧、手肘落于地面，双手交叉握住，固定好身体后吐气。

2 吸气，身体向前，脚尖点地，膝盖保持不要离地，头点地。平衡好身体，不要左右摇晃。

3 呼气，收紧腹部，尾骨内圈，胸腔打开，保持腰背挺直；大腿跪起，与小腿成 90 度，保持姿势 1 次呼吸的时间。

4 再次呼气时，臀部向上抬起，腰背保持挺直；脚跟离地，脚尖顶地，拉直双腿，使身体往上延伸；头部顶地，双臂撑于头部两侧，前臂贴地，保持姿势 2~3 次呼吸的时间。

错误姿势

练习此体式时，初学者和力量不够的练习者容易弯曲腿部膝盖，脚跟下压，使手肘和脚尖承担了极大的重量而腿部、肩部、上臂和背部的肌肉却没有得到拉伸与锻炼。

技巧

练习此式时，一定要保持身体的平衡，做准备动作时，就应该保持腿部、手部、肘部稳稳地落于地面。臀部抬起向上拉伸时，注意不要左右摇晃，上身与腿部和地面形成规则的三角形，身体重心平均分布到手肘和脚尖的位置。

标准图解

婴儿式

功效：缓解头痛、颈痛及胸痛；舒展骨盆、髋部和下背部；伸展髋部、膝部与脚腕；放松全身，缓解身体疲劳，减轻精神压力。

1 以简易坐的坐姿跪坐在垫子上，双脚大拇指叠放在一起，双手轻轻放在大腿上，肩部打开，微微下压。

2 呼气时，双手移至身体两侧，上身自尾椎开始，一节一节往前方放松落下，直至腹部贴近大腿，胸部落在膝盖上，额头贴近地面，闭上双眼放松面部肌肉，放松身体，均匀地呼吸。

错误姿势

图中的错误在于，因臀部离地，让身体前倾，胸部落在垫子上，致使腰背部得不到应有的放松；颈部也随着错误的体式上扬，变得紧张。

技巧

婴儿式体位，模仿胎儿在母体中的姿势，膝盖蜷缩在腹部下面，背部用腿支撑，让人感觉舒适放松。上身准备往前倾时，先吸气保持脊柱的向上伸直，背部平直；上半身下落时，脊柱一节节地落下，由下至上逐步放松，臀部保持坐在双脚脚跟上不要离开。若臀部无法坐在脚跟上，可以在怀里抱个长枕支撑身体。

半脚尖式

功效：练习这个体式，不仅能修饰小腿曲线，刺激下半身血液循环，还可以预防腿肚抽筋，改善腿部肿胀，降低腿部静脉栓塞发生的机率；同时，还能锻炼脚尖和脚踝的柔韧性，提高身体的控制能力和平衡能力。

1 以简易坐的坐姿跪坐在垫子上，双脚大拇指叠放在一起，双手轻轻放在大腿上，肩部打开，微微下压，自然地呼吸。

2 呼气，身体前倾，双手帮助保持好身体平衡，脚尖立起，保持脊柱伸直。

3 双脚脚后跟相对，脚尖抬起，双膝向两边尽量打开。吸气身体立直，双手放在体前，控制好身体平衡。

4 呼气，松开左手，将左手结成手印，轻放在左腿上。

5 再次吸气时，松开右手，结成手印，放在胸前，感受到腿部肌肉得到锻炼，脊柱向上延展，保持好身体的稳定，停留约3~5次呼吸的时间。

错误姿势

图中的错误姿势在于双膝没有用力打开，双脚脚跟无法相对，造成下半身不够稳定的状态，导致上半身脊柱无法伸直，容易使身体前倾，臀部后坐。

技巧

在练习时，一定要控制好身体的平衡，当身体能够不费力地保持平衡时，再进行每一步的动作。在双腿下蹲打开时，脚跟应相对而立，脚尖和脚跟受到较大压力时，尽量分开双膝，可以缓解脚尖和脚跟的压力；整个体式练习中，都应该保持脊柱向上延伸的状态，身体不要前倾。

标准图解

英雄式

功效：舒缓下背部；改善髋关节、膝关节和腕关节的功能；促进甲状腺和甲状旁腺的功能；缓解更年期不适，帮助稳定情绪，减轻压力和焦虑情绪；缓解高血压。

此体式不适宜膝部或脚腕处有外伤疾患的练习者，心脏病患者和关节炎患者也不要练习这个体式。

1 双腿分开与髋部同宽，跪立在垫子上，双手叉腰。脚背和十个脚趾贴地，小腿肌肉绷紧，臀部内收，脊柱保持向上延伸。自然呼吸。

2 呼气，上身有控制地往前落下，前额触地，手放在膝盖窝后面的小腿肚上，眼睛看向腹部，体会身体血液的不断流转。

3 吸气，臀部后坐，落于地面，脚跟紧贴臀部，充分伸展上半身。

4 呼气，臀部不要离开，上身折叠向下，直到腹部贴近大腿根部，前额触地。双手轻轻抓住双脚脚掌，放松背部，放松全身。

错误姿势

向前伸展背部的动作，通常易出现的错误姿势都是背部弯曲，不再挺直朝脊柱方向延伸。这一错误之后还连接着肩部内收、下塌等种种不良体态，需要引起练习者的注意。

技巧

臀部后坐时，双脚放在臀部两侧，脚趾下压地面，脚跟紧贴臀部；背部保持平直，向上延展，颈部与脊椎在同一直线，下颌微收；肩部朝外打开，双肩微微下沉。上身朝前倾时，动作要缓慢，上半身脊椎一节一节地慢慢落下，大腿贴近腹部，按摩挤压腹部器官。

标准图解

英雄伸臂式

功效：练习本体式，可以有效活动肩关节，增强肩颈部的灵活性，缓解久坐不动产生的肩颈不适；向上抬高手臂的动作有锻炼胸部肌肉的作用，使胸腔得到提升和扩张；腹部内脏器得到向上拉伸；促进全身的血液循环；修长双腿，增强腿部的血液循环，提高腿部的灵活性。

1 完成英雄式的坐姿，双手放在大腿上，脊椎向上充分伸展，臀部稳稳坐在双脚脚跟之间。

2 吸气，双手十指交叉相握，双臂伸直。翻转双手，手心朝外，脊柱挺直，保持3次呼吸的时间。

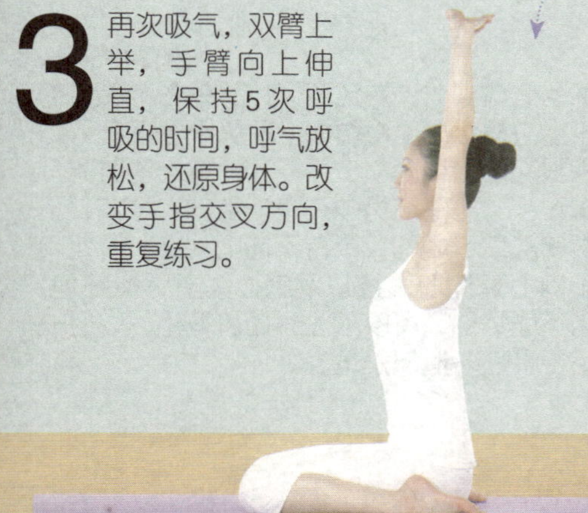

3 再次吸气，双臂上举，手臂向上伸直，保持5次呼吸的时间，呼气放松，还原身体。改变手指交叉方向，重复练习。

技巧

双手十指于指根处交叉相握，翻转时，手指不要滑脱，双手大拇指相对；双臂上举时，脊柱也跟着向上伸展，但注意不要伸展过度，以免造成身体和手臂伸展过度，背部变成拱形；臀部和腿部在整个体式中始终保持稳定不动，增强身体下半部的平衡控制力。如果肩部僵硬而无法交叉双手，可用双手抻拉一根带子辅助完成动作。

错误姿势

肩颈部不够灵活的练习者，容易使手臂下塌无法上抬；背部向后弯曲时，让臀部和脚后跟承担了过多的压力；而脊柱没有向上伸展，会使背部的脊椎形成不良姿势，若肩颈部本身就有疲劳僵硬的症状，错误的姿势会加重这些症状。

标准图解

英雄前屈式

功效：练习这个体式可以安抚、镇静头脑，让身体得到充分休息，缓解背部、颈部和四肢的疲劳；减轻头部压力，缓解头痛症状；锻炼、调节脊柱，减轻背部、颈部疼痛。

1 跪立在垫子上，双膝分开与臀同宽，臀部坐在双脚脚跟之间，完成英雄式的坐姿。双手放在大腿上，脊椎向上充分伸展。

2 吸气，身体向上延伸。呼气，上身缓慢前倾，脊椎一节一节地朝前落下，双手沿着腿部、地面向前滑动，至手臂完全伸直后保持，做深长的呼吸，停留保持5次呼吸左右的时间。

错误姿势

上身向前倾时，若臀部后坐力不足，也会带动臀部离开脚跟和地面，这样的错误姿势会给肩部带来前冲的压力，有可能损伤颈椎。

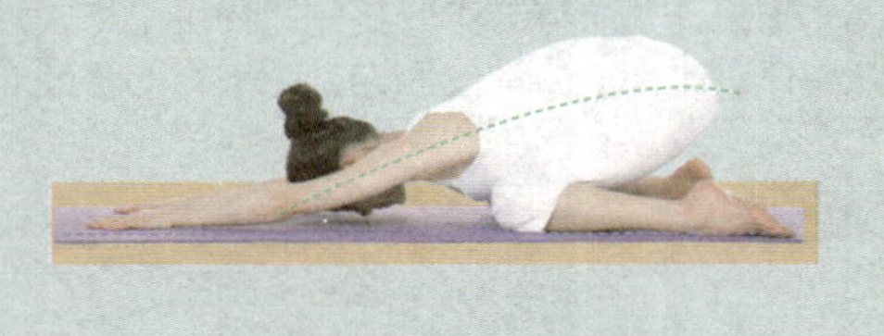

技巧

练习此体式时，要注意保持身体各个部分的正确位置。臀部稳稳地坐在脚跟上或者双脚脚跟之间的地面上，不要在身体前弯时离开脚跟；背部在放松中有意识地向上延伸，不要前凸或者内凹，保持平伸的状态；手臂向前向上延伸时，打开双肩；头部尽量贴地，若不能贴地，可以垫上瑜伽砖或垫子，但一定要保持脊椎向前伸直。

标准图解

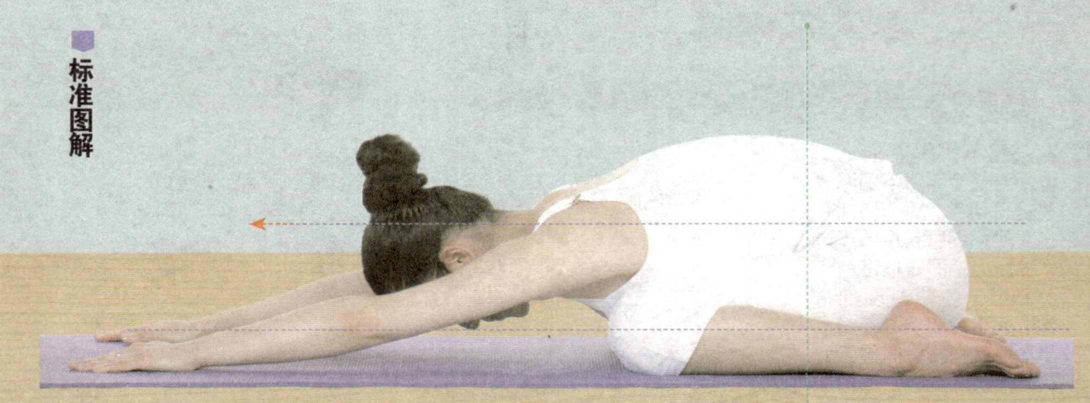

英雄转体式

功效：练习英雄转体式，可以温和地刺激脊椎，让轻微弯曲或者错位的脊柱还原到健康状态；侧腰的扭转可以消除侧腰的多余脂肪，纤细我们的腰肢；上身旋转时，双肩和手臂的打开，也有很好的矫正形体的作用。

1 完成英雄式的坐姿，双手放在大腿上，脊椎向上充分伸展，臀部稳稳坐在双脚脚跟之间。

2 吸气，双臂在体侧平举，向两侧延伸。呼气，双臂带动身体左转，右手落在左膝上方，左手落于身后，颈部保持延伸，下颌微微内收。深长地呼吸。

3 每一次吸气时，都将脊椎向上拉伸一点；每次呼气时，都将身体往左、往后转动，试着将左手绕过腰背，左手手背放在右侧腰处。眼睛看向右后方。保持3~5次呼吸的时间，慢慢还原身体，换边练习。

技巧

身体旋转时，以尾椎为中心，脊柱始终保持与地面垂直，向上延伸脊柱；双肩要朝外打开，肩胛骨向内收紧，扩张胸部，左右肩保持在同一水平面上；头部向后转动时，不要过分扭动颈椎，下颌微微收紧，保持颈椎姿势到位；臀部始终保持不动，不要前后左右移动。

错误姿势

练习此式时，容易在旋转身体的时候弯曲背部脊椎，肩部不在正确位置。在脊椎弯曲的状态下做身体的旋转，有可能扭伤脊椎；肩部上耸时，双肩无法打开，也给肩颈部位的灵活性带来负面的影响。

标准图解

简单坐转体式

功效：练习这个体式，可以有效锻炼我们的脊椎，矫正高低肩；刺激腰部和背部的肌群，增强背部弹性，缓解腰背酸痛等症状；灵活膝关节，促进腿部血液循环，缓解腿部紧张，对坐骨神经痛有一定辅助治疗作用；能有效放松身心，安定心神。

1 以简易坐的坐姿预备。双手放在大腿上，眼睛看向前方，脊椎向上充分伸展。

2 吸气，脊柱向上伸延。呼气，臀部坐到双腿右侧的垫子上，双臂带动身体左转，右手落在左膝上方，左手落于身后，颈部保持延伸，下颌微微内收。深长地呼吸。

3 每一次吸气时，都将脊椎向上拉伸一点；每次呼气时，都以脊椎为轴转动身体，试着把左手手背放在右侧腰处。眼睛看向右后方。保持3~5次呼吸的时间，慢慢还原身体，换边练习。

错误姿势

练习扭转类的动作时，容易出现脊椎弯曲，不能整个上身保持在一个平面旋转的状况。同时伴随着错误姿势的还有高低肩、手肘受力等多种不正确的体态。

技巧

练习此式时，需要保持身体脊柱的伸直，以脊柱为轴线，尾椎为轴心向身体一侧平直扭转，这样在扭转时便不会失去正确位置。肩部左右放平，不要一高一低或者上耸，影响肩部打开；手臂伸直延展，帮助肩胛骨打开；臀部坐定后不要左右移动。

标准图解

半英雄式全伸展式

功效：半英雄式全伸展式对于放松骨盆后面的紧张能发挥特别的功效。练习这个姿势也可以打开骶骨区，刺激脊椎神经和坐骨神经；加强背部肌肉的锻炼；加速身体的血液循环，清除体内垃圾。

1 双腿并拢伸直端坐在垫子上，弯曲左腿，左小腿放在左大腿外侧。吸气，脊椎向上延伸，身体放松，颈椎、腰椎都保持在同一直线上。

2 呼气，上身前倾，双手去抓右脚脚趾，右脚绷起，右膝盖向下压不要弯曲。臀部不要抬离地面，腰背伸直。

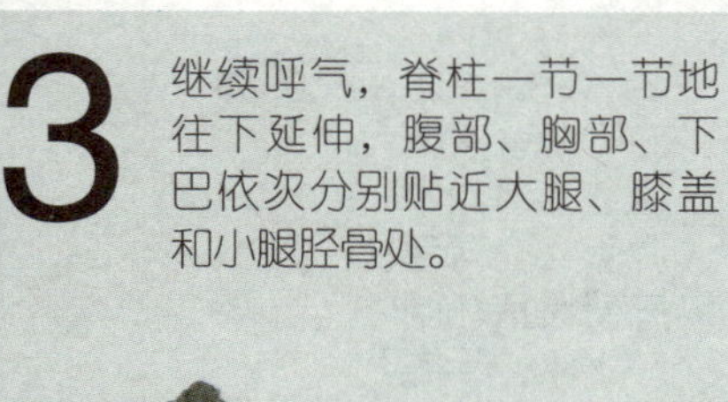

3 继续呼气，脊柱一节一节地往下延伸，腹部、胸部、下巴依次分别贴近大腿、膝盖和小腿胫骨处。

简易式

初学者或者腰、腿部韧性不够的练习者，可以使用毛巾或者瑜伽带进行辅助练习，在练习过程中保持腰背平直伸展，腿部绷直拉伸即可。

错误姿势 ×

练习这个体式时，容易出现因为腿部韧性不够而弯屈膝盖的情况。这种错误姿势不仅不能拉伸腿部后侧肌肉，还有可能拉伤腿部的韧带；背部的弯曲和双肩上耸，也会让肩颈肌肉变得紧张僵硬。

技巧

上身前倾时，打开胸部，伸长背部，感觉背部逐渐得到放松与伸长；髋关节向下打开，稳稳地贴在地面上，左臀和左髋关节下压稳定住下半身；伸直的腿膝盖窝尽量贴近地面，脚尖绷起，拉伸腿部后侧；弯曲的腿前侧有微微的拉伸，贴近腹部时感受腹部的起伏和对腹腔器官的按摩刺激。

标准图解

手臂旋转式

功效：此式可以有效锻炼手臂的肌肉，纤细手臂；活动肩部和肘部各个关节，使上肢变得更加灵活；扩张双肩，挺起胸部，美化身体侧面的线条；放松身体，提高对身体的控制能力。

1 双腿并拢跪坐在垫子上，双臂自体侧打开伸平，轻轻握拳，掌心向下，双臂与双肩保持在同一直线上，沿着水平面往外延展。

2 吸气，屈双肘，上臂保持与肩膀同高，大拇指落在肩部，双手肘尽量打开，扩张胸腔。

3 呼气，拳上举，小臂与上臂保持垂直。双肘继续向外扩张，感觉手臂和胸前的肌肉得到拉伸。

4 吸气，以手肘为中心，拳头带动上臂向下旋转，上臂与肩部保持在同一水平，手肘不要下落。

错误姿势

肩膀和手臂比较僵硬的练习者，会不自觉地将手肘内收，这样手臂在旋转时，对肩部和臂部的锻炼效果不大。

技巧

在整个练习过程中，要始终保持上臂与地面平行，双肘笔直地伸向两侧；旋转前臂时，尽可能向里推送，将胸部扩张。初练时可能感觉手臂肌肉酸痛，手臂会上下移动，记住保持呼吸的节奏，坚持一段时间，这种酸痛不受控制的感觉会慢慢消失。

标准图解

跪坐式

功效：练习此体式，可舒展踝关节、膝关节和髋关节；伸展脊柱，增强腰背力量；强化大腿、小腿和脚腕的力量；促进循环系统的功能，有效调节疲惫身心，为身体注入积极的正面能量。

1 双腿并拢，跪立在垫子上，脚尖压地，小腿肌肉绷紧。双手叉腰，腿部、背部、颈部保持平直，放松呼吸，感觉身体自然舒展。

2 吸气，臀部向后坐在双脚脚跟处，身体继续保持平直向上，双肩微微打开，向后收拢肩胛骨。

3 呼气，抬高双臂。十指交叉，掌心朝上，感受手臂向上牵拉的力量，臀部不要离开脚跟，腰背保持伸直。

技巧

练习这个体式时，要始终记得保持脊背平直，感觉身体中自头顶一股牵引力将脊柱向天空方向延伸，髋部放平下压，让脊柱充分伸展；手臂和肩部往外打开时，腰背不要外凸或者内凹，胸腔微微打开，肩部保持平直。脚腕或者膝盖有伤病者，最好不要练习这个体式。

错误姿势 ×

肩部灵活性和韧性不够的练习者，在做这个动作时容易出现手臂无法上抬，腰背弯曲的错误姿势。练习时，将双肩打开，就很容易上抬双臂了。腰背保持挺直，也能给身体向上的支撑力，避免身体弯曲，肩颈部僵硬紧绷。

标准图解

第五节　仰卧体式

鱼式

功效：刺激胸部血液循环，美化胸部线条，矫正驼背现象；拉长颈部，修饰颈部、面部肌肤；促进激素的分泌，增加钙的吸收量，强化脊椎；增加肺活量，有利于减轻哮喘症状，改善呼吸方面的其他问题；调整自律神经平衡和改善失眠、心悸等现象。

高血压、胸部供血不足或颈椎有疾患的人不要练习这套动作。

1 仰卧，双手掌心朝下放于身体两侧，脚尖向前伸直。感觉脚跟、小腿、大腿、臀部、背部、头部的重量均匀地放在垫子上，放松身体，呼吸。

2 吸气，胸部微微上提，稍抬起腰背，将双手置于臀部下方，掌心朝下。呼吸，放松身体，准备下一个动作。

3 呼气，手肘推起上身，双脚往前滑，稍稍移动后停留；移动的同时抬头看脚尖，肩膀往后打开，保持 2 次呼吸的时间。

4 再次呼气时，头缓慢后仰，下巴拉高，眼睛看向后，胸部向上挺，身体进一步后仰，至头部着地，注意力在腰部，肩胛骨在后面夹紧，保持 3~5 次呼吸的时间。

错误姿势

初学者或者胸腰力量不够的练习者往往觉得胸部很难向上抬起，而造成突腰弓腿的状况，既不利于达到练习效果，还会给脊椎造成不必要的压力。

技巧

练习时，想象自己是条鱼般灵活，注意力在胸、腰部；整个体式的重点在于以胸、腰向上提拉的力量抬高上身，臀部、大腿紧贴地面不要左右摇晃；手肘部向肩胛骨方向内收，扩张肩部和胸部，头顶轻放于地面；脚尖和腿部保持平直有助于分散上身带来的压力。

标准图解

仰卧扭转放松式

功效：练习此式可以强化脚腕关节的灵活性，让膝关节柔软有弹性；强化大腿后侧韧带，减去腿部多余赘肉，纤细美化双腿；灵活髋部，按摩体侧的胆经，疏通经络；使脊椎得到放松伸展。

1 平躺于垫子上，双腿并拢伸直，双手轻放在体侧，掌心朝下。吸气，屈左膝，注意臀部和其他部分不要离地。

2 呼气，抬高右腿，向右肩处下压，左手抬起，去抓右脚脚踝。注意右腿保持伸直不要弯曲，肩部下压放平不要离地。

3 吸气，左手带动右腿下压，右手抓住左脚脚趾，左大腿外侧尽力贴向地面，头倒向右边，右耳贴地。保持 5~8 次呼吸的时间，还原身体，换边练习。

错误姿势 ×

练习此式时容易出现的错误是肩膀跟随下压的腿抬起，让身体和脊椎也抬起，这是错误的扭曲，容易损坏练习者的关节。

技巧

脊椎始终在地面上，腿部向身体一侧倒去时，脊椎保持平展伸直，头部朝相反方向偏，帮助肩部按压在地面，放平肩部，向上扩张胸部；弯曲的那条腿膝盖也尽力贴近地面，不要翘起。

初学者和身体僵硬者抓脚踝会有困难，建议使用带子练习。

标准图解

炮弹式

功效：练习此式，可以有效按摩腹部，刺激腹腔内的各个器官，有助于减轻便秘症状、释放腹中积气、缓解痛经等妇科疾病；同时，此体式还能伸展颈部肌肉，美化颈部皮肤，塑造小脸曲线。

1 仰卧，双手掌心朝下放于身体两侧，脚尖向前伸直。感觉脚跟、小腿、大腿、臀部、背部、头部的重量均匀地放在垫子上，放松身体，呼吸准备。

2 吸气，右膝弯曲收起，大腿贴近腹部。髋部、大腿不要离地，上身下压，不要抬起。

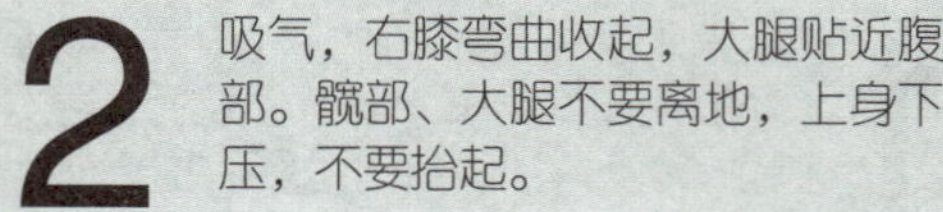

3 呼气，双手交叉抱住膝盖，尽量将大腿往腹部拉，双脚脚尖绷直。整个身体感受到水平线上的伸展，和垂直方向的下沉，保持 2~3 次呼吸的时间。

4 再次呼气时，头抬起，下巴贴近膝盖，让大腿贴近腹部，左腿不要离地，继续下压伸直。保持 2~3 次呼吸的时间，吸气还原。调整呼吸后，换左腿重复动作。

错误姿势

平伸落地的大腿翘起时，除了会破坏身体的平衡以外，还会让抬起的大腿后侧无法得到有效拉伸，腹部没有消耗脂肪的感觉。

技巧

练习此式时，要注意保持仰卧的正确的位置，由两脚连线的中点向上，耻骨、肚脐、两肩连线的中点、下巴、鼻头、眉心、头顶都在一条直线上。抬起的大腿不可外翻，要尽力贴向腹部，感受大腿前侧与平实腹部的贴合；放下的腿要保持伸直紧贴地面，不要向上翘起；头颈部抬起时，要注意肩部放平，同时也要注意呼吸的配合。

标准图解

犁式

功效：在这个体式中，整个神经系统都能得到锻炼，脊椎得以放松，对生殖、消化、呼吸、循环等系统的毛病都有一定的改善作用；同时，还能缓解各种肩背痛及肩周关节的紧张。

不同病因引起的坐骨神经痛患者应在得到医生的指导后再决定是否适宜练习此体式；生理期不适宜做类似的倒立姿势。

1 仰卧姿势准备，双手掌心朝下轻放于身体两侧，感觉脚跟、小腿、大腿、臀部、背部、头部的重量均匀地放在垫子上，放松身体，均匀地呼吸。

2 双腿并拢，吸气，向上抬腿，至双腿与地面垂直后，停留保持。注意腰背部、臀部紧贴地面，不要挪动。

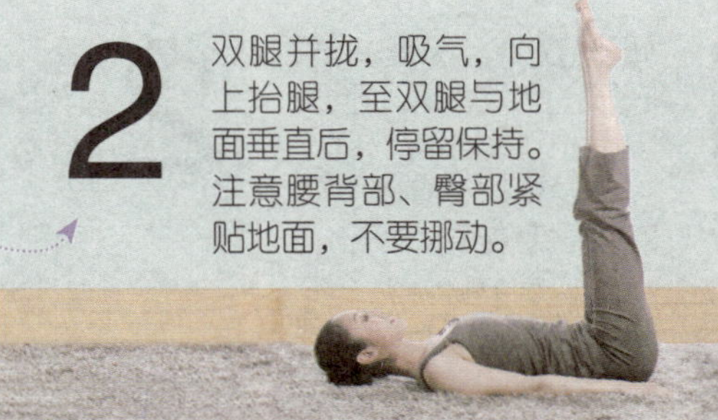

3 呼气，腰腹和背部用力，向上提起身体，尽量让双腿向头后方推送，下巴推送至锁骨或胸骨。双腿伸直，脚尖绷紧，使腰背部垂直于地面。

4 脚尖接触地面，顶住腿部的后坐力。手掌贴近地面，手肘伸直，保持身体平衡。保持 5~8 次呼吸后，收回身体。

简易式 在练习过程中，应根据身体的情况在任何一个阶段停下来，不可勉强，以免脊椎受伤。初学者和高血压患者可借瑜伽砖或靠垫辅助练习；也可头部朝向墙壁练习，便于双脚借助墙壁稳定姿势；腰腹力量不够的，可用双手撑住腰背，完成练习。

错误姿势

练习时，若腰背弯曲，不能垂直于地面，很容易造成脊椎的损伤；肩部不能立起对练习者的呼吸也会造成一些阻碍；脚尖触地时膝盖弯曲容易导致身体前后不稳。

技巧

练习此式时，要求练习者有良好的腰背力量和身体控制能力。练习时若感觉腰背力量不足，可以用手扶住腰背，避免受伤。腿部、腰背、肘部应始终保持平直伸展。

标准图解

肩立菱式

功效：此体式能有效刺激甲状腺分泌；促进头、背部的血液循环；调整自律神经，有一定的美容功效；使内脏倒转从而解除紧张感，改善内脏下垂的情况；促进消化系统的功能，预防脑血管的老化及脑中风、脑血栓等病症；改善焦虑和失眠症状。

1 仰卧位准备。双腿并拢，吸气，向上抬腿，呼气，腰腹和背部用力，向上提起身体，尽量让双腿向头后方推送，下巴推送至锁骨或胸骨，手掌扶住腰背，保持腰背部垂直于地面。脚尖接触地面，顶住腿部的后坐力。形成犁式的姿势，呼气。

2 吸气，腿部慢慢向上伸展，双手护着腰部和背部，使腿部、腰背部都处在垂直于地面的直线上。呼吸顺畅后，呼气，慢慢将左腿朝头顶方向放下，右腿继续伸直不动，感觉脚尖不断带动脊背向上延伸。

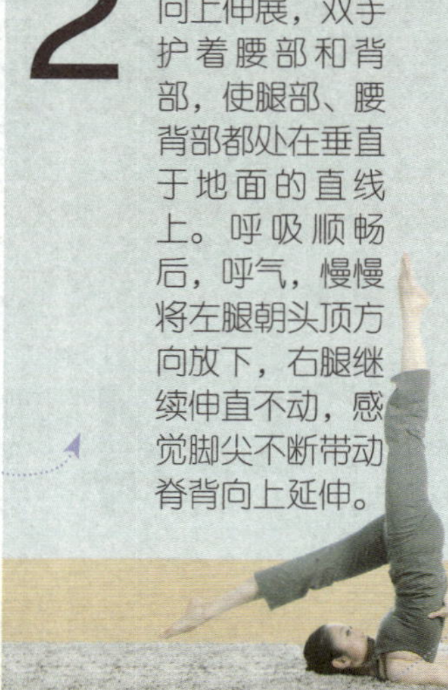

3 呼气，伸直左腿，双腿并拢，感觉脚尖不断向天空延伸，眼睛看向脚尖。腹式呼吸，保持 3~5 次呼吸的时间。

4 呼气时，弯曲右腿，腰背和左腿依然绷直朝天空延伸。手肘支撑背部朝上方延伸，保持 3~5 次呼吸的时间。

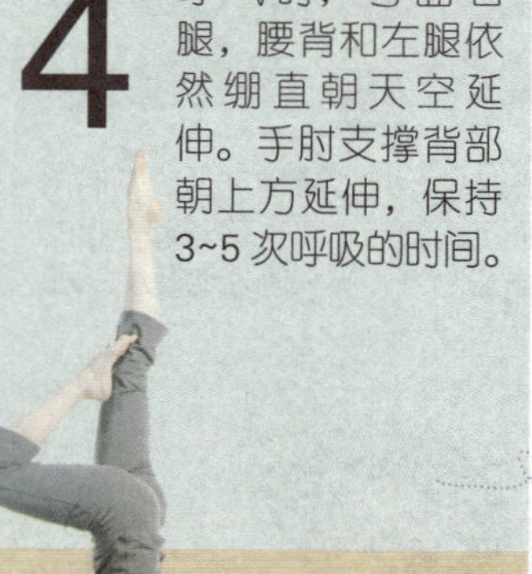

5 吸气，伸直右腿，呼气，双腿弯曲，膝盖轻触额头，放松身体。收回时，缓慢放下身体，平躺在地板上，调整呼吸。

错误姿势

脊椎不能垂直于地面时，肩部也不能得到正确的矫正，非但不能舒缓站立时的压力，还会给头颈、腰背部带来极大压力，身体不平衡时容易扭伤。

技巧

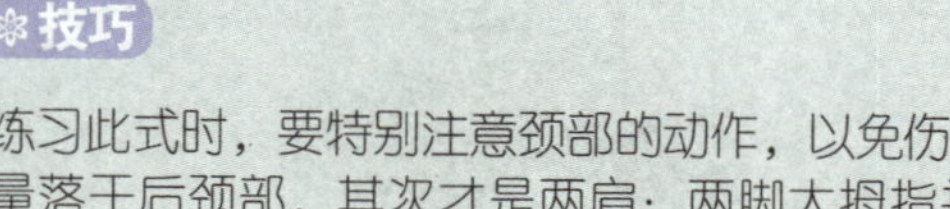

练习此式时，要特别注意颈部的动作，以免伤到颈部；全身的重量落于后颈部，其次才是两肩；两脚大拇指并拢，两眼注视脚尖，有助于集中注意力，且有导气的作用。此体式可以和鱼式一起练习，使脊椎得到向前弯曲伸展和向后挤压放松，达到平衡。

有高血压、心脏病者和处在生理期的女人不适宜练习此式。

标准图解

扭腰式

功效：练习本体式，可以纤细腰肢，消耗侧腰多余赘肉，美化腰部线条；矫正脊椎不正现象，帮助形成优雅的体态；预防坐骨神经痛，增强内脏器官活力，并可强化膝关节、髋关节的柔韧性。

1 仰卧位预备姿势，身体平躺于垫子上，腿部、臀部、腰部、肩部和头部均匀受力，呈直线，放松。双臂平摊于身体两侧，掌心向下。深呼吸。

2 屈左膝，脚掌落在垫子上，小腿保持与地面垂直。身体保持不动，不要向上抬起。目视天花板，集中注意力。

3 吸气，弯曲右膝，左腿穿过右腿，缠绕在右腿上。

4 呼气，双腿往左倒，膝盖尽力去贴近地面，头部右转，右耳贴地，眼睛看向右手指尖的方向。感受髋部和颈部的反方向扭转，脊椎得到活动。保持 5~8 次呼吸的时间，换边重复练习。

错误姿势

此体式是个简单的姿势，较为容易做到，但不注意的时候还是容易出现肩部上抬的问题。在这个体式中，肩部应打开，得到全面的伸展，若长期处在一个扭曲的姿势，容易造成肩部肌肉的紧张，引发各种肌肉酸痛。

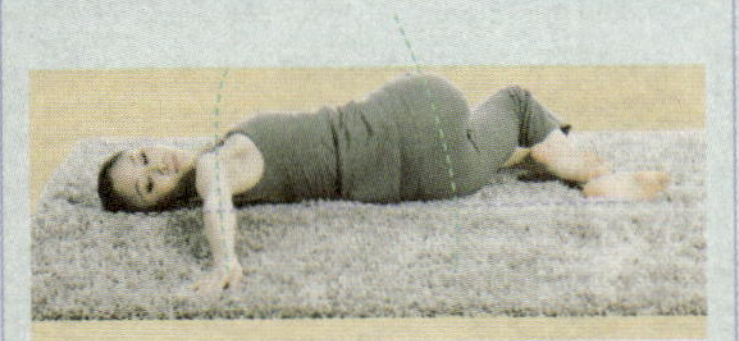

技巧

练习这个体式时，要注意双膝尽力向地面靠拢，髋部得到完全的扭转和伸展；头向反方向转动能更好地带动脊椎的活动；手臂紧贴地面，不要上抬，保持身体的稳定和平衡；练习时腰部不要向前突起，背部呈一个平面，让脊椎得以在一条线上完全地活动开来。

标准图解

膝贴耳式

功效：练习此体式，可以刺激甲状腺，促进头、背骨的血液循环，调整自律神经；使内脏倒转从而解除紧张感，改善内脏状况，消除背部多余脂肪，对美化背部效果显著；增强头面部的血液循环，细致面部肌肤。

1 仰卧准备，双手掌心朝下放于身体两侧，放松身体。吸气时，双腿并拢抬高，垂直于地面后停留，保持脚尖伸直不要弯曲，呼气。

2 吸气，双腿慢慢往头后移动，至脚尖落地后停留住，伸直双腿，腰、背尽量离开地面。稳定好身体后，吐气，眼睛看向腹部，感受腹部的起伏。保持 2~3 次呼吸的时间。

3 吐气时，双膝弯曲，腿部放松分开，双膝轻轻接触双耳。双手轻放在身后帮助保持身体平衡，注意力在腹部和背部。保持 5~8 次呼吸的时间。吸气还原时，先将脊椎一节一节放下，再有控制地缓慢落下双腿，平躺休息。

错误姿势

背部不能直立时，膝盖也同样没有到达双耳的位置，这样的错误姿势会给背部和颈部带来极大压力，容易让身体向背部跌落，造成脊椎的扭伤；还容易让练习者感到血液循环不畅，觉得头昏眼花。

技巧

练习此式时，要特别注意颈部的动作，避免伤到颈部；全身的重量落于后颈部，其次才是两肩，手肘起的是协助支撑的作用；双腿向后移动时，要注意保持身体的平衡。初学者或腰背、颈部力量不够的练习者，可以用手扶住背部，以帮助身体保持平衡，达到背部与地面垂直的姿势。

有高血压、心脏病的患者和处在生理期的女士不适宜练习此式。

标准图解

手肘轮式

功效：矫正驼背，增强脊椎、肩部的柔韧性，修正和改善体形；美化身体线条，预防脂肪堆积形成肥胖；强化手脚力量，协调身体的平衡性；强化内脏机能、按摩内脏，增强免疫力；长期练习此体式，有稳定情绪、解除胸闷、消除忧郁的作用，为身体注入积极的能量。

1 仰卧在垫子上，腰背部放平。吸气，双膝弯曲，脚跟分开约一肩宽，力量落在大腿根部，臀部不要离地。双手抬起后弯，掌心落地，指尖朝向肩部的方向，自然呼吸。

2 吸气，胸腰用力，髋部上抬，手掌和脚掌稳稳地撑住地面，肘部和小臂相互平行，用肘关节支撑地板。腰部尽力上抬，头顶落在双手双脚的对称的中心线上。控制好身体，做深长的呼吸。

3 呼气，髋部继续上推，臀部向内收紧，头部离地，慢慢移至双手上臂中间，小腿与地面垂直。

4 吸气，右腿膝关节尽量伸展，朝身体上方延伸，左脚放平，和头肘部一起保持身体的平衡。肩膀打开，胸腰向外扩张。

5 右脚垂直于地面，向天空方向伸展，带动腰部、臀部向上。保持3~5次呼吸的时间。这一步适合练习比较久的高级学员练习。身体还原时，先缓慢收回腿部，身体平衡后，再弯屈膝盖，缓慢放下身体，移开头顶，平躺在垫子上休息。

错误姿势

练习此动作时，需要将手脚置放正确，否则完成动作时，四肢摇晃不稳，容易摔倒受伤。腿部向上伸展时，靠的是髋部和腹部的力量上抬，保持左右髋部在水平线上。

技巧

练习此体式时，保持双脚相互平衡，双肘相互平衡，身体重心落在双手双脚的对称线上；额头轻轻顶地板，注意力集中在向上抬起的腰部和髋部，手肘和头部不应承受过多的重量；髋关节保持平行伸展，抬起的单腿尽量与地面垂直；动作完成时，需夹臀、缩肛门，收紧臀部和大腿后侧。

注意，初学者不宜练习此体式。

标准图解

美臀式

功效：强化大腿和臀部肌肉，美化臀部线条；刺激膝关节，预防关节老化和小腿抽筋；挤压颈部，强化甲状腺与扁桃腺功能。

1 仰卧，双手掌心朝下放于身体两侧，脚尖向前伸直。感觉脚跟、小腿、大腿、臀部、背部、头部的重量均匀地放在垫子上，放松身体，呼吸。

2 弯曲双膝，双脚分开约一肩宽，脚跟紧贴大腿根部，右手抓住右脚踝，左手抓左脚踝，上身保持平躺不动，肩部放平，背部、腰部贴地。

3 吸气，臀部、大腿收紧，腰腹向上抬，双手抓住双脚脚踝，肩胛骨向后夹紧，眼睛看腹部，脚跟抬起，保持此姿势约3~5次呼吸的时间。收回时，吐气，缓慢放下腰背。

错误姿势 ✕

练习此式，容易出现的错误是腰背不能向上拱起抬高，这是由于腰背力量不够，身体用力的点没有在腰部和髋部。练习错误的姿势，会给胸部、肩部和颈部带来很大的压力，使练习者感觉憋气、胸闷。

技巧

练习此式，身体要有良好的平衡能力，腰背也需要有很好的柔韧性。臀部上顶，完成动作时，一定要感到臀部夹紧，臀肌感觉有微酸痛才有效果；肩部打开，胸腔向外扩张，胸部和腰部尽力上抬。练习得比较熟练后，可用手撑住腰背，双腿向前伸直，给臀部带来更大的伸拉，有效锻炼腰背部的肌肉。

标准图解

半莲花脊椎伸展式

功效：练习此体式，可以增加脚腕关节的灵活性，让膝关节柔软有弹性；强化大腿后侧韧带，拉伸腿部肌肉，使腿部线条修长；让脊椎得到放松伸展，滋养背部；按摩腹部，有效刺激腹腔内的器官，改善便秘。

1 平躺于垫子上，双腿并拢伸直，双手轻放在体侧，掌心朝下。吸气，屈右膝，注意臀部和其他部分不要离地。

2 弯左膝，双手帮助将左脚脚背放在右大腿根部，形成半莲花腿，头部不要抬起，肩部在地面放平。

3 吸气，伸直右腿，脊椎沿地板向前伸展。呼气，双手抓住右小腿，让右大腿靠近腹部，感受右腿的伸拉和腹部的轻微刺激。

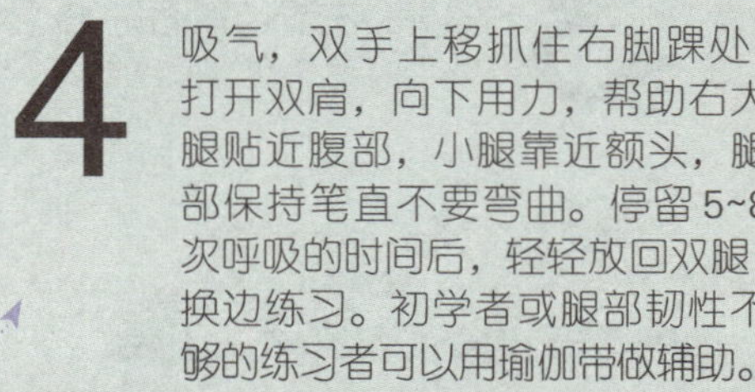

4 吸气，双手上移抓住右脚踝处，打开双肩，向下用力，帮助右大腿贴近腹部，小腿靠近额头，腿部保持笔直不要弯曲。停留5~8次呼吸的时间后，轻轻放回双腿，换边练习。初学者或腿部韧性不够的练习者可以用瑜伽带做辅助。

错误姿势

图中的错误在于没有将左脚背放在右大腿根部的位置，没有形成半莲花的姿势，这个错误让右腿无法贴近胸部，却使臀部翘起、头向前抬，脊椎弯曲抬离地面，这样的姿势会给练习者带来伤害。

技巧

练习此式时，要注意的是，始终保持脊椎紧贴地面，不要左右扭曲或者前后弯曲，这是整个过程中最重要的一点。练习时，感受到腿部后侧肌肉的伸拉和盆腔的打开即可，不可超过自身的身体极限，在练习熟练后，可以勾起脚尖，给腿部后侧肌肉带来更大的伸拉；腿部在下压过程中始终保持伸直的状态。

标准图解

鱼式变形

功效：柔软颈部、胸部、腰部，刺激神经，促进血液循环；给肩部及颈部以按摩，矫正肩部；增加肺活量和身体能量；有助于减轻哮喘及其他呼吸方面的问题；使心境平和，减轻压力。

1 仰卧位预备姿势，身体平躺于垫子上，腿部、臀部、腰部、肩部和头部均匀受力，呈直线，放松。双臂放在臀部下方，掌心向下。深呼吸。

2 吸气，弯曲双肘，支撑身体离开地面，双腿并拢伸直，贴紧地板，脚尖朝前绷直。呼气，头部后仰，头顶贴地，胸椎向上顶出，扩张肋骨，感受胸椎与颈椎的延伸，保持 2 次呼吸的时间。

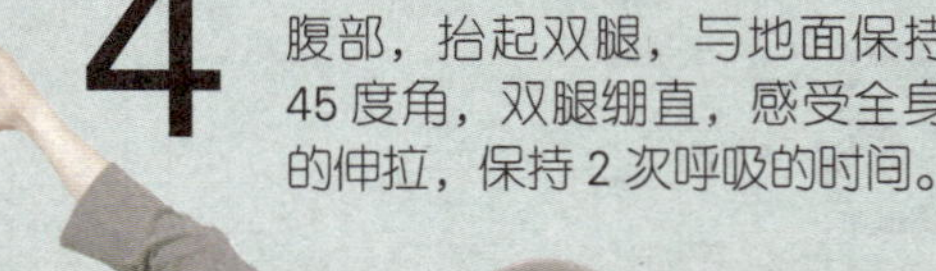

3 吸气，抬高左腿，保持左腿伸直，左腿与地面呈 45 度角，停留 2 次呼吸的时间。

4 吸气，放下左腿。呼气，收紧腹部，抬起双腿，与地面保持 45 度角，双腿绷直，感受全身的伸拉，保持 2 次呼吸的时间。

5 吸气时，两掌相对，手臂向后打开伸直，进一步拉伸全身，保持 2 次呼吸的时间。吸气时慢慢收回双臂和双腿，换边重复练习。

错误姿势

练习此式常见的错误就是无法使胸部抬起、使背部离地，抬高的腿弯曲也在一定程度上抵消了腹部的紧张感，起不到拉伸的效果。此式的重心应落在肘部，而不是背部。

技巧

进行鱼式练习时，要注意骨盆紧贴地面，双肘保持水平，紧贴地面；而胸椎、双腿则应保持向上伸展状态，呈现“鱼跃”的姿势。做完倒立后，可用鱼式来放松。

- 颈椎有疾患的练习者，练习此式应小心谨慎。

船式

功效：船式可以刺激我们的甲状腺，促进新陈代谢，增加腹部的血液循环，促进肠胃蠕动，改善消化不良等问题；有助于加强背部、腹部、大腿力量；同时还能帮助塑造腹部、腰部的线条。

1 平躺于垫子上，身体放松。身体重量均匀地落在垫子上，脚尖向前伸直，双臂平直向上抬起，头颈向上抬起，看着手指尖的方向。

2 吸气，把腿向上伸直抬起，上身同时微微上抬，用腹部的力量控制好身体的平衡，让身体各个部位都处在伸直状态。

3 呼气，上身和腿部继续上抬，让双腿和腰背互相垂直，挺直的腿部和腰背分别与地面呈45度角，眼睛看向手指尖和脚尖的方向，保持此姿势5~8次呼吸的时间，以不勉强费力为限。吸气时，恢复仰卧姿势，放松休息。

错误姿势

此体式需要练习者的腹部有足够的力量。容易出现的错误是颈部脊椎弯曲，无法上抬，腿部力量不足而弯曲双膝。这样身体并没有呈90度的直角，无法锻炼腰背、腹部肌肉，还容易伤害脊椎，使颈部变得酸痛、僵硬。

技巧

练习此式时，要注意用臀部保持身体的平衡，腹部肌肉使身体呈“V”字形；在吸气时，脊椎向上伸展，腰背不要弯曲；呼气时，感受腹部的紧张，但不要落下身体；双臂应与地面平行，绷直，双臂与双腿、尾骨三者要形成一个稳固的三角形。

注意，哮喘、腹泻患者和孕妇不适宜练习此体式；颈部受伤者可将后背靠在墙上，或头靠墙来练习。

标准图解

侧躯单腿伸展式

功效：这个体式可以伸展腿部的韧带和肌肉，美化腿部线条；同时还能平衡自律神经；充分伸展背部、髋部肌肉以及双腿后部肌肉群，有助于消除腰腹部脂肪；亦能促进消化吸收，保持轻盈体态。

1 从侧卧姿势开始，自然呼吸。吸气，左手弯曲撑地，手掌拖住头部，撑在左耳处；右手放在右大腿上，从侧面看，身体在一条直线上。

2 呼气，右腿弯曲，右手去抓右脚脚跟，身体保持平衡，不要前后摇晃。

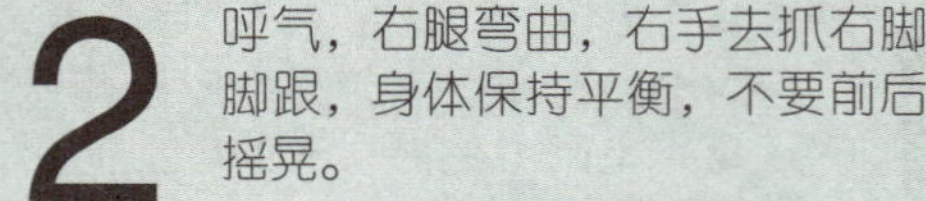

3 吸气，向上拉近右腿，使右腿尽力贴近体侧，双肩打开，腰背伸直，保持 5~8 次呼吸的时间，感受右腿斜侧的拉伸。

错误姿势 ×

练习此式最常见的错误是落于地面的腿膝盖弯曲，这会让全身的各个部位都失去正确的位置，向身体下压的大腿变成前拉的姿势，使侧腰的肌肉得不到锻炼，脊椎也容易弯曲变形。

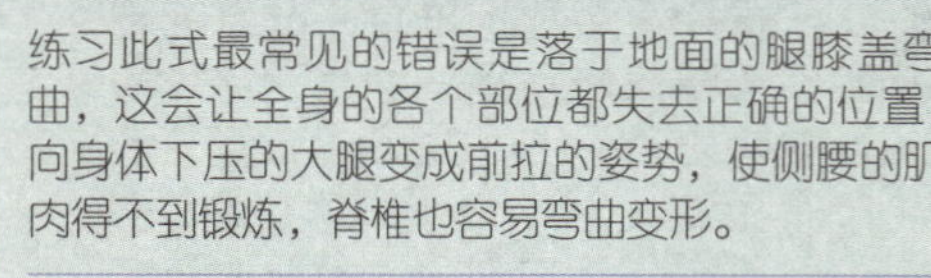

技巧

练习此式时，要始终保持膝盖伸直。抬起侧拉的腿尽力从侧腰处拉伸，接近右耳，感受侧腰的挤压；放在地下的腿除了控制好身体的平衡外，也需要伸直延展，感受髋部的打开，放平贴地的侧腰；肩部打开，但注意腹部不要前突，腰背依旧在同一平面上。

标准图解

肩桥变形式

功效：强化肝脏、刺激甲状腺、柔软脊椎、增加腰腹力和膝盖力。练习此式可以预防臀部下垂，对失眠、烦燥、肩痛、腰痛均有效果。通过身体的抬高，促进人体血液循环，向大脑输送更多的血液，有效松弛神经、预防抑郁症。

1 仰卧在垫子上，双腿向前伸直并拢，背部平贴地面，双臂放在身体两侧，掌心朝下。吸气，弯曲右腿，脚掌踩在靠近大腿根部的位置，小腿与地面垂直，呼气。

2 吸气，弯曲左腿，双手帮助将左脚脚背放在右腿根部。双肩不要内收，头部不要抬起，身体稳而平地放在垫子上。

3 呼气，双臂、双肩和右脚掌撑地，腰腹用力，向上抬高身体，保持3~5次呼吸的时间，每一次呼气时，都将身体再向上提拉一些。初学者或者腰部力量不够的练习者，可以尝试弯曲双肘，用手掌轻轻扶住腰背，帮助胸腰向上伸展。吸气时身体慢慢放回地面，恢复卧姿，换腿练习。

错误姿势 ×

练习此式时，容易出现因腰背力量不够而让身体无法形成拱桥式的姿势。小腿过于内收不与地面垂直也是容易犯的错误。错误的姿势会给颈椎带来很大的压力，造成肩颈酸痛、头脑昏涨。

标准图解

技巧

练习时注意让大腿与地面保持平行，小腿与地面垂直，尽量用腰背部和腿部的力量使身体缓慢往上抬起，注意脊椎和背部肌肉的拉伸与延展。练习时，注意保持呼吸顺畅，吸气时感受能量在脊椎和腹部累积，呼气时向上提拉腰背，感受胸腔打开、身体伸展的感觉；髋部保持左右平行，下颚抵住胸口。

斜面式

功效：练习此式可以有效伸展胸部，收紧背部肌肉，改善不良体态；收紧臀部，预防腿部肌肉松弛；强化呼吸系统，辅助治疗呼吸系统疾病；通过对胸腔、腰腹部和脊椎的伸展，还可刺激肺、胃等器官和甲状腺等腺体，改善情绪，增加积极的身体能量。

1 侧坐在垫子上，双腿并拢，指尖朝前；上半身微微往后倾斜，双手手掌移至臀部后方，指尖朝臀部方向。身体重心落在臀部，双腿保持贴地不要翘起。

2 吸气，双手手掌用力撑地，臀部、背部往上提起，双手手臂与地板呈垂直，双脚并拢，脚板尽量贴在地板上，头部保持一定的紧张感，不要后仰下垂。保持呼吸，维持姿势 3~5 次呼吸的时间。

3 继续呼吸，吸气时收紧腹部、臀部及大腿肌肉，感觉身体自胸腰的中点有股向上提拉的力量，可帮助身体集中力量。颈部向后伸长，下巴上抬，拉伸前颈。

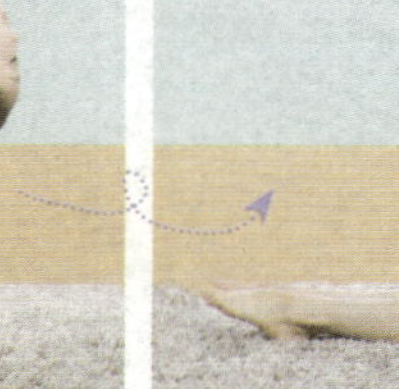

4 吐气，臀部坐回地面，背部慢慢放回地面，放平头部，自然呼吸。

错误姿势

练习此式时，容易因方法不对或腰腹力量不够，使练习者无法抬起髋部和腰部。这样的错误姿势让上身的重量都落在了双手手掌上，容易引起肩部上耸、腹部肌肉过度紧张等问题，严重者甚至会出现肌肉痉挛。

技巧

此体式正确的姿势，从侧面看，是一个平直的斜面，腰肌和臀部控制能力比较好的练习者，可以让胸腰带动身体一起向上延伸；做此体式需要专心，臀部收紧，膝盖伸直。

患有低血压的练习者，练习这个体式时应小心，避免头部后仰过度造成晕眩。

标准图解

拱桥式

功效：此体式能促进身体血液循环，滋养腺体，调整身体内分泌，避免身体肥胖，排除体内堆积的水分和毒素；向上提腰可收紧腰部、大腿和臀部肌肉，强化腰臀和腿部力量，美化身体线条。

1 仰卧，双手掌心朝下放于身体两侧，双腿弯曲收回，双腿分开与髋同宽，脚心贴地。由两脚连线的中点向上，耻骨、肚脐、两肩连线的中点、下巴、鼻头、眉心、头顶都在一条直线上。

2 吸气，身体保持贴地不动，双手向后弯曲，掌心着地，置于两耳旁，感觉胸部和肩部扩张，腰部不要上抬。

3 呼气，掌心、头顶心和脚心撑起身体；臀部内收，双肘内收，将身体放平，保持在一个水平面上，不要前后左右移动，让身体能平稳呼吸。

4 吸气，手臂伸直，头部离地，撑起身体，眼睛看向手掌心连线的中间位置，保持 5~8 次呼吸的时间。收回时，身体慢慢下落，弯曲手肘撑地，缓慢还原头、颈部，上身落地后，伸直双腿，深呼吸放松身体。

错误姿势

图中的错误姿势极易引起颈椎和腰部的扭伤。在练习时，一定要保持手肘、脚跟、头顶与地面的正确接触，稳定好身体的平衡，才能在此基础上锻炼腰腹和四肢、头颈的力量。

标准图解

技巧

练习此式时，需要有良好的身体柔韧性，万不可勉强。腰、臀部上抬或者下落时，身体要保持平衡，不要左右晃动，以达到身体最大限度为宜；小腹收紧，腰部收紧，臀部垂直上抬，有助于减轻头部和肘部的压力；脚掌贴地，脚跟不要抬起；大腿抬高的同时膝盖尽力往后，不要朝前弯。需要注意的是，此为高阶瑜伽体式，初学者可从桥式开始练习。

桥式

功效：提高脊椎和肩部的柔韧性；刺激神经系统，增强甲状旁腺的功能；舒展胸部、颈部和肩部，提高肺活量，促进身体的消化功能；缓解高血压、哮喘，减轻身体的疲劳，缓解更年期不适。

1 仰卧位准备。注意腰背部、臀部紧贴地面，不要挪动。眼睛看向天空，脚尖绷直。

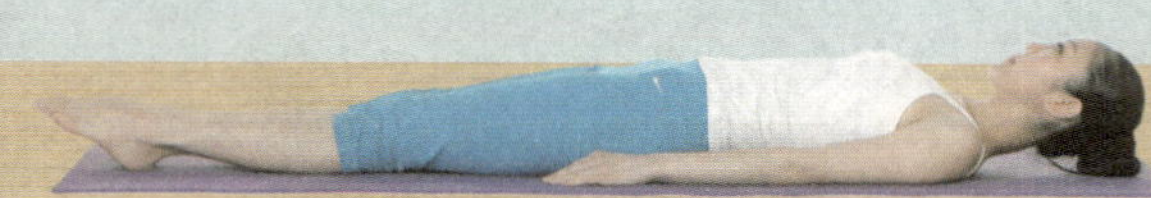

2 双腿屈膝，脚跟放在靠近臀部的位置，双腿打开与肩同宽。

3 吸气，双脚压地，同时抬起臀部。尾骨拉伸，同时伸展大腿。手臂往内微微收拢，肩胛骨内收，挺起胸部。手掌下压地面，帮助臀部内收向上提起。自然呼吸。

4 呼气时，双手交叉，手臂用力下压，进一步抬高臀部、胸部。双脚朝肩部方向稍稍移动，使臀部进一步抬高。下巴顶住胸锁骨，每次吸气时，胸腹再次往上提起，尽力扩张胸部，抬升臀部。保持5~8次呼吸的时间后，呼气，缓慢放下臀部、放平身体，躺在垫子上休息。

简易式 若感觉腰背力量不足，可以用双手托住腰部，向内收紧肩胛骨和手肘，帮助胸腹向上抬起。但要注意，上身的重量不要落在手肘上，注意力集中于腰背部，大腿尽量与地面平行。

技巧

练习此式时，要注意将身体各个部分都放在正确的位置上。臀部上抬时，向内收紧尾椎骨，将注意力集中在上抬的髋部和胸腹上；双肩打开，扩张胸腔；头部落地，后脑勺轻压地，头部不动，保持颈椎的自然；双手下压，给腰背部反向的作用力，保持腰背上抬；腿部稳稳地踩住地面，保持大腿与地面平行。

错误姿势

由于腰背力量不足，初学者往往不能正确抬高臀部，肩膀没有向内收也无法帮助抬高胸腹，造成对脊椎和胸腹腔内器挤压伤害。

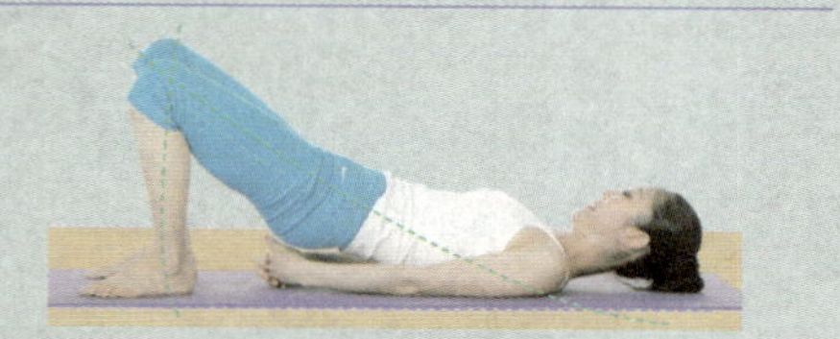

标准图解

功效：本体式中以后侧为基点的身体转动可以放松颈椎，拉伸颈部肌肉，缓和肌肉的紧张和僵硬；骨盆的提起可以收缩腹部，按摩腹腔器官，预防腹内器官下垂；促进头面部的血液循环，细致美化面部肌肤。

1 平躺于垫子上，身体放松。身体重量均匀地落在垫子上，脚尖向前伸直，双臂平放于身体两侧。

2 双腿并拢，吸气，双手和肩部往地面下压，打开肩部，向上抬起腿部和腰背部，下巴顶住胸锁骨的位置。保持自然的呼吸。

3 再次呼气时，身体继续往身后翻转，背部完全离地。向后伸直双腿，脚落至头部后面的地面上且大幅度分开，防止臀部后坐扭伤颈椎。打开大腿内侧，用双手的指尖去碰双脚脚趾。做深长的呼吸，保持3~5次呼吸的时间，缓慢地收回身体。背部落回地面时，要让脊椎一节一节有控制地落下。

简易式 如果练习这个姿势使背部紧张，可以稍微屈膝，抓住脚趾。如果在练习的开始很难抓住脚趾，可以在保持双腿伸展的同时用双手抓住脚踝，然后双手逐渐地移动到脚趾。

技巧

练习时，尾椎骨和骨盆向上提，拉长脊椎的前侧和后侧；锁骨内收，向下巴靠近；肩部和胸部打开，使背部完全延展；脚跟伸展，脚趾向下收，感觉到腿部后侧的整体拉伸；背部离地后，臀部带动身体往脚部有一股力，腿部伸直，脚尖点地，预防身体向后栽倒。

错误姿势

练习此体式时，常犯的错误是后背没有完全离地，双脚高低不平，头颈部上扬抬起。这样的错误姿势会使练习者感到头颈部压力过大，易引起血液循环不畅，呼气困难。

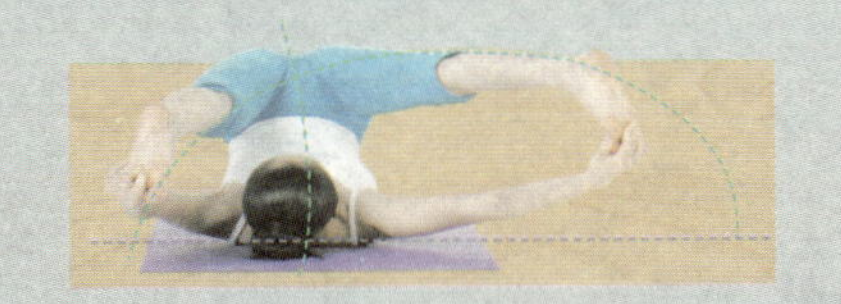

标准图解

膝碰耳犁式

功效：练习此体式可以拉长整个脊椎，尤其可以缓解颈部和上背部的压力。将双膝靠近耳朵两侧，可以镇静神经，隔离外界的声音，专注聆听心脏的跳动和呼吸的节奏。此体式还有助于缓解感冒症状。

1 平躺于垫子上，身体放松。身体重量均匀地落在垫子上，脚尖向前伸直，双臂平直向上抬起，头颈向上抬起，看着手指尖的方向。

2 双腿并拢，吸气，向上抬腿。呼气，腰腹和背部用力，向上提起身体，尽量让双腿向头后方推送，下巴推送至锁骨或胸骨。脚尖顶住地面，手掌扶住腰背部，保持身体平衡。

3 呼气，双膝弯曲，分开，使双膝的内侧轻轻压着耳朵，小腿拉伸并压向地面。提起并打开胸部，将胸部向下颌靠拢，双臂向背部后方伸直，贴放在地面。平稳地呼吸8~10次。

4 以上姿势可以轻松完成后，可以进行更高阶的练习。身体控制好平衡，双手环抱住双腿，以双臂的力量将小腿更好地固定住。平稳地呼吸，感受血液在身体的流转。收回身体时，要注意动作的轻柔缓慢，最好用双手撑住腰背部，有控制地落下双腿，回到仰卧位。

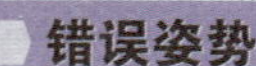

错误姿势

练习此式时，若身体不能在正确的位置，极易引起脊椎的扭伤。图中的错误在于腰背没有完全向上挺起，造成身体重心不稳，给脊椎和腰背部以强烈的挤压感，让练习者感到头晕和其他不适。

技巧

此体式要求练习者对身体有良好的控制力，身体的各个部分有良好的协调性。腰背抬起时，注意将体重均匀地分布到双肩，有利于调整颈椎成一条直线；双肩打开，手臂放松放平，帮助身体控制好节奏；背部最好与地面垂直，身体的重量落在肩颈处，脊椎在伸展挤压中变得更灵活；脚趾不要用力，放松点地，保持身体平衡。

标准图解

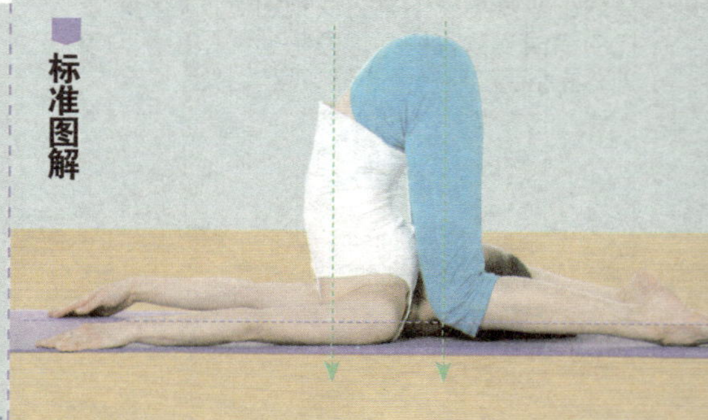

仰卧脊椎扭转式

功效：伸展脊椎和肩部，强化下背部的力量；能有效减轻下背部疼痛、痛经和坐骨神经痛；舒展胸部及髋部，改善消化系统和循环系统的功能；锻炼颈部，使颈部更加灵活；放松精神，使头脑更清醒；有助于缓解压抑、焦虑等负面情绪。

1 仰卧，双腿伸直。吸气，弯曲双膝，双腿靠近身体，双手将双腿抱在胸前，大腿尽力贴近腹部。下背部、头颈部贴地，不要抬起。

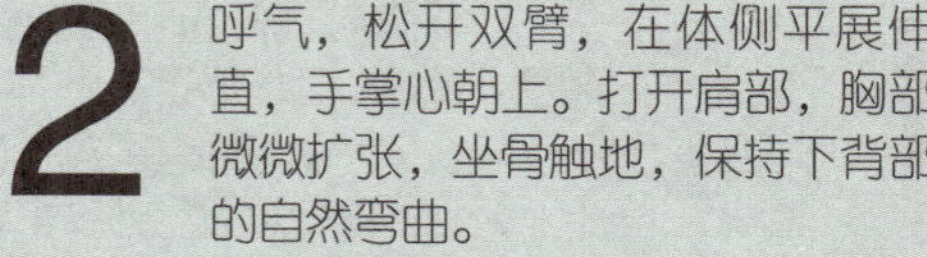

2 呼气，松开双臂，在体侧平展伸直，手掌心朝上。打开肩部，胸部微微扩张，坐骨触地，保持下背部的自然弯曲。

3 吸气，双膝左转贴地，双肩紧贴地面，肩胛骨收拢，头部转向右边，右耳贴地，感受脊椎在垂直方向的轻微扭转。保持3~5次呼吸的时间。

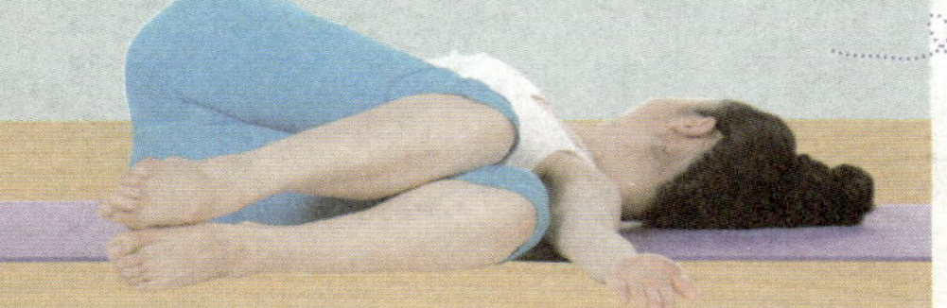

4 吸气，双膝和头转到中间，再将膝盖转到身体右侧，头部转向左侧，左耳贴地。呼气，右膝向下，用左手去抓右脚脚掌，右手扶住左腿膝盖外侧。

错误姿势

图中的错误在于腿部向一侧旋转时，肩部也被带动着离开地面。这样的错误姿势让脊椎没有得到有效的伸展，而且容易造成颈椎的压力过大，无法有效放松。

技巧

手臂带动腿部向身体两侧扭转时，腿部是放松的，髋部和脊椎也随着腿部的旋转而活动；双肩始终保持打开，肩胛骨内收，向上扩张胸部，双肩紧贴地面，不要抬起；头部与腿部呈反方向旋转，使颈椎得以延展，变得灵活。

仰卧脊椎腿扭转式

功效：伸展脊柱和肩部，强化下背部的力量；能有效减轻下背部疼痛、经痛和坐骨神经痛；舒展胸部及髋部，改善消化系统和循环系统的功能；锻炼颈部，使颈部更加灵活。

1 仰卧在垫子上，双脚并拢伸直，感觉头颈部、腰背部、臀部、腿部依次贴地，完全地放松身体。吸气，双腿屈膝，脚掌踩在垫子上，双手掌心朝下，肩膀微微打开，扩张胸部。

2 呼气，伸直左腿，右腿向身体左侧倒去，左手去抓右腿膝盖外侧，右手臂落在垫子上，右肩不要抬离地面，感受髋部的扭转，骨盆区有微微发热的感觉。保持3~5次呼吸的时间，换边重复练习。

错误姿势

图中的错误在于髋部没有向身体一侧完全扭转，这样不能很好地扭转脊椎，还会使腹部和手臂变得紧张，让身体得不到放松。

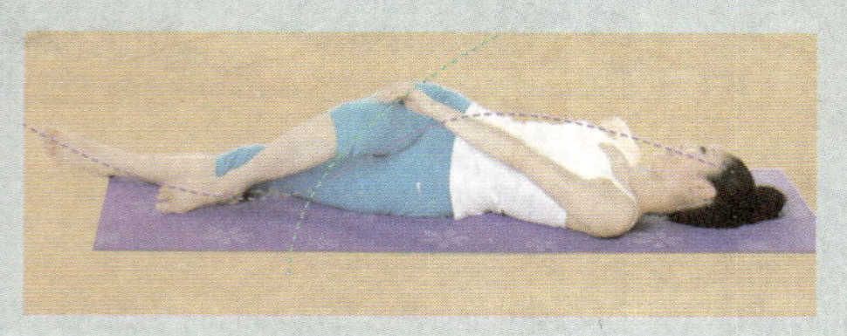

技巧

腰部保持收紧，脊椎一定要从开始时保持挺直，扭转中也要挺直，不要为达到扭转的强度而将背拱起来，这样不但会减少功效，还会造成脊椎受伤；双肩始终保持贴地不要抬起，肩胛骨收紧，向上扩张胸部。

处在生理期的女性和有腹泻症状的患者最好不要练习这个体式。

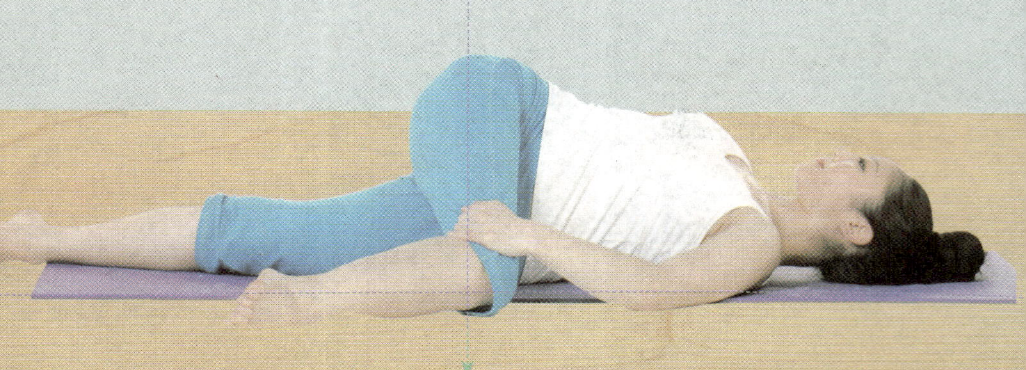

上莲花倒立式

功效：此姿势充分锻炼了肩部肌肉，刺激甲状腺，改善血液和淋巴循环，保持女性内分泌系统的平衡；增强髋关节的灵活性，促进骨盆区域的能量循环。此体式还可以消除负面情绪和心理障碍，滋养身心。

1 莲花座姿，盘腿坐在垫子上，吸气，脊椎保持向上伸直，双手落在臀部后侧的垫子上，五指并拢，朝前伸直。上身微微后倾，上半身的重量落在双手手掌上，坐骨内收，双膝靠近地面。

2 呼气，弯曲双肘，上背部一节一节地落在地面上。再次呼气，双肘撑地，双手扶住腰背部，腰腹和背部用力，向上提起身体，尽量地让双腿向头后方推送，下巴推送至锁骨或胸骨。

3 保持呼吸，尽量使呼吸变得缓慢深长。呼气时，双腿弯曲，折叠于体前，放松髋部，进一步拉伸背部。双肩打开，手肘内收，帮助身体保持平衡。停留约5~8次呼吸时间，缓缓地还原身体。

错误姿势

由于腰腹力量不够，有些练习者在练习中容易出现腰背不能完全直立的错误姿势。图中的错误除了腰背没有直立外，手也放在了错误的位置，给肘部极大的压力，极易引起脊椎受伤。

标准图解

技巧

练习这个体式，最重要的支撑点是头部，最容易受伤的部位是颈部，在练习前一定要做好准备活动，以免受伤，也不要勉强练习。上莲花倒立式需要很大的腰腹部力量，练习时，肩部均匀受力，双肘帮助肩颈保持平衡。在整个体式中，尽力保持腰背平直，动作宜缓慢，才能在舒展身体的同时避免受伤。

仰卧抱膝式

功效：拉伸腿部前侧的肌肉，修饰腿部线条，使双腿更加匀称；活动髋关节，使骨盆区域的血液循环加快，滋养盆腔；按摩腹部，促进消化系统功能的改善，消除腹内胀气；灵活双肩，放松肩颈，改善和矫正各种不良体态。

1 仰卧在垫子上，双脚并拢伸直，感觉身体重量均匀地分布在头颈部、腰背部、臀部、腿部。吸气，双腿屈膝，脚掌踩在垫子上，双手掌心朝下，肩膀微微打开，扩张胸部。

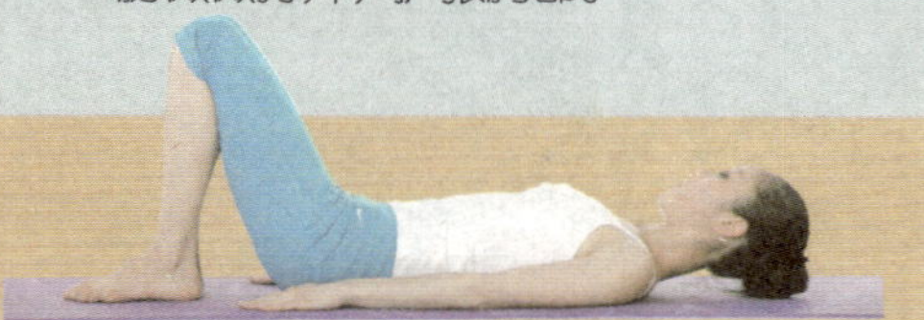

2 呼气，双膝弯曲抬高，臀部不要离地，双手抱住双膝，至小腿与地面平行后停留，头颈部放松落于地面，不要向上抬起。自然呼吸。

3 呼吸时，双手帮助膝盖贴近前胸，大腿紧贴腹部。保持深长均匀的呼吸，每 1 次呼气时，放松脊椎，感觉后背部逐渐平坦延伸，每 1 次吸气时，都将双膝往胸前压进一点。保持 8~10 次呼吸的时间，还原身体，平躺在垫子上休息。

错误姿势

图中的错误是练习此式时较为常见的错误，双腿没有并拢，也没有保持在同一水平面上，拉伸的力不均衡；头颈部用力抬高，给颈椎带来一定压力，使脊椎没有得到有效拉伸。

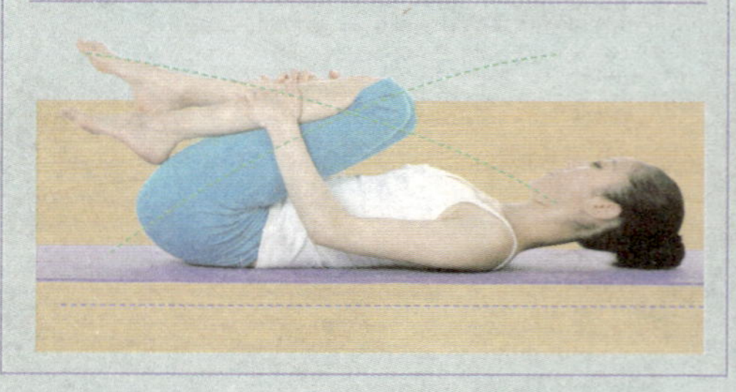

技巧

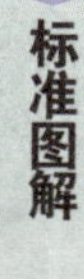

此体式较为简单，适合绝大多数的练习者练习。在练习时需要注意的是，背部脊椎始终停留在垫子上，不要向上翘起臀部或者头部；双手抱膝时，膝盖尽力压向胸部，小腿与地面平行，不要失去腿部的正确位置；双肩打开，两侧肩膀下压，扩张胸部。

标准图解

第六节 俯卧体式

后抬腿式

功效：强化训练臀部及大腿后侧肌群肌力，使大腿与臀部肌肉结实，有效改善“梨形”身材；紧实臀部肌肉，消除臀部多余脂肪，塑造弹性十足的翘臀；拉伸腿部整体线条，塑造纤细修长的美腿；温和伸展脊椎，消除脊椎压力，缓解腰酸背痛等脊椎病。

1 身体由仰卧转为俯卧，上半身抬起，两肘弯曲，前臂相叠，撑于胸口下；两腿向后伸直，腿部前侧紧贴地面，脚背贴地；骨盆、腹部与双腿保持在同一直线上，贴地。

2 吸气，左腿弯曲向上，身体的其他部位保持不变，尤其是骨盆不要出现高低不平的现象。

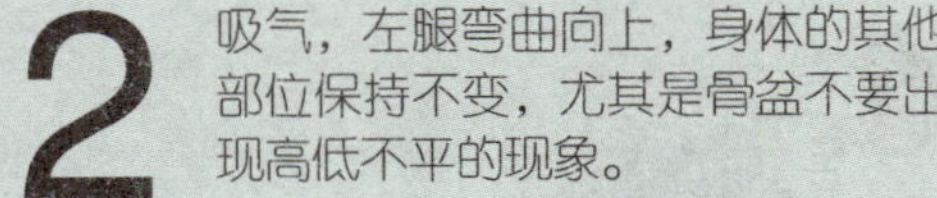

3 呼气，右腿向上伸直，左脚抵住右腿膝盖前侧，使右腿尽量向上伸展；头部略向后抬起，伸展颈部。保持此姿势3次呼吸的时间，吸气时慢慢放下双腿，恢复到俯卧的姿势，调整呼吸，换腿重复练习。

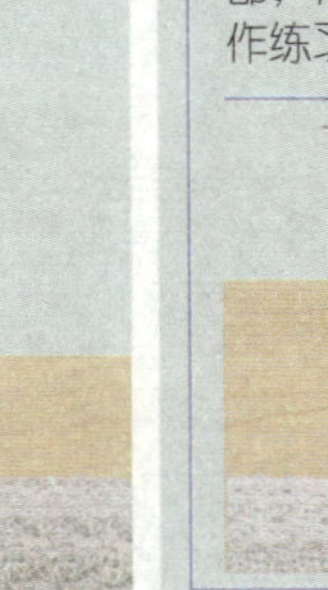

错误姿势

腿部动作的错误伸展，使得骨盆也发生翻转，这种错误动作极易引起身体的失衡，扭伤髋部及腰部；骨盆翻转时还会影响到脊椎，长期错误的动作练习则极易引起脊椎侧弯等不良体态。

标准图解

技巧

向上伸展的单腿应尽力向上伸展，脚心朝向正上方；弯曲的单腿脚心则应正面抵住另一条腿的膝盖正面，使双腿与身体保持在同一个切面上；左右骨盆和双肩同样要保持正确的位置，不要发生翻转、耸起等状况，以免影响动作的正确进行。

后板式

功效：锻炼上肢、腰部、胸部及腹部的肌肉，增强肌肉力量及弹性，提高人体静力性和动力性力量素质；发展人体的平衡性和支撑能力，坚实骨骼，牢固韧带；增大肺活量，加速血液循环，提高运动能力。

1 四肢着地跪姿，双膝并拢，大腿与小腿弯曲成 90 度；双臂伸直，手掌撑在肩膀下方，指尖向前。

2 双膝伸直，身体抬起，离开地面。

3 双脚慢慢向后移动，吸气，腹部、臀部收紧，双腿绷直，使脊背、双腿成一条直线，保持 1 秒钟。

4 身体慢慢落回地面，双腿并拢向后伸直，双臂伸展于体侧，放松身心。

错误姿势 ×

练习这个动作需要较强的肌肉力量，同时腹部要用力收紧，练习不到位时就容易犯塌腰、弓背等错误，这样就极易造成脊椎受力不均，肌肉发展失调，腰部压力过大等不良影响。

技巧

双手撑地，手指向前，双手间距与肩同宽，腹部收紧，使肩、背、臀、腿保持在同一直线上。

标准图解

弓式

功效：反向伸展背部肌肉，消除伏案工作者过度劳累所产生的疼痛和疲劳；强壮胸部和腹部肌肉，放松肩部肌肉，同时强壮手、腿、颈部肌肉；加速血液循环，滋养肺部、肝脏、肾脏、胃肠等器官，改善呼吸病症；防治便秘、消化不良、糖尿病、肝功能不正常等疾病。

1 俯卧在垫子上，双腿向后伸直，脚心朝上；双手伸展于体侧，掌心朝上；头部摆正，下颌贴地，深呼吸。

2 吸气，双腿向后弯曲抬起，靠近臀部；手臂向后抬起，双手抓住两脚踝。身体柔韧度不够者可在两脚踝部位套上毛巾或瑜伽带，辅助进行练习。

3 呼气，双手抓住两腿向上抬起，头部随之抬起；同时大腿向上抬起、胸部向上挺起，打开胸腔，使身体两端同时向上延伸，保持2次呼吸的时间。吸气时回到开始的姿势，换边进行练习。

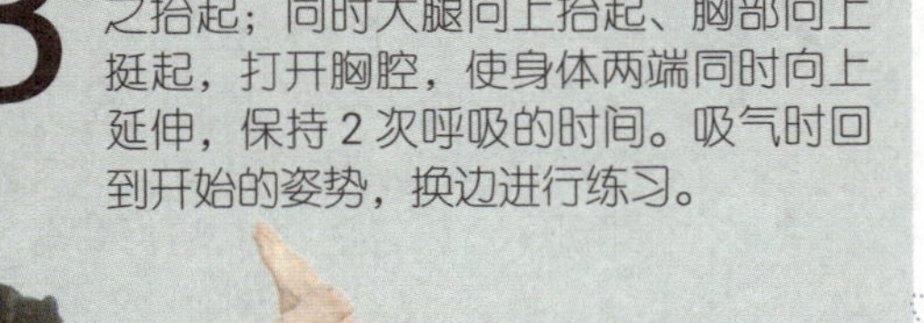

4 再次呼气时，双手抓住两腿再次向上伸展，上半身离地，胸腔进一步打开，缩小头部与腿部之间的距离，两者同时向上延伸，保持1次呼吸的时间。吸气时回到开始的姿势，换边进行练习。

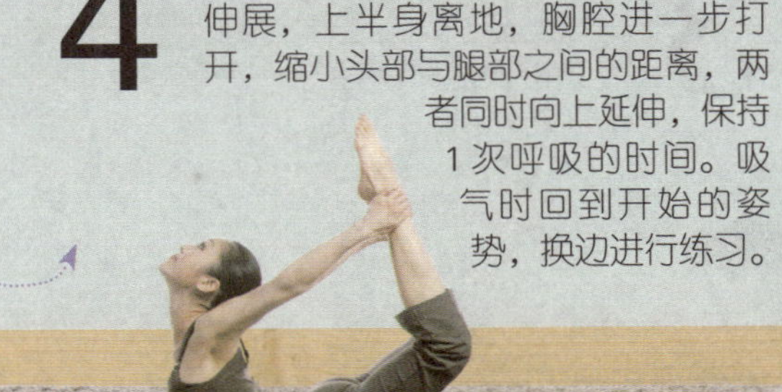

错误姿势

胸口没有离地，身体和双脚没有尽力向上抬起，表现出错误的两端下垂的姿态，如同一张松弛的弓，完全发挥不了弓式应有的功效。

标准图解

技巧

停留伸展时，左右骨盆与腹部应贴近地面，利用腰腹的力量保持身体平稳，以免身体摇晃引起背部肌肉紧张；双肩应尽量向外打开，但要保持左右肩部在同一水平线上，不要耸肩；头部、双脚应相互靠近并向上延伸，脚尖和视线均朝上，使身体呈向上伸展的姿态；尾骨收紧，骨盆放松，颈椎有毛病的注意不要过度后折颈部。

半弓式

功效：有效地调整体态，消除背部赘肉，加强脊柱弹性，美化背部线条；强化大腿和腰腹力量，紧缩大腿肌肉，减少腰腹脂肪，纤腰瘦腿；美化臀部线条，预防臀部下垂。

1 保持基本卧姿，头部摆正，下颌贴地；双腿向后伸直，脚心、手心朝上，身体呈一条直线。

2 吸气，右腿向后抬起，左手向上抬起，抓住右脚脚腕；胸口向上抬起，左腿保持伸直状态，腹部与左右骨盆都不要离地。

3 呼气，右手弯曲扶地，左手抓住右脚向上延伸，左腿同时向上抬起，使左右骨盆保持在同一水平线上，保持 2 次呼吸的时间。

4 腹部用力保持身体平稳，再次呼气时，右臂向上抬起，手臂伸直，身体两侧同时向上伸展，停留保持姿势 1 次呼吸的时间。吸气时回到开始的姿势，换边进行练习。

错误姿势

肩部翻转，身体呈向下的错误姿势，不仅会造成左右肩部肌肉发展不平衡，还可能引起脊椎歪斜，影响到全身的健康。

标准图解

技巧

停留伸展时，左右骨盆与腹部应贴近地面，尽量保持好呼吸，利用腰腹的力量保持身体平稳；双肩应尽量向外打开，但要保持左右肩部在同一水平线上，不要耸肩；可慢慢加大头部、双脚向上抬的幅度，使身体呈两侧向上伸展的半弓形。

眼镜蛇式

功效： 强化背部和脊柱，使背部所有的肌肉群都得到伸展，消除背部的僵硬紧张；矫正椎间盘轻微移位，促进脊椎病快速痊愈；训练腰臀肌肉，完美腰臀衔接处的性感曲线；消除胸部脂肪，紧实胸部，预防胸部下垂；促进血液循环，强化脊椎神经，让人精力充沛。

1 俯卧，双手向下弯曲置于胸口两侧，掌心撑地；头部摆正，下颌贴地，双腿打开与髋部同宽，膝盖伸直。

2 吸气，头部慢慢抬起，上身同时慢慢离开地面，用腹肌力量而不是用臂力，将脊柱一节一节向后弯曲，肚脐与腹部着地，由头部开始，颈部、双肩、胸、腹依次向上抬起，让脊柱一节节地得到舒展。

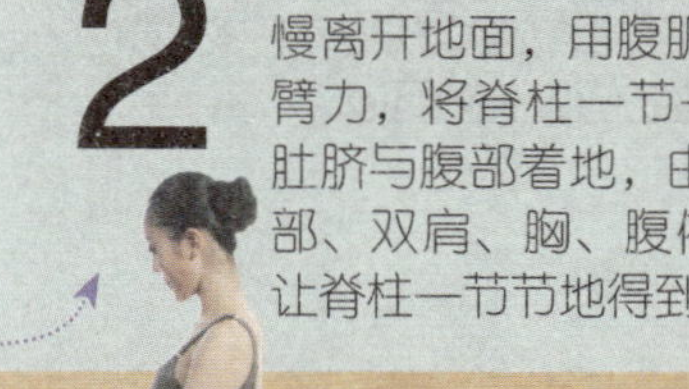

3 收紧肛门和臀部，下颚慢慢抬高呼气，双臂伸直，颈椎、双肩、胸、腹进一步向后弯曲，直至耻骨接触地面，头部尽量后仰，眼望上方，保持姿势 3~5 次呼吸的时间。吸气时恢复到开始的姿势，重复练习 2~3 次。

错误姿势 ×

当支撑的手臂靠近骨盆，一部分练习者的双肩就会不由自主地耸起，这样既不利于身体的向后伸展，还可能造成肩部压力过大和呼吸不畅等不良后果。

标准图解

技巧

身体向后伸展前首先要找准重心，身体重量应放在两腿和两掌上，身体的其他部位应放松。伸展时则应放慢速度，让身体一节一节地向后弯曲，使脊椎充分伸展；控制耸肩，双肩有意识地下沉并向外打开，让两肩胛骨尽量靠近；上半身伸展的幅度以耻骨贴地为最佳，同时左右骨盆应平贴于地面，保持姿势正确；双腿左右分开的距离要对等，身体要保持对称。

眼镜蛇变形式

功效：针对颈、肩、胸、背、臀、腿等部位进行练习，可强化肩、胸、背、臀等部位肌肉，具有健胸、收腹、美背、提臀等功效；强健背部肌肉能力，提高脊柱的灵活度，促进血液循环，增强脊柱功能；打开胸腔，增加肺活量，消除疲劳，舒缓身心，释放压力；温和按摩内脏，促进甲状腺与肾上腺机能正常运作。

1 俯卧，屈臂，双手掌心向下放在胸口两侧，下颌触地；吸气，左腿弯曲，脚心贴住右腿膝盖侧面。

2 呼气时，收紧肛门和臀部，由头部开始，将颈、肩、胸、腹依次向上抬起，直至耻骨接触地面，保持姿势1次呼吸的时间；再次呼气时，头部转向左方，眼睛尽量看向左脚指尖的方向，保持姿势2~3次呼吸的时间。

3 吸气时，再将上半身一节一节地放回地面，下颌贴地；手臂向后伸直，掌心朝上，调息。吸气时弯曲双臂，换边重复练习。

错误姿势 ×

眼镜蛇式系列是一种被动性的上仰一恢复运动，练习过程中不能低头；伸展时骨盆不要离地，骨盆离地后，身体失去承重点，很可能造成脊椎的扭曲变形。

技巧

练习此式时不可用爆发力，要尽量使身体处于舒适状态，让脊柱一节节地向后舒展；伸展时，左右双肩、手掌、骨盆各应保持在同一直线上，让身体处于对称平衡的状态；向后弯曲脊椎时，尾骨应向下收紧，臀部肌肉收紧，大腿绷直；向后伸展的幅度要以个人感觉舒适为限，不要勉强让身体向后弯曲。

标准图解

桥平衡式

功效：有效地锻炼腹横肌，使凸起的腹部内收；臀部内收，可以有效调整不良体态，塑造优雅体形；强健腹肌和背肌，避免腰背扭伤或受到其他伤害；帮助集中注意力。

1 身体俯卧，屈双肘，将双手放于身体前侧，手掌贴地。双脚并拢，脚背着地。保证双臂和胸部构成一个三角形。

2 双手十指交叉相握，大拇指的一侧正对眉心，自然呼吸，准备下一个动作。

3 脚尖点地，深吸气，呼气时收腹肌，慢慢带动身体离开地面，头部、腰背和臀部保持在一个平面上，每次呼气感觉肚脐向脊柱方向提拉，保持姿势停留 5~8 次呼吸。再次呼气时，放落身体，侧脸躺在垫子上休息。

错误姿势

错误的姿势从侧面看会十分明显，腰部下榻，腹部放松没有收紧，头部无力，身体的重量都落在手肘处，身体从侧面看并不是平直伸展的。这样的错误姿势会让肩部上耸，脊椎、背肌、关节受力不均，练习者会感到头晕、疲劳。

标准图解

技巧

练习时，可以随时自查身体是否处在正确位置上。大拇指一侧正对眉心，双臂和前胸构成等边三角形，整个身体的侧面呈平直的水平面，同地面平行；感觉腰间如同被一根细线提拉，向上抬起，注意臀部不要下吊也不要高高耸起；每次呼气时肚脐贴向脊柱，腰背稍向上抬起，双脚和双臂不动。

菱形按压式

功效：全面灵活脊柱、舒缓神经、改善不良体态；按摩胸腔内脏，改善呼吸系统疾病，缓解腹部胀气，对于便秘有辅助疗效；拉长颈部线条，收紧双下巴，美化面部肌肤；同时还能有效锻炼颈部后侧的肌肉，更显青春活力。

1 身体俯卧，将双手拇指与食指相对，组成一个菱形，将这个菱形置于额下，双肘自然伸向两侧，保持身体自然舒适。吸气，保持菱形位置不动，双臂向下按压，顺势抬起身体，打开双肩，挺胸，保持姿势停留3~5个呼吸的时间，眼睛看向手部菱形位置。

2 双腿微微分开，绷直脚尖，屈双膝，脚尖朝背部靠近。肩膀打开，做胸式呼吸。

3 呼气，脚尖继续绷直，颈部伸直，头后仰，感觉头顶与脚尖越来越近。脊柱后侧得到挤压，头颈部得到伸拉。

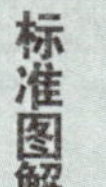

4 吸气时弯曲双肘，将上半身一节一节地放落地面；再放松双腿，双腿前侧贴地；头部慢慢放回地面，侧脸放在垫子上，调整呼吸。

错误姿势

练习此式时，容易出现将上身的力量落在双手手掌上的错误姿势，这个姿势让肩部向上高耸起，颈部并没有得到伸长。长期练习错误姿势，会让颈部、肩部感到僵硬疲劳，腰部前突，盆骨前倾变形。

标准图解

技巧

感觉腰椎压力大时，可以将双腿分开，减轻背部的不适。练习中，注意力集中在弯曲的脊椎上，手臂伸直，头部后仰延伸，肩部打开，肩膀放平。此体式会给脊椎带来向后的挤压感，对腹部也有一定拉伸挤压。

练习者如果有脊椎方面的疾患，或是有胃肠溃疡等疾病，不可以练习此体式。

俯卧抬膝式

功效：伸展腰、背部的肌群，增加脊椎柔韧度；扩大胸腔、肋骨的空间，加强胸、肺功能；按摩腹部和胸腔，促进消化和排泄，改善血液循环和月经不调或子宫、卵巢疾患；增加身体热能。

1 身体俯卧，额头贴地，吸气，手肘支撑在地上，肩部与胸部向上抬起，眼睛看两手中间的位置，肩膀放平。

2 吸气，弯曲双膝，小腿上抬，脚尖绷直，小腿与地面保持垂直。头微微上抬，眼睛直视前方。

3 呼气，胸向上抬，头部向后仰，大腿弯曲往上抬，注意力在腰、腹部，尽量不要用手肘的力。收回时，依次慢慢放落大腿、小腿、一节一节的脊椎。

错误姿势

初学者或腰背力量不够的练习者，最常出现的错误是耸肩，上身的重量落于手肘和前臂，膝盖落地，腹部放松，腰部也得不到向后的活动。练习错误的姿势，会造成肩颈肌肉酸痛，呼吸不顺畅，影响练习效果。

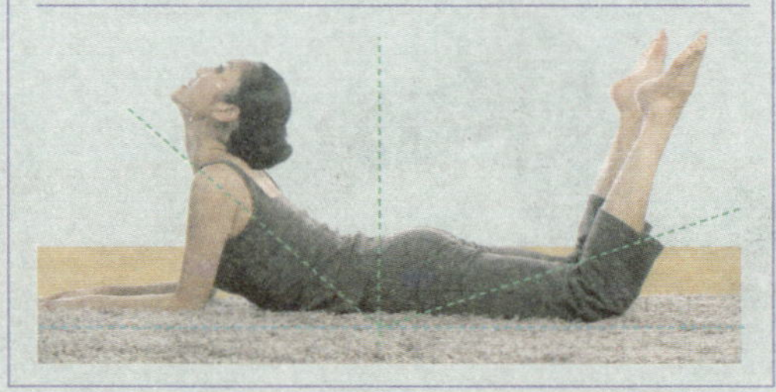

标准图解

技巧

刚开始练习时，可以让动作的幅度小一点，不要强拉颈部或腿部，把注意力集中在腰椎上，想象自己的头部和脚尖处有一个力量带动身体向上延展；身体的重量不要落在手肘上，髋部放平下压，膝盖带动大腿尽力向上；双腿分开可以减轻腿部的压力，但一定要保持小腿与地面垂直。

猫变形式

功效：练习此式可以充分伸展背部、腿部和肩部，改善血液循环，消除肩膀酸痛和疲劳，女性的各种妇科疾病也能得到有效调理；还能够让脊椎得到适当的伸展，增加身体的灵活性。

1 俯卧，双臂前伸，掌心朝地，双腿并拢伸直，脚尖点地，下巴着地，自然呼吸。

2 吸气，手臂收回身体两侧，臀部带动腰部上抬，胸部贴地，腿部伸直，脚尖撑地，往前挪一小步。

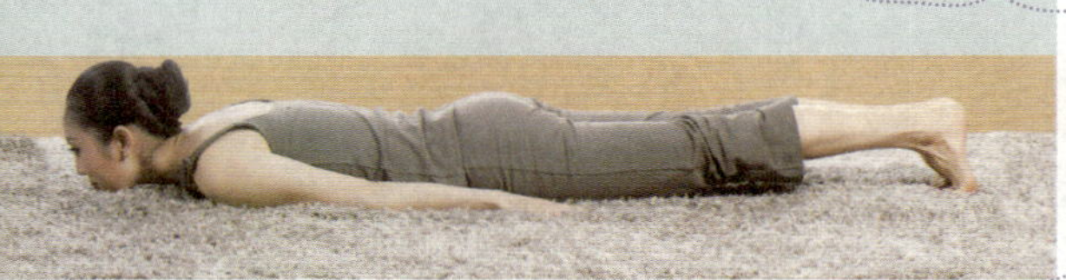

3 脚尖前移，再一次抬高臀部，感觉臀部有一股力量将身体往上拉，肩膀不要离地，腿部保持伸直。

错误姿势

由于此式也会给腰部带来一定的压力，所以腰部不够灵活和腿部韧性不够的练习者可能会弯屈膝盖，肩膀前移。练习时若不能控制自己的身体，则有可能造成肩部和膝关节的损伤。

技巧

练习此体式时，一定要注意保持好身体的平衡，以免扭伤腰椎和颈椎。臀部上抬时，髋部不要左右晃动，注意观察两肩是否平行呈一条直线，往外打开，切忌含胸缩肩；腿部要尽力伸直不要弯曲。练习这个体式时，一定要注意动作的轻柔与缓慢，并配合正确的呼吸。

标准图解

头立三角式

功效：按摩头部，促进头部的血液循环，防止脱发，活络头皮，有美发的功效；加速头颈部的血液循环，使头脑更清醒；防止头痛头昏；矫正双肩，美化背部线条。

1 双腿并拢跪坐在垫子上，臀部坐在双脚脚跟上。吸气，双手臂上抬，带动身体向上，伸展脊椎；呼气，上身前倾，直至前额贴地，臀部不要离开脚跟。手掌朝前伸直，掌心朝下。

2 双手肘撑地，身体往前侧移动，至大腿与地面垂直后停留保持，身体重量逐渐转移到手掌和前臂上，前额放在双手中间的垫子上。脚尖点地，控制住身体，不要过于前倾。

3 吸气，双膝离开垫子，两脚伸直，脚尖踮高，将注意力集中于腰上抬的臀部上，双臂起支撑作用，但不要承受身体的全部重量。

4 再次吸气，臀部再次上提，双手也慢慢伸直放松，全部重心都在头顶。做深呼吸，保持5~8次呼吸的时间，慢慢还原。双手握拳，额头贴在拳头上，慢慢调整呼吸。

错误姿势

图中的错误在于双腿弯曲没有伸直。这样的姿势会让头部承受更大的压力，身体不能保持平衡时，练习者很容易滑倒，扭伤颈椎。同时，错误的姿势还会让练习者不自觉地憋气，无法放松身心自由畅快地呼吸。

技巧

练习本体式，一定要注意好保持身体的平衡。臀部上抬时，动作一定要轻柔，伸直脊背，避免头部过于前冲扭伤颈部；手肘承担了身体的一部分重量，但不要将身体的重量都放在双手臂和手肘上；背部凹陷，腹部微微向大腿方向压近，减缓腿部和背部给头顶的压力；双腿伸直，脚尖点地，与背部一齐将臀部往上抬升。

标准图解

头倒立式

功效：头倒立是所有瑜伽体式中最著名、最重要的体式之一。练习这个体式，可以增强人的平衡能力，使精神得到极大的放松，大脑得到充分的血液和养分。倒立时，涌入头部的血液增多，对松果腺和脑垂体有益，能消除失眠和记忆力衰退等症状；能使双眼、头皮、面部组织和肌肉都充满活力；还能保护视力、预防动脉硬化。

1 以简易坐姿开始，双腿并拢，臀部坐在双脚脚跟上，双手臂上抬，带动身体向上，伸展脊椎。呼气，上身前倾，直至前额贴地。双手十指交叉相 握，放在地面上，两手臂成正三角形。将重力移至手肘，抬起臀部，保持背部平直。

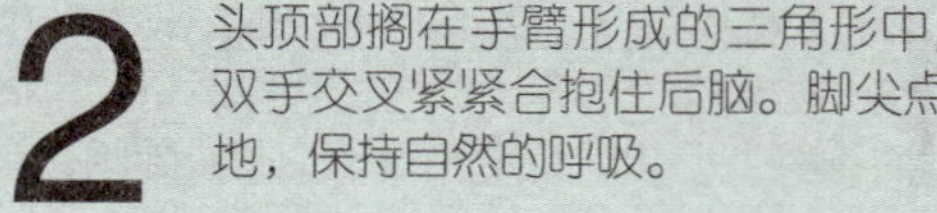

2 头顶部搁在手臂形成的三角形中，双手交叉紧紧合抱住后脑。脚尖点地，保持自然的呼吸。

3 双脚伸直，慢慢地像走路一样向前移，臀部抬高，后背慢慢垂直地面。先弯曲右腿膝盖，再弯曲左腿，保持好身体的平衡。

4 双脚离开地面，先向上伸直右腿，再伸直左腿。保持8~10次呼吸的时间，感觉血液倒流时收回身体。收回身体时，身体宜缓慢，收回双脚和膝盖后，保持婴儿式呼吸。

标准图解

技巧

此体式为高阶体式，初学者最好不要练习。刚刚开始练习这个体式时，需要利用墙壁来帮助身体平衡，旁边最好有专业老师辅导，待练习熟练后，再脱离墙练习。此体式的技巧在于，保持肩颈、腰背和腿部的完全平直，垂直于垫子；双肘向内收，抱住头部，将身体重量均匀的分布在头部和手肘上，不要随意移动。

错误姿势 ✕

练习这个体式时，若腿部、背部不能保持在垂直于地面的同一平面，会给头颈部和背部带来十分大的压力，容易扭伤颈椎，因此，必须靠在墙壁上把身体控制好后，再脱离墙壁倒立。

头肘倒立式

功效：这个姿势同头倒立式一样，可以调节肩倒立式的效果，形成身体与思想的能量平衡。头倒立所有的功效，正确地练习本体式都可以起到效果，而且，本体式还可以修长双腿，打开髋部，有利于灵活髋关节，刺激会阴处，缓解各种相关疾病。

1 以简易坐姿开始，双腿并拢，臀部坐在双脚脚跟上，上身前倾，保持腰背平直，手臂在胸前互相抱住双肘，落在地面上。呼气，松开手肘，双手十指交叉相握，放在地面上，两手臂成正三角形。臀部上抬，脚尖点地，身体慢慢往前移。

2 吸气，脚向脸的方向靠近，进一步提起臀部，使腿部伸直，身体的重量逐渐前移。右脚伸直点地，左脚朝天空方向拉伸，呼气。

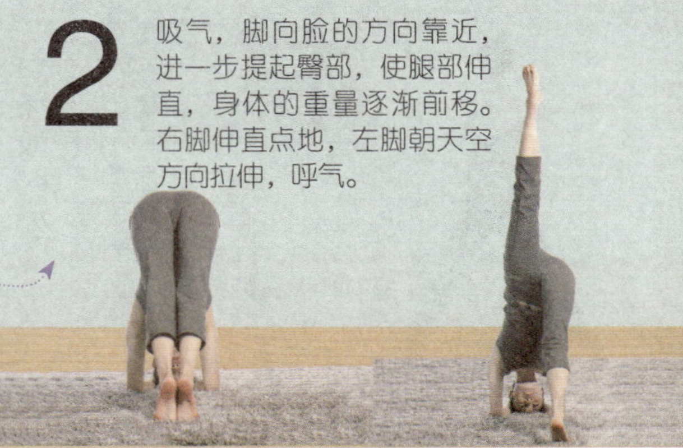

3 进一步吸气，收紧腹部，臀部向内夹紧，双腿并拢离地朝天空方向伸直。前臂和肩部支撑着整个身体，呼气。

4 再次吸气时，分开双腿，双腿髋部在重力作用下大大地打开，保持好身体的平衡，收紧腹部。

错误姿势

双腿向两侧分开时，--前一后并不能保证身体的重心保持稳固不动，这样不规则的姿势极易造成身体失去平衡，扭伤颈椎。同时腿部也不能均匀拉伸，容易导致形成不良腿形。

技巧

双腿上抬时，腹部一定要保持收紧状态，通过并拢膝盖及收紧大腿肌肉来给双腿以力量；将双脚抬离地面时，身体所有的重量都应转移到双臂，只留一点重量在头部；成功倒立后，继续保持腹部、臀部向内收紧，注意力转移到身体的腹部和臀部，双腿向两侧打开时，保持好身体的平衡。

标准图解

腿分开前俯式

功效：有效拉伸双腿后侧肌肉，修长腿部线条，匀称身体肌肉；灵活髋关节；给腹腔以滋养，预防腹腔器官的下垂；舒展双肩和背部，放松手臂；加快面部、颈部的血液循环，美化，细致面部肌肤。

1 站立在垫子上，双腿分开约两倍肩宽，双臂在体侧平举，与肩膀平行，感觉手臂往两侧拉伸，肩部微微下沉，脊柱伸直，身体稳稳地站在地面上。

2 呼气，双臂移至身体前侧，平举双臂，掌心朝下，上身在手臂的带动下缓缓前倾，背部臀部稍往后移，保持身体平衡，至手臂落在地面后保持姿势不变，身体的重量不要放在双手掌上。每次呼气时，身体有意识地让腹部贴近大腿一点。

3 再次呼气时，身体继续下移，手臂翻转，手背落在垫子上，穿过两腿间的位置，头顶落在双脚脚跟连线的中点上。保持5~8次呼吸的时间，感受腿部后侧的拉伸和背部的不断延展。

错误姿势

图中的错误在于双腿弯曲，腿部没有得到应有的拉伸；头部缩起没有触地，也是因为腿部的支撑不够。这样的错误容易让身体朝前滚倒，发生危险。

技巧

手臂带动身体往前倾时，一定要注意保持腰背平伸，感觉腿部后侧韧带有拉伸的感觉；双腿膝盖不要前弯，脚掌稳稳地踩住地面，不要前后摇摆；双脚分开的距离可以在身体下倾前进行调整，不应过宽或过窄，以头顶轻轻触地为宜，不要将身体重量落在头顶；手臂向前伸直，不要支撑地面，承担身体的重量。

标准图解

伏莲式

功效：此式能有效按摩脊柱和背部肌肉，配合深呼吸，吸入大量新鲜氧气，促进体内脂肪燃烧。经常练习可美化背部曲线，矫正不良姿势；修饰大腿和臀部线条，灵活髋部关节，改善妇科疾病；长期练习这个体式，还能净化心灵，培养温婉怡人的女性气质。

1 以莲花座的姿势双腿盘坐在垫子上，尾骨触地，向上延展脊柱，收缩腹部，肩膀放松放平，手掌轻轻放在双膝上，帮助双膝向地面下压。

2 双臂由身体前发送出去，打开手臂，落在身体前侧的位置。呼气，上身带动身体向前，双臂和双膝支撑住身体，背部保持平直。

3 吸气，弯曲双肘，将大腿、腹部、胸部和下巴依次放到垫子上，将手臂放置在背部，双手翻转合十在肩胛骨处，指尖朝上。呼气，感觉髋部进一步打开，大腿和腹部贴向地面。保持5次呼吸左右的时间，每次吸气时，都感觉肩部向外扩张一些，肩胛骨收拢，指尖尽力向头顶方向延伸；每次呼气时，放松身体，双腿进一步朝两侧打开，大腿根部和腹部贴近地面。

简易式 初学者和身体韧性不够的练习者可以尝试降低动作的难度，将双腿换成半莲花或是简易坐的姿势，手臂若不能在肩胛骨中间合十，可以背在腰背处，打开肩部即可。

错误姿势

图中的错误在于双腿没有正确地盘成莲花座的姿势，双脚朝天上翘起，双膝没有得到正确的打开和伸展；手臂没有在身体后侧打开，肩部得不到应有的扩张，容易造成头颈部僵硬、疲劳。

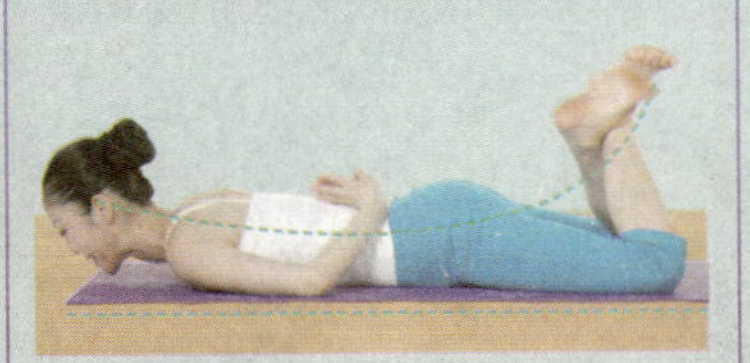

技巧

练习此式时，要在每个步骤都充分伸展的基础上，再进行下一个动作。双腿的莲花座一定要盘稳，双膝尽量打开，髋部下压让腹部去贴地面；双手在背后合十，尽力打开肩部，扩张胸部，感觉后背收紧，手臂肌肉在紧张中得到锻炼。

标准图解

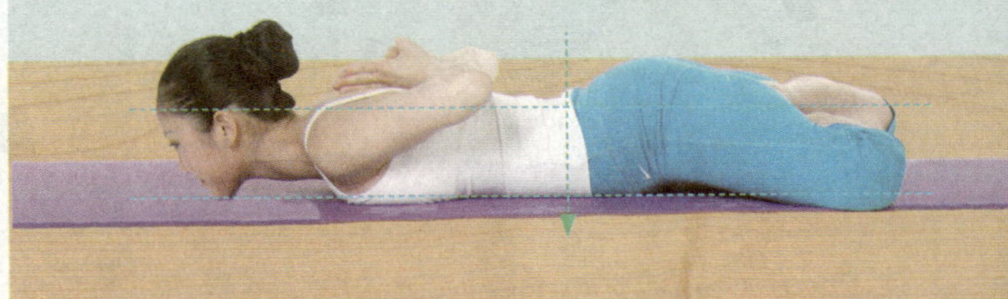

下犬式变体

功效：改善消化系统的功能；缓解失眠、生理期和更年期不适及下背部疼痛；增强手臂、腿部、躯干的力量；伸展手掌、胸部、背部、腘绳肌腱、小腿和双脚；使全身充满能量。

1 双手双脚撑地，跪立在垫子上，把双手置于肩部正下方，均匀张开手指，使手掌面及各个手指紧贴地面，努力向下伸展。吸气，由手部至肩部拉紧肌肉，呼气，收拢肩胛骨。

2 保持双臂伸直，由腕部至肩部收紧肌肉，吸气，提臀，伸直双腿，双脚分开约肩宽，脚掌着地。背部保持平直，通过脊柱和臀部拉伸背部。

3 伸开脚趾，脚后跟紧压地面，双腿拉直，上身挺直。呼气，抬起左腿，使左腿与肩背保持在同一直线上，停留3~5次呼吸的时间，还原身体，换边重复练习。

简易式 初学者若腿部韧性不够，可以微微使膝盖弯曲，脚跟离地，但一定要让腿部和背部感受到一定的拉伸感，且背部一定要保持平直并向头顶处延伸的状态。

错误姿势

练习时的错误在于膝盖弯曲、脚跟踮起、背部拱起没有平直延伸。这样的姿势虽然缓解了背部和腿部的紧张感，但同时也让身体的下背部和腿部没有得到拉伸，给双肩和双手掌带来较大的压力，极易扭伤手腕关节。

技巧

练习这个体式时，注意力集中在双腿后侧的拉伸和背部的平直延伸上。双手臂向前伸直，手掌紧压住地面，不要前后移动，也不要弯曲手肘；腿部伸直，脚后跟尽量踩地，双膝分开，与双脚同宽；臀部上抬时，可以将腰部微微往内压，加大拉伸的力度。

标准图解

上犬式

功效：加强腿部、肩部、手部和腕部的力量；扩张胸部，增大肺活量；舒展肩部与背部；拉伸脊柱，打开腹腔；促进消化系统和淋巴系统的功能，改善体形，矫正驼背、高低肩等不良体态。

1 俯卧在垫子上，侧脸着地，双手臂放在体侧，掌心朝上，双腿并拢伸直，在垫子上放松，自然地呼吸。

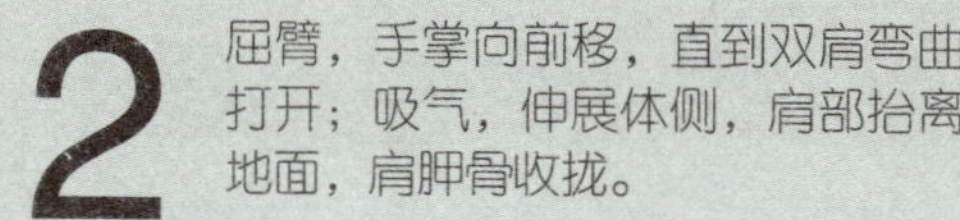

2 屈臂，手掌向前移，直到双肩弯曲打开；吸气，伸展体侧，肩部抬离地面，肩胛骨收拢。

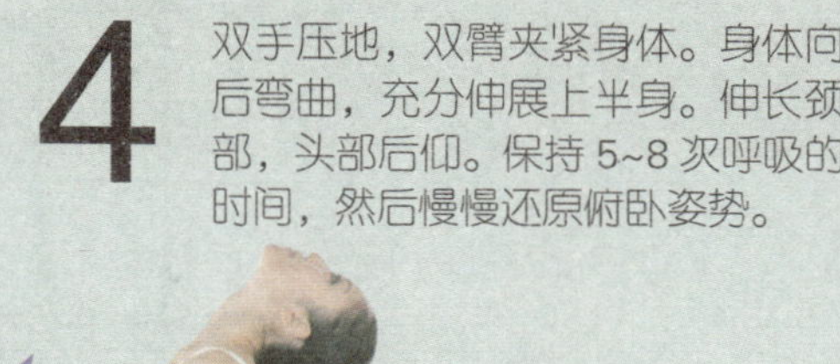

3 呼气，双手下压，伸展体侧，双臂夹紧身体，肩胛骨收拢，双臂伸直，上身抬离地面，绷紧大腿肌肉，将大腿微微抬起。

4 双手压地，双臂夹紧身体。身体向后弯曲，充分伸展上半身。伸长颈部，头部后仰。保持5~8次呼吸的时间，然后慢慢还原俯卧姿势。

错误姿势 ×

练习这个体式时，容易出现的错误是没有正确弯曲脊椎、肩部上耸、双腿分开。这样的错误姿势让上半身的重量都落在了双手手掌上，腰部下塌，尾骨和大腿内侧都没有向内收起，容易引起肩部肌肉紧张。

技巧

双手压地抬起上身时，应将尾骨向脚部伸展，刺激髋部向地面靠拢；脚趾张开，十指贴地，紧紧地将腿部放在地面，不要前后移动；双肩打开，肩胛骨收拢，胸部挺起，保持肩胛骨与颈部后侧平行；颈部伸长时，微微后仰，感受颈部前侧的拉伸和颈部后侧的挤压发热。

标准图解

第三章

瑜伽套路

第一节　哈他瑜伽

循序渐进，从瑜伽体位逐渐上升到完整练习瑜伽套路。瑜伽套路可以帮助练习者更好地集中精神、进而使瑜伽练习成为移动的冥想。有时候，一些精心简化编排的基本瑜伽套路可以帮助那些没有足够时间的练习者快速掌握基本体位，享受到瑜伽的益处。本篇列出几大流派的经典瑜伽套路。

哈他瑜伽（Hatha Yoga）又名传统瑜伽，在哈他（Hatha）这个词中，“哈”（ha）的意思是太阳，“他”（tha）的意思是月亮。它代表男与女，日与夜，阴与阳，冷与热，以及其他任何相辅相成的两个对立面的平衡。哈他瑜伽是所有瑜伽体系中最实用的一个体系，也是最为人们所熟悉的。它包括了一系列的练习，通过身体的姿势、呼吸和放松的技巧，来达到训练的目的。这些技巧对神经系统、各种腺体和内脏都大有益处。其目的在于推动有节奏的呼吸和开发身体潜能。

传统哈他瑜伽是一个古老的瑜伽系统。在练习时要控制呼吸，配合着深沉的呼吸慢慢习练，强调完全的放松。这是一个没有竞争感的习练，强调对每一个体式的感觉，而不是做到完美。整个人完全集中，身体和精神和谐工作，给身体和精神带来幸福感。这个系统的真正力量在于它是一条通向永恒快乐和内在自由的途径。哈他瑜伽最适合初学者。在瑜伽中，通过右鼻孔来呼吸被称为太阳的呼吸，而通过左鼻孔呼吸被称为月亮的呼吸。通过某种方式来保持呼吸的顺畅，对所有哈他瑜伽的修炼都至关重要。

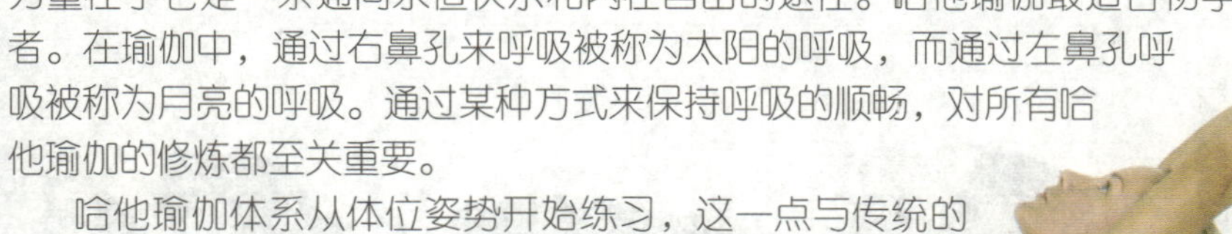

哈他瑜伽体系从体位姿势开始练习，这一点与传统的“八分支法”不同，因此也被称为“六分支法瑜伽”。哈他瑜伽主要练习如何控制身体和呼吸，更深一层的效果是使身体各机能有序运转，从而使心灵获得宁静，变得祥和。

套路1 轻柔瑜伽I

本套路中的姿势最适宜放松，适合各个水平的瑜伽学习者练习。要在一个安静的、无干扰的房间练习这套瑜伽。本套瑜伽以舒适为前提，你可在每个姿势上保持尽可能长的时间。注意你的呼吸和思想，让思想在你的意识中保持自然地流动，如同天空中飘浮的云彩。如果在练习时受到干扰而分心了，请将注意力重新集中到呼吸上。最后以 10 分钟左右的仰卧式动作结束练习。在你练习下一页的轻柔瑜伽 II 之前，先以仰卧式或婴儿式放松。

支撑仰卧式

至善坐式

脊柱扭转式（初级姿势）

支撑前屈式

鸵鸟式

支撑婴儿式

支撑桥式

支撑脊柱扭转式

靠墙倒立式

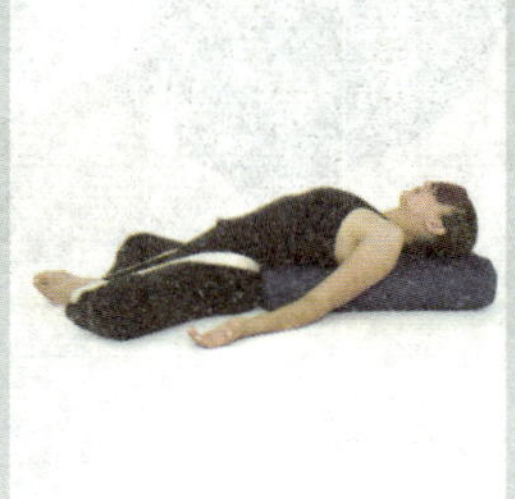

仰卧束角式

婴儿式

支撑仰卧式

套路2

轻柔瑜伽 II

轻柔瑜伽的这个套路主要增加了一些仰卧体式和扭转体式，以使身体获得更大程度的伸展。练习过程中应注意适度。

仰卧式 　仰卧伸抬腿式 　桥式 　仰卧抱膝式

仰卧脊柱扭转式 　手杖式 　双腿头碰膝式（初级姿势） 　俯卧式

眼镜蛇式（初级姿势） 　婴儿式 　鸽子式 　手杖式

脊柱扭转式（初级姿势） 　山式 　三角式 　仰卧式

套路3 柔韧瑜伽

这个套路包含了增强与锻炼体力和柔韧性的姿势。从站式开始，接下来是扩髋、后屈和镇定姿势。在练习中注意应用拜月式与拜日式中的呼吸法来随着动作节奏调节呼吸。

山式

山式（双臂上举）

鸵鸟式

弓步式

下犬式

眼镜蛇式（初级姿势）

眼镜蛇式

下犬式

弓步式

鸵鸟式

山式（双臂上举）

山式（双手合十礼）

三角式

反三角式

手杖式

牛面式

婴儿式

鸽子式

猫式（第 3 步）

猫式（第 2 步）

骆驼式

桥式

斜面式（第 2 步）

鱼式

圣哲玛丽琪 I 式（初级姿势）

手杖式

双腿头碰膝式（初级姿势）

仰卧式

套路4

柔韧瑜伽 II

本套路包含增强与锻炼柔韧性的姿势。从强度较小的姿势开始，最难的是具挑战性的后屈式，最后以镇定式姿势结束练习。练习中注意应用拜月式和拜日式中的呼吸法。

婴儿式

呼气，猫式（第 3 步）

吸气，猫式（第 2 步）

呼气，下犬式

吸气，板式

呼气，
四肢支撑式，吸气

呼气，
上犬式，吸气

呼气，下犬式

吸气，骆驼式，呼气

吸气，桥式，呼气

吸气，拱桥式，呼气

吸气，鱼式

呼气，圣哲玛丽琪式
（初级姿势）

吸气，手杖式

呼气，双腿头碰膝式，
吸气

呼气，仰卧式

套路5

流瑜伽I

流瑜伽是锻炼体力和耐力的最佳套路。注意用喉呼吸法（ujjayi breathing）集中精神、连接姿势。做的顺序是先从右侧做，再从左侧做。

山式（双手合十礼）

吸气，山式（双臂上举）

呼气，鸵鸟式

吸气，伸展脊柱

呼气，后板式

吸气，上犬式

呼气，下犬式

吸气，战士一式

呼气，战士三式

吸气，战士一式

呼气，四肢支撑式

吸气，上犬式

呼气，下犬式

呼气，鸵鸟式

吸气，山式（双臂上举）

呼气，山式（双手合十礼）

套路6 流瑜伽 II

流瑜伽套路 II 融合了强有力的站式，以锻炼体力和耐力。应用喉呼吸法来连接姿势。做的顺序是先从右侧做，再从左侧做。

吸气，山式（双手合十礼）

呼气，山式（双手放于体侧）

吸气，山式（双臂上举）

呼气，幻椅式，吸气

呼气，鸵鸟式

吸气，伸展脊柱

呼气，后板式，吸气

呼气，四肢支撑式

吸气，上犬式

呼气，下犬式

吸气，战士一式

呼气，战士二式

吸气，战士一式

呼气，后板式，吸气

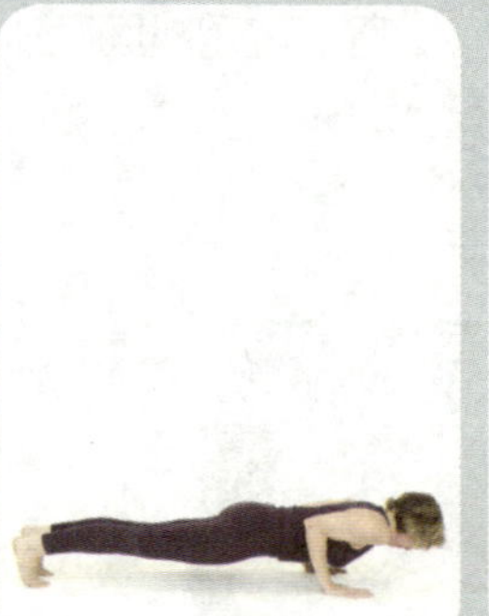
呼气，四肢支撑式

吸气，上犬式

呼气，下犬式

吸气，双脚向手迈进并伸展脊柱

呼气，鸵鸟式

吸气，幻椅式，呼气

吸气，山式（双臂上举）

呼气，山式（双手合十礼）

注意点

流瑜伽建立在阿斯汤伽瑜伽上，侧重伸展性、力量性、柔韧性、耐力、平衡性，专注力，略有些难度。它的体式之间的衔接给人一气呵成之感，节奏略显快。流瑜伽强调运动与呼吸的和谐性，每个动作都要停留更长时间，仔细体会身体的感受。

套路7 流瑜伽Ⅲ

流瑜伽套路Ⅲ中主要融入了转体式，是锻炼体力和耐力的理想套路。应用喉呼吸法来连接姿势。做的顺序是先从右侧做，再从左侧做。

吸气，山式
（双手成合十礼）

呼气，山式
（双手置于体侧）

吸气，山式
（双臂上举）

呼气，鸵鸟式

吸气，伸展脊柱

呼气，后板式，
吸气

呼气，四肢支撑式

吸气，上犬式

呼气，下犬式

吸气，弓步式

吸气，侧角扭转式

吸气，双手撑地，
抬起后腿

呼气，吸气
半月扭转式

呼气，双手置于肩部
正下方

吸气，呼气弓步式

吸气，后板式

呼气，四肢支撑式

吸气，上犬式

呼气，下犬式

吸气，双脚向手迈
进并伸展脊柱

呼气，鸵鸟式

吸气，山式
（双臂上举）

呼气，山式
（双手合十礼）

注意点

通过练习流瑜伽，可协调身体中的六大系统，增强练习者的身体柔韧度和耐力，还能使练习者的集中力得到一定的提升。这种身体上的积极变化，会给练习者带来心灵上的放松与平静，从而能够积极地面对外界的种种压力。

套路8 拜日式I

拜日式是多数瑜伽修习者晨起热身的理想套路，它也是能在很短的时间内完成的理想套路。练习过程中要注意调节呼吸，先从一侧开始做，再换另一侧练习。

山式

吸气，山式（双臂上举）

呼气，鸵鸟式，吸气

呼气，弓步式

吸气，后板式

呼气，眼镜蛇式，吸气

呼气，眼镜蛇式

吸气，呼气，眼镜蛇式

吸气，眼镜蛇式

呼气，下犬式

吸气，弓步式

呼气，鸵鸟式

吸气，山式（双臂上举）

呼气，山式（双手合十礼）

注意点

拜日式系列可以为身体热身，在山式的基础上进一步调整身体。每一次的重复练习都能产生新的普拉纳，进一步加深和扩张意识。

套路9 拜日式Ⅱ

拜日式Ⅱ也是多数瑜伽修习者晨起热身的理想套路，它也是锻炼耐力、体力及柔韧性的理想套路，在很短的时间内就能完成。练习过程中要注意调节呼吸，以衔接动作。

呼气，山式

吸气，山式（双臂上举）

呼气，鸵鸟式

吸气，伸展脊柱

呼气，四肢支撑式

吸气，上犬式

呼气，下犬式

吸气，伸展脊柱

呼气，鸵鸟式

吸气，山式（双臂上举）

呼气，山式（双手合十礼）

拜日式的重要性

- 拜日式将身、心和呼吸联系在一起，为你开始瑜伽之旅营造了良好的基调和氛围。拜日式代表对太阳神的崇拜，认为太阳可以带来健康和活力，按照传统，一般都是在黎明太阳升起的时候练习。
- 在进行拜日式练习时，关节慢慢打开，肌肉缓和地拉伸，体内器官得到按摩，身 -- 心 -- 呼吸的联系被唤醒，可以帮助你做好继续进行初级系列的准备。
- 随着身体和呼吸慢慢融入到一起，身体会产生一股热流，开始一个净化的过程，它使身体各器官、关节、肌肉内的毒素以出汗的形式通过皮肤排出。

套路10 拜月式Ⅰ

这是基本的后仰姿势，呼吸要与运动结合。需要的话，可以婴儿式休息几秒钟，然后再继续练习。该套路要从右侧开始练习，做完所有动作后，再换左侧练习。

呼气，山式

吸气，山式
（双臂上举）

呼气，鸵鸟式

吸气，花环式
（初级姿势）

呼气，
双手触地弓步式

吸气，新月式
（初级姿势）

呼气，弓步式
（初级姿势）

吸气，骆驼式

呼气，婴儿式

吸气，眼镜蛇式

呼气，婴儿式

吸气，骆驼式
（初级姿势），呼气

吸气，新月式
（初级姿势）

呼气，弓步式

吸气，花环式
（初级姿势）

呼气，鸵鸟式

吸气，山式
（双臂上举）

呼气，山式
（双手合十礼）

注意点

练习拜月式的时候一定要找好发力点，以防伤害身体。如果感到疼痛，应减小幅度。有眩晕症、高血压、腰椎间盘突出的人不适合练习拜月式。

套路11
拜月式Ⅱ

这是包含了前屈、侧弯、后仰姿势的全方位锻炼套路。练习中用喉呼吸法，需要的话，以婴儿式休息几秒钟，然后再开始练习。

呼气，山式

吸气，山式（拇指并拢，双臂上举）

呼气，向体侧弯腰并稍微向前伸屈

吸气，山式（拇指并拢，双臂上举）

呼气，向另一侧弯腰并稍微向前伸屈

吸气，山式（拇指并拢，双臂上举）

呼气，双脚大幅度分开，双臂侧平举

吸气，呼气，开腿前伸式

吸气，身体直起

呼气，侧前伸展式

吸气，身体直起

呼气，侧前伸展式

吸气，身体直起，呼气

吸气，山式（双臂上举）

呼气，鸵鸟式，吸气

呼气，腿后伸，吸气，双臂上举

呼气，左腿前伸，跪在地上，吸气，挺身，弓背，骆驼式（初级姿势）

呼气，右腿向前，吸气，双臂上举

呼气，下犬式

吸气，向上抬起右腿，保持与脊柱成一条直线，下犬式（抬起右腿）

呼气，下犬式

吸气，向上抬起左腿保持与脊柱成一条直线，俯面狗式（初级姿势）

呼气，下犬式

吸气，上犬式

呼气，婴儿式

吸气，花环式（初级姿势），呼气

吸气，山式（双臂上举）

呼气，鸵鸟式

吸气，伸展脊柱

呼气，鸵鸟式

吸气，山式（双臂上举）

呼气，山式（双手合十礼）

第二节 艾扬格瑜伽

瑜伽有很多流派，艾扬格瑜伽(Iyengar yoga)就是其中一种，是由世界级的瑜伽大师尤加扎亚B.K.S.艾扬格开创并发展的。艾扬格1912年出生于印度。从17岁开始，他教授瑜伽至今70余载。艾扬格被看作是目前在世的全世界最伟大的瑜伽导师，在西方享有盛誉。艾扬格瑜伽是当今世界最广泛练习的一种瑜伽习练体系。艾杨格擅长运用形象的比喻，让许多初学者迅速突破练习障碍，体会到瑜伽的神秘。他曾说："如果你呵护树根，花朵会自然开放并散发芬芳。如果你呵护身体，心智及心灵会自然成长提升。"

他的180所学院遍布全球40个国家。他的经典著作包括《瑜伽之光》《调息之光》《瑜伽之树》《光耀生命》等。

艾扬格瑜伽以精准和细致著称，重在姿势练习和呼吸技巧。完成任何动作时，必须对身体相关部位的骨骼和肌肉予以密切关注，从而使思维更加集中，意识更加敏锐，最终达到"在运动中冥想"的境界。练习者要为达到这种身体上的全面意识和精神上的明澈宁静的状态而努力。

艾扬格瑜伽的关键之处在于姿势的顺序。遵循特定的顺序练习各种姿势，就能获得不断累积的效果，而且受伤和犯错的机会也会大大减少。此外，艾扬格瑜伽对治疗多种疾病也极为有效。

艾扬格瑜伽尤其适合初学者，身体僵硬者，受伤需要恢复者，因为它强调姿式的正确性，讲究在身体的正确摆放的情况下练习体位动作，并且可以使用工具来辅助完成。在他的课程里也有太阳致敬式，但并非安排在课程的开始，每一个课程在开始时或许都会有些不同，以避免制式化，即使是最基本的体位法，保持姿式的静止状态时也会比动能来的难度更高。有利于矫正身体，恢复伤病，适合初学者、体弱入门者和身体僵硬的人群，艾扬格瑜伽拥有适合不同健康层次、不同柔韧性水平以及不同年龄段的各种经典姿势，能使练习者的心态更平和，身体更柔软。艾扬格瑜伽最大的优势在于，它具有显著的理疗功效，但是它并不同于中医的正骨、针灸，也不同于西医的手术，他是通过纠正你多年积累的恶习来改善人体的体质。瑜伽体位的价值是让人体会到身体的生命活力，每块肌肉的正确用法，每块骨骼的正确方向，每次呼吸的正确流动，同时把这些感受带到生活之中。因此，艾扬格瑜伽同时也适合需要提高体位质量的练习者。

尤加扎亚 B.K.S. 艾扬格

正因为艾扬格一生对体位的深入研究和亲自实践，才有了他对体位的精确和准确的认识，才能够产生治疗、纠正、矫正的功效。

套路1 简单站式

在这个套路中，必须先学习并不断练习每个体位中的姿势。当对这些比较熟悉后，就应引入详细的说明，使姿势更加精准，并体验练习的功效。每个姿势都要保持脊柱挺直。如果感到疲惫，可以做前伸一式，以恢复体力。

1. 山式。

2. 山式站立，双手做伸臂式。

3. 树式。

4. 三角式。

5. 侧角伸展式。

6. 战士二式。

7. 前伸一式 (s)。

8. 英雄前屈式。

9. 简易坐。

10. 仰卧式。

注意点

如果采用初级姿势，则以 s 标示支撑物，以 w 标示墙壁。

套路2 简单坐式

这组坐式中，用到了一个俯卧式（下犬式）和两个倒立式。如果处于生理期，不要练习倒立式。建议你坐在支撑物上完成坐式，这样有助于向上舒展脊柱。下背部不能向前拱起，要向头部伸展。靠墙倒卧式中，确保臀部下面的支撑物足够高，以免导致膝部疼痛。练习肩立桥式时如果感到下背部有任何不适，可以将脚抬高一些，以缓解腰部肌肉紧张。

1. 简易坐。

2. 前伸一式。

3. 下犬式。

4. 简易坐。

5. 英雄伸臂式。

6. 牛面式。

7. 肩立桥式。

8. 靠墙倒卧式。

9. 仰卧式。

注意点

1. 可以每天进行一组常规练习，比如周一练习套路 1，每天依次练习直到周末练习套路 5。连续 2~3 周练习这 5 组套路，以便巩固其中的姿势，然后再练习套路 6 到套路 10。
2. 可以背靠墙壁练习该姿势，沿着墙壁来伸展脊柱。
3. 臀部向两侧伸展，以扩大触地面积。

套路3

巩固简单站式

这里引入了侧角伸展式，使后脚比其他站式内转得更厉害。保持两侧髋部处于同一高度，并朝着相同方向。可用木砖支撑双手，以舒展脊柱。开始试着延长这些姿势的保持时间。

1. 简易坐。

2. 山式。

3. 山式站立，双手做伸臂式。

4. 树式。

5. 三角式。

6. 侧角伸展式。

7. 战士二式。

8. 侧前伸展式 (s)。

9. 前伸一式。

10. 英雄前屈式。

11. 仰卧式。

注意点

1. 腕关节和膝关节尽可能弯曲。
2. 大腿下压，身体和髋部上提。
3. 上半身有前倾的趋势，但要尽量使之后靠，接近垂直。

套路4

墙肩立式和半犁式的引入

这个套路引入了战士一式，使站式更具挑战性。练习该姿势时，后腿应当内转，两侧髋部也要尽量扭转，这很重要。在所有站式中，后腿必须保持稳固有力（这条腿被称为姿势的“总指挥”）。

1. 山式。

2. 山式站立，双手做伸臂式。

3. 树式。

4. 三角式。

5. 侧角伸展式。

6. 战士二式。

7. 前伸一式。

8. 战士一式。

9. 侧前伸展式 (s)。

10. 前伸一式 (s)。

11. 英雄前屈式。

12. 牛面式。

13. 墙肩倒立式。

14. 半犁式。

15. 仰卧式。

注意点

如果完成墙肩立式时感到不适，可以躺下，使双腿靠墙即可。如果处于生理期，不要做墙肩立式和半犁式。

套路5

安宁、镇静练习

这个套路集中了头部支撑、胸部上挺的姿势。如果你感到疲劳或不舒服，这组具有镇静作用的套路就能派上用场了。尽可能长时间地保持姿势，以体验其镇静效果。自始至终保持面部肌肉放松，正常呼吸，但要注意放松时呼吸深度和节奏的变化。在狗式中，尽管头部朝下，仍要保持脊柱向上伸展。双肩后转打开，以扩大并创造胸腔空间。

1. 交叉枕式。

2. 鱼式。

3. 前伸一式。

4. 下犬式。

5. 肩立桥式。

6. 仰卧式。

套路6

伸展腘绳肌腱的姿势

在这些站式中，要注意保持双脚与地面最大限度的接触。双脚均沿地面伸直，并紧压地面。双腿充分伸直。练习伸抬腿式时，保持上半身向上伸直，身体两侧充分舒展。练习开腿前伸式时，脊柱向前伸展，然后低头。注意双脚，如果向小脚趾一侧翻转，小腿侧就会非常不舒服。因此，要保持脚掌伸平，均匀受力。

1. 英雄伸臂式。

2. 伸抬腿一式(s)。

3. 伸抬腿二式(s)。

4. 山式。

5. 树式。

6. 三角式。

7. 侧角伸展式。

8. 战士二式。

9. 战士一式。

10. 侧前伸展式(s)。

11. 腿分开前俯式。

12. 英雄前屈式。

13. 牛面式。

14. 肩倒立式。

15. 半犁式。

16. 仰卧式。

套路7

坐式加简单转体式

转体式中，脊柱必须先伸展、拉长，然后扭转。转体时，要转动整个身体，肩膀与耳朵尽量保持距离，然后转头，不要使颈部肌肉紧张。英雄伸臂式中，确保双肩与耳朵尽量保持距离，以使颈部舒展。

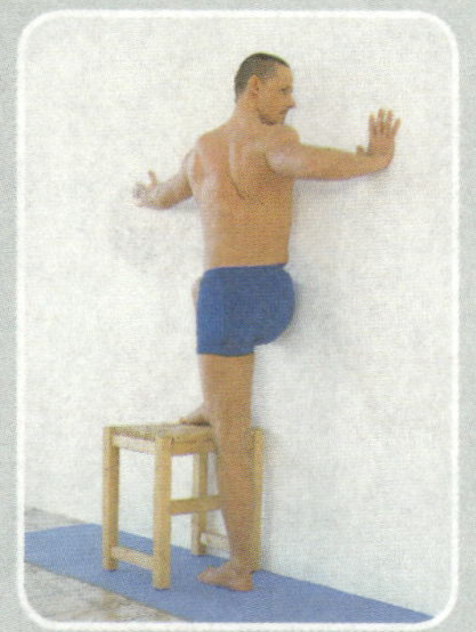
1. 站立转体式。

2. 简单转体式。

3. 简易坐。

4. 英雄伸臂式。

5. 牛面式。

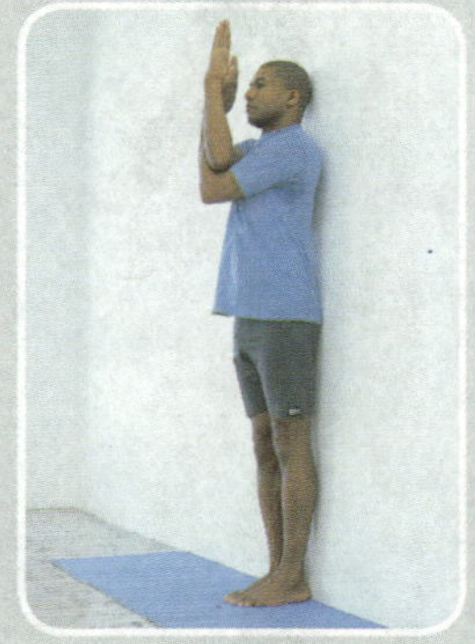
6. 鹰式（初级姿势）。

7. 下犬式。

8. 椅肩倒立式。

9. 犁式 (s)。

10. 仰卧式。

注意点

此处引入的犁式没有凳子作为支撑。如果背部或颈部感到疼痛，可以用哈拉萨那凳支撑，直至疼痛消失。

套路8

热烈式和鹰式的引入

伸展双臂时，使其充分舒展，并保持手掌张开。可以尝试战士一式，但如果感到腰背疼痛，可将双手置于髋部。也可以在山式站立时练习鹰式，但应逐步完成全部姿势。

1. 英雄前屈式。

2. 下犬式。

3. 山式。

4. 三角式。

5. 侧角伸展式。

6. 战士二式。

7. 前伸一式。

8. 战士一式。

9. 前伸一式。

10. 加强侧伸展式。

11. 鹰式。

12. 幻椅式。

13. 下犬式。

14. 英雄伸臂式。

15. 英雄前屈式。

16. 椅肩倒立式。

套路9
放松练习

练习这些姿势时，要保持胸部打开并上挺，大脑镇定，心情平静，将注意力放在呼吸上，直至完成所有动作。姿势保持 3 ~ 5 分钟获益最大。练习仰卧皮匠式时，如果腹股沟肌肉感到疼痛，可在膝盖下方垫 1 ~ 2 块泡沫砖，以减少拉力。练习仰卧英雄式时，如果背部或膝盖感到疼痛，可以增加支撑物，来减轻不适。为了不被眼前的事物分心，建议你闭上双眼，把注意力集中在呼吸上。

1. 交叉枕式。

2. 鱼式。

3. 仰卧吉祥式。

4. 仰卧英雄式。

5. 英雄前屈式。

6. 下犬式 (s)。

7. 墙肩倒立式。

8. 半犁式。

9. 简易坐。

套路10

坐式前屈的引入

坐在支撑物上完成这些坐式，以使脊柱上提。前屈时背部可能会拱起，这是胸腔扩张抬升、肩膀与耳朵拉开距离以及肩胛骨朝体前转动的缘故。

1. 前伸一式。

2. 下犬式。

3. 手杖式。

4. 头碰膝式。

5. 半英雄式全伸展式。

6. 双腿头碰膝式。

7. 半犁式。

8. 肩立桥式。

9. 伸举腿式。

注意点

如果背部感到疼痛，可以用带子绕住脚，缩小身体和腿的夹角，来缓解腰背酸痛，抓握带子时双臂要保持伸直。在伸举腿式中，双腿应紧贴墙壁。

套路11 长时间的站式

这个套路重在巩固站式，必须用心练习，注意细节。如果感到不适，试着找出导致不适的原因，将其消除。当然，这需要对姿势技巧充分理解。尝试逐渐延长每个姿势的保持时间。

1. 伸抬腿一式(s)。

2. 伸抬腿二式(s)。

3. 山式。

4. 树式。

5. 三角式。

6. 侧角伸展式。

7. 战士二式。

8. 战士一式。

9. 前伸一式。

10. 半月式(s)。

11. 加强侧伸展式。

12. 腿分开前俯式。

13. 英雄前屈式。

14. 肩倒立式。

15. 犁式。

16. 仰卧式。

套路12

长时间的坐式前屈

坐式前屈动作能够增加脊柱的弹性，并有助于打开胸部。整个身体必须伸直，仰视时不要使颈部后侧肌肉紧张。

1. 前伸一式。

2. 下犬式。

3. 手杖式。

4. 船式 (w)。

5. 头到膝式 (s)。

6. 半英雄式全伸展式。

7. 双腿头碰膝式。

8. 肩倒立式。

9. 犁式。

10. 仰卧式。

注意点

在船式中，身体上抬。如果下背部感到疼痛，可将手放在地上，作为支撑。

套路13

基础站式引入坐式

试着在站式练习中减少紧张，保持镇静。到现在为止，所有的姿势技巧已经融入到身体动作中，接着就要真正“进入”姿势，体会其心理功效。

1. 下犬式。

2. 前伸一式。

3. 山式。

4. 三角式。

5. 侧角伸展式。

6. 战士一式。

7. 战士二式。

8. 半月式 (s)。

9. 加强侧伸展式。

10. 英雄式。

11. 简易坐。

12. 吉祥式。

13. 坐广角 A 式。

14. 英雄前屈式。

15. 椅肩倒立式。

16. 犁式 (s)。

套路14

转体式和坐式前屈

做完前两个转体式后，脊柱得到伸展和扭转，这时前屈就变得容易了。在这个套路中，要练习完整的前屈姿势，使身体充分伸展，可能的话，还要用手抓住脚。如果你碰不到脚，或者背部感到疼痛，可以将带子绕在脚上再用手抓住带子。

1. 站立转体式。

2. 简单转体式。

3. 下犬式。

4. 手杖式。

5. 头碰膝式。

6. 半英雄式全伸展式。

7. 后握臂式。

8. 双腿头碰膝式。

9. 花环式。

10. 肩倒立式。

11. 犁式。

12. 仰卧式。

套路15

放松和恢复练习

这个套路的练习要缓慢，每个姿势都要保持 5 分钟以上。保持胸部打开并上挺，双眼轻轻闭合，面部肌肉放松，大脑镇静，并把注意力集中到呼吸上。但不要睡着，仅做休息和呼吸。完成所有姿势后，背部应该觉得舒适，为此，可以根据需要使用支撑物。

1. 交叉枕式。

2. 鱼式。

3. 仰卧吉祥式。

4. 仰卧英雄式。

5. 前伸一式。

6. 肩倒立式。

7. 半犁式。

8. 肩立桥式。

9. 靠墙倒卧式。

注意点

巩固这些姿势，回到感到困难的地方，反复练习，直到觉得轻松和熟练为止。

套路16

站式和站式前屈

这个套路需要 2 个小时才能完成。如果感到疲劳，可在姿势之间做前伸一式，以恢复体力和脑力。延长姿势的保持时间，特别是肩立式和犁式。

1. 伸抬腿一式和二式 (s)。

2. 山式。

3. 三角式。

4. 侧角伸展式。

5. 战士一式。

6. 前伸一式。

7. 战士二式。

8. 半月式。

9. 战士三式 (s)。

10. 加强侧伸展式。

11. 开腿前伸式。

12. 手到脚式。

13. 下犬式。

14. 英雄前屈式。

15. 肩倒立式。

16. 犁式。

套路17

放松和恢复练习

在所有坐式姿势中保持胸部上挺、打开。坐在支撑物上，使脊柱上提。练习转体式时，脊柱必须先拉伸再扭转。转体时，两侧坐骨必须紧压支撑物。延长前屈姿势的保持时间，保持大脑镇静。

1. 前伸一式。

2. 英雄式。

3. 牛面式。

4. 吉祥式。

5. 坐广角 A 式。

6. 船式 (w)。

7. 半船式。

8. 头碰膝式。

9. 半英雄式全伸展式。

10. 后握臂式。

11. 双腿头碰膝式。

12. 简单转体一式。

13. 坐转体式。

14. 肩倒立式。

15. 犁式。

16. 仰卧式。

套路18

逐步加大难度的姿势

这个阶段的练习重在提高你的毅力、耐力和柔韧性。因此，所有姿势应该具有一定难度，但又不是无法完成。练习战士三式时，只有手部获得支撑，抬升腿要充分伸直，并与头部尽量保持距离，双臂朝前伸展。

1. 伸抬腿一式、二式。

2. 山式。

3. 三角式。

4. 侧角伸展式。

5. 战士一式。

6. 战士二式。

7. 半月式。

8. 战士三式 (s)。

9. 三角转动式。

10. 加强侧伸展式。

11. 开腿前伸式。

12. 前伸一式。

套路19

放松练习

在这个放松套路中，前屈式的练习有头部支撑。一旦头部触及支撑物，大脑就会变得安宁、镇静，使你可以把注意力集中在呼吸上。练习支撑形式的前屈式时，不要过度拉伸，以免造成紧张，让身体自然摆正姿势即可。

1. 交叉枕式。

2. 英雄式。

3. 头到膝式 (s)。

4. 半英雄式全伸展式 (s)。

5. 双腿头碰膝式 (s)。

6. 坐转体式。

7. 墙肩倒立式。

8. 半犁式。

9. 仰卧式。

注意点

如果这个套路的挑战性太大，可以回到套路 1。没有必要尽快完成所有套路。讲求条理和心智体验的逐步练习，要比急于求成反而弄伤身体明智得多。

套路20

俯卧式和基础站式

上犬式是后屈的预备姿势之一。在这个姿势中，脚背必须贴住地面，双腿向上提升，肘部和膝盖要夹紧。抬起身体如果感到困难，可以用木砖支撑双手，也可使脚趾弯曲。

1. 下犬式。

2. 上犬式。

3. 三角伸展式。

4. 侧角伸展式。

5. 战士二式。

6. 战士一式。

7. 加强侧伸展式。

8. 树式。

9. 鹰式。

10. 幻椅式。

11. 仰卧英雄式。

12. 肩倒立式。

13. 犁式。

14. 仰卧式。

注意点

胸部打开和脊柱上提可使站式变得更容易，效果也更明显。

套路21

坐式和膝部练习

练习之前，可以先做几次简单交叉腿式，“润滑”髋关节和膝关节。然后保留一条腿处于简单交叉腿式，开始练习莲花式。请保持耐心，巩固所有的练习，有勇气，有决心，才能达到你所期望的目标。

1. 简易坐。

2. 英雄伸臂式。

3. 莲花座。

4. 手杖式。

5. 前伸一式。

6. 战士二式。

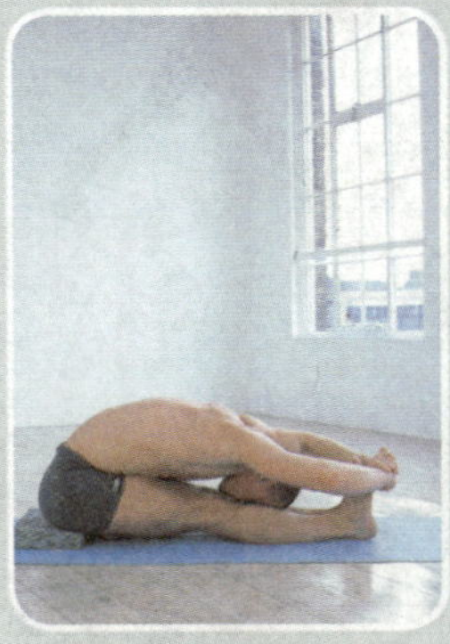
7. 双腿头碰膝式。

8. 伸举腿式。

9. 肩倒立式。

10. 犁式。

11. 仰卧式。

注意点

莲花座的练习如果不正确，可能会给膝部带来严重问题。因此，不要强迫膝部弯曲。

套路22

站式、站式倒立和坐式

这组混合姿势需要耐力、体力和柔韧性，而且必须谨慎练习。如有需要，可在站式之间做前伸一式，以得到放松。你至少得腾出 2 个小时来完成这组练习，有方向性的姿势每侧练习 2 次，最后，做仰卧式 10 分钟。

1. 山式。

2. 三角伸展式。

3. 侧角伸展式。

4. 战士一式。

5. 战士二式。

6. 三角转动式。

7. 侧角转动式。

8. 加强侧伸展式。

9. 头碰膝式。

10. 半英雄式。

11. 坐转体式。

12. 双腿头碰膝式。

13. 肩倒立式。

14. 犁式。

15. 仰卧式。

套路23 放松和调息

延长这组套路的练习时间，以使胸腔充分扩张，加深放松程度。不要压迫肺部，调息时情绪不要激动，吸气和呼气都必须缓慢、镇静、均匀。调息的质量比数量重要得多。如果感到不适或紧张，可以回到正常呼吸状态。

1. 交叉枕式。

2. 鱼式。

3. 仰卧皮匠式 (s)。

4. 仰卧英雄式。

5. 英雄前屈式。

6. 前伸一式 (s)。

7. 下犬式 (s)。

8. 椅肩倒立式。

9. 半犁式。

10. 肩立桥式。

11. 仰卧式。

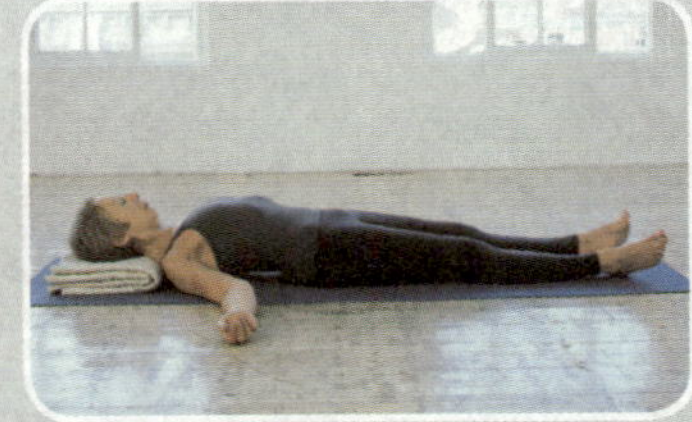

12. 调息。

注意点

如果这个套路的挑战性太大，可以回到套路 1。没有必要尽快完成所有套路。讲求条理和心智体验的逐步练习，要比急于求成反而弄伤身体明智得多。

套路24
巩固站式

在这个套路中要注意双腿的充分伸直。花些时间练习山式，从头到脚分析、纠正你的姿势。所有站式重复 2 次，运用从山式中获得的“信息”，加深对每个姿势的理解和完成。延长肩立式和犁式的保持时间。

1. 伸抬腿一式 (s)。

2. 伸抬腿一式 (s)。

3. 仰卧伸腿一式。

4. 仰卧伸腿二式。

5. 山式。

6. 三角伸展式。

7. 侧角伸展式。

8. 战士一式。

9. 战士二式。

10. 半月式。

11. 加强侧伸展式。

12. 开腿前伸式。

13. 英雄前屈式。

14. 肩倒立式。

15. 犁式 (s)。

16. 仰卧式。

套路25 坐式

练习下犬式、上犬式（头部上抬）各3次，逐步打开胸部，拉伸脊柱。在狗式（头部上抬）中，仰视时不要压迫颈部后侧，并使头部处于舒适的位置。在柱式、船式、半船式、完全前屈式中，双腿要充分伸直，并紧压地面。在皮匠式、坐广角式中，保持上半身充分伸展，肩胛骨收拢并扣入体内，以此上挺和打开胸部。练习简单转体一式时，尽量增大扭转幅度，并加深呼吸。

1. 前伸一式。

2. 下犬式。

3. 上犬式。

4. 英雄式。

5. 手杖式。

6. 船式 (w)。

7. 半船式。

8. 双腿头碰膝式。

9. 吉祥式。

10. 坐广角 A 式。

11. 简单坐转体式。

12. 肩倒立式。

注意点

练习坐式时，千万记住不能弯曲脊柱。虽然身体的大部分落在地上，但感官反应的增强让你更清楚轴心的位置和支撑力的原理。请在精力充沛的时候练习坐式。坐骨贴于地面并支撑身体。让髋部转动，不能使其凹陷，也不要从脊柱处弯曲。最重要的是，不论腿部长度如何，任何前屈都应来自髋部。

套路26

站式和俯卧式

这个套路的站式之后，是下犬式和上犬式，为蝗虫式的脊柱运动做准备。在这两个姿势中，将耻骨和骶骨压向地面，以避免下背部的疼痛、不适。蝗虫式要保持双腿并拢，但如果感到背部疼痛，可以让两腿微微分开；双腿朝脚跟方向充分伸直，保持脚底伸直、摊平；从肩膀处伸展双臂，使之向手指方向绷直，手掌摊平，掌心朝上；胸部尽可能上挺、打开，直视前方，放松眼部。然后，再次练习狗式（头部上抬）和狗式，柔和地放松脊柱。练习半犁式时要确保背部舒适，如果感到酸痛，可用凳子支撑双腿。

1. 山式。

2. 三角伸展式。

3. 侧角伸展式。

4. 战士一式。

5. 战士二式。

6. 加强侧伸展式。

7. 下犬式。

8. 上犬式。

9. 蝗虫式。

10. 上犬式。

11. 下犬式。

12. 半犁式。

套路27 放松练习

练习这些姿势时要保持自然，将注意力集中在呼吸上。一旦身体变得宁静，思维也会随之镇静。前屈时，当头部靠在支撑物上时，放松肩部、背部和腹部，保持脸、嘴、喉的平静，使呼吸和心智合为一体。调息时不要造成压力或紧张。

1. 前伸一式。

2. 下犬式 (s)。

3. 头到膝式 (s)。

4. 双腿头碰膝式 (s)。

5. 墙肩倒立式。

6. 半犁式。

7. 肩立桥式。

8. 仰卧式。

9. 调息。

第三节　阿斯汤加瑜伽

阿斯汤加瑜伽是由被尊称为现代瑜伽之父的克里希那马查，于上个世纪初传承并于 40 年之后传入西方，成为风靡世界的瑜伽体系之一，之后由帕塔比·乔伊斯根据他的老师克里希那马查的教学创建和完善。最初创立阿斯汤加瑜伽是为了适应学生的需要，当时大多数学生为运动员身份的年轻人，所以体式内容相当具备挑战性，需要有一定体能才能完成。技术上有串联体式、喉呼吸法、收额收束法、会阴收束法、凝视点等。

阿斯汤加瑜伽是一项严格的练习，它分为基础级、中级、高级 3 种级别。每种级别的动作编排是固定不变的，都以 5 遍太阳祈祷式 A 和 B 开始，中间有大量的体位姿势练习，最后以倒立和休息术作为结束。这样连续不断动作练习的目的，在于消耗大量热量，以清洁身体，排出毒素。

阿斯汤加瑜伽均衡地锻炼了身体的力量、柔韧度和耐力。欧美国家很多健身爱好者都热衷于此。在西方，这种瑜伽也被称作“力量瑜伽”。阿斯汤加瑜伽可以改善人体的循环系统，调理身心，使人神清气爽。练习者还可获得力量与柔韧之间的平衡，并改善心血管机能，使身体变得更轻盈、灵活、强健，达到给身体解毒的功效。相对于其他瑜伽形式，阿斯汤加的运动强度稍大，体能较好或已经有了多年瑜伽练习经验的人可以一试，但初学者一定要谨慎。这种瑜伽对练习者体能素质要求很高，每个级别里的体位姿势固定不变，因此要求练习者身体健康，并且及有耐心。

套路1

15分钟练习

阿斯汤加瑜伽的这个套路比较简单，费时也较少，15 分钟即可完成，完全是由基本练习姿势的变体组成的，这些姿势是为那些感觉身体疲劳，处于受伤恢复期或者需要逐步练习基本姿势的练习者所设计的。这些舒缓的练习姿势对神经系统有放松的作用，所以最好选择工作一天后或在夜晚练习，这样有助于睡眠。

1. 三角式（简易式）。

2. 侧角伸展式（简易式）。

3. 叭喇狗 B 式（简易式）。

4. 双角式（简易式）。

5. 树式。

6. 手杖式（简易式）。

7. 斜面式。

8. 圣哲玛丽琪式（简易式）。

9. 双腿头碰膝式（简易式）。

10. 犁式（简易式）。

11. 肩倒立式（简易式）。

12. 鱼式（简易式）。

13. 简易坐。

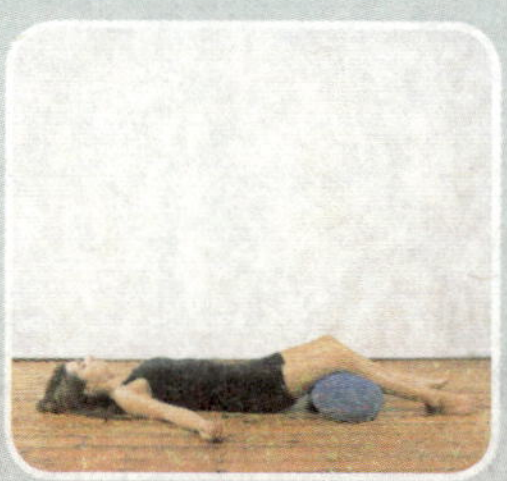
14. 仰卧式（简易式）。

注意点

最好选择工作一天后或在夜晚练习，以增强助睡眠的作用。在练习站式和坐式时都最少呼吸 5 次，身体的左侧和右侧都要练习。可以适当使用支撑物帮助练习。

套路2 30分钟练习

这个套路费时稍长些，约 30 分钟完成，这个 30 分钟的瑜伽套路包括关键的基本姿势，所以可以在体力、精力和注意力集中上为开始基本姿势的练习起到过渡作用。该练习可以让身体充满活力，所以你可以在早上练习，这是开始一天的好方法。该练习可以唤醒身体，使思想从昏昏欲睡中变得清醒，同时还能促进新陈代谢。

1. 鸵鸟式。

2. 三角式。

3. 三角转动式。

4. 侧角伸展式。

5. 叭喇狗 B 式。

6. 双角式。

7. 双腿头碰膝式。

8. 斜面式。

9. 头碰膝式。

10. 圣哲玛丽琪式。

11. 船式。

12. 吉祥式。

13. 吉祥式。

14. 卧吉祥式。

15. 蝙蝠式。

16. 拱桥式。

17. 双腿头碰膝式。

18. 肩倒立式。

19. 犁式。

20. 鱼式（简易式）。

21. 拱背伸腿式。

22. 莲花座。

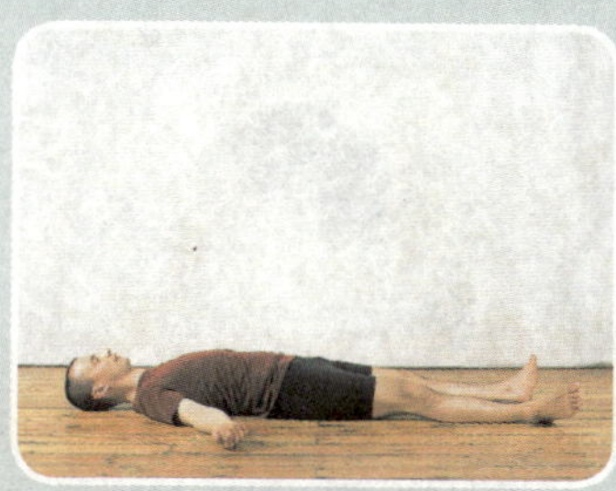

23. 仰卧式。

注意点

1. 阿斯汤加严格按照固定的顺序编排，不能颠倒去练习，其强度非常大，如果没有人指导，很容易受伤。不过刚开始做不了的动作可以跳过。
2. 早晨练习时身体可能不会像白天那样柔软，但练习每个姿势时额外的呼吸能有助于加深练习姿势，而不至于扭伤肌肉。如果时间有限，可以将练习减半，而不必练习所有的姿势。

套路3

45分钟练习

这个 45 分钟的瑜伽套路充满了活力，比之前 30 分钟的练习提高了一个层次。因此，在练习这个姿势之前一定要确定自己对所有的姿势都很熟悉，因为几个关键的姿势都收入到这个系列中了，另外还新添了几个更有挑战性的姿势。

本套路最后的结束姿势可以让身心找到平静。尽管一般认为在早上太阳升起和晚上日落时练习最好，但是在一天的任何时间都可以练习。

1. 鸵鸟式。

2. 三角式。

3. 三角转动式。

4. 侧角伸展式。

5. 侧角转动式。

6. 双角式。

7. 双角式。

8. 加强侧伸展式。

9. 手抓脚趾单腿站立伸展式。

10. 手抓脚趾单腿站立侧伸展式。

11. 战士一式。

12. 战士二式。

13. 双腿头碰膝式。

14. 斜面式。

15. 半英雄式全伸展式。

16. 圣哲玛丽琪式。

17. 圣哲玛丽琪式。

18. 脚交叉双臂支撑式。

19. 龟式。

20. 胎儿 A 式。

21. 吉祥式。

22. 坐广角 A 式。

23. 坐广角 B 式。

24. 卧手抓脚趾腿伸展式。

25. 卧手抓脚趾侧伸展式 A。

26. 直立手抓脚趾伸展 B 式。

27. 拱桥式。

28. 双腿头碰膝式。

29. 肩倒立式。

30. 犁式。

31. 膝贴耳式。

32. 上莲花肩倒立式。

33. 胎儿式。

34. 鱼式。

35. 拱背伸腿式。

36. 头倒立式。

37. 莲花座。

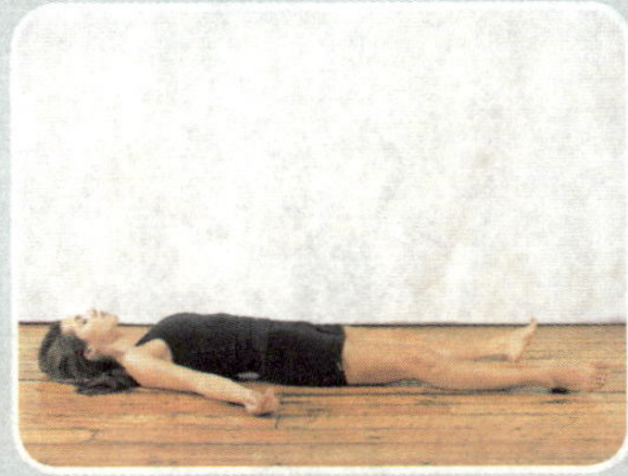
38. 仰卧式。

注意点

1. 如果时间不够可以减半。在练习过程中要注意呼吸，身体每侧练习时都要呼吸 5 次，同时左侧和右侧都要练习，以平衡地活动整个身体。
2. 坚持经常地一点点练习瑜伽比每周或者每几周一次性练习 2 小时对身体的益处更大。日常的练习是关键，哪怕只有 15 分钟的时间。做自己能做的，享受练习的时间，而不是让姿势的练习带来压力。

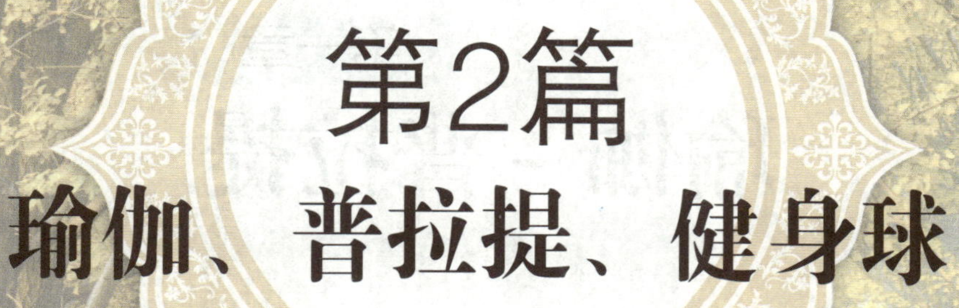

第2篇

瑜伽、普拉提、健身球

我们可以结合瑜伽、普拉提和健身球，创造出两套适合自身的锻炼方案。普拉提是增强力量、锻炼身体的专业练习，它不会使肌肉粗壮，它强调“轴心力量”（稳固的轴心）以及动作和姿势的重要性。瑜伽和普拉提有很多共同之处，二者的结合会使你受益更大。而健身球则是瑜伽练习时的一种辅助器材，它把弹性和滚动性结合起来作用于身体，缓冲了身体的一部分受力，让练习者在练习过程中不至于受伤。

第一章

瑜伽－普拉提

什么是普拉提

如今，我们已经很难在市面找到一本不谈及普拉提或相关练习的杂志了。每个人都在谈论这种“全新”的锻炼形式，因为普拉提成功塑造了科特尼·拉芙、索菲·达尔、麦当娜、梅兰妮·格里菲思等诸多名人的体形。上世纪 70 年代我们流行慢跑，80 年代我们跟着简·方达一起做有氧运动，90 年代又掀起了减肥热潮，进入新千年，我们发现了这种身心合一的运动模式。

事实上，普拉提早在一个世纪前就产生了。它是芭蕾舞演员保持体形的秘诀，这种完美的练习使他们的身体强健、匀称，而不臃肿、粗壮。只不过在数年以前，健身界才开始推崇普拉提，这也是它作为健身运动迅速走红的契机。

约瑟夫·普拉提 (Joseph Pilates) 于 1880 年出生于德国。他童年时体弱多病，遭受过哮喘、佝偻病、风湿热等多种病痛的折磨。这些经历使他有了强身健体的强烈愿望。14 岁时，他已经是一名体格健壮的健美运动员了。他几乎练习过所有形式的运动，比如滑雪、跳水和体操。32 岁时，他移居英国，以做拳击运动员、马戏表演者和自卫术教练为生。

第一次世界大战爆发时，普拉提被拘留在马恩岛（The Isle of Man)。作为一个狂热的运动迷，普拉提决定让同伴在自己的训练下获得强健的体魄。他的努力收到了成效，经他训练的人没有一个死于战后大规模蔓延的流行性感冒。他还做过医院勤务兵，目睹了战争造成的大量死伤。他从伤残病人着手，帮助他们移动四肢，还设计了特殊装置促进其康复。比如连接在病床上的弹簧，可以提供轻微阻力用以帮助增强和舒展肌肉。这些都是如今正在使用的器械的原型。

普拉提认为，身体失衡和习惯性的运动模式是导致伤痛的原因。他注意到了衰弱部位与过度

表演艺术家，比如歌手、舞蹈家、演员和模特儿，长久以来都在练习普拉提，以改善身姿，调整体态，增强力量，避免受伤。

补偿（如果身体的某个部位衰竭，其他部位就得弥补这种失衡状态）之间的联系，并设计了以重塑及重组身体为基础的锻炼方式。

1926 年，普拉提和妻子克莱拉移居纽约，并成立了自己的健身工作室。到了 1940 年，舞蹈协会开始注意到他的健身课程，包括乔治·巴兰契和纽约市芭蕾舞团的其他成员。

如今，普拉提的许多学生都成立了自己的工作室。他的方法得到了传播，但每个教练又都加进了自己的想法，并承传至今。因此，现在已很难找到两个训练方式完全相同的普拉提教练了。

普拉提去世后，他的追随者改进了最初的 34 套练习方法，使其变得更加简单易学。普拉提方法有两种形式：一种形式使用称为“改革者”的器械，即原始弹簧的最新版；另一种形式只借助垫子，空手练习。

普拉提的益处

肌肉可以分为两种：运动肌和支持肌。运动肌是指与运动有关的肌肉，比如大腿后侧的腘绳肌和肩膀处的三角肌。支持肌的作用是保持稳定性，比如位于腹部深处的腹横肌。在身体运动时，这种轴心稳定性是至关重要的。比如，跑步时为保持骨盆稳定而创造坚固的平台，投掷时控制肩胛骨的位置等。

反复拉扯和错误的运动方式会使肌肉失衡，进而引起关节周围肌肉的不均衡拉力，并最终导致关节受伤。由此引发的疼痛会抑制关节附近的支持肌，导致这些肌肉衰竭，使得受伤关节更不稳定，更容易遭受伤害和疼痛。这就形成了恶性循环。即使疼痛消失，这些肌肉也不会自动修复，这就是反复受伤的原因所在。为了从伤痛中彻底恢复，必须对受伤部位的肌肉进行特殊锻炼，并修复肌肉的协调功能。

躯干或轴心稳定需要腹部、骨盆和下背部肌肉的力量、耐力和协调能力。

肌肉系统

在支撑和保护下背部使之不受伤，保持全面体态和身姿，以及为了在运动时获得更大自由度而使髋部放松等方面，稳定性都是不可或缺的。轴心稳定性越好，你受伤的概率就越小。要想彻底摆脱困扰你多年的烦人的背痛问题，改善稳定性往往是最佳的方法之一。轴心稳定性练习的目的在于增强和控制支持肌，

坚持数周有规律的练习，你就能看到明显的改善。普拉提能够塑造修长苗条的肌肉，但绝对不会使你变成肌肉过于发达的粗壮男性体格。

这是普拉提的一个重要组成部分。

普拉提练习非常有趣，你很快就能感受到效果，从而鼓励你坚持下去。只要坚持练习，就可改善身姿，提高平衡感和灵活性，消除各种疼痛，降低僵硬度，塑造更加修长、苗条、匀称的体形。随着身姿的改善，你看起来就像刚减了肥。最经常听到的来自普拉提初学者的评价之一就是，他们觉得自己好像长高了。这是因为他们学会了如何通过脊柱使身体最大限度地向上伸展，这使他们看起来更修长，感觉更有自信。

有规律地练习普拉提可以改善协调能力，提高随着年龄增长而日益显得重要的平衡感。你将均衡地获得力量，并使紧张的部位得到舒展，衰弱的部位得到增强。体形的重塑将使正确运用身体变得更加容易。你会觉得压力减少，更加轻松，甚至可能获得其他益处，比如高质量的睡眠，充沛的体能，清醒时特别活跃的思维，以及整体的健康、幸福感。

对于更富经验的练习者，普拉提可以帮助他们发现身体的失衡部位。对细节的关注和对动作的高度精神集中度，即使对优秀的专业运动员来说，都是极具挑战性的。他们常说，在尝试普拉提后，觉得自己又成了初学者。如果要准确练习，看似最简单的动作都会变得难以想象的困难。因此，当你发现某个练习的第一个姿势就很难时，千万不要担心。对普拉提来说，这反而是好事。只要按照自己的进度练习，仔细体会运动时身体的感受，普拉提是绝对安全且非常有效的。

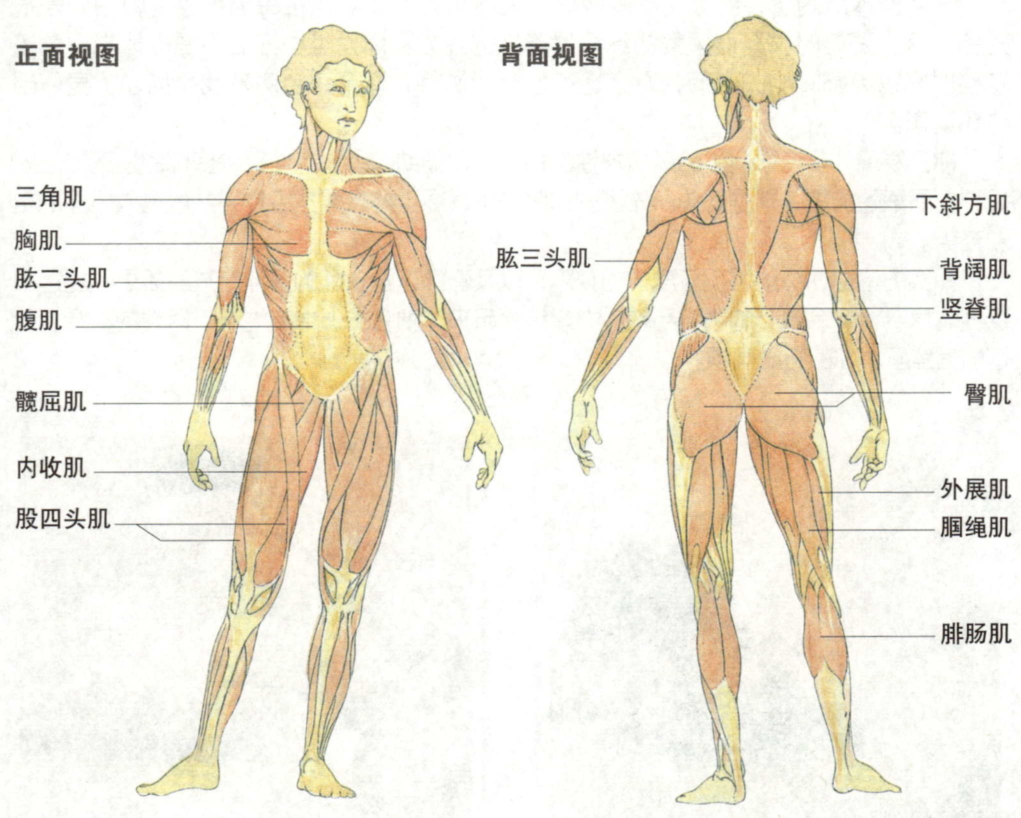

第一节 把普拉提引入瑜伽

瑜伽和普拉提被认为是相互独立的两种训练方法，并被单独练习。人们常常花时间建立两者各自的理论，总结它们区别于对方的特征。这让我们在练习时有安全感：清楚自己进行的是某项被严格定义的练习。事实上，你练习的每项运动就像你跟从的教练那样各有特色。可能是众多瑜伽派别中的一种，也可能是来自专业教练的普拉提，但最关键的还是因人而异的感觉，以及对特定感觉的各种反应。

本章的内容全部关于你、你的身体，以及两者之间的联系。这里没有深入历史，没有源头考证，也没有哲学法。本章将提供给你一种方法，让你找到身体的感觉，以及对其感受和反应的机会。它将使你拥有自己的方式，一种易于从事、适应、练习的个人运动方式，可以随时随地练习。

如何使用本章

先阅读本章内容，当你准备就绪后，就可以尝试了。尽量每天练习，哪怕只是很短的时间，开始时少量而频繁的练习是最好的。如果你对某些细节不是很明白，就该花些时间重新翻阅相关章节，逐字逐句地分析说明，直至完全清楚我所描述的身体部位和动作。

你会发现，没有可视化的或想象性的描述作为辅助，因为这些只会使你的注意力进入思维，而练习的重点则是身体。先了解轴心力量，逐步熟悉那些感觉，然后进入后面的主要姿势。

扎实的基础训练能够反应身体的缺陷，以及治疗这些缺陷的各种方法。如果你能运用这些信息，将剩余章节的内容与轴心力量结合起来，就会发现稳定性和平衡性的组合，而这恰恰能解决你的特殊问题。

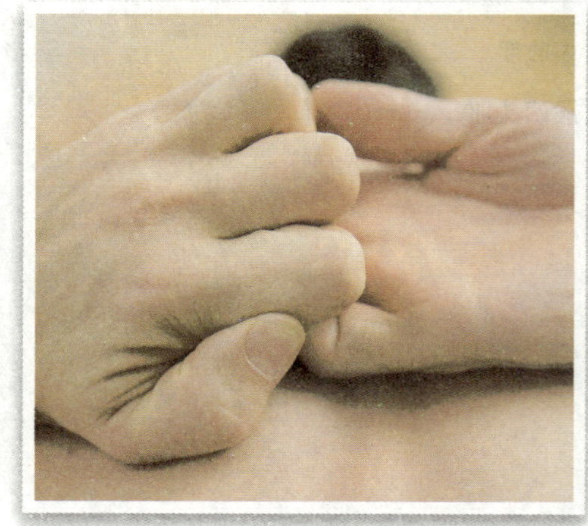

这些身体部位的特写镜头必须组合起来才能获得整体印象，此后，我们才能看到事物之间的相互联系。

有关呼吸的注意事项

很多书都会谈及呼吸问题，它是如此重要，需要我们每时每刻密切关注。那么，应该怎样呼吸呢？你能坚持到现在已经很不错了，但是，你能确切回答这些问题吗？“我是如何呼吸的？”“我从哪里吸气，又把气体呼到哪里？”注意你能发现的一切东西。

呼吸是清除体内毒素的绝妙方法。个人经验告诉我，愉快放纵的夜生活过后，静坐和深呼吸可以让头脑变得清醒。因此，请注意体会以某种呼吸方式呼吸时的身体感受，让呼吸提升你的生命品质。

从解剖学的角度来看，肋骨（支撑肺部）最初是位于体后的。看看你能否将空气吸入背部，并感受你的反应。

你需要准备什么

你自己和平整的地面是必需的。瑜伽垫会有帮助，但并非必需。只需确认你所选择的地毯、垫子或毛巾能够阻止腿部滑动，预防意外滑倒即可。

至于着装，只要穿着任何你觉得舒适的衣服就行了。我建议在温暖的房间里，仅穿内衣即可，这很舒服，而且能看清自己的动作。

听从身体的意愿，它会告诉你什么时候锻炼效果最佳。但有一点，与饱腹相比，空腹练习不容易走神。

除了这些指导意见，你就是自己的总指挥了。如果巨额花销可以激励你坚持练习，那就花吧。但要记住，你所需要的只是自己的身体和地面。

关于安全的郑重提示

本章只是一个大体的说明框架，不是一对一的个人指导课程。它无法监视你，并提示你是否进行得太快，是否不够努力，是否使用了错误的肌肉。只有你能做这些。只有你可以确认身体重心是落于臀部，而不是下背部；可以检查膝盖是否与大脚趾、髋部处于同一直线；可以判断感受到的疼痛是来自肌肉燃烧，还是由韧带拉伤或撕裂所导致。请对自己负责，从长远来看这会更有效。多花时间感受，整个过程中会有很多提示信号。

普拉提包括柔韧性和增强性练习，是最安全、最有效的运动之一。

第二节　轴心力量

身体轴心的力量能让其他部位的运作更加容易。仔细体会腹部内收时的感觉，将其与髋部的柔韧性和背部力量结合起来。这时，你就又回到身体轴心了。

柔韧性与力量

不要把柔韧性和力量想成两个独立的概念，或是不可兼得的选择。身体非常聪明，必须密切关注它所告诉你的一切。

看着小孩子自由地站、坐、走、跑，你将很快意识到大多数成人距离关注身体信号已是多么遥远的事情。通常，我们根本没有意识到自己的错误姿势，直到恶习养成，我们只得饱尝紧张、压力等种种恶果。

柔韧性来自力量，原因很简单。位于相对的两块肌肉之间的关节就像一个跷跷板，而肌肉紧张的一侧就像倾斜的跷跷板低的那一侧。为了使关节柔韧，你必须借助另外一侧肌肉的力量，来伸展紧张的肌肉。

导致这些问题的第一个原因是身体已经调整并适应了你所选择的（不是它让你选择的）走姿、站姿和坐姿。这能最完美地表明你的身份和健康状况。这在我们补偿身体伤害时最为明显，但在日常生活中也常有发生。第二个原因是身体只有在确保安全的情况下才会舒展。

柔韧性和力量紧密相连。你可能会有弯曲、扭转、收缩等姿势，而目的就是帮助身体找到自然线条和平衡位置。记住，强健的关节最为柔软，强壮的肌肉最富弹性。

放松身体

通常有3种方法可以让身体感到安全，并放松隐藏了虚弱的紧张肌肉。第一，你可以躺下，彻底放松，不要考虑任何事情。但是一旦停止放松，回到习惯性的活动方式之后，压力和紧张就会卷土重来。第二，你可以按摩或操控紧张部位，让其暂时消失。但是根深蒂固的活动方式又会带回最初的紧张。第三，你可以创造肌肉之间的平衡，这是最安全的，身体也更愿意舒展、放松，提醒你改善一贯的活动方式。只有当薄弱环节被强化，并与强势力量相互平衡的时候，体内的紧张和压力才会被彻底解决。

练习时，请注意体内的不平衡，在日常生活中也要多加关注。这样，你的锻炼成效就能一直延续，使你从懒散变得健壮。每天的活动中都要平衡“跷跷板”，否则，失衡状态就不会消失。

一定要耐心。诚实面对自己的薄弱环节，花些时间对其强化，直到身体明确感到这些薄弱环节已经不复存在了。

重力：运用地面

是什么力量让你停在这颗星球上的？这与每天让我们保持收缩状态的是同一股力量，没有了这股力量，我们都会飘走。重力把我们拉向地面，也给了我们发现神奇升举所需的一切。根据艾萨克·牛顿（Isaac Newton）的理论：任何力都有一个等值反向的反作用力。为了找到这种抵抗重力的支撑力，你需要的只是身体和地面。

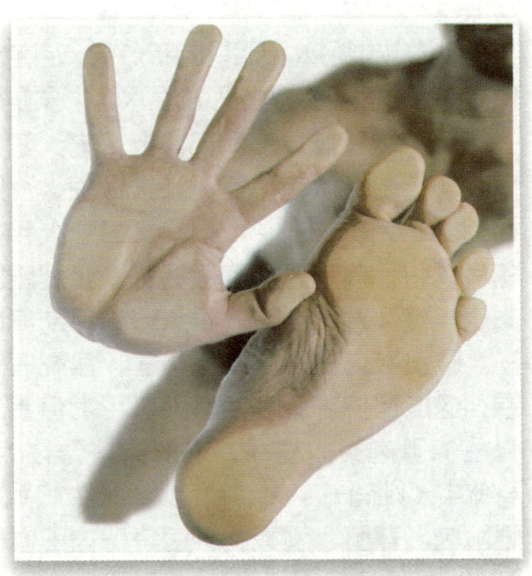

你无需弄懂牛顿力学来理解如何运用重力创造支撑力。只要看看手和脚的天然弯曲（就像弹簧一样上推着抵抗重力），并试着把它们下压，你就能感到作为回复的自然支撑力。

无论身体哪个部位接触地面或椅子，只需轻轻下压，你就能感到这股上举的力量。毕竟，足弓让双脚自然平衡，弯曲的脊柱给予我们更多弹性，这些都是与生俱来的。体操运动员、瑜伽修行者、舞蹈演员和田径运动员都表现出了看似违反重力的技巧，这是因为他们找到了这股支撑力。

比表现精彩技巧的能力更重要的是，这股支撑力让我们意识到并非一定要遭受重力的“压迫”。如果你早晚各测量一次身高，就会发现自己在一天之中明显缩短了。这是由于脊柱长度和椎骨之间的空间变而化引起的，也是我们一天下来感到疲倦的主要原因。重力看似对我们不利。

“下压”换“上升”

既然重力是我们生活的本质，那么支撑力又是怎样产生的呢？轻轻下压，试着寻找重力影响身体的部位，以及相对薄弱的地方。

当你坐着的时候，试着将身体下压，顶住座位，直到你觉得需要离开。在起身的那一刹那，你将同时发现一股上升的力量。此时，你会有一种向上的感觉，并且它与重力是一致的，而不是互相抵抗的。站着再试一次，如果感觉不明显，可以维持身体下压，慢慢起身，并最大限度地强化自己的意识。

感受这种支撑力，当对其逐渐熟悉后，就让你的活动和动作听从这股力量的指挥。不要再弯腰驼背，让轻盈修长的脊柱充满上举的力量。一旦摆脱每天因为抵抗重力而造成的压力，你就会看到生活变得容易很多。

因此，我们可以忘记与重力的长期战斗，进而与之交涉、合作，从中获益。不论你是利用这股自然支撑力像羚羊一样跳跃，还是单手倒立，或是悬空，这都意味着随着年龄的增长（不可避免的事情），你不会弯腰、驼背，或者向重力屈服。即使老了，也能保持优雅的身姿。

收缩腹肌

从媒体中名人和明星的新形象，到全新的令人惊叹的减肥药和运动时尚的广告，我们周围充斥着身材完美的形象。这个形象是什么呢？应该是匀称的臀部，灵活的双腿，强健的腹部，以及挺拔的胸部。要么先天注定、运气绝佳，要么意志坚定、持续锻炼，否则很难拥有如此完美的身材。但是，每个人与生俱来的身体特征都是为生存服务的。我们腿部的肌肉比手臂强壮，因为双腿承担着移动身体的重任。腰部肌肉的形状类似带子，包绕在身体周围，这能保护内脏，使其处于正常位置。沿着脊柱的肌肉类似柱子，这能保持脊柱的长度。身体中部则有一个大“铰链”：被大块肌肉（大腿肌肉、臀肌、腘绳肌）包绕保护的髋部，这让我们能够自由移动。

因此，如果我们把髋部当成铰链、把双腿当成支柱来使用，身体将会更加健壮和匀称。然后我们再用“带子”支持身体，用“柱子”拉伸脊柱，我们的腹部就不会再凸出，肩膀也将不再下塌。

重新探求身体对运动的意义，我们要从内部感受。完美的身材是可以达到的，你自己追求的理想体形也会出现。我们必须花些时间和精力在规律的课程练习上，包括步行、弯曲、做游戏、娱乐和家务劳动，这些都涉及运动，而你可以在运动中锻炼，并体验那种发现身体的乐趣。发现并不限于特定的锻炼时间，还包括非锻炼的日常时间，坐在桌前或清洗衣物时，你都能体会到身姿正确所带来的全身心的满足感。

而有趣的是，当你按照预想开始运动时，原先你对自身体形的看法就会逐渐消失。取而代之的是一种无限的满足感，一种亲近身体的舒适感。

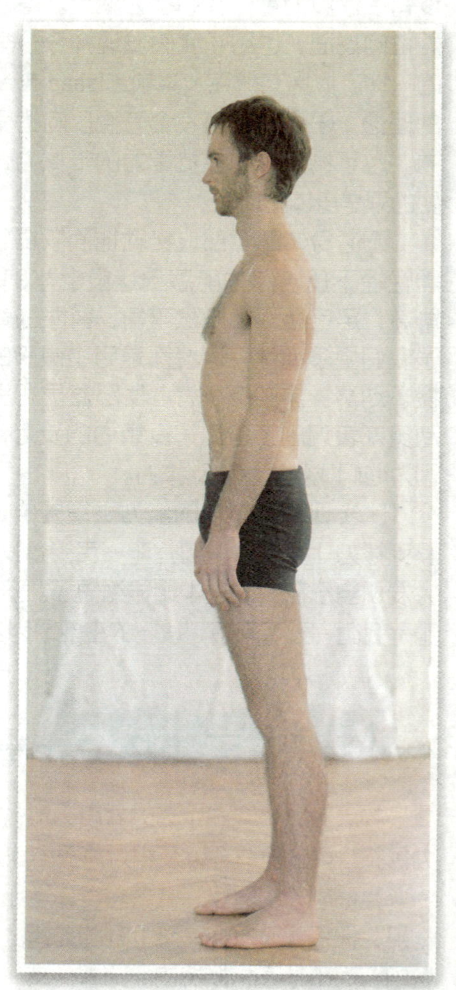

为了摆脱猿的姿态，必须将腹部内收，使其接近肋骨。髋部相对于脊柱的位置是我们能够直立行走的原因。脊柱朝上伸展的感觉越强烈，我们直立和进化的意识就会越强烈。

猿还是人

各种坏习惯，比如坐着的时候倾向一侧和弯腰驼背，都会导致错误的站立姿势以及身体各个部位的压力。一旦姿势错误，身体重心将落在肩膀上，并最终把你拉向地面。

1 我们的身体和猿非常相似，比如比例相近的四肢和关节，但我们和猿的身姿体态却大不相同。一部分是由于我们利用脊柱（尤其是下部脊柱）的方式所致。通过模仿猿的姿势，我们就可以理解自己是如何直立的，并知道究竟是哪些肌肉对这一段进化历程起了决定作用。

为了模仿猿的姿态，两腿必须分开，比臀略宽，这将给髋部留下移动的空间，双臂下垂，背部打开。让自己没有顾忌地玩一回吧，哪怕显得愚笨也没关系。不管怎么说，臀部外突和双臂下垂多少有点可笑，但模仿本身也是不无乐趣的。回到直立状态时，先挤压臀部，使之前移。感觉就像臀部肌肉把你推向前方（缓慢起身的时候试着不要弯腰驼背）。根据需要重复练习，直到你意识到髋部的重要性。

2 直立状态的改变随着感觉和现实的不同而变化，尤其是习惯不断融入我们身体姿势的时候。就以这种懒散的站姿为例。身体重心落在了肩膀周围，这使双肩及其支撑的部分都不舒服。

3 再看看这种更加消沉的站姿，身体重心惬意地落在肩膀上，但一切压力又都集中到了身体中部，使其不得不往外凸出。在人和猿的姿势之间反复练习，直到你感到髋部铰链的前后运动，这正是我们能够直立行走而不外凸的原因所在。

收腹

我们之前做的大多数腹部练习看起来都会导致腹部的外突，但是身体的轴心肌肉要在内收的情况下才会更有活力。因此，从俯卧在地开始练习。

1 将前额枕在手上，感觉身体重心落在地上。肋骨前侧和髋骨紧贴地面。试着收缩腹部，使其离开地面，保持肋骨和髋骨贴地。

2 从简单的收缩和放松腹部开始。你能把腹部缩到离地多高的位置？你能感受到下部脊柱的拉伸吗？你的身体下面是否有空隙存在？当你对此充满信心后，再进入下个练习。

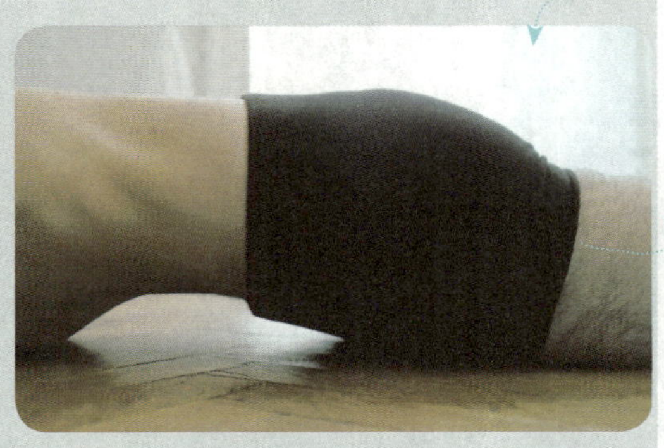

3 保持下部肋骨、髋骨和耻骨都紧贴在地上。肚脐内收，尽可能高地抬离地面。感受下部脊柱的拉伸，双腿伸直，脚趾张开。

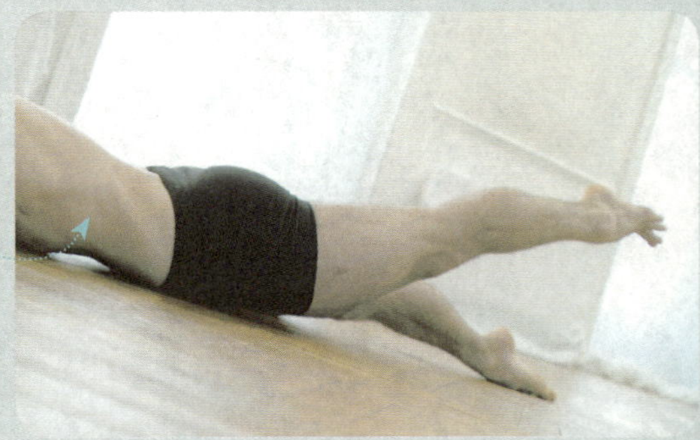

4 收紧臀部，左脚抬离地面，将左侧臀部与左大腿往上收缩。重复练习，吸气时抬腿，呼气时放腿。你能否感觉到腹部在内收，下部脊柱在拉长？即使移动双腿的时候，这种感觉也是存在的。试着在移动双腿时控制这些收缩的肌肉。

从大腿开始拉长抬起的腿，就像收紧臀部促进上举一样。这个练习可以把腹部往内收，并缓解臀部肌肉的压力，这正是引起下背部疼痛的主要原因。它还有提臀的功效，让你的体形在短时间内得到改善。对此，包括本篇中的所有练习，都请细心体会。不仅仅在思想上，更要通过身体来感受，这样，所谓的感觉才是有意义的。

卷胃

阴部的抬升开始于腹部。只要收紧臀部，挤入尾骨，就能轻易完成同样的动作。请注意对动作的感觉，让重力均匀分布于全身将有利于解决各种问题。

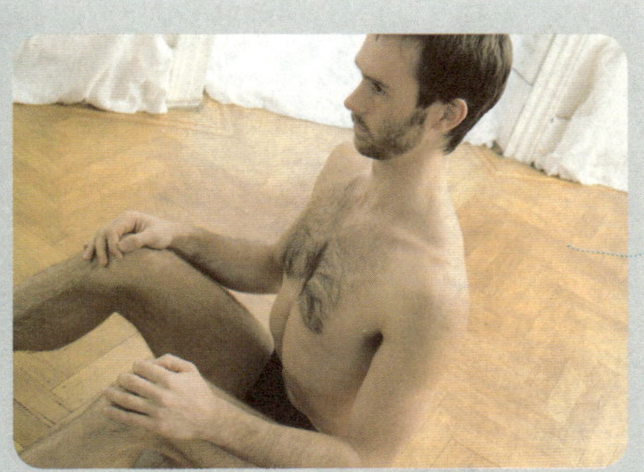

1 坐在地上，脚掌朝下，双膝弯曲朝上。身体尽量完全坐直，坐骨紧压地面。双手放在膝盖上，手臂不要用力以免干扰练习。

2 将背拱起时，绷直脚尖，双脚按压地面，感受大腿的运动和拉伸，以及双膝的下压。起身时，脚跟向臀部靠近，并借助腘绳肌和下腹部的力量抬高身体。

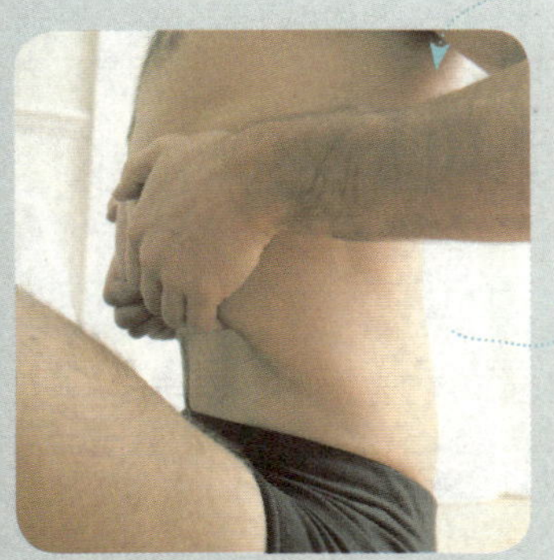

3 俯视腹部和耻骨，这样可以看到自己的运动状况。双手抓住下部肋骨，往上提。收紧腹部及所有连接耻骨和身体前侧上方的肌肉。

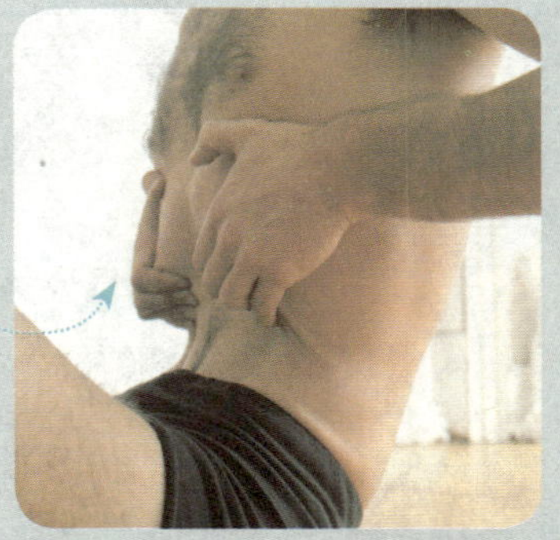

4 向后翻转时，要保持肋骨的上提。此时，你会感到腹部向之前一样内收，但同时上升挤入胸腔，这使身体在后卷的时候有一股支撑力。试着找出腹股沟的动力源。事实上，腹部的深度内收会使你感到耻骨在上提，这反过来又使臀部之间的脊柱弯曲，从而让你后卷。

错误姿势 ×

如果只是简单后仰，不是后卷的话，腹部会朝外凸起。如果双臂在耻骨上提之前已经伸直，就说明只是胸部的简单后仰了。这常常会伴随着腹部的外突。这时，重力集中在下背部，而不是均匀分布于全身，并最终导致各种问题和疼痛。

提肘

练习时，双腿伸直，感受大腿的运动。抬高胸部，使其离开地面，这样可以扩大肩胛骨之间的空间。这个练习能够锻炼腹肌，使之能够支持你的内脏。

1 俯卧，双脚与地面垂直，脚踝弯曲。双手并拢，大拇指抵住胸骨，双肘内靠，贴于肋骨处，上半身抬起，依靠肘部和脚趾保持平衡。

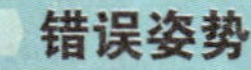

2 向腹部方向抬高耻骨，与卷胃相同。腹部内收、上提，但臀部不要外翘，否则腹部肌肉就得不到锻炼，而这正是这个练习的目的之一。

简易式 如果觉得困难，可以让双膝着地，但必须确保耻骨上提压入腹部，并且拉伸下部脊柱。否则，只有髋屈肌能得到锻炼，其他则一无所获。

错误姿势 ×

这是很多人第一次练习这个动作时常犯的错误。手和脚（尤其是脚趾）承受了所有身体重量，下部脊柱下凹，并且很快就会感到压力。

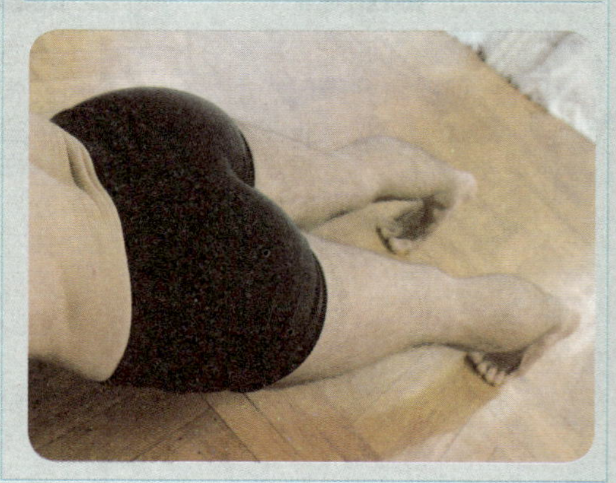

髋屈肌

在医学上，髋屈肌被称为髂腰肌。这些肌肉非常强壮，也很容易被过度使用。在“收腹”练习中，你将注意到在保持髋部下压的同时抬高腿部是多么困难。这是由于髋屈肌僵硬造成的。当髋屈肌永久性僵硬时，髋骨就会一直下压，并加大腰椎的弯曲。这会导致下背部肌肉紧张，使腹肌得不到运动，进而不断衰弱。因此，在大多数腹部运动中，你感到的却是腿部在运动，尤其是大腿上部。当然，你越是收紧腹部，抬高耻骨，就越能感到腹肌的参与，不仅是腹部运动，还有你所有的运动。这是从体内寻求支撑力的开端，不要屈服于重力，要成为它的一部分。

放松髋部

髋部大概是人体内最重要的一对铰链。髋部被体内最大的肌肉群所保护和驱动，让我们有了区别于其他所有动物的特征：直立行走。髋部的各项功能意味着我们能够前屈、后仰，并完成各种腿部动作的组合。

为了让腿部独立于躯干，髋部必须具备一定的开放度和柔韧性。收缩限制了活动幅度和能量流动。首先，让我们找出改善髋部柔韧性的方法。

对女性的建议

穿高跟鞋会导致骨盆前翘，髋屈肌强烈收缩，以及下部脊柱的明显拱起。这不仅会使下腹部衰弱，下部脊柱紧张，还会严重限制髋部的活动范围。

为了让身体获得真正的自由度和流畅感，必须伸展四肢，扩大其与躯干之间的距离。后颈部伸展，腹部内收并上提，帮助你伸展双腿。这样，所有动作都将变得更有意义。

菱形卷曲

这个练习将伸展下背部，并放松髋部。如果姿势正确，并从耻骨处卷曲的话，主要伸展的将会是腿部肌肉，尤其是拉伸大腿后部的腘绳肌。

1 坐在地上，与卷胃相同，但使双腿摆放成菱形。双手紧压膝盖，将其压向地面。当你从耻骨处卷曲时，可以感受到髋部稳定地前后移动。

2 后卷时，不要害怕利用双手，如有需要，可以紧紧抓住膝盖。记住，要翘起骨盆，并感受髋部在双腿之间的移动。无论你的柔韧性有多好，始终还有改进的余地。

3 尽量前倾，让髋部发挥铰链的作用。当髋部前移至双腿上方时，你将感到腘绳肌、大腿后侧与内侧肌肉的伸展。

错误姿势 ×

如果仅是头部前伸，而髋部没有前移的话，下背部就得不到锻炼，腿部肌肉也无法伸展。让注意力离开头部，尽管多数时间我们最关注的是自己的头部。

集合姿势

还记得瑜伽的交叉腿坐姿吗？这个练习对提高髋部的柔韧性和脊柱的弹性非常有益。它还有助于舒展和锻炼臀肌。试着重复这组动作，每天至少2次，你很快就能看到改变。

1 坐在地上，两腿交叉。坐直，坐骨向下紧压地面，从腹部找到支撑力。双手放在膝盖上，双肩下垂，颈部、肩膀、下巴保持放松。

2 现在的一步非常关键，必须像铰链一样从髋部向前弯曲，直至越过双腿，但绝不是简单的弯曲脊柱。同时收紧腹部，坐骨下压。

3 仰卧，双膝抬至胸部，就像婴儿一样。从屈膝开始，双手各自握住膝盖，将其下拉入胸。同时保持臀部、骶骨和尾骨贴住地面。如果可以做到这步，你将感到下部脊柱和臀部的舒展，这正是练习的目的所在。

让动作接近关节部位，使用肌肉，而不是骨头。当你感到下部脊柱稍稍放松之后，可以用手抓住脚跟，双臂靠在双腿内侧，然后将双脚拉向地面。此时，仍然要保持下背部和臀部贴住地面。

高级姿势

如果上面的练习对你来说过于简单，可以尝试这种。把脚踝搁在另一条腿的膝盖上成半莲花式，与前面一样从髋部向前弯曲。如果可以，再把另一条小腿也交叉上来，坐成莲花式。如果这样也非常舒适，就同时向内推动膝盖，直至处于胫骨内侧（双脚伸出膝盖）。你弯曲得越厉害，就越能感到大腿的舒展。

当你完成前屈并打开髋部之后，可以向后翻滚，回到婴儿姿势，并结束动作。

提 阴

这个练习的动作幅度将由髋屈肌控制，这主要是通过腹部力量、髋部前侧的翘起与打开达到的。不要把这里的上提与骶骨内缩相互混淆。注意下部脊柱的拉伸。

1 跪在地上，膝盖位于髋部正下方。此时的感觉应该是用腹部肌肉提升耻骨。不要担心抓握、刺戳某些部位，这能帮助你感知和发现身体的运作状况。

如果仅仅收紧臀部，挤入尾骨，就非常简单。然而，还有一种方法可以告诉你腹部与下部脊柱的关系。那就是腹部内收。

2 尽可能使腹部内收并上提，这样，耻骨就能在两腿之间上提。反复练习整个动作，重复 21 次。可以在吸气时内收并上提腹部，这能进一步锻炼腹肌，并使耻骨提得更高。但是，如果你觉得呼气更易于提升，吸气更易于放低的话，也可以按照自己的方式练习。

错误姿势 ×

胸部前突，身体微微后仰，这将使髋部留在原地，骨盆也不会移动。你应该将腹部内收，尤其是耻骨上方的部位。如果找不到这种感觉，可以回到内收和上提的步骤，反复练习，直到感觉出现。

关注背部

背部是美丽的。这是最让人惊叹不已的结构：32块椎骨完美地堆叠在一起，不仅支撑着头部，还保护着脊髓，让我们能够轻松地活动上半身。

如能恰当地使用背部，我们身体的枢纽就将处于正确的位置。双臂从肩膀下垂，所以颈部不会感到压力；移动时应该借助背部力量，而以双腿支撑身体，这能使移动更可控、优雅和轻松。我们看不到自己的背部，但它却是我们力量的源泉。

问题在于，眼睛是向前看的，而背部却在身体后方。我们通常不会注意长久以来所仰仗的背部。由于背部不在我们的视线之内，自然而然就被我们丢到了意识之外，以至于我们感觉不到它的存在。如果感觉不到，又如何使用和改变呢？关注背部的两个主要工具是耐心和练习。

回到基础

让我们做个试验。首先，你能否在不动用颈部肌肉、胸部上方肌肉，以及背部肌肉的情况下将双臂举起？大部分人习惯于使用远离轴心的上半身肌肉完成举、拉、推、提等动作，然而，聪明的身体却在肩胛骨之间准备了一些肌肉，可以直接下拉肩胛骨，举起双臂。这个过程的重要性在哪里呢？如果你患有颈痛，甚至头痛，这往往是上背部和颈部的肌肉紧张所致。如果这些部位不再紧张，也就不会再疼痛，这不是很有意义吗？这个简单的练习是减轻身体上积蓄的紧张的最基础的步骤之一。头部周围积蓄的紧张越少，它感受到的压力自然也就越少。

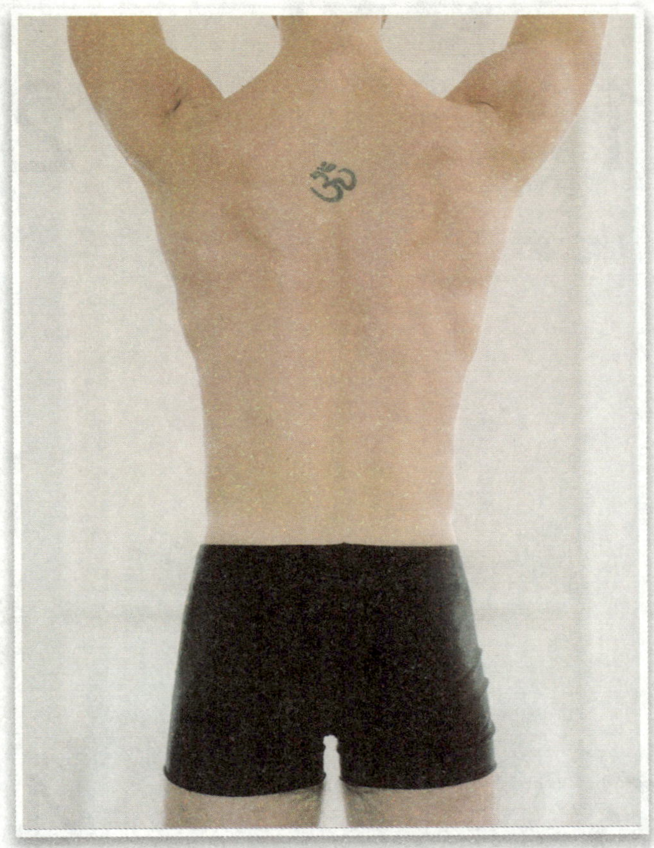

站直，双手举过头顶，双臂向外伸展，肘部向两侧弯曲。规律呼吸的同时，感觉肩膀逐渐打开，上半身的肌肉紧张慢慢消退。

双臂举过头顶，使上臂和身体形成Y字形，并保持住。慢慢地，双肩将会打开，背部力量得到加强，上半身的紧张也会越来越少。这对你的锻炼有很多好处。请记住，所有练习的目的都是要提高你对自己身体的意识。因此，练习时要坚信每个动作都是有目的的。

猿背

很多瑜伽动作都是受到动物的启发而创造出来的。这个练习是模仿猿。身体前倾，双臂从肩窝处下垂，好像双手要碰到地面一样。这有助于打开背部，缓解肩部的肌肉紧张。

1 身体放松，自然下沉，双膝弯曲，让重心集中在大腿上。身体应该感到有力、舒展。但不要含胸，否则，头部和上半身重量将会压在下背部的肌肉上。

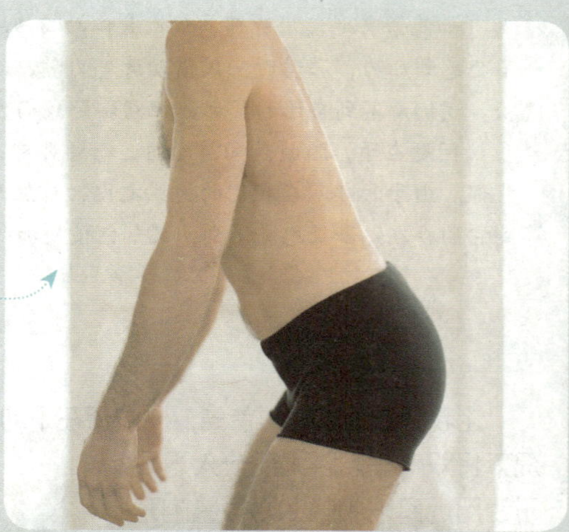

2 这个造型抓住了猿人的“悬荡”特征。胸部不能下垂，上半身所有的重量应均匀分布于沿脊柱延伸的背部肌肉，以及髋部和腿部的肌肉。

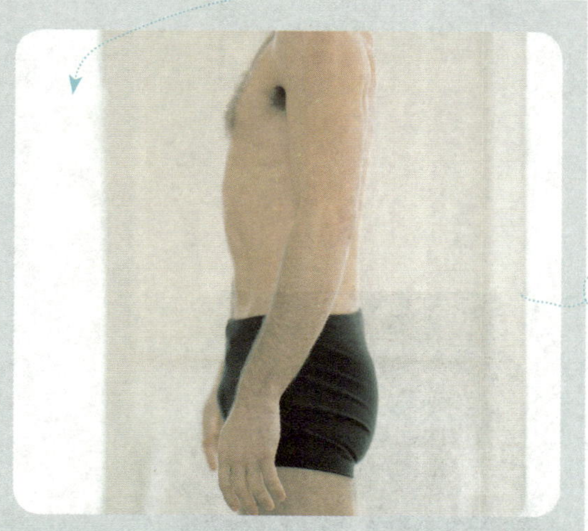

3 从猿回到“人”非常简单。腹部内收、上提，这能把你拉回到直立姿势。动作的难点在于维持肩胛骨之间，以及从肩部到手部的舒展感觉。

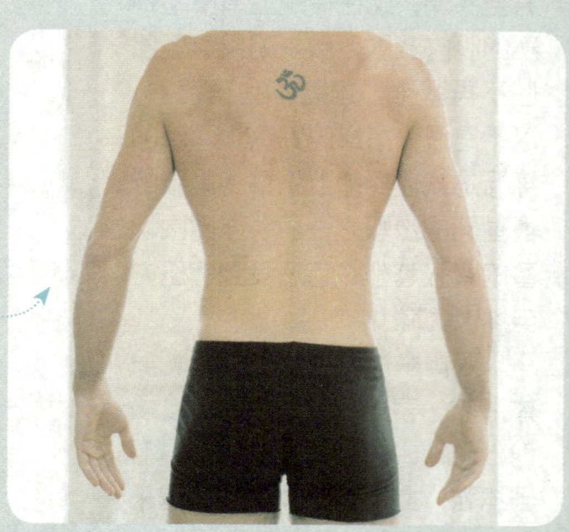

4 从“猿”到“人”而收缩和提升腹部的时候，肩膀不能挤压或收缩。事实上，背部是从髋部笔直上升的，没有任何弯曲、倾斜或凹陷。

挺胸

挺胸的时候，你会发现腹部内收，背部拱起。但是，还有一种挺胸的方法。让我们回到腹部训练。这个练习还能锻炼脊柱周围的肌肉，缓解背部的紧张和疼痛。

1 俯卧，耻骨和底部肋骨贴于地面，脊柱伸展并下压，活动腹部肌肉。肩胛骨后转，双肘抬离地面，继续转动肩胛骨，使之扣入体内。体会胸背部伸展的感觉。

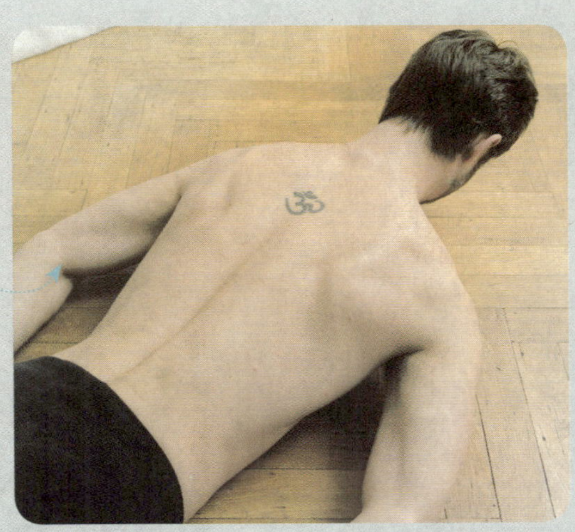

2 拉长颈部后侧，继续转动肩胛骨（不要移动太多）。肩胛骨收拢得越厉害，胸部抬得就越高。腹部内收、上提的同时保持肋骨和耻骨下压。吸气时从背部抬升胸部，呼气时慢慢放低身体。

3 通过肩胛骨之间的肌肉使身体上抬，同时交替抬起双腿。保持腹部上提离开地面，双臂上抬，与身体同高（不要过高），掌心朝上。

举臂

坐着和站着的时候都能练习这个动作。但是，不论选择哪种姿势，最好从镜子中观察自己的动作，这有助于确认自己的感觉，并控制自己的运动方式。

1 从一条手臂开始，将另一只手的食指放在锁骨末端。慢慢举起手臂，直至感到手指也在提升。举臂的同时要保持肩胛骨的下沉。

当你找到单臂练习的感觉后，可以尝试双臂练习。但是，一旦看到胸部或颈部也开始运动，就应该立即停下来。

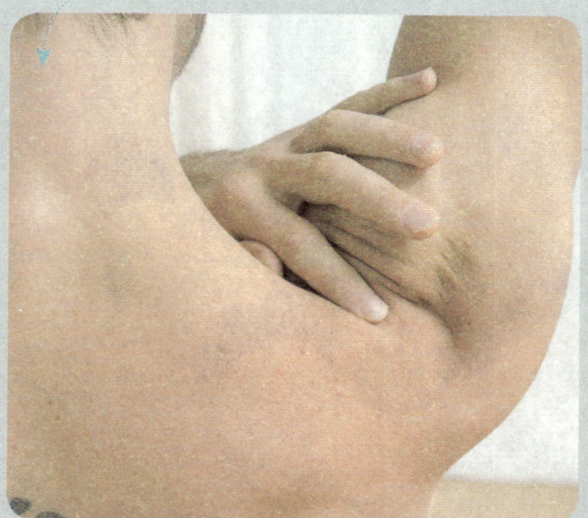

2 举臂的时候要放松颈部和肩膀的肌肉。从镜子中观察，注意举臂时头部和双肩之间的距离。放下手臂时，再次放松颈部和肩膀，感觉紧张的消退。以同样的方式练习另一条手臂。

错误姿势

如果手指被颈部和肩膀挤压，就说明你的姿势不正确。在这张图中，肩胛骨上抬了，腋窝处没有留下足够的空间。不要自欺欺人，否则将无法获得真实的感觉，而感觉正是你控制和改变运动方式的唯一方法。

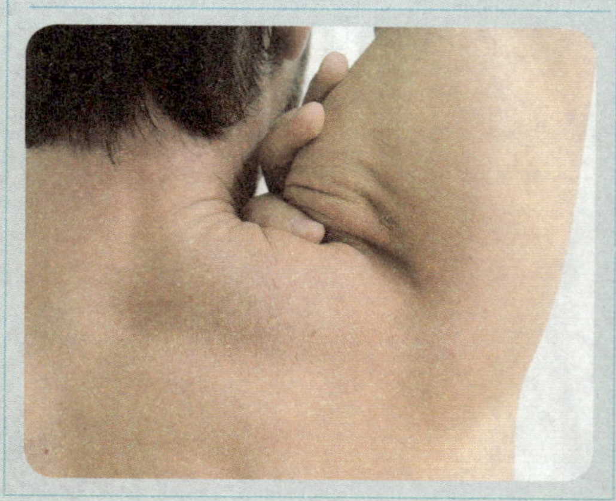

弯背

现在，你已经使髋部前侧得到舒展，下部脊柱也能够拉伸至臀部之间。目前所要做的是拉伸髋部上方脊柱的剩余部位，你将感到弯背，但并没有真正弯曲背部。

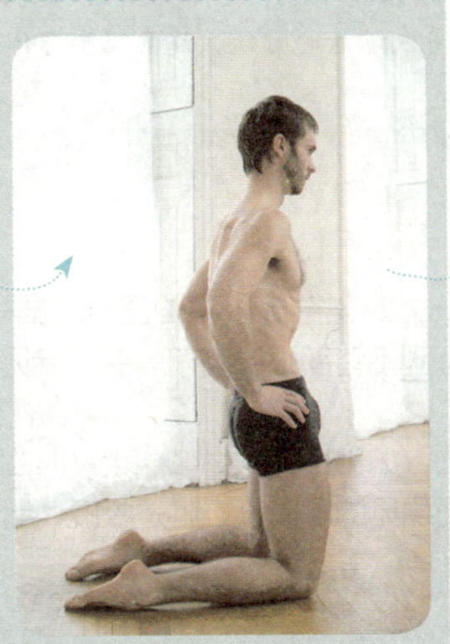

1 与提阴的起始姿势相同，跪在地上，双膝位于臀部正下方，双手放在髋部。

2 收缩腹部肌肉，上提耻骨，使其通过大腿之间，脊柱向上伸展。保持腹部紧张平坦，当你有这种感觉时，就可以确认脊柱处于拉伸状态，并且受到保护。

3 双手放在上侧胸部，沿着身体向上推动。保持颈部后侧伸长。不要停止腹部和耻骨的上提。胸部应该感到向前、向上移动，而不是向下或向后。如果下部脊柱感到压力或不适，或者觉得只有下背部在起作用，就请回到打开髋部前侧和大腿的“提阴”练习，这能限制下背部的伸展。

错误姿势

如果没有上提耻骨，只是简单后仰，你就会发现背部弯曲很大，而正确的动作要求是只需微微后弯。

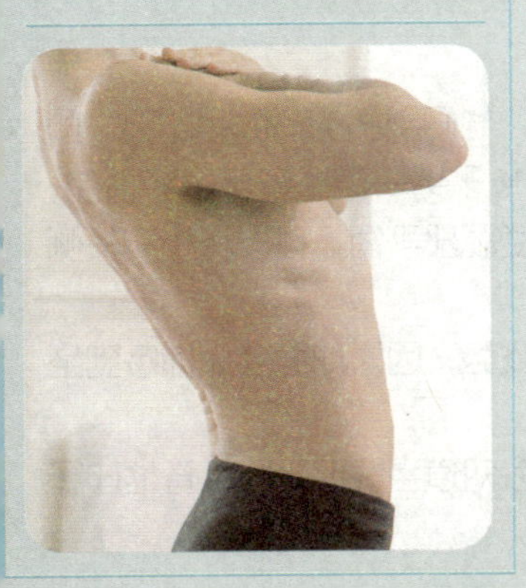

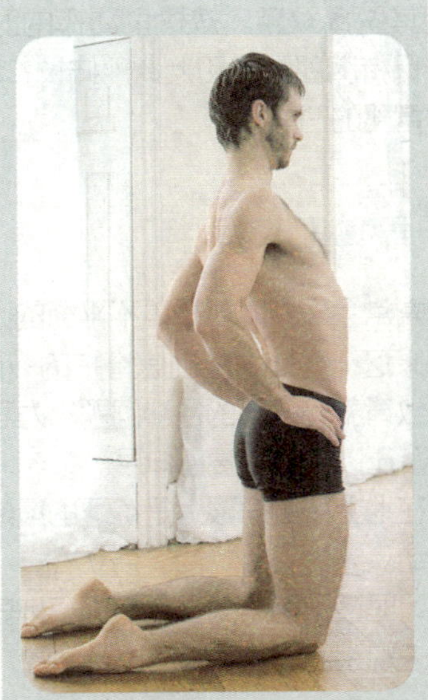

初级姿势

如果感到弯背比较困难，可以让手来帮忙。将大拇指压入骶骨，帮助髋部上转；用双臂支撑背部，使其从髋部向上拉伸。如果感到下部脊柱疼痛，可以回到提阴练习。

从前到后

你如何知道背后发生了什么？你能感觉到背部何时伸长了吗？除非借助一些互成角度的镜子，否则，你几乎没有可能看到自己的背部。但是，你确实拥有一面随时可以使用的绝好镜子，那就是你的腹部。当你坐着或站着的时候，注意观察身体前侧的表现。下面3个例子将帮助你看清背后究竟发生了什么。

脊柱弯曲

首先，腹部有外突的时候，尤其是肚脐以下的部分。试一下，让腹部放松，自然前突，你将感到下背部开始向前弯曲（参见下页的图示 1）。

这就是由于腹部前突造成的，如果脊柱这样弯曲太长时间，你就会感到下部脊柱的疼痛。显而易见的解决办法就是收腹，继而使脊柱后移，让前后两侧均匀承受身体重量。

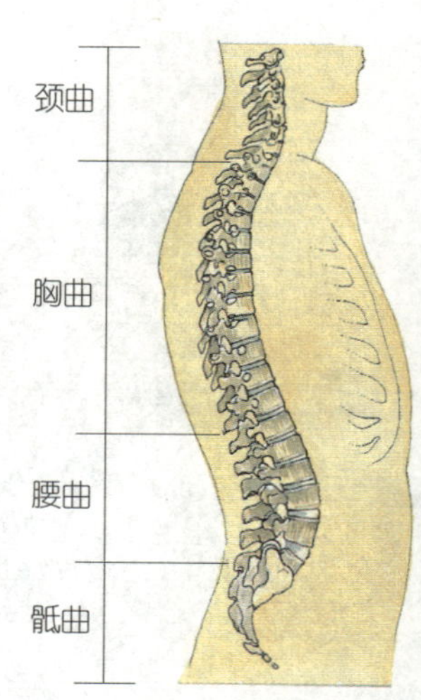

这张图显示了脊柱的4个自然弯曲。这些弯曲可以缓冲日常活动的一部分冲击（即使走路也会产生轻微压力）。普拉提的关键词之一就是在所有动作中对“脊柱位置”密切关注。

挺胸

其次，试着把肋骨朝前推，这样的胸腔前挺常会伴有肩胛骨的相互挤压。如果在这时下拉肩胛骨的话，脊柱将会有凹陷的感觉。这是中部压缩的必然结果。图 2 的背面视图显示了这种明显的凹陷。如果考虑到肾脏正在遭受挤压，这将更加让人担忧。回到正直状态，把手放在肋骨上，并收缩肋骨，使其脱离双手。做这个动作的时候，一定要保持胸部柔软和上背部伸长，以此消除中背部的凹陷。

髋骨不平整不对称，致使身体重心无法均匀落在两脚之间。

髋部不平衡

你常常会看到髋部严重不平衡的人，他们腰部的一侧会比另一侧长。如果这样，你就能确信脊柱的一侧长于另一侧，甚至已经扭曲，这会导致背部和髋部的各种问题。为了使髋部平衡，可以将较高一侧的坐骨下压以使这侧腰部伸展。

坐在地上或脚后跟上是练习的最好姿势，因为地面会使你感到坐骨的活动。

练习时谨记这 3 个主要方面，你就会知道当髋部平衡、脊椎伸展时如何去观察。

平衡脊柱

这3个例子显示了常见的背部不平衡的错误姿势。也许只有身体前侧的状态才能引起你对此的警觉。只要意识到这一错误，胸部挺出、腹部外突都能使你认识到更加严重的问题。

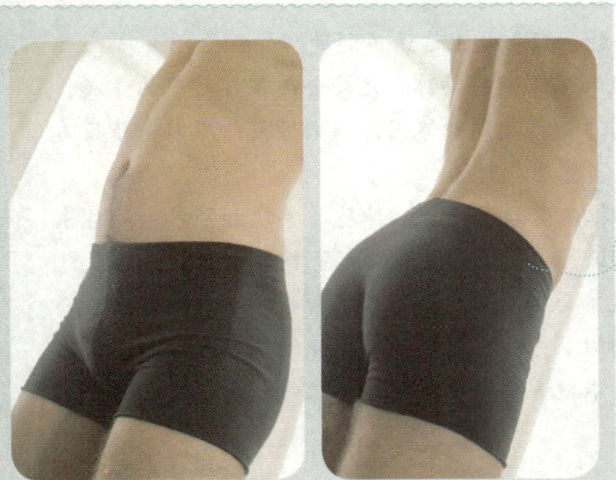

1 **前与后：**如果腹部外突，髋部前移，就说明下背部存在弯曲。这是众多下背部问题开始的征兆。舒展腹部和脊柱，缓解由这种弯曲导致的压力。

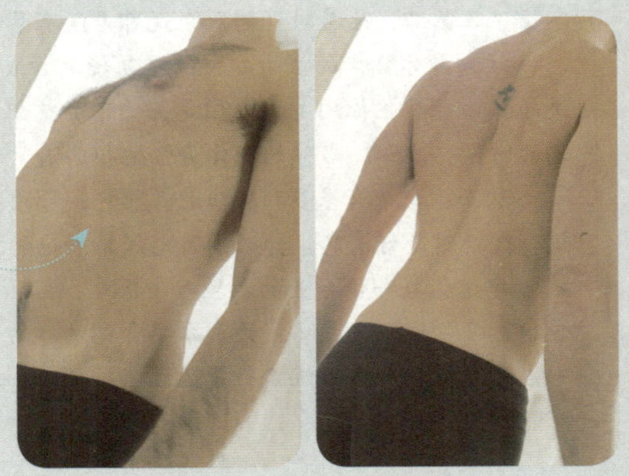

2 **前：**如果胸部鼓起、上挺，你就应该意识到胸曲被抬高了。你需要放松胸部，并提升腹部。

后：想象你的肾脏正在被下背部的弯曲所挤压，你将会理解为什么值得纠正这个错误姿势。这是胸部挺出导致的问题。

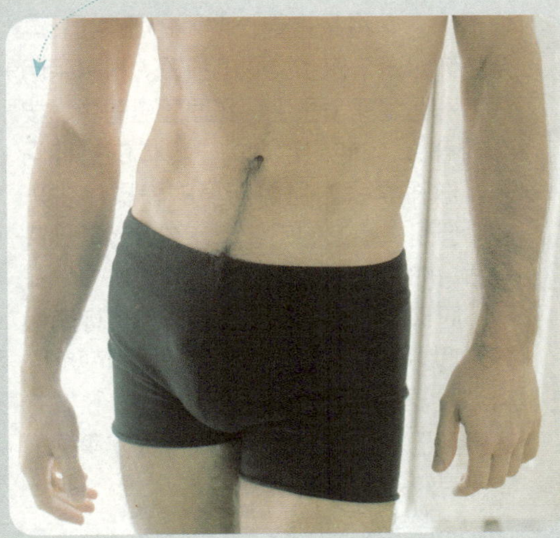

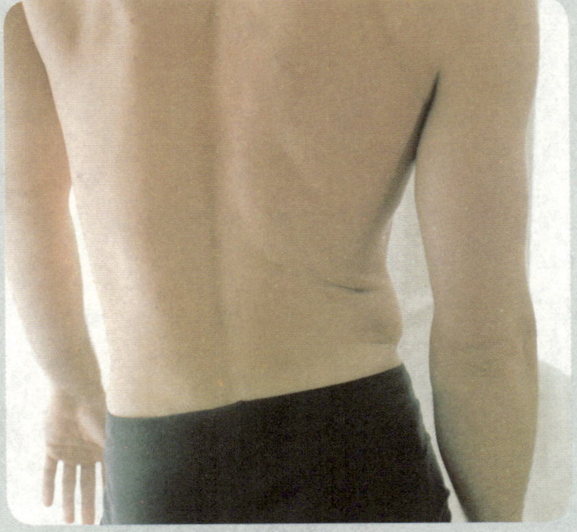

3 **前：**身体一侧的外突或扭曲反映出了脊柱的弯曲。你必须找出哪一侧坐骨需要提升，先使其稳固，然后提升至与另一侧水平的位置。

后：如果腰部的一侧比另一侧长，就像这张图片所显示的样子，说明你的脊柱正向较短的一侧弯曲或凹陷。你必须把坐骨下压，伸展这一侧腰部，从而使脊柱恢复直立姿势。

稳固

即使是最完美的身材，也至少会有一个需要特殊关注的地方。读到这里，如果要哀叹自己的身材多么不理想的话，就先想想2件事情吧。第一，你的身材能够维持到现在，就已经相当不错了。第二，改善对任何人来说都是没有尽头的，完美是永远达不到的。

注意身体失衡的威力。持续重复使肩膀或髋部不平衡的动作，无疑会导致坏习惯的养成，进而扭曲、腐化你的身体。但是，你不会意识到这些，直到身体因为细微可笑的原因而精疲力竭的时候。比如，当你的身体奇怪地扭曲着，或当你下床时等。

然而，还是有很多人从曲肩、驼背、弯腰和扭曲变到了修长、伸展、柔软和强壮，对你来说，这绝对是好消息。你必须时刻保持警惕和意识，这将使你更真切地了解身体，了解自己。

建议你找一位专业的物理疗法医生，他（她）会帮助你找到习惯性紧张或柔软的部位，还会推荐一些锻炼方式（或许和本书介绍的非常相似），你可以进行有规律的练习。当然，仅有一张诊断单和一串锻炼名目是远远不够的。如果不把这些转化成实际的练习，变化就永远也不可能发生。

通过练正姿势，增强并调整腹部肌肉，能使整个体形显得更加强健、协调。

持续变化

改变使用肌肉的方式，这是你身体走形的主要原因。你的身体并非不可改变，唯一限制变化的就是你自己。

不要害怕去物理疗法医生或按摩师那里通过放松肌肉来治疗身体。只要对身体投资，它必将保持更长时间的正常运作。至少你对汽车做了类似的投资。可以亲自拜访一些专家（医生、物理疗法医生、按摩师等），向他们咨询关于身体的各种问题，你将学会如何对自身的特质产生兴趣。但是，不论他们建议什么，必须确认是适合你的身体的。

应该为自己的特殊感到骄傲。你有最好的理由让自己成为例外：把弱点变成强势。只要你勇敢地去发现、接受、了解并热爱自己的缺陷，你就能获得远比平衡的髋部更为强大的动力。

平足

如果足弓塌陷，弹跳就会受到阻碍。脚底部位的正确位置至关重要，只有这样，才能为身体其他部位提供强有力的支撑。

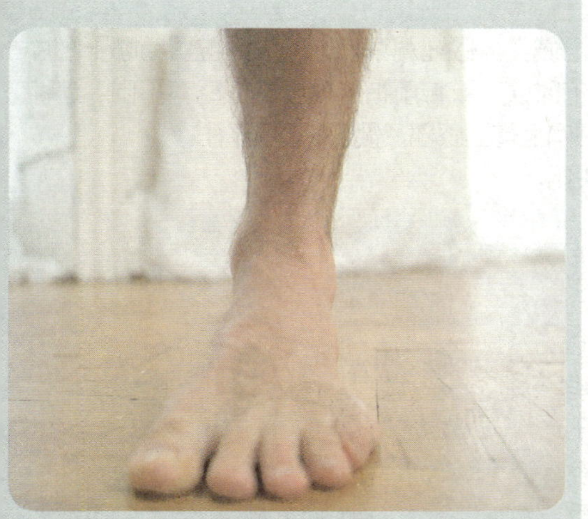

正确姿势：脚踝位于脚的正中，脚趾张开，身体重量均匀分布于整个脚掌。这时，足部就会有抵抗扁平和束缚的自然支撑力。为了找到这种平衡和脚踝的正确位置，可以参见下页的“吉米·周”练习。

错误姿势 ×

观察脚踝（跗骨）是如何偏离脚的中心的。这不仅会使足弓消失（平足），还会将大脚趾逐渐拉向脚的外侧，并会最终影响到膝盖内侧（膝外翻），这种影响甚至会沿腿部上传，直至伤害到髋部。

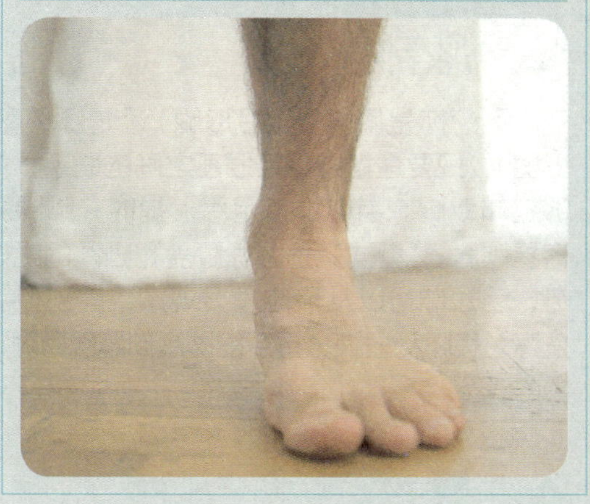

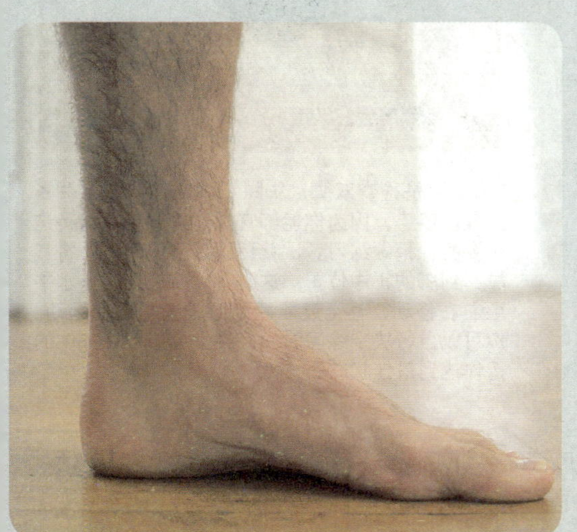

正确姿势：与右侧的图片相比，你将看到足部肌肉保持着足弓的形状，并使脚踝处于脚的正中。大多数人都有足弓，如果没有，大部分情况下都可以通过调整足部肌肉使其重新出现。

错误姿势 ×

在脚和地面之间的狭小间隙中，很难感受到支撑力。只有当身体与地面相互接触时，才会产生支撑力，如果足弓下塌，支撑力就所剩无几了。请在任何可能的时候做“吉米·周”练习，这有助于纠正平足。

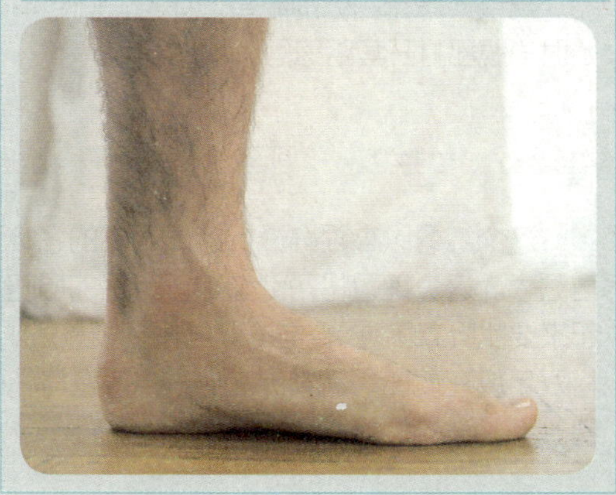

脚踝、膝部和髋部

脚踝

让我们从脚踝开始。准备一面镜子，对自己诚实，仔细观察。你的脚踝位置与哪张图片对应？你或许会发现两个脚踝有所差别。站立的时候，双脚前指的角度或许略有不同。这种失衡在你每次跨步、行走、奔跑时不断重复，并向上传到膝部、髋部，直至脊柱。

让我们用镜子、双脚和注意力来纠正这种失衡。

膝部

不论你是膝内翻（弓形腿）还是膝外翻（O形腿），只要注意脚踝与髋部之间的联系，就能够拉伸双腿。当你维持足弓上提时，脚踝就不容易倾斜。“狗式”是锻炼膝盖和脚踝的绝好姿势，因为你可以从最佳角度观察这些部位。反复练习转膝和扭脚，直至能够感到髋部与脚踝之间的联系。

“狗式”是检查双脚、脚踝和膝部之间相互关系的最佳姿势，因为你能够直视这些部位。保持这个姿势，稍做练习。试着让脚踝下压，随即将其拉回到脚的正中位置。这时，你将感到膝盖水平地左右移动，甚至还能感到腹股沟肌肉的运动。你可以自行决定练习时间，并学会如何让身体的运作达到最佳状态。

髋部

当某人抱怨两条腿不一样长时，多半是因为髋部一侧抬得比另一侧高。你是否偏爱交叉某一条腿？站立时，你是否将身体重量压在一侧髋部上？这些习惯反应并强化了已经存在的失衡。这不是说你今后站或坐都得把坐骨和双脚摆得四平八稳，而只是提醒你要注意自己的身体。

再谈谈感觉。你的髋骨匀称吗？回到本章开始时的髋部打开套路练习。

“吉米·周”练习

这个练习以高跟鞋设计者周仰杰的名字而命名。众所周知，高跟鞋很漂亮，但对身体伤害颇大。这个练习将帮助你纠正足弓的塌陷。简单地提升和放低脚跟，保持一切正直（实施起来要比听着困难），你的双脚将会被激活。可以使用支撑物保持平衡，但如果可以的话，请将双手放在髋部，看看你在抬升、放低身体的时候，能否感到腹部的举力。这会使你意识到自己与双脚的联系。

“吉米·周”练习

如果脚跟抬不到图中那么高的位置也没有关系。将大脚趾根部的球状部位紧压地面，感受脚跟处向上的举力。只要有这种感觉，你的前进方向就是对的。这种感觉能够使你的轴心稳定。

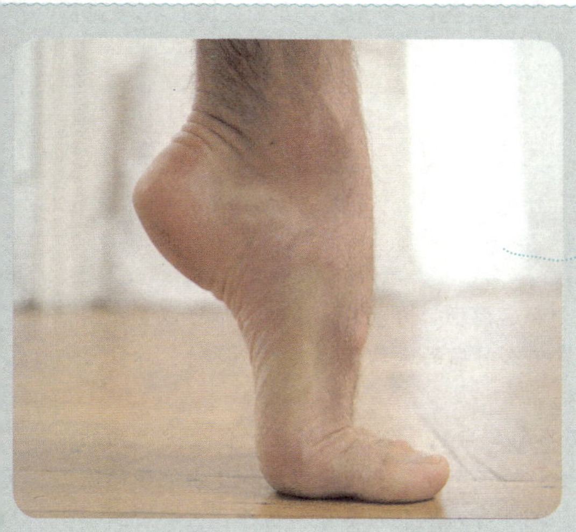

1 站立，双脚朝前，位于髋部正下方，保持全身平衡对称。高高地抬起脚跟，脚趾着地。将脚踝抬至大脚趾球状部位的正上方，确保其不朝左右倾斜，你将感到双脚充满活力，足弓被伸展和增强，从脚趾到脚踝，再到膝部和髋部，形成了一条坚实的直线。

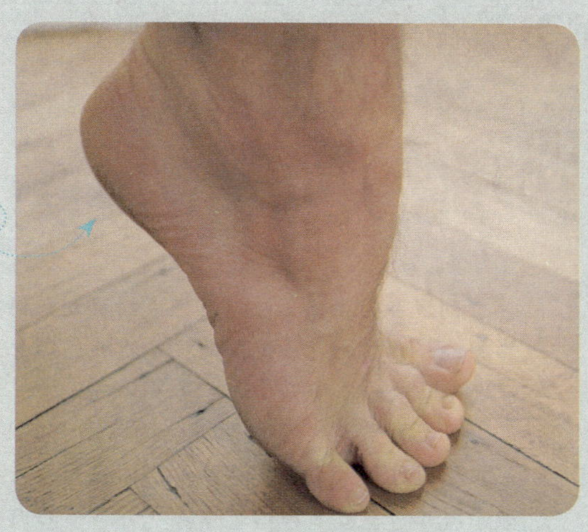

2 张开脚趾，扩大着地面积，以获得更坚实的支撑。脚趾下压，帮助你保持平衡。当你多次重复脚跟升降运动并对其相当熟悉之后，可以把注意力集中到向上伸展上，每次抬脚跟时，身体不要向前倾斜。如有需要，可以靠着墙壁，但是独立抬升将让你感到足弓被直接激活。

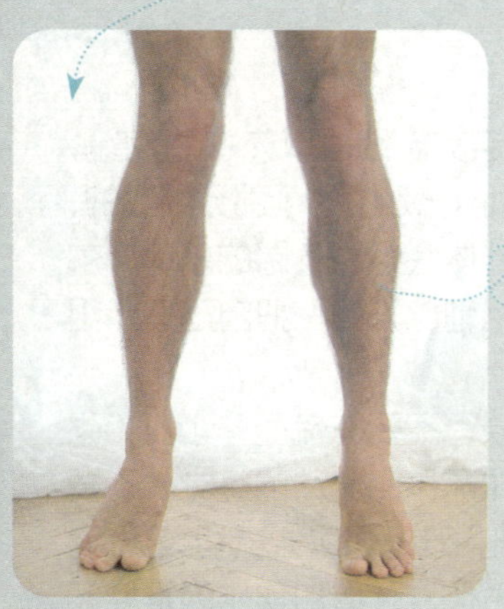

3 如果脚踝向内倾斜，可以伸展小脚趾，保持脚踝位于正中。

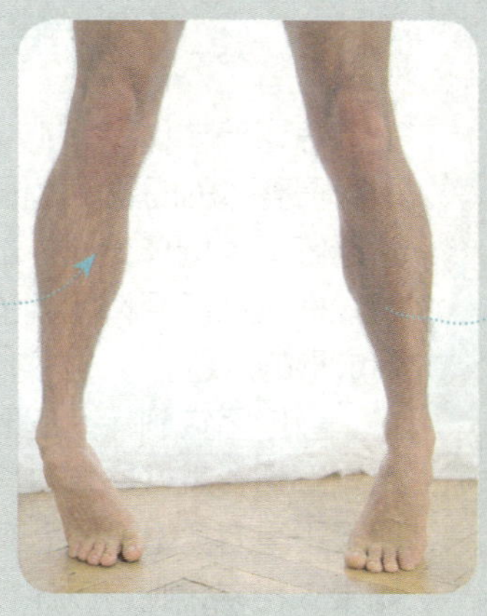

4 如果脚踝向外倾斜，可将大脚趾的球状部位压入地面，并使大脚趾向前伸展。

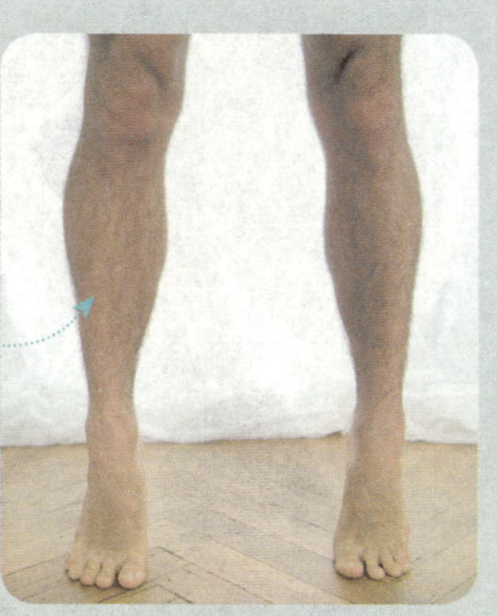

5 当脚踝都位于大脚趾球状部位的正上方时，可将脚踝前挺，进一步激活足弓。

第三节 站式

现在，你已经找到了身体轴心力量的位置，是时候开始站式的练习了。有些姿势对你来说可能比较困难，因此，刚开始的时候应该动作轻柔些，然后逐步提高难度，尽量延长姿势的保持时间。

站立开始

到现在为止，你应该已经成功找到如何感受和运用轴心力量的方法了。你可以支撑、热身、移动，还有最重要的就是能够感知身体在什么时候的运作是协调的。此时，你就可以进入站式的练习了，这将进一步挑战你的身体。

开始时，这些姿势对身体的要求可能显得不怎么自然。但是一定要记住全身流动的宗旨。通过轴心力量支撑身体，你将开始把身体作为一个气泵来使用以增加体内能量的流动。因此，你应该用两种方式理解本章的内容，既要看到单个的姿势和动作，又要看到如何在这些姿势和动作之间转换。

虽然有相关说明告诉你在哪个位置对姿势的感受最深刻，但最重要的还是靠你自己揣摩每张图片，并相信大脑能够感知、编译这些信息，并将其转化成肢体的姿势。镜子的使用或许会有帮助。请记住，自我感觉最重要。如果你仔细观察和阅读，就能获得充分的信息来判断，你所做的一切是否与事先说明的一样有益。记住，只有反复练习之后，你才能全面感受某个姿势。

柔韧性和力量紧密相连。你可能会有弯曲、扭转、收缩等姿势，而目的就是帮助身体找到自然线条和平衡位置。记住，强健的关节最为柔软，强壮的肌肉最富弹性。

动作流畅

练习站式时动作必须连贯。你可以先快速浏览，以获得整体的印象。就像你自己是由各个部分组成的，套路练习也同样如此。试着体会组合套路的乐趣，就好像你或许已经体会到的从轴心开始、把自己逐步组合成形的乐趣。

当你感觉到什么的时候，不要惊慌而停止。如果感觉舒适，就好好享受身体运作和流动的感觉，不要屈服于重力。如果某个姿势太难，可以尝试初级姿势。如果太容易，则可以保持更久，并增加动作的难度和幅度。如果感到不适，就要检查轴心是否运作正常，练习是否适合自己的身体和柔韧性。不要坚持做让自己疼痛的动作，可以再次揣摩说明和图片。大多数伤害都是在你不听从、不感知、不诚实的时候发生的。

弓步式

学会喜欢这个姿势。在耻骨的上提和大腿的伸展中，蕴藏着无限的可能性。处于半点（芭蕾舞的一种姿势，半个脚掌着地）状态的后脚脚跟能够激活足弓，从而让你打开髋部。抬升脚跟，推压大腿后侧。

1 站立，双脚并拢，朝向前方。弯腰曲身，手指接触双脚两侧的地面。抬头，挺胸，一条腿向后伸直，膝部后推，另一条腿的膝盖向前挺。

2 如图所示，双手放在膝盖上。把注意力集中到提升耻骨、脚跟和打开髋部上。双臂下压，但肩胛骨不要向下。如果感到腿部肌肉疲劳，或者想给腹部一些支撑，练习就不要进行下去了。

3 保持肩胛骨不动，举起双臂，颈部和肩膀放松。身体应该有和站立时相同的感觉，双腿应该让你的姿势优雅挺拔。腿部越有力，髋部和身体上提、伸展的程度也就越深。

错误姿势 ×

前面的大腿较低，身体重心集中在了下背部，而不是髋部和大腿。外突的腹部显示了脊柱的过度弯曲，如果长时间保持，肯定会导致下背部不适。还要注意后面的脚，脚跟要抬起。舒展髋部和脚踝，使其舒适。

战士二式

这个姿势紧接着之前的“弓步式”。从完整的“弓步式”姿势放下双臂，与肩同高，身体转向一侧，不再朝向前方。这个动作有助于打开髋部，增强腿部和膝盖的力量，并巩固已经建立起来的轴心力量。（详见瑜伽部分）

完整姿势

从“弓步式”开始，后脚脚跟转向地面，髋部紧随其后。前腿膝盖和髋部留在原位，平直转动，这样你就进入“战士式”了。由于耻骨的上提和大腿肌肉的后卷使得臂部坚实有力。这张背面视图展示了耻骨上提带来的脊柱伸展，以及髋部的平衡和背部的变宽。肩胛骨收拢，颈部放松。

侧弓步式

这个姿势中，前腿的位置与“弓步式”相同，身体稍稍倾斜。当肌肉协同运作时，你将感觉到它们是如何保持身体伸展和直立的，以及来自腿部的抵抗力是如何提供平衡的稳定性的。

1 从“战士式”开始，身体向弯曲的膝盖倾斜。肘部靠在膝盖上，腰部两侧保持伸展。放在臀部的手使得坐骨能够后拉，也使得膝盖可以前推。

2 在简单的“侧弓步式”中，右臂上举，直到上臂内侧碰到鼻子。注意从头到脚的长线，以及背部的宽度。保持肩胛骨收拢，后腿伸长。初学者可以到此为止。

3 左臂也举过头顶，保持双肩放松下沉。俯视视图揭示了这个姿势感觉舒适的原因。注意观察从后脑勺开始到脚跟的直线，好像是从地面长出来的一样，这使得背部舒展变宽。手臂和耳朵之间留有空隙，说明头部没有压力。

错误姿势 ✕

手臂姿势不错，但其他部位弯曲严重。大腿和腰部之间的角度不够直，表明脊柱必须弯曲才能使身体倾斜，导致身体重量只能由脊柱周围的细小肌肉来承担。

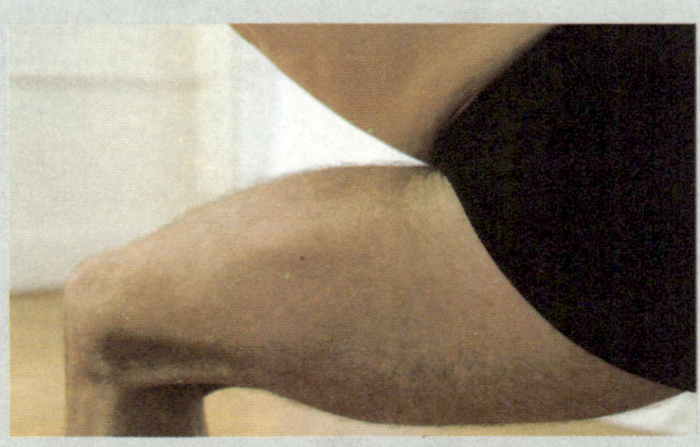

特写：腰侧长度是脊柱的反应。双膝不论前推还是后拉，都促进了髋部的扭转并使两侧同时变得稳固。两股相反方向的力量相互平衡，创造了稳定性。不要忽视你的腹部，让它与大腿尽量保持距离。

大腿弓步式

从“侧弓步式”开始，扭转身体，使其朝向前面的脚。身体重量应该均匀分布于前后腿之间。这又被称为“膝盖颤抖”。因为躯干位于前腿正上方，当大腿肌肉疲劳时，膝盖就会开始颤抖。

1 保持后脚脚跟平贴在地上，这将让你感受到内侧大腿的动作。虽然双手和手臂支撑着身体，但仍要保持腹部上提和内收。注意上半身不要弯曲，臀部不要外翘。初学者可以到此为止。

2 双臂自然后摆，就像小鸟一样，打开肩胛骨，舒展后背。永远都不要收缩身体，如果依靠挤压肩胛骨使手臂后摆，只会让颈部肌肉紧张。

特写：这张背面视图阐释了这个姿势的精髓。背部的长度意味着上半身的拉伸。从后脚脚跟开始向前倾斜，但始终保持身体的自由度，让它从前膝和髋部开始扭转。

3 双臂举过头顶。保持颈部伸长，肩胛骨下沉，确保颈部肌肉没有紧张。注意腹部的内收和上提，维持下部脊柱的拉伸。还应注意贯穿全身的长直线。体会双膝分开（一个向前，一个向后）和利用背部保持稳定性的感觉。这里有一个难点：你能否运用腹部让自己感到支撑力的存在？

错误姿势 ✕

上背部的拱起反映了下部脊柱承受的巨大重量。如果背部感到重压，请挺起胸部，并将腹部向内收，直到感觉大腿微微发热。注意双肩相对于耳朵的位置，保持肩膀下沉，颈部伸展。注意从头到脚的长度。

下犬式变体

这个姿势是狗式和劈叉的结合，难度很高。我的建议是可以先试试。确保从脚跟到脚尖的伸展。一旦你进入姿势，就能体会到其中的乐趣。（详见瑜伽部分）

四肢支撑式

这个姿势的机械本质使其变得极具挑战性。有时也被称为柱式，躯干肌肉保持着身体的伸展和拉长，但在姿势最初则是由背部肌肉支撑的。如果你的肩胛骨出现在远离肋骨的位置，那么就先尝试并完善简单形式吧。

1 从下犬式（劈叉）开始，进入到这个姿势。抬升腿放下来，胸部上推，离开地面，耻骨上提，挤入腹部，保持身体悬空。放低身体的时候只能弯曲肘部，其他部位保持原状。

2 弯曲双肘放低身体时，肩胛骨不能收拢，胸部上提，不能碰到地面。在腹部和后背处感受姿势，而不是双肩和胸部。如果你刚刚开始，可以将双膝放在地上。

3 这是双臂压到最低时的姿态，肩膀和肘部成一直线。如果继续下压，胸部就会收缩，肩部不再保持稳定。在这个姿势中，身体的任何部位都不能收缩。你应该主动地打开胸部、肩膀和后背。

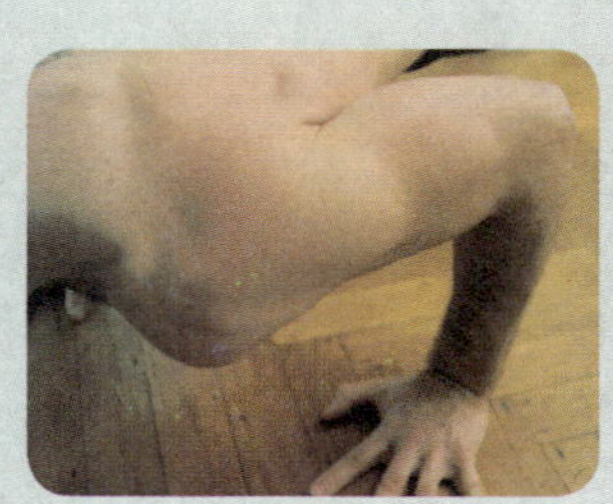

特写：后背是这个姿势的力量源泉。肩胛骨向下移动，相互远离，来激活后背。仔细观察肩膀和连接颈部的肌肉，它们并不怎么紧张。

错误姿势

这种情况被称为“头部绑定”。当你移动头部时，觉得全身都动了。人们常常认为这个姿势的关键是下压，所以舍弃所有的完整性，把身体压到最低。而这会导致大量问题的出现，比如肩膀塌陷，胸部承受重量，双肘外突并使手臂得不到来自背部的力量，腰部出汗等。

上犬式

你对上个姿势的理解越深刻，这个姿势就越容易，也越有趣。由于下压的重点在背部，你应该知道从哪里抬升身体使自己进入这个姿势，并同时舒展胸部和肩膀。（详见瑜伽部分）

下犬式

坐骨上翘时，下部脊柱伸展，腹部上提支撑脊柱。这个姿势还有个名字叫做倒V字形，下面的图片很好地诠释了这个名字。（详见瑜伽部分）

跳跃式

跳跃式连接了狗式和前弯式。只有当你知道自己能够做到时，你才能练习这个动作。因此，对身体自信些，这样做起来会比较容易，让身体在空中爆发、飞翔、弹起，并在重力的作用下使双脚着地。

1 从狗式开始，弯曲双膝，臀部向后上方推。这让你感到腿部肌肉开始活动。身体上抬，尽可能地拉开与双手的距离。腹部内收，使脊柱伸长，脚跟抬高。

2 双腿笔直上挺，看看自己能够弹起多高。抬高脚跟，让腹部内收。看着腹部，找出其运动方向。这看似愚笨，却能帮助你上拉而脱离地面，从而让你感受到支撑力。

3 将双臂笔直伸展，因为这是你弹跳时的身体支柱。如果保持双臂有力，脊柱弯曲的可能性就会减小。从拱背姿势开始，双腿向上伸直，尽可能高地跳起。

4 虽然身体中部有所折叠，但这确实是双脚接触地面的方法。双腿伸直，这使你跳起时感到伸展。尽量收紧腹部，直到产生能够停在半空中的感觉。努力使双脚落于两手之间，为下个姿势（前弯式）做好准备。这个姿势需要力量、平衡性和柔韧性，当你具备这些条件时，就能随心所欲地移动和弹跳了。

错误姿势 ×

这个姿态在说：我好害怕。注意拱起的背部和收缩的肩膀，身体也已经靠近双手了。此时，脊柱尚未伸直，手臂不够有力，大腿还没为跳跃而弯曲，你怎能期盼从这种姿势起跳呢？先尝试原地弹跳，然后再向前跳。

鸵鸟式

从“跳跃式”着地后，你差不多就进入“鸵鸟式”了。找到髋部的扭转点，让双腿后侧和下背部从这个最高点两边伸展拉长。你要做的一切就是下压脚跟并提升臀部，就这么简单。（详见瑜伽部分）

第四节　转体式

这些姿势能够同时锻炼身体的内部和外部。只要有规律地练习，你就会发现消化系统功能和腰部曲线的改善，从而证明真正的美丽是由内而外的。

脊柱扭转式

可能要花费一些时间，你才能熟悉背部的空间感。但是，不要放弃寻找，当你可以将其运用到转体式中时，就能感受到你期盼已久的脊柱自由。（详见瑜伽部分）

扭转弓步式

保持姿势的简单，不要转得太过，否则将失去全部的稳定性。把注意力集中在平衡髋部和打开背部上，当一切感觉自然后，开始扭转，试着将肚脐朝向大腿。

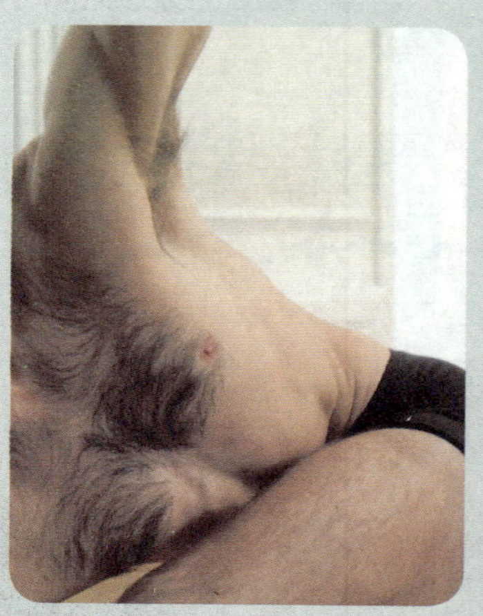

1 抬起一条腿，完成伽蓝鸟姿势，然后向后伸直，在感觉舒适的范围内尽量拉长，同时保持前膝的角度。用手扶住臀部将帮助你体会同时膝盖前推和髋部后靠的奇怪感觉。

2 这个角度展示了肩胛骨之间没有压力的空间。手腕贴住地面，处于肩膀正下方，上臂内侧向前翻转，这有助于打开背部，并使双肩下垂，离开耳朵。

特写：这个特写展示了扭转弓步的中心，因为急于将双腿、双臂伸向两个相反方向，你很可能会忘记自己在扭转。要做到这点，应该用腹部力量保持轴心的稳定。注意打开胸部，上臂配合肩膀的翻转，不是仅仅向上伸展。关注轴心，不要让四肢分散你的注意力。

3 当你开始转体时，注意身下的空间，不要下垂压迫这个空间。记住，当你拉动扭转的毛巾的两头时，只会加深毛巾的拧紧程度。因此，保持胸部上提、前转，后腿伸直、拉长，从而提高身体的运作效率。沿着上臂的线条，你会看到它与肩关节处于同一直线。肩胛骨没有压力，背部和胸部保持打开，后腿尽量伸长，所有身体部位都以轴线为中心进行扭转。注意你的轴心力量。

错误姿势 ×

背部线条不错，但上臂姿势有些问题。为了手臂的上举，背部已经受到明显的压缩。沿着上臂线条进入身体，你会看到手臂并没有配合肩膀的姿势，这对肩关节很不安全。

侧三角式

当你从体侧保持平衡时，自然会认为是手臂在支撑身体。其实，真正起作用的是坚固的骨头，手臂无需用力太多。你的体侧不会很坚固，因此，注意使用这一侧以下的所有肌肉，使体侧变得稳固。

1 从扭转弓步式开始，把举起的手放在臀部，另一只手向下按压地面，稍稍后倾。前腿后移保持伸直。挺直双腿，保持腿部拉伸、腹部有力，这些都有助于支撑身体。

初级姿势

如果手腕、肘部或肩膀感到任何疼痛，都可以转而练习这个形式。但是，双手支撑不代表可以使身体轴心弯曲。事实上，这意味着轴心的运作更加艰巨。

2 尝试这个动作，作为高级姿势的前奏。注意身体中部的扭转，这需要所有轴心肌肉的参与，包括腹部、后背和髋部。让这些肌肉联合运作，你才能同时推动和上提身体。

错误姿势 ×

你可以从第一个姿势放低身体，进入这个姿势，然后再撑起身体，这是相当不错的练习方式。但是，维持这个姿势将一无所获，除了增加身体压力。头部和颈部之间没有空间，也不存在抵抗重力的支撑力的任何征兆。人们初次尝试侧三角式时会觉得非常困难，但是当他们找到轴心后，就会感到轻松很多了。

高级姿势

看似困难，实际上却相当轻松。将身体推离地面，并将侧腹上缩，可以在身体下方创造出巨大的空间。先将左膝弯曲，再用左手钩住大脚趾，然后慢慢抬起、伸直左腿。可能需要一定时间的练习，但并没有想象中那样困难。

三角式

双脚着地，扭转身体，面朝体侧，这就进入了三角式。这个扭转同样始于腹部，终于颈部。练习扭转时，头部向上，仰视屋顶。（详见瑜伽部分）

三角转动式

这个姿势难度较大，必须小心练习。髋部必须具备足够的意识和稳定性，轴心保持拉伸，直至腰椎，并使你从腰部以上开始扭转。慢慢练习，直到所有部位都能够协调运作。（详见瑜伽部分）

第五节 平衡式

单腿平衡的好处是什么？我们是两足动物，两条腿和两侧髋部提供了主要的活动方式，它们之间的任何不平衡都会影响整个身体。学习单腿平衡，感受身体重量在足部和踝部的均匀分布，这一侧的膝盖和髋部都将得到锻炼。只要保持髋部平衡，不但可以纠正失衡，还能锻炼躯干和轴心的肌肉。

三角前屈式

到现在为止，你应该已经熟悉腿部的感觉了。前弯来自于髋部，髋部前转越多，你前弯的幅度也就越大。尽管这不是严格意义上的平衡姿势，却是一个很好的中性动作，自然连接了转体式和平衡式。

1 从三角转动式起身后，弯曲双膝，使之位于脚趾正上方，保持腹部内收。臀部不要上翘或下压。用大腿支撑身体，直到腿部开始发热。

2 身体向前弯曲，直到双手接触地面，并与胸部成一直线。大腿继续支撑身体，这些肌肉是你缓慢提升臀部和拉伸双腿后侧肌肉的源泉。保持背部拉伸，腹部内收。

3 放松上半身。感觉胸部和头部的重量把脊柱从髋部开始拉长。前弯的精华在于双腿后侧的拉伸感。头部下垂，坐骨向上提。

4 可以把头想象成一个钟摆，从髋部开始，沿着脊柱下垂，这张图片就是一个很好的例子。脚跟下压，臀部上提，让脊柱有向下流动的感觉。尽量增大双腿之间的距离，以便在下弯时让髋部通过。维持所有关节的空间，体会拉伸脊柱和腘绳肌的乐趣。

错误姿势 ×

够到地面的能力值得称赞，但不能以背部紧张为代价。可以弯曲双膝，提起坐骨，从而保持后背的拉伸，否则就会拉扯背部肌肉（这些肌肉比较弱小，无法与大腿后侧的肌肉相抗衡）。要放松双肩，运用大腿肌肉。

飞牛式

每个人第一次尝试这个姿势时都会摔倒，你大概也不会例外。如果你有勇气，但又不想摔在坚硬的地面上，可以在垫子上练习。请坚持尝试，飞牛式的关键不是力量，而是平衡。

1 从三角前屈式开始，弯曲双膝，双脚脚跟开始抬离地面。如果手臂无力，或者担心会摔倒，可以停在这一步。抬高脚跟，腹部内收。大腿将很用力，但可以将其忽略，集中注意力提高腹部，腿部自然就会轻松了。弯得越前，腹部收得也越紧。

2 前倾能让稳定背部的肌肉参与进来，加上强大的腹部力量，意味着你可以将这个姿势保持一段时间。动力来自于腹部，如果没有这种感觉，你是无法完成这个姿势的。这是依靠力量保持平衡的例子，同时展示了练习飞牛式时的轻盈感。

初级姿势 1：这张图片的位置较低，更多的身体重量将由手臂后侧来承担。你可以试探性地先抬起一只脚使其离开地面。眼睛向下看，这让你关注地面，提醒自己保持平衡。腹部收紧，就像能穿越身体向上升起一样，这能防止你的背部凹陷。初级姿势 2：一旦找到平衡点，双腿就变得非常轻盈，这使得双腿都能抬起。打开肩胛骨，确保胸部和背部保持舒展。运用轴心力量抬高身体，同时注意腹部内收，不能仅靠手臂支撑。

高级姿势

如果一直保持腹部内收和腿部轻盈，就能进入这个倒立姿势了。倒立很有意思，对身体也很有益处。在众多原因中，最关键的是倒立会使你感觉像孩子一样，并提醒你生活如此有趣味。如果无法靠腹背部的力量完成倒立，可以靠在墙上练习。这时要提醒自己打开背部。

站姿炮弹式

平衡并不容易，尤其是刚开始的时候，因为你会觉得身体中的某些部位好像被拿走了。但是，和最初的努力相比，练习给予身心的益处是非常巨大的。（详见瑜伽部分）

空手道孩子式

这个姿势是力量和优雅的组合，但开始时会感到动作笨拙、困难。先尝试简单形式，直至你发现腹部和髋部的肌肉感到紧张，而非抬升腿的髋屈肌。

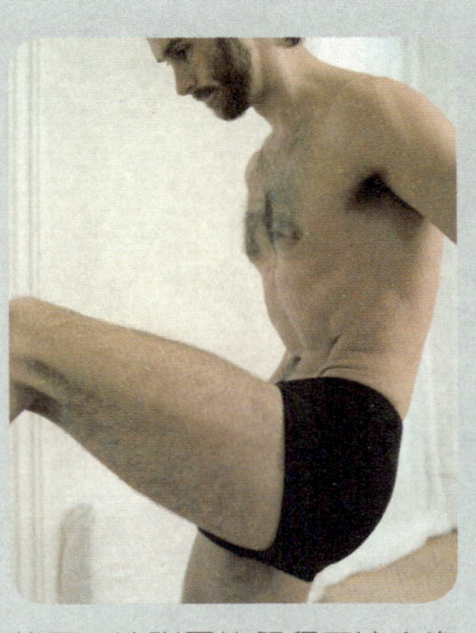

1 从上个姿势开始，提起耻骨，放低胸部，收缩腹部。手放开腿，继续收腹，让膝盖抬得更高。动力来自于腹部，而不是髋屈肌。如果找到平衡，就可以放低肩胛骨，举起手臂。你应该感到腰侧与腹部的力量。让支撑腿弯曲，这有助于压缩轴心。简单形式到此为止。

2 注意腹部，它使腿抬高并伸直。越是收缩腹部、提高耻骨、伸长腿部，舒展得就越高、越久。如果放低双臂，可以让背部参与进来，这将帮助你稳定身体，找到支撑力，产生一种上升的感觉。

特写：这张图片解释了这个姿势对腹部的关注。注意腰侧的凹沟，在这里你将找到轴心和支撑肌肉，从而避免髋屈肌的过度使用，后者很可能导致髋部紧张。这还能使腿进一步抬高，让你看起来更优雅。

初级姿势

和上个姿势一样，如果觉得必须依靠什么才能保持平衡的话，可以用墙壁支撑身体。这时，用另一只手感受抬升腿髋屈肌的强烈运动。尽最大努力收紧腹部，这能让腿抬得更高。

错误姿势 ×

这个姿势预示着髋屈肌的收缩，因为整条腿的重量都落到了髋屈肌上。注意腹部的突起，这导致下部脊柱必须独立支撑身体。后倾是阻止腹部内收的原因所在。

鹰式

这个姿势对体内脏器非常有益，因为挤压大腿的动作会增大血流量。完成之后，张开双臂，使之成树状，你将发现平衡变得容易多了，这还能进一步增强髋部力量。（详见瑜伽部分）

火箭人式

花些时间进行两腿的交替练习，坚持下来，你将对髋部、腹部和后背有一个更好的认识。同样的，通过这种来自身体的感觉，并将其运用到其他姿势中，你的稳定性和理解力都将得到提升。

1 单腿保持平衡，双手放在微屈的膝盖上，利用双臂稳定身体。双肩下沉，尽量保持与耳朵的距离，另一条腿向后伸展。伸展髋部和大腿，这将帮助你感受从腹部到脚趾的舒展。

2 胸部微微高于髋部，这使背部拉紧、稳固。腹部内收，使下背部稳定，同时加固支撑腿一侧的髋部。后腿尽量伸直，就像推动火箭向前一样。

3 这张图片展示了火箭人式的趣味。你有一种飞翔的感觉，髋部的轻盈让你几乎忘记了支撑腿的存在。胸部和抬升腿分别向前后伸展，使身体变得修长。腹部始终内收，让你感到轻盈，整个身体也处在即将打开的状态。此时，任何事情都变得可能。让自己飞起来吧，哪怕还有一条腿着地。

特写：这个姿势可以称为T字形，因为最完美的时候就应该像一个T字。双肩打开，尽量离开头部，你将感到背部肌肉也在提供那股你正在寻求的支撑力。前侧肋骨的闭合使脊柱能够充分伸展。腹部收紧，以支撑下部脊柱，并有助于伸展后腿，打开髋部。尝试一下，保持髋部平衡。

错误姿势 ×

这是常见的错误姿势，无精打采，根本不像火箭。“蘑菇背”意味着髋部成了最高点，脊柱周围的松散肌肉使用过度。应把后腿伸直，挺起胸部。

第六节　坐式

练习坐式时，千万记住不能弯曲脊柱。虽然身体的大部分落在地上，但感官反应的增强让你更清楚轴心的位置和支撑力的原理。请在精力充沛的时候练习坐式。坐骨贴于地面并支撑身体。让髋部转动，不能使其凹陷，也不要从脊柱处弯曲。最重要的是，不论腿部长度如何，任何前屈都应来自髋部。

双腿头碰膝式

结果只有两个：要么喜欢这个姿势，要么就让身体后侧极力抱怨不喜欢它。请保持耐心。记住身体必须从轴心转动，并保持两侧伸长。躺平，身体后侧必须完全打开。（详见瑜伽部分）

斜面式

你见过大风天气里的折叠式帆布躺椅吗？看到过椅面被风吹得鼓起来的情景吗？这个姿势最终也应有类似的感觉，背部肌肉将“吹”开前侧肌肉。手脚着地，找到支撑力。（详见瑜伽部分）

吉祥式

这个姿势又被称为“蝴蝶飞舞”。双腿打开，就像翅膀，这来自于髋部的放松。打开髋部，多次重复这些姿势，找到当两侧髋骨分开时的轻盈感。（详见瑜伽部分）

蝙蝠式

在这个姿势中，双臂成环，绕住双腿，就像蝙蝠的翅膀一样将腿部包住。背部打开、放宽，耻骨上提，双膝靠近胸部，腹部内收，与大腿保持一定距离。（详见瑜伽部分）

双鸽式

这个姿势的力学技巧使其很难推拉。为了理解它的重要性，可以在姿势上停留和休息，并谨慎地完成和保持姿势。练习时要保持动作柔和，以免受伤。虽然姿势很有趣，但练习时可能会引发一些强烈的不适感。

1 对有些人来说，小腿平行交叠超出了髋部的调节能力，但是，如果小腿确实能够伸平，就请相信你的腹部力量，髋部也将自然打开。身体从髋部向上伸展，尽量坐直。

2 将上面的膝盖下压（在前文的集合姿势中，应该同时下压双膝），从两腿之间提升耻骨。你将感到腹部的内收和膝盖的舒展。不要后仰，只有髋部向前上方转动。保持片刻，感受腿部的伸展。

初级姿势

如果无法完成小腿交叠，或者完成之后，双膝上翘，脚和脚踝有撕裂感，就请回到集合姿势，完成简单的交叉腿姿势。

3 保持腹部的内收和上提，直到感觉髋部开始前转。髋部向前上方转动，直至上半身伸过双腿。将臀部向后下方压，通过上背部肌肉收紧腹部，并提升胸部和腹部。这将帮助你舒展脊柱，并找到髋部与下部脊柱之间的空间。

高级姿势

如果小腿交叠还未能使你感到深度伸展，可以向内推动双膝，使其位于胫骨内侧，这样，你将找到所期盼的深度感觉。

乌龟式

完成这个姿势需要耐心和时间。当你接近极限时，可以放慢速度，甚至停留片刻。结束时应该像从冬眠中苏醒一样，如果做得太快，你将错过很多细节和感受。该姿势能打开很多隐蔽的积蓄紧张的地方。

1 乌龟式的主要内容就是前弯，要做到像乌龟一样将头部伸出保护壳，你必须知道如何从髋部向前上方拉动身体。双手放在弯曲的双腿下面，向前弯曲。这张图片显示的深度弯曲远远超出了大多数人的极限，不仅髋部前转穿过双腿，还有脊柱要从卷曲的髋部向前上方伸展，最终引发髋部和下部脊柱的强烈感觉。

2 这个动作挑战性很大，因为双腿和身体都要从髋部向前伸展。双臂向后伸展，尽量离开头部。这比你所熟悉的前弯更加困难，因为你必须把身体放到双腿下面。但是请记住，弯曲来自于髋部，而不是将脊柱拉到双腿中间。自始至终保持背部拉长，用心感受腹股沟的向上打开，这能为髋部的移动创造空间。

高级姿势

如果髋部和脊柱允许，就继续向前下方弯曲，翻转双手，手掌朝上，大拇指朝内，试着抱住臀部或钩住双手。肩胛骨抵住双膝，让膝盖当作一个支点来促使身体进一步下压。双手放在下部脊柱处，相互钩住，这有助于抵制身体上抬。沿着地面尽量将身体伸长，你将发现尾骨处压力的缓解。

错误姿势 ✕

这是经典的头部绑定错误，用这种方式练习乌龟式必将导致背部上拱。从肩膀开始，逐渐往后，身体全线向前凹陷。或许髋部能感到伸展，但程度不会很深，因为缺乏来自身体其他部位的支持。保持耐心才能赢得最后的胜利。

初级姿势

如果髋部柔韧性不够，可以尝试这个姿势。双臂作为支柱，帮助拉长脊柱，使其从髋部向上提升。这不仅使你感觉更舒服，还能让你感觉到腹部的提升。只要这种提升足够有力，就能使髋部周围的肌肉变软，从而让髋部转动更加靠近大腿。如果你处于这种状态，就应多加注意前弯练习的所有细节。

第二章

瑜伽和健身球

第一节　利用健身球来练瑜伽

什么是健身球

健身球曾被称为体操球、瑞士球、练习球、平稳球或者弹力球，是一种配合运动健身的球类运动工具。材质多是由柔软的 PVC 材料制成，最高可承受 400 千克的压力。健身球可以训练胸、腹、背、臀、腿等处的肌肉群，而这些肌肉群在保持身体平衡、改善身体姿势以及预防运动损伤等方面发挥着重要作用。

健身球运动最早起源于瑞士。最初是作为一种康复医疗设备，用来帮助那些运动神经受损的人恢复平衡和运动能力。理疗专家发现，球的形状和运动性，可以激活关节全面的稳定性，同时还有平衡身体姿势所需要的深层肌肉，从而刺激身体去增进身体和动作的自觉性。目前，健身球已应用于增强和治疗骨盆底部肌肉的失控病例，也用于预防孕妇临产前和生产时所可能受到的任何神经损伤。

渐渐地，随着它在协调、康复腰、背、颈、髋、膝盖等功能作用的发挥，抗力球的应用超出了理疗的单一范围，逐渐被延伸推广为一种流行的健康运动，并流传至美国、欧洲、澳洲等地，经久不衰。

选择健身球的N个理由

如今，各种运动器材可谓层出不穷、花样不断。人们的选择多了，对待与自己的健康、身材息息相关的器材更是挑剔异常。健身球能得到乐活族的宠爱，正是因为它无与伦比的优点。我总结了一下，人们选择健身球的理由如下：

理由一：价格低廉，易于保存

健身球不仅价格低廉，而且容易买到，不但运动器材专卖店里有，不少超市也有。健身球在未充气时，可以将其折叠存放家中，不占空间而且易于存放。倘若你要外出度假或者旅行，你只要将其折叠好放进旅行箱就好了，非常易于携带。

理由二：避免运动伤害

健身球运动适合所有的人锻炼，包括需要康复治疗的人，它使锻炼者在锻炼时更安全，避免对关节造成强大冲击，避免运动伤害。有些腰背部有伤的人在做仰卧起坐时，因为腰背部有伤可能做不起来，但是在做健身球运动时，可以利用柔软的健身球来帮助运动者做运动，能够起到一个依托的作用，不容易出现损伤。

理由三：趣味性强

健身球运动有很强的趣味性。运动者在进行普通的器械运动，如跑步机、仰卧起坐时，只能通过长时间地重复几个动作来消耗热量，这就使得运动者的健身过程非常枯燥、乏味。健身球操改变了以往模式化的训练方式，让运动者伴着或舒缓优美或热烈奔放的音乐，与球一起玩耍，运动者时而坐在球上，时而举起球来做做跳跃运动，这些有趣的动作使得整个过程极富娱乐性。

理由四：提升平衡力

健身球运动有助于训练人体的平衡能力。以往的健身运动都是在地面或稳定性很强的器材上进行，运动者不用太多地考虑身体的平衡问题。而健身球则不同，它有一个不稳定的支撑底部，因此当你打算在球上做任何运动时你就要做到平衡，你的身体在运动中就会调动许多深层的肌肉，这些能够使你保持平衡的深层肌肉经常会被忽略，结果导致膝盖、脚踝或者肩背受到损伤。

坐在球上是一种平衡练习，抬高一腿，平衡难度就增加一点。将抬高的腿稍作移动便会难上加难。而在做腿搭在球上双手撑地做俯卧撑时，运动者要完成曲伸双臂的动作，首先要保持身体的平衡，不让球滚动，就得靠腿部、腰部、腹部的力量来控制，这使身体的协调性以及对肌肉的控制能力得到了有效的训练。

理由五：能充分按摩人体，增进人体健康

健身球的最高境界是人与球融为一体，健身球操的动作设计力图达到人体与球面的充分接触，而健身球是由柔软的 PVC 材料制成，当人体与之接触时，内部充气的健身球会均匀地抚摸人体的接触部位从而产生按摩作用，这有益于促进血液循环。

理由六：纠正坐姿

当人坐在球上时，身体并未放松，你的背部、臀部、膝部等部位仍不断地在作出细微的调整，使自己能保持平衡。这些细微的调整有助于脊柱中的椎间盘的血液循环，加强背部的力量。通过随时地调整自己的身体重心和平衡，增加了脊柱的运动，增强背部力量，保持正确的坐姿。同时，利用健身球的弹性也能纠正自己的坐姿。因此，坐在健身球上，运动者就会不由自主地挺直腰板、两肩向后张，这是身体为防止摔倒而做出的本能反应，也是一种正确坐姿。

鉴于健身球的这种独特功效，有些理疗专家甚至建议，在办公室和学校里用健身球代替凳子，因为这不仅能使 OFFICE 坐坐族和学生们的姿势变得更好，而且还能提高办公和学习时的注意力。

理由七：燃烧脂肪，纤体瘦身

塑球运动能够提高代谢率，增加脂肪消耗，帮助减少小腹、手臂、腿部及臀部的脂

肪。特别适用于小腹过胖、手部及腿部过粗的姐妹们使用。借助着简单的瑜伽运动，你可以循序渐进地塑造出你想要的玲珑身段。

健身球的选择

健身球有各种尺寸、材料和颜色，可以从大多数的大型商场或体育用品商店买到。在选择健身球时，你要记住下面的要点：

健身球应该是用防爆材料（防爆并不是说它根本不会爆炸，而是当它在爆炸时不会啪地一声炸开，而是慢慢地瘪下去，以免突然爆破而造成对人的伤害。）做成的，这样会使它较长时期地保持球的形状不变。

健身球应进行约 450 千克的压力试验，以确保球能完全承受人在球上运动所施加的力，而且较为理想的是有一个不滑的表面以增大摩擦力，以免人在球上运动时容易滑落或跌落。

健身球必须适合你的身高。大多数成年人需要一个直径 55 厘米或者 65 厘米的球。一般来说，直径 55 厘米的球适合于身高为 1.5~1.7 米之间的人群，而 65 厘米的球，是适合于 1.7~1.88 米的人群。制造商也提供了他们自己制定的高度标准，但这些标准各不相同。最重要的标准是，当你坐在球上时，你的臀部应该和你的膝盖保持齐平或稍高一些。

有些健身球自带打气筒，而有些健身球则没有。假如你经常需要打气或者放气，我建议你去买一个专门为球打气而设计的气筒。检查你的球是否充气到合适程度的一个好办法是：把门打开到你的球的直径宽，如果你的球刚好能通过这个间隙，那就说明球的充气量是合适的。如果你是个健身球新手，开始你就会发现，相对于充气足的球，你更容易控制充气不足的球，通过这个方法，你也能很好地判断你的球是否充气到合适的程度。

瑜伽与健身球的结合是必然的

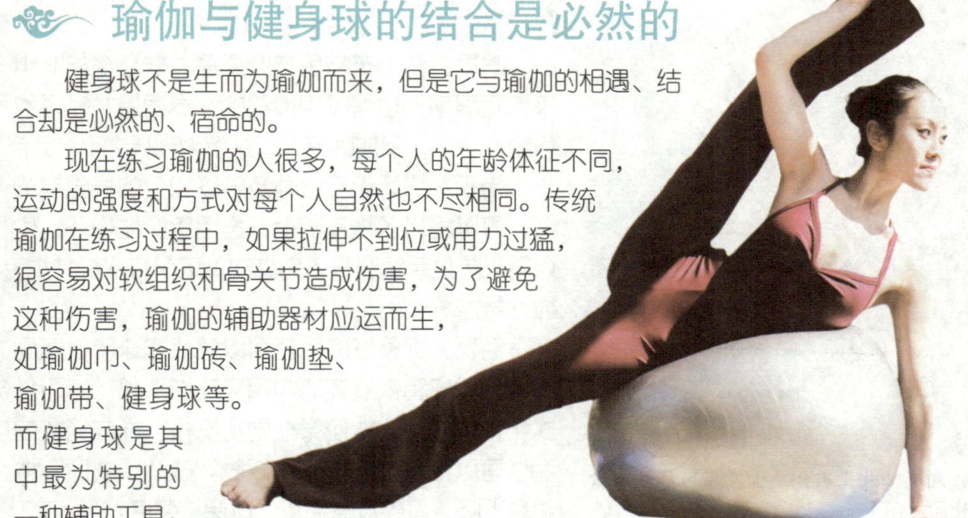

健身球不是生而为瑜伽而来，但是它与瑜伽的相遇、结合却是必然的、宿命的。

现在练习瑜伽的人很多，每个人的年龄体征不同，运动的强度和方式对每个人自然也不尽相同。传统瑜伽在练习过程中，如果拉伸不到位或用力过猛，很容易对软组织和骨关节造成伤害，为了避免这种伤害，瑜伽的辅助器材应运而生，如瑜伽巾、瑜伽砖、瑜伽垫、瑜伽带、健身球等。而健身球是其中最为特别的一种辅助工具：

它把弹性和滚动性结合起来作用于整个身体，从而缓冲了身体的一部分受力，让练习者在练习过程中不至于受伤。

传统瑜伽的三大功法：呼吸法、伸展法和冥想法，在塑球瑜伽中依然适用。练习者在练习时要依靠深长、稳定的呼吸才可以稳定球，从而在球上进行伸展、挤压等动作。

认识健身球之外的其他辅助工具

除了健身球之外，还有许多瑜伽辅助工具，能帮助练习者将每个姿势毫不费力地保持更长的时间却不会受伤。通过使用这些工具，瑜伽姿势对所有人而言都变得简单易学。不论练习者的柔韧性和健康状况如何，年龄多大，学习瑜伽有多久，都能更容易地进行练习。这些工具也能帮助那些因为疲惫或伤痛而不愿尽全力的练习者。

防滑垫：防止脚在练习站式时打滑。在垫子中间画出或折出一条直线，可以更有助于姿势的调整。

椅子：椅子是转体式的工具，比如在练习简单转体式、椅肩立式、半犁式时，椅子都能起到支撑身体的作用。

木砖，软木砖，泡沫砖。

木砖：如果身体不够柔软，手掌难以触及地面，木砖就能帮忙了。在站式和坐式中，木砖可以用来支撑腿或手，协助完成扭转姿势。

泡沫砖：很多练习者发现在坐式练习中伸展脊柱很困难，而坐在一两块泡沫砖上就容易多了。在做肩立式时，泡沫砖可以支撑颈部和肩部，在恢复姿势中则可以支撑头部。

长枕：主要用于恢复姿势，支撑头部或背部，也可以用几个软枕或卷成桶状的毛毯代替。

长枕和毛毯非常有用。你家里可能就有这些物品。

眼罩：在小布袋里装些豆子，恢复姿势时用来镇定眼部，也可以用传统的邹绸绷带，轻轻地包缠在头上，蒙住眼睛，以缓解眼部压力。

带子：练习手无法触及脚或脚尖的直腿姿势时，可以将带子绕在脚上，再用手抓住带子；也可用来防止手臂滑开（肩立式）或保持双脚并拢，靠近骨盆。

毛毯：折叠好的毛毯可以替代泡沫砖，在仰尸式、调息和恢复姿势中用来支撑头部。练习坐式和转体式时，能使脊柱更加挺拔。卷成桶状的毛毯可以在英雄式中支撑双脚。做仰尸式时，体温会下降，可以披盖毛毯，以保持温度。

瑜伽和健身球，开启女人健康美丽的密码

人人都可以找到练习瑜伽的理由。因为瑜伽能带给我们的，不仅仅是年轻、灵活、柔韧的身体，还能给我们纯粹的快乐、优质的生活、宁静的心灵以及宠辱不惊的淡然。为了让你更好地体验瑜伽带给你的神奇功效，为了能更好地完成那些你暂时没法完成的动作，带上健身球，在伸展之间从容开启女人健康美丽的密码吧。

优雅妩媚，让你与众不同

“优雅”和“妩媚”，在很多人看来，是不能排在一起的：优雅就如同一个书香门第走出来的知性女子，周身流露着萦绕不散的高贵，而妩媚总是沾染了几丝风尘味，不能登上大雅之堂。其实，现代的女子，要在优雅中带着点点妩媚才最吸引人。但这样的女子并不是天生的，必须要经过后天的培养。

其实，最能出卖女人年龄的往往不是脸上、脖子上的皱纹，而是形体。形体是生命活力的集中体现，臃肿的腰肢、粗壮的胳膊以及僵硬的手段，都是身体走向衰老的征兆。而在练习瑜伽时，拉伸、拧转、平衡、舒展……每一个动作都是为了挖掘出潜藏在你身体里的气质，让你的气质如同花朵的芬芳一样由内而外地散发出来，不知不觉中“雕琢”出优雅的姿态、灵动的身形、妩媚的表情，让原本毫无美感的身体变得摇曳生姿。它能提升身体的表现形式，无论你在盥洗室里刷牙，书桌前阅读还在沙发上横躺，它都能纠正你的站姿、坐姿和躺姿，在生活中的一切动作都以身体中心为一个衡量标准，姿势调整了，在举手投足之间，优雅的气质就自然而然地散发出来；身体柔韧轻盈了，一种女人特有的妩媚和芬芳就会油然而生。

减脂塑型，让你活力激扬

纤体、减肥、瘦身……是永远不会过时的词汇。女人们想要瘦一点、再瘦一点、更瘦一点的欲望，似乎永远都满足不了。但是，怎样才是健康的瘦呢？那就是一个活力激扬、纤秾有度的你：一份快乐的心情配上一副美妙的身体！而源自印度的瑜伽就是赋予你这个身体的最好方法。

瑜伽是有氧运动，练习过程中会消耗多余的热量，使肌体的线条更加流畅美丽。例如，瑜伽的很多体式都要求挺直背部，背部肌肉在持续紧张的状态中，逐渐变得紧致，线条日趋完美。脊柱也变得坚强挺拔，驼背含胸等不良习惯不知不觉中纠正过来，美背在无限风情中又增添了几许优雅。又比如许多动作以腰腹为中心，让力量蕴蓄之后从四肢散射开去，身体的每一个关节、每一块肌肉都在随之舞动，灵活自如。在动作过程中要求有意识地收腹，这样可以有效地锻炼腹横肌，消除“小腹婆”的烦恼。

另外，瑜伽呼吸法如腹式、胸式呼吸法，能影响脑部神经对摄取食物欲望的控制，长期练习瑜伽，你在美食面前的抵抗力就会逐步增强。

柔韧身体，轻盈体态

在女人对身体满意度的排行榜上，除了“瘦”，最想拥有的就是“柔韧”了。“女人天性至柔，是水做的骨肉”，女人拥有一个韧性十足的身体，即使妩媚隐藏在骨子里也会幽幽地散发出来。看过奥斯卡经典影片《乱世佳人》中白瑞德拥吻斯嘉丽的经典画面的

人，都想达到女主角那样的状态：被男友轻搂后腰，身体向后弯曲，左小腿微微抬起，像跳探戈那样展示一回杨柳腰。

事实上，男人们也同样认为，女性柔韧的身体对他们具有强大的杀伤力，因为柔韧的身体暗含敏感和热情。柔韧来自于肌肤、仪表和内心，只有柔韧的女人，才会有丝绸水滑的身段，才会有摇曳生辉的姿态。

瑜伽讲究由内而外的宁静与放松，通过呼吸的调整平和心境，增强韧性。它没有跳健美操、拳击那样剧烈的动作，每个体式都舒缓放松，坚持练习，能够拥有流畅的肌肉线条和强韧的肌力，使女性的身体柔软中不失坚韧，却不会练出男性般坚硬的肌肉。它的动作几乎都需要腰腿部肌肉的参与，令腰部、腹部和大腿内侧肌肉变得紧实有力，让你在轻柔的舞动中练就窈窕的身材，让你身体的每个关节、每块肌肉都像擦了润滑油一样灵活柔韧，纵然到了 50 岁，一样可以拥有 25 岁的柔软身体。

增强平衡力，体验和谐

“平衡”是一个非常迷人的词语。翻开老祖宗的养生教诲，这个词无处不在。在中医养生典籍《黄帝内经》中，平衡的思想无处不在。阴阳平衡、饮食平衡、脏腑平衡、气血平衡……这足以说明，平衡是考验身体健康的一个关键点。

在瑜伽的整个练习过程中，身体的每个关节、每条韧带、每块骨骼都能得到最大限度的伸展，收的时候也是如此，这样重复一展一收，一个灵活舒展的身体一天天练成，而且永远不会弃你而去，绝对是你最忠实的追随者。

瑜伽的动作对身体的平衡也十分讲究，大量瑜伽平衡体式如单脚举腿式、平衡式等，原本就需要身体各机能之间进行紧密的配合才能进行。在塑球练习中，塑球本身的特性更是加强了对身体平衡的锻炼，每个动作之间的转换需要重心的转移，这时就需要相应的肢体配合，才能继续保持身体的平衡。也就是说，需要身心配合一致。每一次调整都要用心掌握好身体某一方的增减，还要细细体验如何在保持平衡的状态下，找到一个合适的途径，以顺利转换动作，同时做到动作完美。千万不要忘记心情要保持轻松舒畅，否则，就会很容易失去重心。

排毒养颜，如花美靥自然天成

工作压力大、生活不规律、饮食不节制、肠胃越来越不顺……现代都市人几乎都陷在文明病的怪圈内无法全身而退。内分泌失调，身体毒素无法及时排除，粉刺、暗疮、色斑……一个个如可怕的恶魔，吞噬着我们原本美丽的容颜。昂贵的护肤品、化妆品不但让我们的荷包一次次缩水，并且往往只是治标不治本。美丽是女人一生的功课，要变得更美还得靠生活中的点滴保养功夫。

瑜伽的体位法，能够挤压内脏和肺腑，从而使身体内的杂质和毒素通过皮肤排出，这是平时生活中一般的排泄方式不能达到的效果，尤其对于生活在空调房内的白领和有车一族是最好的锻炼方法。

瑜伽体式对心血管系统机能也有良好的影响，能够使毛细血管扩张，促进微循环，增强血液带氧数量，还能促进血管收缩，活血化淤，使血管壁上的沉积物被带走排出。长期练习，血液内的红血球、白血球含量会明显增加，特别是对白血球的吞噬作用影响明显，是净化血液的最佳方式。

当体内的毒素被清空，皮肤自然白里透红、水润靓丽。

放松舒缓，释放压力

在快节奏的生活中，压力像一张无处不在的网，让我们无暇顾及自身身体和心灵成长的需求，即使是在无所事事的周末时光，我们依然会觉得身心俱疲。让瑜伽来帮你吧。

瑜伽是一种静力型的运动方式。它不仅仅带给我们一个健康的体魄，还给予我们一种健康的生活方式。它需要避开喧嚣，在一个安静的地方慢慢的进行，这样才能达到最好的效果。

瑜伽体式能够滋养我们的神经系统，精神配合呼吸，静静地感受每一次呼吸的过程和长度，可以让你有足够的时间去感受每一次运动的变换。一静一动间，你已经在和身体做最深沉的沟通了。慢慢地，身处大都市的浮华躁动的我们归于平静，消除紧张生活状态下的倦怠感，使我们的内心真正地沉静、平和下来，达到身心放松与和谐。一种安宁，一份怡然，油然而生……

当你完全沉入到瑜伽的世界中的时候，你会养成这样的习惯：出门之前，你会看一下自己，眼神是否清澈，情绪是否饱满。这是瑜伽赋予你的珍贵礼物—健康的身体，安然的心态。

健康时尚，不易生病

环境的日益恶化正损害人体的自然免疫功能，全球气候变暖成为新病毒滋生的温床，不尽如人意的工作环境等，让职业病、现代文明病、心理疾病，成为啃噬你健康的隐形杀手。人群中的健康问题越来越多，也让我们意识到健康问题的重要性。我们很难扭转大环境，我们也很难改变工作现状，但我们可以从自己做起，提高自身身体素质，强化自身免疫系统，才是保持健康的根本手段。古老的瑜伽从六千多年前的喜马拉雅丛林中走来，拯救你的心灵和健康。

瑜伽并不是包医百病的良药，但长期练习却绝对能改善你身体的不良症状，使之向好的方向发展。它的动作虽然缓慢，但却可以增进肌肉的力量、平衡度和柔软度。瑜伽的各种体位法配合呼吸，能通过对穴位和经络的刺激增进气血的流通，调体、调心、调气，增进自然治愈力，给衰退的体细胞送去新鲜血液，按摩体内各个器官并增强其功能。

第二节　坐球热身组合

——要健美身体，不要运动伤害

坐球弹球式

功效：借助球的弹性，可以使脊柱和背部、肩部的肌肉得到放松。

1 练习者坐在球上，腰背伸直，目视前方。双腿分开比臀部稍宽，脚尖朝前。两手自然下垂，掌心贴住大腿上侧。

2 用臀部的力量把重心往下压，利用球的弹性把身体弹起来。

3 保持呼吸，反复弹起落下。双脚稳固地贴在地面上。
开始时，轻轻弹，等动作熟悉以后，可以加大力量，弹得更高。

提示

两脚支点要稳，肩部可以随球的弹性上下放松。重复 8~32 次。

坐球转动式

功效： 弹动和转动身体可以使脊柱变得柔软灵活，身体各部位得到协调。

1 两脚分开，坐在球上。

提示

初学者不要弹得太高。每次转动的角度不要太大，在臀部即将离球时转动，身体就会较为稳定。熟练以后，可以随意增加练习的次数，转动的幅度也可以相应增加。每次转圈后都要放松，深呼吸，使身体得到休息。

2 利用球的弹性使人的身体边弹边转动，每弹动一次都要变换角度。先向左边转一圈，再向右边转一圈。

坐球呼吸式

功效：扩展胸腔，增大肺活量，通畅呼吸道，净化全身血液，为大脑提供足够的氧气，激活全身机能。

1 臀部坐稳在球上，两腿打开，膝盖向外。两手打开。吐气，收腹，背部向后拱起。含胸，下巴往胸前靠。

2 双手向上举起。头向上看。

3 双手十指紧扣。

提示

强健的呼吸系统能保证氧气摄入充足，血液中的氧气多，组织运行就会毫不费力。瑜伽提倡有规律地、缓慢地呼吸，这是人类长寿的秘诀。练习者要从练习呼吸开始，练习缓慢地一呼一吸，练习的次数可以慢慢地增加，直到你认为舒畅为止。

4 吸气，背部向后靠，扩胸，下巴拉高。重复此动作 10 次。

5 呼气，身体向前弯曲，背部拱起，头部随之下转。

6 腰部挺直，头部回正，动作结束。重复此动作 10 次。

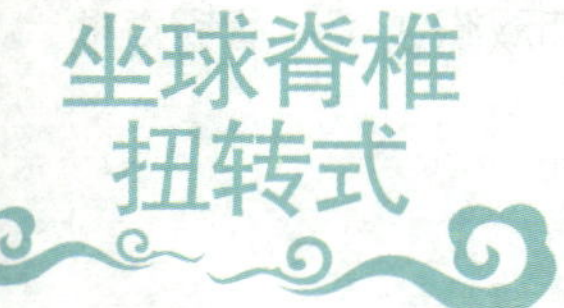

坐球脊椎扭转式

功效：这个姿势可以使脊椎更加柔韧坚强，燃烧腰部的脂肪，塑造紧实纤细的小蛮腰，且有助于舒缓肩背部疼痛的现象。

1 腰背挺直坐在球上，两腿打开与肩宽。吸气，双臂打开与肩平行。

2 吐气，身体慢慢向右侧转，眼睛注视右手指尖的方向。保持此姿势 3 次呼吸。

3 吸气时身体慢慢回到正中，吐气时再缓慢转向左侧，眼睛注视左手指尖的方向。保持此姿势 3 次呼吸。

提示

练习时肩膀要放松，配合呼吸转动。注意两肩要平衡，下巴与地面垂直。眼睛向后看。当重心稳定时，尝试着再向后转一点点。每次都有进步就行了。

坐球头碰膝式

功效：拉伸大腿韧带，紧实腿部肌肉，修饰双腿线条；柔韧脊椎，按摩腹腔内部器官，调整内分泌。

1 坐球，双腿伸直，双脚踩地板，臀部压球往后推，双手向上与肩宽。吸气。

提示

初学者可以把两腿打开，有助于重心的稳定。重复此动作 10 次。

2 吐气，手带动腰背部下压。膝盖伸直，腹部收紧，手放在脚背上。深呼吸 3 次，吸气还原。

3 手臂和上身呈一直线，头部靠紧双腿。

4 拉伸颈部，吸气，抬头，平视前方。

5 脚尖朝上尽量伸展，让腿部感觉到压迫感。

6 脚掌平放在地面上，呼吸几次，动作结束。

坐球前俯左右开臂式

功效：伸展、紧实腰部两侧的肌肉、胸肌和大腿内侧肌肉；按摩腹腔器官，促进体内毒素的代谢。这个体式是全身性的运动，减脂塑身的效果显著，尤其是脂肪容易堆积的大腿内侧。

1 坐球，双腿伸直，脚掌平放在地面上。身体前倾，背部成一条直线，贴近双腿。双手伸直移到身体左侧。

2 右手撑地。把你的左手向上伸展开。头抬起，望向天花板的方向。保持这个动作30秒，正常呼吸。在你开始做动作的时候吸气，然后换另外一侧重新开始做运动。

3 身体保持向前倾，背部成一条直线，双手打开，与肩部平行。

4 在你向右倾斜的时候，呼气。在你的身体倾斜的时候，把你的左手滑向你的双腿右侧，撑地。

提示

在做这个动作的时候，传统瑜伽的初学者上面的肩膀总是会向下倾斜，这样会减少你的身体两侧的肌肉的伸展性。在这个动作里加入一个球，就会使初学者轻而易举地做到这个姿势。

5 把你的右手向上伸展开。头抬起，望向天花板的方向。保持这个动作30秒，正常呼吸。

坐球双角式

功效：伸展背部、肩关节、大腿方肌群；扩展胸腔，提高心肺功能；促进血液循环，有助于缓解身心疲劳；令双腿变得更柔软、更具弹性。

1 坐在健身球顶的边缘，双腿并拢。身体保持向前倾，背部成一条直线平行于地面，双手打开，与肩部平行。

2 吸气，平抬双手，腰背挺直，呼气。

3 体前屈，双手十指相交于体后，双腿伸直，固定不动。

4 放松脊柱、将头颈及肩向后倾。深呼吸，保持5~10秒。

5　呼气，体前屈，慢慢将手臂向头的方向伸展。

6　向前弯腰，腹部贴近大腿，额头靠近小腿，吸气后还原起点动作。重复3~5次。

7　吸气，平抬双手，腰背挺直，呼气。收左脚，稳定重心。

提示

保持双腿伸直，放松背部的肌肉，不要闭气，以腹式呼吸进行练习。

8　收右脚。完成后吸气，还原起点动作。重复3~5次。

坐球侧腰收紧式

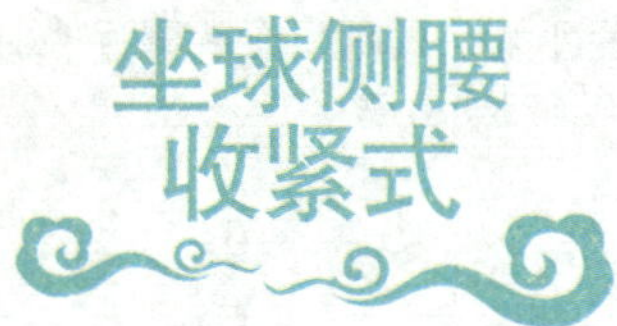

功效：拉伸、挤压侧腰的肌肉、韧带，消除两侧腰部的多余脂肪、赘肉。

1 坐球，两手伸直，与肩部成一直线。吸气。

提示

腰部肌肉要保持紧张感，要配合动作呼吸。

2 吐气，向右侧腰。吸气，还原到步骤 1。

3 吐气，向左侧腰。吸气，还原到步骤 1。

坐球腹式呼吸

功效：增大肺活量，促进身体的血液循环和淋巴循环，为身体提供大量的新鲜氧气，有利于排除身体毒素，从而引导身心良性发展。

1 坐球，腰背挺直，吸气，首先腹部放松，然后胸肺部扩张，双手按在胸部肋骨处体会吸气涨满的感觉。

2 吐气，首先胸肺缩小，然后腹部往脊柱方向收紧。双手按在腹部处体会吐气收紧的感觉。

提示

每次呼吸要徐徐进行，不能有气顶或气促的感觉。并且注意用心去体会每一次呼吸，这是极为重要的。

第三节　站姿纤腰细臂组合
——不要“蝴蝶袖”，拒做“小腹婆”

功效：可消除腰部赘肉，强化腰肢的灵活度；拉伸胳膊内侧肌肉，去除手臂赘肉，紧致肌肤；加强腿部力量，锻炼大腿内侧的柔韧性；促进全身血液循环，代谢正常，美白祛斑当然不难。经常练习可使女性的气质更加高贵优雅。

1 站立，两脚并拢。健身球放在你右边的地板上，右手指尖扶球，左手贴合身体。

提示

练习时一定要主要两腿并拢站直。视身体情况尽量做到位就可以了，千万不要勉强。

2 左手向上抬起，手心向前。右手将球向前推出。

3 右手扶球不动。将左手向右侧倾斜。眼睛注视着球。

4 把你的左手和头慢慢转向右侧，头抬起，望向天花板的方向，保持这个动作30秒，正常呼吸。

5 右手扶球不动，吸气，左手从后面扶住后脑勺。

6 慢慢吐气，将左手重新向上抬起，吸气还原。重复本套动作数次。

幻椅变体式

功效：燃烧腰部、脊柱、腹部以及双腿的脂肪，增强身体中段肌肉力量，修饰身体线条；拉伸大臂内侧肌肉，锻造出纤细均匀的臂部线条；可以调节和提高身体的平衡能力，促进内分泌和身体能量的平衡。长期锻炼此式，还可锻炼盆骨区域，强化生殖系统的功能。

1 站立，把球放在你的右手边60~70厘米处，把右手掌压在球的顶部。

2 把身体的重心转到你右脚上，把球慢慢向后推。

3 稍稍下蹲，把球推到你的正后方，开始吸气，保持这个动作30秒。

4 正常呼吸，然后放松，左臂向前伸直，与地面平行。眼睛看手尖。

5 慢慢将球移回来。保持蹲姿。

提示

很多人在做这个姿势的时候身体容易前倾，双脚分开、重心下移可以帮助你保持身体直立，让你髋关节前部、腹部以及胸部伸展得更好。

6 将球移到正前方。上身与大腿紧紧贴合，双手掌放在球上，半蹲。

7 慢慢将腿伸直，低头，呼吸，双手缓缓将球移向身体。

8 将球固定在身前，手臂紧贴身体。直立。动作结束，换边练习，重复 4 次。

功效：让腰腹更加平坦紧实，同时拉伸大腿、手臂的肌肉，美化身体线条；提高专注力，加强身体的平衡能力，刺激消化系统，有助于清除肠道垃圾和毒素。

1 双脚分开一肩宽，双手压球。

2 推球，尽量向前伸展手臂和腰脊柱，调整呼吸。

3 尽量把背部向下压，稳定重心，吸气。

4 还原，重复该动作 3~5 次。

提示

拉伸脊背时，肩膀不要用力，应利用腰背的肌肉力量拉伸身体。

推球三角式组合

功效：快速消耗腰部多余脂肪，快速改善水桶腰，还能够强健髋部肌肉，同时还能够使你的身体更柔软。同时也拉伸了腿部后侧肌肉和韧带，伸展大腿、小腿、髋关节、膝关节及踝关节，协调下肢，使腿部线条颀长笔直，同时能刺激背部淋巴系统，清除全身毒素，松弛情绪。也可加速脑部血液循环，排除面部毒素，抑止脸部黑色素的产生。

1 双脚分开，吸气，双手扶球站立。

2 将球推到右前方，左手贴紧身体。

3 拉伸右手，将身体尽量往下压。眼睛看球，呼吸几次。

提示

保持右腿与左腿弓在同一直线上，保持腰部左右两侧的均匀伸展。

4 慢慢抬起左手，颈部拉伸，眼睛随着手指的方向移动。

5 将左手从背后扶住右侧大腿。伸展腰部，使身体与地面平行。

6 抬头，保持双腿紧绷，吸气，伸展脊柱。

推球战士一式

功效：增强腰腹部肌肉耐力，去除腰腹、背部多余脂肪，拉伸你的胳膊内部肌肉，让你的手臂更加紧致纤细；增强足弓、脚腕、膝部和大腿的力量。提高平衡能力，改善循环系统和淋巴系统的功能，同时还能锻炼你的集中力和思维能力。

1 双手推球，将球推到身体右侧，吸气。

2 右脚前迈，呈弓步状。左腿伸直。头向后仰。

3 左大腿向后挺起，右髋上提。双手压球，背部向下压。

4 吸气，伸展上半身，慢慢将球移到身体方向。

5 面球，两脚呈一直线，双手撑球，眼睛直视前方。

6 将球移到两腿之间，身体直立，保持呼吸几秒钟。动作结束。

提示

这个动作能很好地锻炼了腰部、背部。但高血压患者及颈部受伤者不适宜练这个体式。

第四节　坐姿美胸收腹组合
——凹凸有致，有线条才有魅力

功效：扩张胸腔，增加肺活量，提高乳房肌肉的支撑力，促进胸腔血液循环；消除腰围区域脂肪，拉伸腰部、肩膀的肌肉韧带；缓解肩部和脊椎的僵硬感，让上身更加具有韧性。

1 坐在球上，右腿弓步。

2 吸气，双手平举，眼睛看右前方指尖。

3 呼气，身体向右侧下压，右手向上伸展，延伸身体的左侧肌肉。

4 吐气，右手放在右脚旁，吸气，左手向上伸至极限，保持1个呼吸的时间。

5 仰头，吐气，左手慢慢向后压，拉伸肩膀。

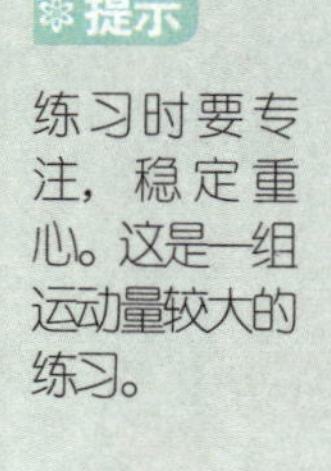

提示

练习时要专注，稳定重心。这是一组运动量较大的练习。

6 吸气时回到开始的动作，换脚、换方向练习。

战士二式②

功效：刺激胸部腺体，提高胸大肌的张力和弹性；消除腰部脂肪，使腰部更灵活、有力；使腿部肌肉更加匀称，增强腿部和背部肌肉弹性，同时加强腹部器官；强壮两臂，使人的平衡感增强，注意力更集中。

1 吐气，身体以腰部为支点，转向右侧，右手放在右脚旁，吸气，左手慢慢放下，拉伸旁腰、肩膀。

2 吐气，将左手平举，与右手保持平行，头转向前方，眼看向上方，意想看着心灵的最远处。

3 呼气，抬右手，与地面成 90° 。头转向上方，自然呼吸 30~60 秒。

提示

动作重点在腿部动作定位后，注意力集中在向两侧伸展的手臂上，可以想象有人在拽着手臂，舒展身体。

4 上身躯干直立转向中间，同时头、颈转回正前方，保持两臂伸直。呼气，两手臂放下，两腿并拢，放松全身。

战士二式③

功效：拉伸上半身两侧肌肉，强健和柔韧脊柱；锻炼胸肌，预防乳房下垂；紧实大腿内侧肌肉，调整你的腿形。

1 双腿呈弓步分开，坐于健身球的顶部。吸气，打开双臂，与肩成水平。

2 呼气，身躯向左侧弯，右手抬高，左手放在膝盖上。

3 吸气，向左下方压腰，左手移至小腿处，保持姿势15秒。

4 将右臂尽量压向左边，面部向上，呼气。

5 吸气，还原起点动作。

6 放松双臂，缓慢呼吸。换脚重复再做。左右重复2~3遍。

提示

瑜伽的初学者做这个动作时上面的肩膀总是会向下倾斜，这样会减少身体两侧肌肉的伸展性，有健身球就会使初学者轻而易举地做到这个姿势。

第五节 平衡细腿组合

——平衡美人最健康最活力

功效：增强臀部和腹部肌肉力量，提高精神集中的能力，加强腿部平衡力；去除大腿内侧、臀部和腹部的赘肉，让身体线条更加流畅。

1 双腿跪地，右手扶球。

2 右膝跪地，左腿旁伸直。球在右侧。

3 臀部右侧靠在球上，左手扶球，右手撑于地面。右腿单腿跪地，左腿向旁伸展。

4 仰头，向上伸直左手。

5 左手抱住后脑勺。

6 向左边侧抬左腿，绷直脚尖，使左腿与地面平行。

7 左腿向前踢时弯曲空中的腿，上半身靠球向后仰。

8 尽量将腿部踢到可以踢的最大程度。左手向后伸展。

9 回到起始动作，保持呼吸几秒。

10 继续将腿向后踢，拉直脚背，吸气。

侧腰腿绕圈式

功效：伸展腰腿部的韧带，修长双腿；消除腰部脂肪；提高注意力。

1 球在身体右侧，压球，右手扶地。右膝跪地，左腿旁伸直。向上呈 90° 伸直左手。

提示

练习者的左腿尽量绷直，使腿部动作大幅度地伸展，功效加倍。

2 左腿在空中画圈。

旁腰交叉腿式

功效：伸展腰、肩、腿部的韧带；提高注意力。

侧腰踢腿式

功效：锻炼腿部，消除腿部多余脂肪，让身体线条更加优美。

1 臀部的一侧靠在球上，同侧的手臂以及大腿靠球以保持平衡。左手上举。

2 脚背拉直，向上缓缓抬起左腿。

3 吸气，并尽量向上抬高左腿。

侧腰半月式

功效：伸展脚腕、小腿、大腿，强化其力量；提高平衡性。

1 臀部的一侧靠在球上，同侧的手臂以及大腿靠球以保持平衡。左手上举。

2 吸气，左脚向后弯曲，左手抓住左脚脚背。

3 呼气，右膝跪地。左手上举，左脚旁伸绷直。

4 吸气，双膝并拢跪地，右手扶球，左手保持上举；吸气时放下左手，将球转至身体左侧，重复练习。

跪姿推球呼吸式

功效：扩展胸肌、增大肺活量、净化全身血液，为大脑提供足够的氧气，激活全身机能。

1 面球跪地。向后坐脚后跟上，把球向前推，头、上身、手臂向前自然伸展。吐气收腹，背部向后拱起，含胸。下巴往胸前靠。

2 吸气，背部向前挺，扩胸，下巴拉高。重复此动作 10 次。

3 下巴收回。背部恢复原有曲线。静坐 30 秒。

提示

正常的呼吸是人类身心健康的基础，也是修炼瑜伽的灵魂。瑜伽提倡有规律地、缓慢地呼吸，这是人类长寿的秘诀。练习者要从练习呼吸开始，练习缓慢地一呼一吸，练习的次数可以慢慢地增加直到你认为舒畅为止。

跪姿猫变形式

功效：提高脊柱柔韧性，舒展下背部和腹部；帮助消化，促进循环系统的功能。

提示

伸展身体时动作不要太快，不要猛力下压身体，颈部也不宜前后摆动或过分伸展。

1 面球跪地。双手扶球。将身体靠近球。

2 吸气，把球向前推，缓缓将背部向前压，直至头碰到地面。大腿保持垂直于地面。

3 呼气，将臀部后移，缓缓坐在脚后跟上，继续向前推球，头、上身、手臂向前伸展。额头靠于地面。

4 吸气，臀部继续坐在脚后跟上，背部往后伸展。

5 胸部向前挺，扩胸，下巴微抬。保持 10 秒。

第六节　卧球健脊美背组合

——强健脊柱，优雅体态

卧球跪姿单腿蝗虫式

功效： 加速血液循环，滋养脊柱神经，使下背部与腰部的肌肉群及韧带得到锻炼，使患有脊椎关节错位的患者症状减轻或消失。

1 面球跪地，双手扶球，将身体靠近球。

2 腹部紧贴在球上，双手先扶在球上。

3 然后慢慢将双手扶地。

4 吸气，向前平抬左手。

5 缓缓朝上抬起右腿。

6 左手拉右脚往上带。注意力在腰部，腿部，

7 吸气还原手脚动作。

8 手脚归位，换边做相同练习。

卧球单腿平衡式

功效：拉伸背部肌肉，紧实下背部、臀部、腿部肌肉，塑造光滑而有弹性的肌肤；柔韧脊柱，增强脊柱的承载力量。

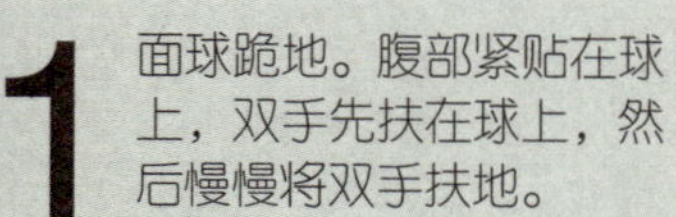

1 面球跪地。腹部紧贴在球上，双手先扶在球上，然后慢慢将双手扶地。

2 腹部用力撑于球上，手撑地保持平衡。缓慢抬起双腿。

3 把上身放置在球正方的位置，双手撑地。双腿分开，缓慢地抬起一条腿，直到与地面保持平行，保持姿势几秒钟。

4 右手平抬。下颚往上抬，拉伸颈部。吸气。

5 恢复手脚姿势。换边重复进行该动作。

卧球后弹腿式

功效：提高身体稳定性，对腰背部肌肉有拉伸作用。对腰痛、坐骨神经痛患者有缓解症状的作用。加强大腿的力量。

1 吐气，双手撑地。吸气。腹部用力撑于球上，双脚脚掌撑地。

2 缓缓抬起双腿。使身体成一直线与地面平行。在卧球平衡的基础上，稳定重心。

3 利用球的弹动性，双脚交替抬腿，膝盖、脚尖要伸直。配合呼吸有韵律地进行。

提示

双手双脚分开与肩同宽，双脚离开地面，保持与地面水平或略微向上延伸，保持呼吸 5 次，感觉头部向前延伸。抬起的腿要直上直下，不要弯曲。此动作较为激烈，患有高血压、心脏病的练习者不要尝试这个动作。

卧球燕子式

功效：锻炼臀部及大腿后方肌群，提升臀部线条，有助防止臀部下垂变形；伸展脊柱下方肌肉，让脊柱更强健、更柔韧。

1 跪在球的后方，以大腿及腹部紧贴球，双手放在球顶。呼气，双手撑地，身体平卧在球上，与地面平衡。

2 吸气，抬起右腿，伸直。

3 呼气时弯曲左膝，以左脚板支撑住右大腿。保持姿势 15 秒。

4 吸气时放松，左腿伸直舒展。恢复到开始的姿势，换脚重复练习，左右各重复练习 2 至 3 遍。

提示

伸展时将注意力放在臀部及大腿后方，保持腿部伸直。

卧球扭臀式

功效：增强手臂、背部以及臀部肌肉的力量，增强全身的平衡性；伸展下脊椎，使整个脊椎得到强化和锻炼；有利于雕琢大腿的肌肉，塑造修长纤细的腿部线条。

1 平板姿势，大腿及腹部撑住球面，双手在前方撑地，手指张开，手臂用力，伸直。开始吸气。

2 呼气，将臀部扭转90°，使左右骨盆、双腿与球面垂直；双腿腿伸直，用力并拢，保持1个呼吸的时间。

3 再次呼气时将双腿分开，下边的腿向前伸，上边的腿向后伸，增强脊柱的拉伸力。

吸气时收回左腿，双腿并拢，臀部慢慢下转，恢复到开始的姿势，换边进行练习。

提示

让动作连贯并且受控，在达到你臀侧的平面位置时停下。如果动作太慢，球会一直滚动。

下犬变形抬腿式

功效：增强手臂、腿部及躯干的力量；增强背部斜方肌的弹性和韧性，柔韧脊柱，缓解下背部疼痛。

1 两手向下撑在地上，胸部和大腿靠在球边。呼气，脚尖踮地。

2 吸气，把脚平放。

3 上身趴在球上，双手伸直支撑地面，双腿并拢；呼气时，将右腿抬至尽可能高的位置，绷直脚尖，伸展背部，保持 1 个呼吸的时间。
吸气时慢慢放下右腿，恢复到开始的姿势，换另一侧进行练习。

提示

不适合高血压患者和头痛患者练习。

卧球猫式

功效：按摩腹腔内脏器官，消除腹部脂肪，加强血液循环，伸展和放松腰背部肌肉，舒缓疲劳。

1 吐气，双手撑地。吸气，身体平卧在球上与地面平行。

提示

动作的重点在膝压球、臀部抬起时，双手要稳压在地面不要前后移动。当动作熟练后，可任意延长跪在球上的时间，对缓解疲劳很有效果。

2 双膝压球，身体继续前移，将球移到膝盖下。收腹，吐气。

3 小腿完全靠在球上，臀部坐脚跟，头放下，深呼吸。注意力在腹部、腰部。重复动作 10 次。

卧球对折式

功效：增强手臂、背部和身体中段的肌肉力量，增强全身各组织和器官的平衡性和协调性；促进背部血液循环，增强脊椎的灵活性和背部的韧性，雕塑美丽性感的背部线条。

1 平板姿势，膝盖放在球上。开始吸气。

2 呼气时，腿伸直并将球拉近，收腹将身体弯曲如同矛状，腿要确保笔直。
吸气，恢复到开始的姿势，重复练习 6~8 次。

提示

保持腰背挺直，腰腹不要弯曲。

蚱蜢式

功效：扩展胸腔，增强胸部、腰背部肌肉群的弹性，缓解脊柱和背部肌肉的疲劳感，有助于改善驼背的状况；增强手臂、背部、臀部和颈部的力量。

1 平板姿势，臀部在球上，双手向前撑地，手指张开，手臂伸直，双腿打开呈现第二姿势。

提示

练习时始终保持天鹅形状，不要让头和腿低于躯干。不要过度伸展躯干。使用腹肌和臀肌使骨盆处于下方位置。

2 吸气，肘部弯曲，上半身向地面降低。下颚和胸部贴地。

3 呼气。双臂伸直。双腿靠球抬起，脚尖绷直。

4 右腿膝盖弯曲，双腿交叉。

5 右腿膝盖打直，左腿膝盖弯曲。双腿快速运动 8 次。

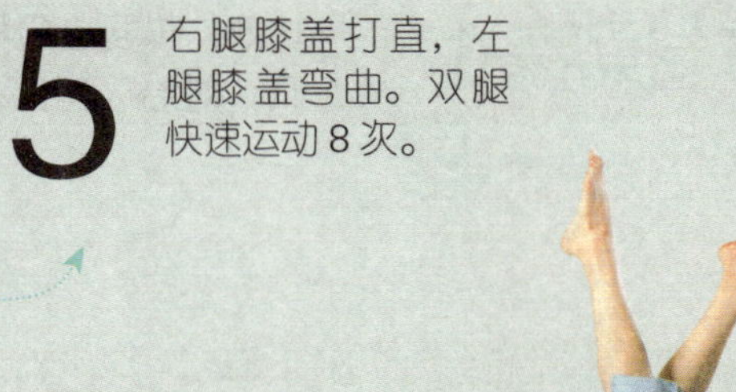

6 双腿伸直，收右手手臂。

7 接着收左手手臂，双手手肘弯曲。

8 吸气，伸直手臂，用力撑起上半身。

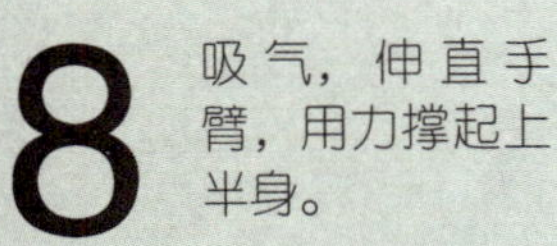

9 双腿放下，结束动作。

卧球揉腹式

功效：伸展上臂和背部肌肉；轻柔按摩腹腔，有助于消除腹胀浊气，对治疗消化不良。便秘有一定的帮助作用。

1 双手伸直撑地。腹部、胸部贴球，吸气。

2 吐气，顺着球的滚动，额头放地上，双臂伸直与上身呈直线。重复数次。

提示

这是一个轻柔的动作，可按摩腹腔内的器官，动作熟悉后通过熟练的吸气吐气达到练习的要求。

卧球扩胸式

功效：加强胸椎的柔软程度，对肺部有益处；锻炼背部肌肉；加强身体的平衡感，强化手臂的肌力练习。

1 腹部压球，双手撑地，双脚伸直，脚尖绷直。

2 吸气，双手扶于球上。头抬平，眼睛直视前方。

3 呼气，腰腹用力。双手朝后伸展。

4 下颌抬高，拉伸颈部曲线，双手朝后继续拉伸。

5 胸部、腹部压球，吐气还原。面部朝下，双手大拇指紧扣，向前伸展手臂。

6 双手交叉紧握置于脑后。吸气。

7 向上抬胸。腹部用力撑起上半身。

8 吐气还原，重复此动作 10 次。

9 低头，身体贴于球上。

10 双膝跪地，双手撑球。

11 双手按住球面，将上半身慢慢挺直，结束动作，双脚弯曲坐下，休息片刻。

第七节 伸展放松组合

——柔软肢体，舒缓身心

脊椎前推式

功效：从尾骨到枕骨伸展整个脊椎，灵活脊柱，柔韧脊椎，紧致背部肌肉，有助于雕塑骨感美丽的背部线条；消解腰腹部肌肉；对缓解颈椎疼痛、腰部疼痛也有效。

1 坐立，伸出双腿，将球夹在两腿中间。在球上做门框臂，两肩分开，手掌朝下。将腹部提离双腿，将坐骨拉紧使臀部运动起来。开始吸气。

提示

过于紧绷的肌腱将限制你腿向前伸直端坐的能力，可适度弯曲膝盖以舒缓肌腱。

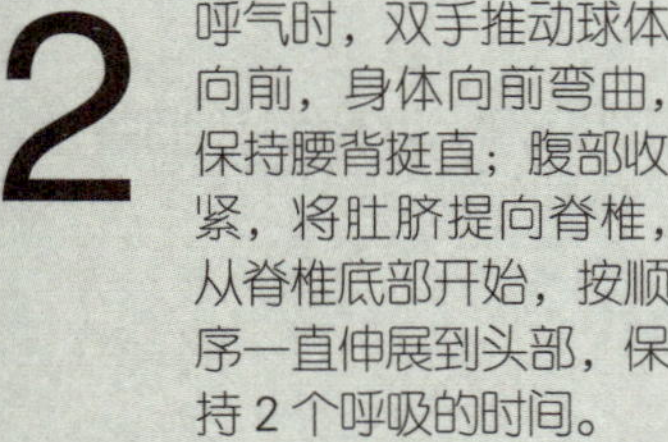

2 呼气时，双手推动球体向前，身体向前弯曲，保持腰背挺直；腹部收紧，将肚脐提向脊椎，从脊椎底部开始，按顺序一直伸展到头部，保持 2 个呼吸的时间。

3 吸气时，从脊椎底部开始将脊椎层层直起，头部最后抬起，恢复到开始的姿势。呼气时双肩下垂，重复练习 8 次。

坐姿锯子式

功效：配合呼吸的脊柱扭转，不但能让你的脊柱更加灵活，更具有韧性，还能充分伸展背部肌肉，特别是腰方肌；并且能锻炼腰腹部肌肉，让你的上身曲线更加美丽动人。

1 坐立，伸出双腿，将球夹在两腿中间。挤拢大腿内侧肌肉。在球上做门框臂，两肩分开，手掌朝下。将腹部提离双腿，将坐骨拉紧使臀部运动起来。开始吸气。

2 右臂穿到左臂上，从中部交叉。伸出右臂够左脚。

3 在球上施加压力，帮助增加伸展；呼气，将左臂向身后伸展；左右盆骨紧贴地面，不要失去身体的中心。

4 吸气时收回左手，恢复到开始的姿势，换边进行练习。

提示

想要获得最佳伸展，一定要确保两臀着地。把球挤在大腿内侧使球稳定。

仰卧腿夹球式

功效：强化腰腹肌力量，有助于颈部、肩部的肌肉伸展，让你的肢体更加柔软，肌肉更具有弹性。

1 坐立，伸出双腿，将球夹在两腿中间。双手扶球，两肩分开，手掌朝下。吸气。

2 手臂上举，手掌向内侧闭拢伸直，与肩平行。

3 双腿夹球，吐气。向后缓慢靠。手臂保持不变。调整呼吸。

4 仰卧，两臂靠于身体上，双腿夹球。

提示

往后靠时一定要缓慢，以免碰伤后背。

5 吸气，双头抬于头顶。平行伸直。

6 吐气，慢慢用双腿举起球，与身体呈90°角，保持2个呼吸的时间。

夹球犁式

功效：按摩内脏器官，加强血液循环，活跃大脑神经，使脊柱、腰肢更柔软。燃烧腰腹部多余脂肪，让腹部肌肉更加紧致有弹性。

1 仰卧，身体平躺。吸气，双脚夹球抬起。双手伸展于头部后方，手背贴地。

2 吐气，臀部慢慢抬起，双脚夹球越过头顶。腹部收紧，尾骨向上举，下巴粘于胸前。

3 尽量将球碰地。重心放在球上。

4 吸气，慢慢将脊背放下，使肩部贴地，双腿夹球往后靠，尽量伸展双臂。

5 身体进一步向下放，使背部完全贴地，双腿保持上举，与身体呈 90°，保持 2 个呼吸的时间。

提示

做动作时注意脊柱底部的稳定，要配合流畅的呼吸进行。视身体接受程度重复次数。

仰卧夹球收腹式

功效：收紧大腿内侧肌肉，雕塑腿部线条，消除大腿橘皮组织，改善腿部浮肿现象；锻炼腹肌的力量和耐力，促进腹部脂肪的燃烧。

1 仰卧，身体平躺。吸气，双脚夹球抬起。双手向上平举。

2 脚踝夹球，膝弯曲。吐气，腹部收紧。吸气，还原到前步骤，重复动作 10 次。

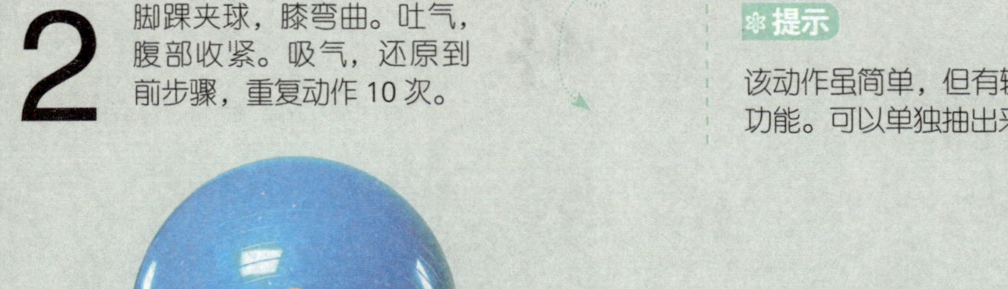

提示

该动作虽简单，但有较好的收腹功能。可以单独抽出来练习。

卧夹球环绕式

功效：增强腰腹肌的力量，去除腰腹多余脂肪；按摩腰腹各器官，增强消化器官功能；雕塑双腿的线条。

仰卧桥式

功效：增强腿肌和臀肌的力量，提高下半身肌肉的耐力，有助于雕塑腿部和臀部的线条；强健脊椎，改善驼背、脊椎僵硬疼痛等状况。

1 仰卧，两腿抬起，放在球上，双臂平放于头顶地面。掌心向上。开始吸气。

提示

不要向上翻得太高以免背部拱起。保持臀部与身体处于一条平行线上。球离你越远就越难保持稳定，应根据情况摆放球的位置。

2 两臂上举，与地面呈 90° 。

3 双臂放于身体两侧，掌心向下。

4 平躺，手放在身体两侧，脚后跟放在球上。臀部和背部要充分抬起，但肩部要紧贴地面。

单腿离地式

功效：增强臀中肌的力量，雕琢圆润美丽的臀部曲线；能够有效锻炼到背部和腹部的肌肉，使脊柱更加灵活；同时能够改善脊柱和脊柱神经的血液流动，也可按摩腹脏，缓解便秘。

1 仰卧，两腿抬起，放在球上，双臂放在身体两侧，掌心向下。开始吸气。

2 呼气，弯曲右膝，上举。

3 保持姿势。吸气时，缓慢提高臀部，把弯曲的右脚朝天空伸直。

提示

为了增加挑战性，你可以增加臀部扭动动作，回到中心。换脚回到球上。换边，重复 2 次。

4 把脚放回球上，换边。吸气，重复。

功效：帮助减少背部和臀部的赘肉，增强各关节的柔软度；改善神经系统，有效治疗背部和肌肉痉挛；很好地提高持久力，让头脑更加清晰。

1 仰卧，两腿升起，放在球上，双臂放在身体两侧，掌心向下。开始吸气。

提示

可以逐次增加练习次数。就可以很好地提高持久力，让头脑更加清晰。

2 呼气，双腿缓缓弯曲，双脚置于球上。

3 吸气，双手交叉于小腿上，紧扣小腿，保持平衡。呼气，手部用力，慢慢将背部抬起，尽量让头部朝膝盖方向靠近。
吸气时头部放下，恢复到开始的姿势，反复练习2遍。

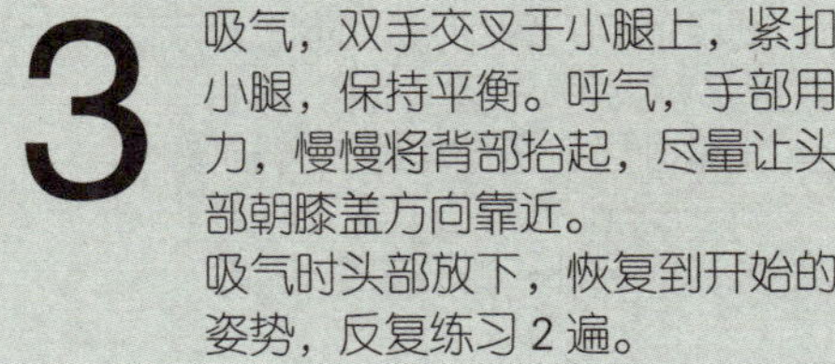

仰卧头碰膝扭腰式

功效：可以帮助你伸展脊椎、下背部、臀部和胸部，增强脊椎的灵活性，从而帮助你做出更多脊椎的扭转运动；燃烧腰腹部脂肪，有助于雕塑腰腹部的整体线条。

1 仰面躺下，膝盖弯曲，脚尖踮球。双臂枕于头下。双目直视上方，吸气。

提示

此动作对于腰部更有意想不到的瘦身效果，如果您想拥有更纤细的腰部，可以反复做此动作 30 组。

2 把膝盖向右转动，同时把球转向右边，保持这个动作 30 秒，正常呼吸，在你转动的时候吸气。回到初始位置的时候呼气，换另外一侧开始练习。

船变形式

功效：拉伸脊椎和颈部，舒展胸部、肩部和咽喉；强化腿部、髋部、腹股沟、腹部和手臂的力量；雕塑腹部、背部和手臂的线条。

1 脚踝夹球，膝弯曲。吐气，腹部收紧。吸气。

提示

如果你的腿部肌肉过紧，该练习会变得困难。请尝试变化姿势，确保肩部向下垂。颈部或下背部疼痛者、低血压患者不适宜练习此体式。

2 双腿向上伸直，脚踝夹球，开始呼气。双臂向上伸直，与地面呈 90° 。

3 手臂前伸，往下拉肩胛骨。上翻至平衡点时，收腹并挤拢臀部和大腿内侧。到达尾骨时停止。然后双腿抬起，与地板呈 45° 。尽量把手伸展至腿部。下颌收紧，吸气。

4 呼气，将双腿慢慢放下，双臂与肩平行向前伸直。

靠球抬肩式

功效：伸展放松颈、肩的肌肉群，按摩背部肌肉，缓解肩颈、背部肌肉疲劳，舒缓身心。

1 坐在地上，右手扶球，左手扶地。

2 腿伸直，背靠球坐。两手仅靠身体贴于地面，掌心朝下掌握平衡，吸气。

3 两臂朝两侧张开，呼气。

4 双臂向上伸展，双手合十，与上半身呈一直线。头微微仰起。继续呼吸。

5 十指紧扣，并慢慢将双臂向后压，头也随着手臂往后靠，上臂与后脑勺靠于球上。

提示

动作过程中一定要绷直双腿，这是一个很舒缓的动作，可以根据个人喜好增加动作次数。

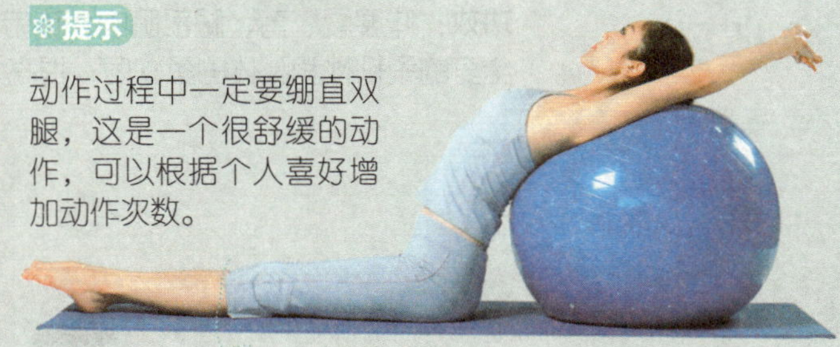

6 右手轻贴地面，右耳右肩放在球上，左手向上举起。重心在右侧。呼吸3次，吸气还原。

7 将脸朝左边扭转，望向左手指尖。

8 抬起右臂，与左臂平行。头朝前微抬下颌。

9 双手放下，掌心置于地面保持平衡。身体往前倾，慢慢坐正。

单抬腿式

功效：伸展腰、背、腿部肌肉和韧带，雕塑下半身身体曲线，提高全身的柔韧性和肢体的柔软度；提高人体的协调能力和平衡能力。

1 头和背靠球，曲膝而坐，手自然地放身体两旁。

2 吸气，臀部抬起。

3 头放在球上，吐气。双膝伸直。身体呈一直线。

4 手垂直于地面，左脚伸直，与身体呈一直线。

5 吸气，双手撑地，慢慢把头往地面靠，双腿伸直。

6 呼气时，身体随球滚动慢慢地向后滑动，使头部贴地。双肘弯曲，掌心撑地；再次呼气，右膝弯曲，与地面呈90°。左腿抬起，与地面平行，与身体呈一直线。

7 重心稳定后，左腿向上抬起与地面垂直，脚尖向天空延伸，保持3个呼吸的时间。吸气时放下左腿，身体慢慢向前滚动，恢复到开始的姿势，换另一只脚重复练习。

提示

这是要求较高的动作，不可急于求成。初学者练习到步骤6就可以了，等重心稳定后，再练习步骤7~10，还原时一定要吧下巴贴到胸前休息5~10分钟。

骆驼变形式

功效：可伸展和强化脊椎神经，促进全身各个系统的血液循环；防止胃痉挛，美化胸部和腰部线条。

1 跪在地上，双腿夹球，将臀部、背部靠于球上，向后伸展手臂。颈部向后拉伸，后脑勺靠于球上。

2 吸气，掌心向内握紧，手臂缓缓抬起。向上挺胸，肩部后仰。指尖向上伸直，慢慢吐气。

3 靠着腿部力量，将身体慢慢抬起离开球面，尾骨内收，骨盆缓慢向前倾。

4 大腿垂直于地面，双手上举绷直。上身直立，眼睛直视前方。

5 右手将球推到身体右侧，上半身朝右边转动。

6 右手将球绕身体半周，推向前方。待球推到身体正前方后，左手放下，双手扶球。

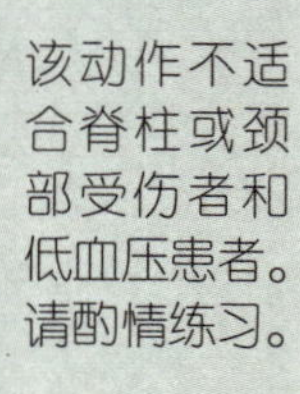

提示

该动作不适合脊柱或颈部受伤者和低血压患者。请酌情练习。

7 双脚朝右侧缓慢坐下来，结束动作。

倚靠伸展式

功效：伸展腹部、胸部肌肉，释放腰腹部多余能量，打造结实的腰腹肌肉，防止胸部下垂，促进胸腔内的血液循环；按摩腹部、背部，舒缓背部肌肉疲劳状态。

1 背部靠球，双膝弯曲；吸气，身体后倾，保持重心稳定，双手合十。

2 吸气，双手并拢向后伸展，肩部后仰，肩部与头部靠球。
呼气时脚心向下用力，臀部离地，将球滚至肩背部，手臂尽量地向后伸展。

3 伸展时继续呼吸，慢慢地向后靠，直到手背贴地。右脚踩地保持平衡，左腿伸直与身体呈一直线。

4 放下右腿，保持姿势吸气呼气。

提示

不要仰头太久，容易晕眩。不要让脚离地，需放在地上进行控制。

5 脚掌贴地，将球慢慢移向上背部；双手向后伸展，膝盖弯曲，移球直至臀部着地，回到蹲姿。

6 双腿盘起，打莲花坐。背部肩部靠球后仰，头部靠球朝上，双手合十，闭眼冥想。

休息式组合

功效：放松肌肉，舒缓全身的紧张状况，缓解疲劳。

1 坐姿休息。舒缓腰背肌肉的紧张感。

2 侧面休息，舒缓侧腰肌肉的紧张感。

3 开腿休息，舒缓双肩、颈部肌肉的紧张感。

提示

该动作不适合脊柱或颈部受伤者和低血压患者。请酌情练习。

第八节　塑造全身形体的经典组合

回控球式

功效：增加手臂、腿、背部、臀部以及腹部的肌肉力量，全方位雕塑身体线条；提升身体肌肉的控制力和平衡力。

1 用双臂支撑坐在地上，双手放在臀部两侧，手指向前张开，球放在小腿下。

提示

手指张开，按在地板上可以减少手腕受力。

2 吸气，让大腿和手臂伸直，这样可以提升你的臀部，整个身体如同一个桌面。

3 呼气，收腹可以将球拉像你，臀部缓慢下坠，让整个身体弯曲。吸气时恢复到开始的姿势，反复练习 4 次。

天鹅式

功效：增强背部和颈部张力、伸展背阔肌和胸肌，释放腰腹部多余能量，有助于保持玲珑腰腹曲线；舒缓背部、颈部肌肉疲劳感。

1 俯卧，脸贴地，双臂放在球上，双臂间的距离稍宽于肩膀，双腿外翻，臀部分开。开始吸气。

2 呼气，将肩膀向下拉，这会使球微微向你移动，然后抬头，上身抬离地面。一直向上，把双臂压在球上。腹部收离地面以保护下背，将髋骨压向地面，挤压臀部。

3 呼气回到地面。头部微微抬起，肘部枕地，吸气，重复。

提示

要确保肩膀下垂和脖子伸长。如果你感到下背有压迫，尽可能的收紧腹部。如仍感到压迫，则不要抬得太高。

跪姿单腿侧腰伸展式

功效：可训练侧腹肌和两侧腰肌，提高身体力量和柔韧性；强化腰部功能，增强肾功能和性能力；去除腰部和小腹多余脂肪，美化腰腹部曲线；更能按摩内脏器官，促进消化。

1 平稳呼吸，左膝跪地，右腿向侧边拉伸。右手扶球。

2 双手抱住球两侧，吸气。双臂上举，保持骨盆端正。

3 呼气，身体向右侧压，保持背部与臀部的平行。保持3次呼吸的时间。延伸腰部与大腿。

4 头部缓缓向下压，吸气，身体尽量向右边拉伸，双臂扶球向地面按压。左肘向外打开，胸椎向前扩张。保持该动作呼吸三次。

5 慢慢将右手抬起，放在球上，双手手尖并拢。伸展整个肩部。

6 右手扶球，左手与身体呈一直线上抬。动作结束，换边练习。

跪姿单腿侧腰推球式

功效：该动作能强化腰部功能，增强性功能；去除腰部和小腹多余脂肪，美化腰腹部曲线；更能按摩内脏器官，促进消化。

1 平稳呼吸，左膝跪地，右腿像侧边拉伸。右手扶球，左手上举。

2 右膝弯曲，右手将球朝右前方推。

3 呼气，身体向右侧倾，尽量拉伸右臂和腰部。保持背部与臀部呈一直线，延伸腰部与左腿。

4 吸气，慢慢将球回移到身旁。左臂打开，与肩平行。

5 呼气，慢慢将臀部坐于脚掌上，将双手抬起，放在球上，双手手尖并拢。伸展整个肩部。背部向前挺。

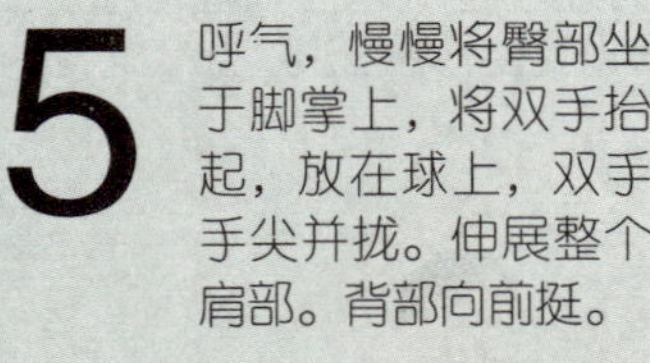

提示

拉伸时一定要到位，并保持肩膀放松。

跪姿转腰细臂式

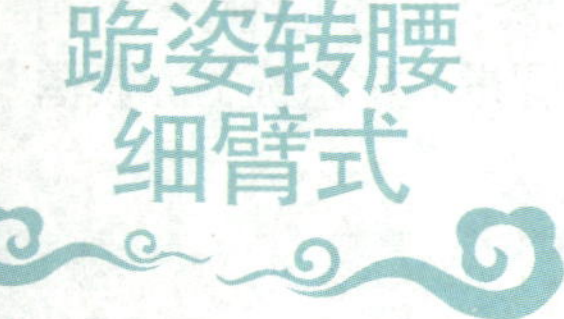

功效：通过身体的左右扭转来锻炼腰腹肌群，促进腰部脂肪代谢，让腰部线条更明显；锻炼大臂肌肉，消除手臂上肉肉的蝴蝶袖。

1 双腿坐于自己的脚掌上。双手抱住球的两侧。吸气，双臂上举。

2 呼气，保持坐姿，腰部向右转，头部、手臂随之右转，保持背部和臀部挺直。维持呼吸数次。动作结束，换边练习。重复8次。

提示

上半身注意挺直，转腰时腹部要收紧，肩部要放松。可促进肠胃蠕动，改善肠胃不适。

跪姿踢腿式

功效：增强臀部和腹部肌肉，有助于打造出紧致挺俏的性感臀形和平坦结实的迷人腹肌；学会平衡和控制。促进消化系统的血液循环，缓解坐骨神经痛。

1 腰部臀部右侧靠在球上，左手上举，右手撑于地面。双腿向旁伸展。

2 向上抬起左腿，与地面平行。

3 吸气，左手枕在后脑勺上。左腿向前踢腿，保持腿部不要弯曲。

4 呼气，往后踢时拉直脚背。

5 左手上举，左腿尽量向上抬高。动作结束。换边练习，重复4遍。

提示

保持身体稳定，不要踢得太往后，否则背部会拱起。

第3篇 瑜伽疗法

瑜伽不是一种单纯的锻炼方式，同时它也是一种神奇的治疗方法，可以令身心实现自我治疗，从而恢复健康。瑜伽的治疗体系是以机体的自然运作作为前提的。练习推荐的体位法可使身体恢复活力远离病痛。

瑜伽治疗

“治疗”一词源于古英语中的“健康的”、“神圣的”、“全部的”，它意味着一种趋于健康的过程。健康处于不断变化的状态，其间人体内的各种系统保持着动态和谐的错综复杂的内部联系。《印度草医学：自然治愈的科学》一书的作者瓦桑特·拉德博士把健康描述为正常状态，把疾病描述为混乱状态，他的解释是当人体内部功能与外部环境不同步时，人就会患疾病。瑜伽练习可以使我们掌握体内那些无法察觉的运作，成为自己的医生。为了能够在机体出现失衡时有所察觉，我们需要培养自身的敏感性。仰卧平躺是大自然赐予我们的唯一的一种自我恢复的方式。当我们自鸣得意时，疾病可以作为叫醒我们的闹钟。现代医学侧重于比较明显的身体迹象，而瑜伽治疗则侧重于微观组织一人体中的无形要素：生物能或者说生命力。

瑜伽技术致力于根除精神中的消极因素、增加其有效动力、恢复体内平衡。下面各章节分别对瑜伽体位法（姿势）、调息法（呼吸练习）、瑜伽休息术（深度放松）和冥想以及净化做了解释。

瑜伽体位法系列——瑜伽动作的序列过程

本书对瑜伽的系列姿势做了介绍，以满足不同水平的人的需求。一定要根据自身能力来练习而不要过度勉强。各种姿势动作排列的顺序称为瑜伽动作的序列过程（按特殊方式排列），它可以调整人的心情、呼吸方式、神经系统功能、激素平衡和血压以及内部机体行为。除伸展动作外，大多数姿势都以反姿势复位，形成一种与之前姿势相反的动作，以保持一系列动作的安全性和完整性。我们练习瑜伽可收到巨大的效果：长时间的悬息和倒立有特别好的治疗效果，它可以使血液从身体各处向中心汇集，激活副交感神经系统的神经行为；使人平静的姿势例如向前弯腰、扭动、倒立等都对治疗有利。而给人活力的姿势，例如侧弯、向后弯曲等则更有助于使人向上伸展。

前屈 前屈是起始动作，使人平静，有助于自省，能锻炼消化系统和生殖系统，平衡肾上腺。

向后仰 向后仰能使身体得到伸展，使人活跃并且情绪高涨，锻炼消化系统、呼吸系统和循环系统，平衡胸腺、肾上腺和甲状腺。

侧向伸展 侧向伸展使人活跃、使身体协调，能锻炼循环系统和呼吸系统并缓解肾上腺问题。

扭转 扭转对内向性和外向性、身体左右向侧和左右脑以及逻辑思维和直觉有平衡作用，因此能使人平静并集中精神。这种动作有助于锻炼消化系统，对肾上腺、生殖腺和甲状腺有平衡作用。

伸展 伸展是身体的平衡行为，能锻炼生殖系统和消化系统并平衡生殖腺（生成性别细胞的器官）。

倒立 倒立有恢复的作用，能使人心情愉悦，锻炼循环系统，消除身心紧张，还可以平衡松果腺、垂体和甲状腺。

坐定前屈，即坐式体前屈式，锻炼肾和膀胱（水能），意志力、畏惧、疲倦、生殖、发育和骨骼与之相关。

双臂交叉式，保护心脏（火能）、情绪防卫、循环、感染、过敏与之相关。

侧屈，即坐角式，锻炼肝脏和胆囊（木能），肌肉僵硬和情绪起伏与之相关。

第一章

呼吸系统疾病的瑜伽疗法

基本瑜伽的动作序列

这一动作序列是一组比较谨慎的练习动作，适合初学者和患病初愈者。这一动作序列主要功能是扩展并打开胸腔，提高肺功能，有助于治疗呼吸不规律、哮喘、肺气肿和支气管炎等疾病。瑜伽动作序列的意思是“以专门的方式放置”。我们把瑜伽的一系列动作称为动作序列过程，是因为它能逐渐地、小心地把身体展开，把呼吸与动作的协调结合起来。

1 身体平躺，手臂置于体侧。练习腹式呼吸，收小腹。吸气，双臂举过头顶直到触到地面。呼气，同时放下手臂，抬右腿。

2 呼气完毕时，右腿垂直抬起，体侧手掌下压。呼气，放右腿，双臂举过头顶。换左腿重复练习。

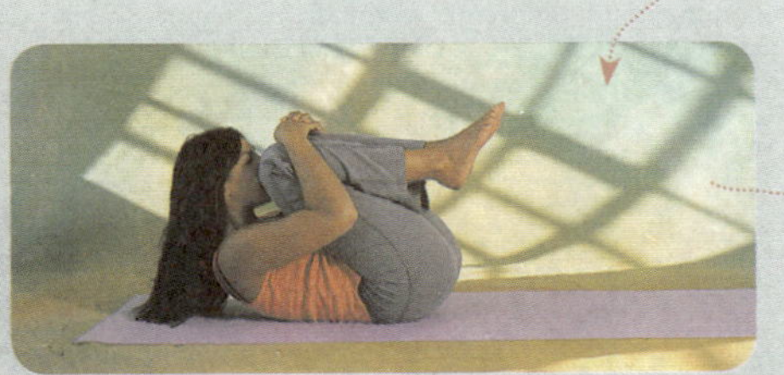

3 呼气，抬头，双膝提至胸前，双手抱胫骨。这就是膝盖碰胸式，即祛风式。屏息，深呼气。吸气，把腿松开，头和肩回到席垫上，放松。重复3次。

4 仰卧，头和脚向右、臀部向左，身体拱成香蕉形。左臂弯于头顶，右手置于腹部。进行完整的吸气、呼气练习，体会肚脐的升降。扩张左肺呼吸10次，换右侧重复进行。

5 胸部扩张，练习鱼式。身体仰卧，吸气、躯干上部抬起，双肘撑地，手掌在臀部两侧放平。胸部高高挺起，下颌朝天，向后缓慢低头。

6 呼气，下颌向前收至胸口。吸气，脊柱上拱、下颌朝天；呼气，下颌回收至胸口。重复呼吸5次，然后以仰尸式平衡片刻以体会效果。

中级瑜伽动作序列：坐式

中级瑜伽动作序列有助于增强生命之气和下行之气，对哮喘、肺气肿和支气管炎患者尤为有效。

1 平坐于地面，两腿伸直并拢，双臂置于身体两侧。这就是四肢支撑式，即棍棒式。脚弯曲，坐骨触地，胸骨上提、扩胸。吸气，双臂举过头顶。

2 呼气，同时胸骨向前倾斜，以髋关节为轴静坐前屈，即坐式体前屈式。肩部放松、远离双耳。继续向前弯曲，集中意念呼气。

3 吸气，恢复坐姿，手心向下，手掌平放，置于臀部后面约 30 厘米处，指尖向前。肩膀转回原位，前腋上提。呼气，气入双手，脚趾向上指。

4 吸气，抬臀，转到木板式，即前身伸展。依自己的能力呼吸 5 ~ 10 次。

5 改进：吸气时转成桌子式。双脚平行，膝盖弯曲，臀部抬起，下颌向天。呼气，臀部放低，回到席垫，反姿势慢慢转成祛风式。

益处与效果

在坐式中，吸气时四肢支撑式（第 1 步）刺激膈肌向腹部移动，在引力作用下，与腹部器官的重力方向相反。

- 吸气，手臂向上向外旋转，扩张胸脉和肺脉，可以促进生命之气的流动、增强自信和自尊。
- 深呼气可以驱除浊气、增强身体（生命之气）的排泄和排毒功能。
- 身体前屈时向前弯曲可以促使吸入的气体进入肺的后面。
- 腹推式（第 4 步），促使吸入的气体进入全身。可以伸展前身、拉伸上呼吸道，使吸入的气体集中于胸腔上部。

中级瑜伽动作序列：站式

这一系列包含4种运动路径：向前（弯曲）、轻度向后（伸展）、侧曲（肺部交替伸展扩张）以及扭转（净化）。如果出现头晕、头痛现象，前屈动作时间稍长些或者缓慢进行动作间的转换，特别是深度前屈时更应缓慢恢复。

1 两腿跨步叉开站立，脚趾稍微向外、双腿伸直，成马式。吸气，双臂高举，膝盖向外弯曲。同时，手臂前拱，螺旋状向外伸，成斜线伸展。拇指在眼前划过时要特别注意一下。

2 深呼气，从臀部和膝盖处向前弯曲，双臂反方向伸展，手掌向外，拇指朝上。两拇指相勾，收小腹（收腹收束法）以加深呼气。两段动作伴随吸呼重复5～10次。

3 恢复马式，手臂伸展于体侧。呼气，右臂弯过头顶，身体向左倾斜，左臂于腹下弯成圆形。倾斜肩膀，使右肩高于左肩，保持这一姿势坚持呼吸5次。吸气，恢复到中心位置。反方向练习，每侧练习2次。

4 两腿叉宽、伸直，两脚平行，手臂伸展于体侧。吸气，提胸、扩胸。呼气，以髋骨为轴，左手置于地上正前方，右手置于后背下部骶骨上。以右手控制髂骨，防止髂骨有丝毫翘起（想象你可以在髂骨上平放一个茶杯）。吸气、呼气，反向重复一次。

5 两脚叉开，与臀同宽。手掌置于骨盆后部，肘向后指。吸气，提胸，下颌上扬，后仰，使背部稍微弯曲。收小腹腹壁，舌顶上腭以保护颈部。呼气，恢复到中心位置。深吸气、呼气5次，如出现轻度头痛则停止练习。

高级瑜伽动作序列

这一系列动作有助于扩展整个胸腔，促进深呼吸。对治疗哮喘、肺气肿和支气管炎有特效。举臂后弯动作能通过促进深吸气（生命之气气流）来增加体内能量、增强自尊心。如果抬臂动作太剧烈，就像第4步中一样，练习时把双手放在脚踝上。

1 以雷电式即金刚坐式坐好，臀部放在两脚脚心之间，脚跟顶住臀部两侧。或简单地跪下即可。膝盖脆弱的人可以在臀下放一块木板。胸骨提起、后背挺直，双手置于膝盖上，掌心向下。吸气，双臂举过头顶，手心向上，手指交叉，呼吸10次。

2 手掌在身后平放于地面上，指尖向前、身体后仰。下颌向上抬起，深呼吸8次，前胸向身体的两侧向外扩展。必要的话，在臀部下垫一块木板以保护膝盖。

3 成后仰的金刚坐式，不要绷劲儿，尽可能躺下去，保持膝盖着地且双膝紧并。深吸气，呼吸30次（你可以在此停止练习，这时反姿势为婴儿式）。

4 回复到第2步中的姿势，提臀准备骆驼式。保持臀部向前，深吸气，提胸。呼气，后背拱成弓形，左手握左踝，右手指天。保持这一姿势呼吸8次。吸气，回到直跪式，呼气，成婴儿式或下犬式。换另一侧重复练习。

5 左脚前跨，成勇士跃进式。呼气，左脚蹬地。吸气，左臂竖直指天，身体抬起，右手置于右踝上。保持这一姿势呼吸8次。换另一侧重复练习，放松成婴儿式或下犬式。

益处与效果

- 一只手臂抬起，伸展肋间肌（肋骨之间的肌肉）和腰侧肌肉，使呼吸的气体轮流集中到两肺。
- 伸展气管，刺激呼吸系统肌肉，把空气吸进支气管，这有助于排除黏液。
- 这一系列动作充分地介绍了的胸式呼吸法，以及胸内气压达到最高时的肺泡灌注法。
- 通过胸部扩张练习可以提高肺脏功能。
- 这一动作序列使前身和胃肠得以伸展，有助于消除体内滞塞。

脑部净化调息法

这种练习即“发光的头颅”，是一种呼吸练习（呼吸法），也是一种净化过程（净化术），它可以净化大脑，为大脑提供氧气。可预防心脏病、高血压、疝气或胃溃疡。

1 挺直脊椎，以一种舒适的姿势盘坐，双手放于膝盖上或拢在大腿前面（见右图）。双眼微闭，全身放松，集中意念呼吸。

2 伸展腹部，用鼻孔深吸气。腹部肌肉向脊柱收缩（像六角手风琴），然后鼻孔深呼气。

3 重复一次有意识的深呼吸，腹部向内收缩。连续呼吸10次，然后深吸气、深呼气。这就完成了1轮的练习。练习3～4轮。

4 完成后，意守眉心和大脑前部。

平静的腹式呼吸法

冥想呼吸或呼气、吸气使气体沉入身体重心，这是消除忧虑和压力的理想方法，适用于紧张、焦虑的人群，特别是心脏病人以及那些进行浅短呼吸、气体只能进入到胸腔上部的哮喘患者。腹式呼吸法锻炼了人体的下行之气和净化方式，因此有解毒、放松的功效。斯旺米·拉玛（1925～1996年）访问西方时传授了腹式呼吸法，而没有采用了有刺激的胸式呼吸法，因为他发现西方人需要缓解压力、关注自我。

1 首先，身体平躺，姿势如同僵尸，成仰尸式。双臂放于身体两侧。吸气，气沉小腹，体会肚脐的鼓起和腰部两侧，下背伸展，气沉肺叶底部。

2 呼气，肺部缓慢腾空，体会肚脐下凹。练习呼吸10分钟，意守肚脐的升降。

生命气契合法

在一次均匀吸气中，练习整个序列动作，体会这一阶段气的运行。吸气达到最大化时，闭而不吸（屏息），冥想能量进入；呼气，体会气流通过手臂的运动沉入肚脐源头处，与身体之源再融合。

1 于一安静处静坐，脊柱挺直，感受呼吸和脊柱，意念观于内。肩膀放松、伸展。面部放松，眼观鼻或双眼微闭。双手微拢，置于小腹，手心向上，深吸气，自然提胸。呼气，体会会阴收束。随着气体呼出，肺部腾空，收缩腹部肌肉。

2 腹部阶段：吸气，腹部放松。双手提到腹腔神经丛的位置，体会气的运行，气沉入并充满肺叶下部。

3 胸部阶段：继续吸气，双手提到锁骨，调节气流的进入。

4 锁骨阶段：在吸气接近充分时，臂肘伸展，与肩成一条直线，指尖位于咽喉前方，促进胸部的伸展。双手从面前划过，面部放松，表情平静，眼观心。

5 呼吸最大化时，姿势成开放式，两臂张开，手指向上方。屏住吸气，想象医治之能通过头顶进入体内，沿脊柱下行，渗透到身体的每个细胞。开始呼气，双手慢慢回复到起始动作，肺部之气排出。重复进行。

益处与效果

- 生命气契合法是充分、自由的呼吸中的冥想，这时扩张性吸气与深呼气之间达到平衡。
- 手势体现了气的运行，使生命之气进入身体的各个封闭部位，增强呼吸的意识。
- 腹式呼吸可以降低心率，增强副交感神经系统的反应，减少强力呼吸、惊慌及哮喘病的发作可能。

坐式脊柱扭转式

扭转可以使脊柱扭向外侧，除可以扩展肺部外，还可以减轻背部疼痛并按摩腹腔。这种坐式脊柱扭转式即半脊柱扭转式，可以锻炼人体躯干，包括胸腔。

1 静坐，脚心相对，双手合十呈祈祷式，双肘置于大腿上半部。深呼吸10次。

2 左腿抬起置于右膝上，左脚置于右腿的大腿外侧，平放在地上，脚趾向前，左膝弯曲直指上方。右手放在左膝上，向左轻轻扭动躯干，胸廓上提并伸展。头左转，眼观左肩上方。自由深呼吸，不要绷劲儿，扭转并伸展脊柱，坚持呼吸8～20次，气聚左肺。

3 右手握左脚，左腿向外伸直，左臂反方向伸展，使胸廓完全展开。坚持深呼吸8次。反向重复练习。形成祛风式或蜷缩成宇宙蛋状，恢复身体的对称。肩胛骨向后下方沉，肩膀远离双耳，放松。

第二章

神经内分泌系统疾病的瑜伽疗法

气轮动作练习

以下练习主要在于按从底部到顶部、从下到上的上行顺序增强各个气轮，刺激脊柱神经、净化灵性身体。从根底（脊柱底部）开始，逐层向上练习是很重要的，要把灵气植根于生命的泥土里，就如同莲花把根深深扎于泥潭中一样。

气轮呼吸冥想

以一种舒适的冥想姿势如简易坐式、至善坐式或莲花式坐定，练习喉呼吸法。这是一种精神呼吸法。意守脊柱底部，把脊柱想象为莲花茎部。呼吸，气入脊柱顶部（向脊柱顶部运行），想象着一朵鲜艳的花朵慢慢形成，在花茎周围有美丽的枝叶。叶子上满是微小的如同露珠般的珍珠，轻轻摇动，珍珠便散落成更小的小珠。体会气轮的颜色以及其象征。把气轮融入自己的身体，在意念中描绘气轮清晰的形状，使自己与它形成共鸣。分别意守每个气轮，自己体会各元素的特点、能量以及情绪意念。

1 两脚叉开，与臀同宽，身体深深下蹲，这是人最自然的姿势，就像坐在“印度扶手椅”中。感受泥土中的根底能量，屏住呼吸10次。双手成印度合十礼的祈祷姿势，提胸。

2 吸气、双手竖直举起，手心相对。臀部展开、伸展小腹和腹股沟。脚尖踮起，成踩球状，身体保持平衡。呼吸，气沉骨盆区10次，同时想象眼前出现一片海洋。

3 吸气，两腿并拢，起身屈膝成幻椅式。把双腿内侧挤到一起，双臂向前划过。保持膝盖前屈，脚跟落地，固定尾骨的位置。

4 沿腰侧和躯干起身，伸展腹腔。呼吸10次，同时意想太阳，太阳代表腹腔神经丛的消化之火。

5 吸气，双手合十护于心脏处。呼气，向右扭转，使左上臂定于右大腿外侧。眼观上方，双肘分开，右肘向上指天。如果颈部出现任何不适的话向下看。

6 吸气，双臂垂直展开，扩胸，体会右手向上、左手向下的伸展。呼吸 10 次，意想在心脏周围按摩的肺部动作。反方向重复第 4 步和第 5 步。如果想要缩短动作序列的话，在此以山式停止，缓慢呼吸。

7 呼气，前屈，脚掌与手掌平放于地面，通过拉伸腿筋和后背下部来延长动作时间。每次呼气时膝盖前屈，大腿贴于小腹挤压，使小腹凹进。

8 手向前移，移步成下犬式，即顶峰式。脚趾着地，双腿拉伸，提臀朝天，确保头部置于两臂之间，脚跟落地，膝盖不要过于僵硬。

9 以下犬式开始，准备骆驼式。双膝跪地，臀部提起，双手撑住后背下部，手指向下，手向下压，在腰椎周围留出空隙。肘尽可能向后推，眼向前看，提胸，吸气。

10 吸气、提胸、臀部保持向前挺。呼气，双手置于踝骨上，脊椎固定成骆驼式。头向后上方仰，不要张口，牙齿稍微分离。以肩膀为垫保护颈部。想象一条彩虹拱于脊柱之中，呼吸 10 次。

11 改进：如果你觉得第 9 步中的全骆驼式太难，就从第 8 步转成英雄式。后仰于脚跟上，双手置于身后，肘轻微弯曲。

12 向前折叠成反姿势，以婴儿式复位，深呼吸10次。腹部贴大腿，体会腹部的升降，肩膀如石头般下沉，呼吸时气沉肺的后部。

13 双臂于身前伸展，上身展开。深呼吸，气沉侧肋，净化肺部、头部和心脏。如果想做一个比较短的动作序列的话，在此以婴儿式停止。

14 转成圣牛式，即牛面式。以跪式坐定，挺直脊柱，双手平静地置于大腿上。抬右臂，向上指天，左臂向下指地，体会两臂形成的对角线的拉力，扩胸。

15 屈肘，双手于背后紧握，十指相勾。保持这一姿势呼吸5～10次，然后放开。拉伸颈部，慢慢固定尾骨，稳定骨盆，意守呼吸。

16 抬左臂向上指天，放右臂向下指地。反方向重复第12步和第13步。

益处与效果

在重力作用下，第一步中的下蹲动作刺激盆底肌肉使其保持对骨盆器官的结合性阻力。
- 在第 2 步中，髋骨形成一个大三角的形状，这为滋养下面两个气轮和相应的骨盆器官提供了容纳生命之气的空间。
- 第 3 步和第 4 步中的幻椅式，可以展开腹腔神经丛和胃部，刺激消化火，扭转动作则进一步为这一区域做按摩。
- 向后弯曲的骆驼式和轮式为与心轮对应的心脏创造了空间。
- 第 6 步和第 7 步中的倒立以含氧血清洗大脑，为松果腺和脑垂体提供了营养。

17 平躺于地上，屈背，准备桥式——提盆骨。平躺于地，膝盖拱起，双手置于身体两侧。

18 吸气，提盆骨，下身向上抬起，保持这一姿势呼吸 10 次。身体放下，重复练习。这为向轮式或下犬式转变做了很好的准备，这本身也是一个十分完整的动作。反姿势见祛风式。

轮式

轮式动作可以从气轮动作的第16步开始。
牛面式中肩膀做好了旋转的准备，为这一动作的完全伸展和后弯平衡做了准备，同时也可以调节神经系统和内分泌系统的平衡。

益处与效果

倒置：

- 包括骆驼式和轮式在内的向后弯曲动作，可以使前身得到更新和扩展，增强活力。
- 这一动作可以增强手臂、腰部、双腿和脚踝的力气，增强生命力和活力，放松脊柱。
- 除了可以平衡内分泌系统外，身体倒置还有助于解除脊柱下部的压力，促进脊柱部位的循环。
- 这一练习在于逐渐把所有的气轮能量结合起来，从底部根轮开始沿脊柱上升。

1 半仰卧式起，膝盖弯曲。肘部弯曲，向上指天，手腕内侧置于两耳旁边，指尖置于肩膀下面。吸气、提胸，躯干离开地上的垫子，双臂伸直，保持颈部放松，体会身体前侧的完全伸展。保持这一动作，呼吸 10 次，气在脊柱内均匀运行。

2 如果可以的话，提右腿向上指天，左脚保持平放于地上，膝盖与脚踝成直线，指向抬起的脚趾。想象一条彩虹穿越平滑的拱起的脊柱，按摩气轮，从下向上直到咽喉。呼气，放下右腿，换左腿重复练习。停止这一动作，放松为祛风式。深呼气。

婴儿式

这一复原动作可用于难度更大的动作序列之间的恢复性停顿。婴儿式还是向后弯曲的一个重要的反姿势，有助于缓解压力和疲劳，能促进自身内在的融合，还能减轻下背和颈部疼痛。

1 双膝跪地，坐于脚后跟上，两个大脚趾并拢。呼气，把上身置于大腿上，前额置于前方地上。双臂置于体侧，双手贴脚，手心向上，放松肩膀。

2 肩胛骨分开，身体轻轻向前弯曲。保持这一姿势直到内心感到平静并且呼吸平稳顺畅，然后慢慢起身恢复跪姿。

婴儿起式

如果因为体力和平衡能力而不能支持完全的头倒立式，可以练习婴儿起式作为一个预备阶段。这是一种与完全倒立式作用完全相同的方法，能以含氧的血液沐浴上身。

1 地上铺一个垫子，跪于垫前，肘部弯曲，双手抱头顶、手指交叉。把头置于垫子上（这是全倒立式的准备动作）。

2 吸气，躯干提起，在头上方保持平衡。呼吸，意想颈部周围的空间。双手紧扣后背，手臂垂直向上移动。

3 复位到婴儿式，双臂收回，置于体侧，体会呼吸。

“王者”式

这一头倒立式是一种具有融合性的平衡的倒置，为神经内分泌系统提供能量，与顶轮相连。如果你觉得练习完全倒立式比较困难，保持在第1步的姿势（婴儿起式），然后由老师指点你如何进入这一姿势的练习。

1 练习头倒立时要准备一个垫子。跪于垫前，屈肘，双手抱头顶，手指互相交叉，使前臂呈三角形。把头置于垫上，双手抱头后部。

2 颈部伸长，肩从耳边提起。两腿伸直，脚尖前移，靠近身体。

3 吸气，屈膝，提腿，这时骨盆位于肩膀上方，小心地使骨盆处于平衡状态。

4 吸气，双腿伸直，保持这一姿势呼吸30次，想象一朵紫色莲花开于头顶，其根部深深进入体内，布满整个身体。

5 如果可以的话，双腿放下，与地面平行，保持这一姿势呼吸3～10次。这一动作锻炼收腹收束法，检验腹中的“黄金”，想象骨盆是这一动作的支点。

6 呼气，同时通过使用收束法来控制双脚，缓慢地把脚放下，和第2步一样，反姿势回复成婴儿式，休息，恢复。

第三章

心血管系统疾病的瑜伽疗法

拜日式

因为拜日式适合不同人的需求，所以每个人都可以练习，但拜日式不适合中度高血压患者。一直以来，拜日式都是在黎明练习其他动作姿势之前的身体祈祷动作，它由一系列动作组成，适于所有年龄段的人。

1 以山式站立，双脚并拢，脊柱挺直，充分深呼吸，呼气，双手呈祈祷式（印度合十礼）。

2 吸气，双臂举过头顶，伸展脊柱，仰头向上看，展开双臂，沿胸部向外扩展。

3 呼气，向前半弯身体，脊柱与地面保持平行。

4 充分呼气，身体完全弯曲，手掌于双脚两侧平放在地上，如果后背或脚筋感到绷得很紧，可以弯曲膝盖。

5 吸气，左腿向后伸，左膝贴地。仰望，双手分别放在腿两侧，指尖触地。

6 呼气，手掌压地，右腿向后伸，成下犬式，臀部朝天翘起。

7 呼气，双膝触地，胸部缓慢向下放于两手之间。下颌或额头置于地上。

8 吸气，身体向上、向前滑行，脊柱拱成眼镜蛇式。腹部伸展、胸部扩张，仰望，同时双腿仍置于地上（手掌于身前平放，手指叉开成海星状）。

9 呼气，臀部翘起，成下犬式，头向下置于双臂之间，后脚跟着地。

10 吸气，左脚向前，置于两手之前，右膝置于地上，头向上仰。

11 双臂向上划过，头随双臂向上抬起，直到双手合十，双手向上指。

12 呼气，右脚上前，身体折成站立前屈式，头碰膝盖。

13 吸气、上半身尽力向上伸展，双臂向上伸展过头顶。头向上仰，伸展脊柱。

14 双臂划向身体外侧，扩展胸部。

15 呼气，手臂放松，收回成祈祷式——印度合十礼。

益处与效果

- 能刺激心脏、促进身体的循环。
- 是使血压恢复正常、改善协调功能与呼吸功能的极佳的练习方法。
- 头部、心脏和腿部方位的改变能刺激心血管系统反射，以适应血压特别是头部血压的变化。
- 血压过低（低血压）的状况可以得到有效改善并保持理想的动脉压。
- 伸展体内所有肌肉，激活整个身体，使之恢复活力。
- 拜日式是以太阳为“智力”——未受玷污的发光的智慧（高级精神），并向其致意的身体祈祷式。
- 形成人的内部元气和稳定性——生命力。

复位动作系列

这些动作缓慢、简单、有节奏，是针对呼气编制的，同精神联系在一起，可用于疾病的恢复阶段，不过在实际病例中并不推荐使用这些复位动作。除了适用于心脏病、中风和外科手术的恢复阶段外，这些动作对传染病和某些严重缺陷也有帮助，例如前期肺气肿。

手指屈展：十指如蜘蛛般活动，也像在弹钢琴，坚持呼吸 10 次。

手腕伸展 1：弯曲、伸展并旋转每只手腕。然后，双手紧握、左腕交叉叠于右腕上，手臂叠置于下颌下方。

手腕伸展 2：手臂于身体前展开，双手仍然紧握，活动手臂上的关节。

手腕伸展 3：右肘勾于左肘之上。胳膊向左转动、眼睛凝视右方。换左侧重复 1 次。

手腕屈伸：手臂向体侧伸展，手心向下。吸气，双手弯曲，掌心向外；呼气，指尖向下。继续呼吸，练习 5 次。

手腕旋转：手臂保持伸展于体侧，双手转圈来旋转手腕。旋转 5 次（做这一运动时手臂也可以不伸出）。

益处与效果

- 复位姿势可用于解决各种问题，特别是循环和神经问题。
- 能活跃大脑，刺激外围循环，消除反应迟钝现象。
- 手、足和面部活动能刺激大量大脑运动神经皮质。
- 眼部运动能刺激大脑的综合通道，促进收缩。
- 凝视眉心契合法能平衡左脑和右脑。
- 狮式中舌头的伸展能净化并且促进咽部和舌的循环。
- 肩部运动可以消除积压的压力。

肩部放松：直视前方，放松颈部，手掌用力压在大腿内侧。吸气，肩膀向上耸，呼气，慢慢放下肩膀，肩胛骨向后旋转。每个方向重复 5 次。向上方耳朵部位提肩，按压大腿以伸展双臂。

脚部伸展：弯曲和张开每只脚的脚趾，练习 5 次。收缩并伸展双脚 5 次，向左右绕圈旋转脚踝。换另一只脚重复 5 次。

颈部放松：直视前方，放松颈部（见左图）。呼气，右耳靠在肩膀上。回复到中间位置，左耳置于肩膀上（见中图）。重复 3 次。呼气，眼睛向左看；吸气，回到中间位置然后向右看（见右图）。重复 3 次。

狮式伸展：深吸气，呼气，舌头伸出，伸展面部，眼睛向上看。手指叉开如同狮爪，坚持片刻。收缩会阴，练习收腹收束法。

眼部运动：头部稳住不动，眼睛向上、向下、向左、向右看，重复 3 次。在鼻子前举一只手指，手臂距鼻一臂宽，另一只手放于大腿上，手指在鼻梁上方拉近、拉远，眼随手动。重复 5 次。双手置于左膝上，右手沿斜线向上划直到最高处，眼随手动。换左手反方向重复。

基本仰卧动作序列

这一系列动作适于初学者，特别适合心脏病和中风的复元。仔细逐步练习每一个动作，动作与呼吸相协调，不要勉强做任何动作。

1 以仰尸式躺好。平躺在地上，双臂置于体侧，肩部放松，远离双耳。体会呼吸。呼气，右膝弯曲直到右脚底平放于地上。

2 吸气，右腿伸直，左臂置于头顶。右腿、左臂重复 5 次动作。

3 呼气，右膝弯曲，左臂向腹部挤压大腿，充分呼气。换左腿、右臂重复 1 次。

4 吸气，右臂抬起，伸至头部上方，不要绷劲儿，呼气，放松。换左臂重复一次。双臂轮流一上一下。吸气，双臂抬起，伸至头部上方。呼气，双臂放松，回复到体侧。重复 5 次。

中级仰卧动作序列

中级仰卧动作序列也适用于心脏病和中风的复元，但与基本仰卧动作序列稍有不同。它可以逐渐改善体内血液循环。

1 重复基本仰卧动作序列第 1 ~ 3 步。吸气、双手扶在右大腿后侧，右腿试着朝上伸直。

2 吸气，伸右脚、脚尖上指，练习 5 次。

3 呼气、双膝弯曲，向腹部挤压大腿。轮换双腿，换左腿重复一次。每条腿重复 5 次。如果出现呼吸周期不规律就停止练习，回复到仰卧式。

高级仰卧动作序列

适于不严重的高血压和心绞痛患者。不过，中高度高血压患者或近期正处于心脏病或中风的恢复阶段的人群应避免练习这一系列动作。如果头部血压升高或感到不适，把头枕在一个枕头上。如果出现胸口疼痛或呼吸困难的状况，立即停止练习。

1 以仰卧式躺好，体会呼吸。呈半仰卧式，膝盖弯曲，双脚叉开与臀同宽，双臂置于体侧，手心向下。放松，以腹式呼吸法吸气。

2 吸气，双臂抬起，置于头顶上方。

3 呼气。双手向下伸，置于身体侧面，同时提骨盆。吸气、将臀部放下，双手举过头顶。重复 5 次。以半仰卧式躺好。

益处与效果

- 腿部的挤压会增加腹部压力，促进腹部静脉血的回流。
- 垂直举腿能在不使心脏超负荷的情况下进一步促进静脉血液回流。
- 双腿轮流向上举以及伸缩脚踝的动作能刺激小腿肌的力量，向身体挤压静脉血，这对治疗静脉曲张非常有益。
- 左图中第 3 步的动作，能增强肝和脾的功能，肝和脾对维持血液成分十分重要。

支撑仰卧式

支撑仰卧式是一种有下落阻力的状态，形成动态静止，有自我治疗和自我接受的功效。这种姿势能使神经放松、忧虑减少、高血压降低、低血压上升。这种支撑的形式可以使心脏得到休息、改善心脏功能。可以在床上练习，在头部和双腿下面用枕头垫起可以促进静脉血从腿部流回心脏，以免出现头痛或头晕现象。在练习完其他瑜伽动作之后，以这种放松、悠闲的姿势放松至少10分钟。

平躺于地上，头和脚用枕头稍微垫起。双脚稍微分开并向外撇。双眼微闭，眼观颅骨后方，从有意识到无意识。现在开始使用上面介绍的心脏治疗意想练习瑜伽净化术。

意想：

心脏治疗意想 这种心脏治疗意想在于引导医疗之能（生命之气、积极的意念力和生物能）更新、补充血管。开始时，意守肚脐中央，呼吸时气沉于此。想象着金光聚集在脐轮即肚脐中央并从脐轮散发出来。吸气、意念从肚脐向心脏移动，就如同拖着金色尾巴的彗星。把这股热能聚于心脏，想象这种光开始充满血管，沿着金色的静脉扩散，渗入肌肉和细胞，就好像自己被供奉于一层金光罩之中。体会每次呼吸时血液都在进行净化，并注入整个身体……这样全身都得到了净化。

高级犁式

在犁式动作中，双腿轮流抬起，使静脉血从腿中流出。这样可以促使血液流回心脏而又不使心脏超负荷。一个比较容易的缓和一点儿的方法就是在整个练习中保持膝盖弯曲，以双手支撑后背下部。不要绷劲儿，双腿缓慢提起。

1 平躺于垫子上，使肩膀和后背上部略高于头以保持自然颈部曲线的完整。吸气，双腿抬起。呼气，双腿缓慢越过头顶，成犁式。双手支撑后背，使肩肘成一条线，或者伸展双臂、紧握双手。可以找一个搭档帮你把手臂直立于肩膀上方，使肩臂成一条线。

2 吸气，脊柱伸直，胸部扩展。双腿伸直，脚趾压于垫子上，耻骨提起、离开胸骨，并伸展阴腹。

3 改进：双脚向下，放在一张椅子上，成犁式。双手支撑后背下部或者于身后紧握，这一变化可以减小后背的压力，确保颈部放松，保持下颌放松。

4 吸气、提左腿成垂直式。呼气、回复到犁式。换右腿重复进行。交替重复3次。

5 缓慢放松身体，双膝弯曲碰头。

6 双手抱膝置于胸部成祛风式，放松，呼吸。

益处与效果

- 倒立式对心血管系统的主要作用就是完全逆转循环动力，主要可以从倒立姿势中体会。除了这几页介绍的犁式动作外，治疗低血压和静脉曲张可见肩倒立式和头倒立式。
- 能够大大加强腿部和腹骨盆器官的静脉血流量。
- 腹部（肝、脾和下腔静脉）血液的排流量可以大大增加静脉向心脏回流的血量，这可以刺激右心房反射和肺部循环。
- 心率会开始增加，这也是为什么中高度高血压患者不宜做倒立式动作的一个原因。
- 在完全倒立式中，颅骨内动脉血压会大幅度升高。倒立式虽然对健康人有益，但对高血压患者来说却是有潜在危险的。
- 能够刺激颈动脉穴反射，心率开始减慢，血压降低。

第四章

消化系统疾病的瑜伽疗法

基本仰卧蝴蝶扭转式

蝴蝶扭转式是适于初学者的安全的基础动作序列。蝴蝶扭转式动作是对“脐腹之气”的活动冥想，也是一种消化式的生命之气模式，通过调息之中的连绵不断的气流促进消化。这一系列动作姿势可以增强脐腹之气、生命之气和下行之气（抽离、消除和解毒模式）。这种扭转式可以伸展股四头肌、腿筋、腰肌和臂肌，刺激穿过身体中心直通腹部的胃脉。

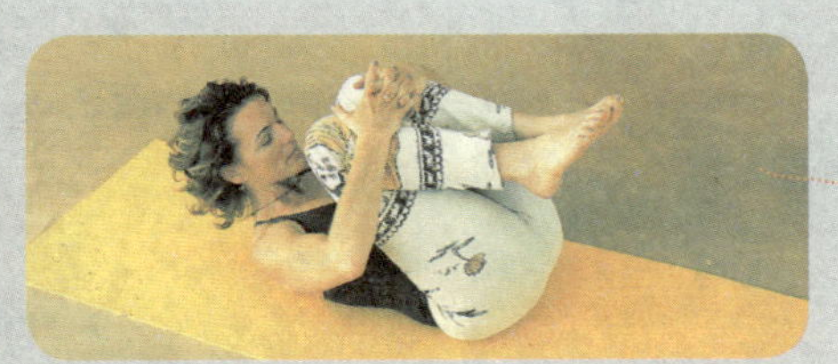

1 仰卧于地面（面部向上）。双手抱膝，使大腿置于腹部成祛风式，挤压时深呼气。吸气、腿放下。同时肩部放松。重复呼吸10次，意守净化，长呼气以排毒。仰卧于地面（面部向上）。双手抱膝，使大腿置于腹部成祛风式，挤压时深呼气。吸气、腿放下。同时肩部放松。重复呼吸10次，意守净化，长呼气以排毒。

2 膝盖弯曲，如同双翼般展开，做蝴蝶式即卧束角式。脚底并拢、双臂向两侧伸展。体会呼吸，在整个自由呼吸过程中保持胸部张开。吸气，结束瑜伽呼吸；呼气，收缩肺部的同时进行收腹收束和会阴收束。

3 吸气，提左膝。呼气，把弯曲的左膝置于右膝上，成仰卧扭转式。脸向左、肩膀着地、胸部展开、双臂向外伸展，保持这一姿势呼吸5次。进一步扭转，使双膝靠近右肘。

4 吸气、上侧腿伸直，以右手握左脚（或腿）。这会加强扭转的挤压作用，伸展腿的后部和同侧的臀部。保持这一姿势呼吸5次。

5 高级选择：左手握住另一只脚，这样双脚都被固定住。呼吸5次。吸气，回复到蝴蝶式（第2步）。呼气，放松。换另一侧重复第3步和第4步。

益处与效果

- 祛风式（第1步）是典型的排除式动作，能促进总体放松并排毒，是治疗便秘和肠道阻塞的上好方法。
- 蝴蝶式会伸展臂部和腹股沟，为腹部器官和肌肉提供空间并使之放松。
- 吸气和腹部的伸展能促使膈肌下降，这会按摩腹部内脏器官。

中级猫式到英雄式

这些动作适合中级学者，可以减轻大肠激躁症、炎症性肠病、轻微的憩室炎和消化不良等的症状。这些动作可以通过伸展并调理腹部区域以及消除肠内气体阻塞而起到减肥的作用。如果背部、膝盖或踝骨有严重的问题，应避免做眼镜蛇式和英雄式中的扭转动作。

1 以桌面式起，四肢着地。确保双手垂直位于肩膀下方，膝盖位于臀部下方。手掌压地、手指张开。吸气，脊柱下沉，成蛇状，伸展腹部、胸部和咽喉，头向上仰，尾骨尽可能向上提，但颈部不能弯曲。

2 呼气、脊柱尽可能拱起，下颌向胸部缩，尾骨向下收缩成猫式，腹部收缩，凹成收腹收束式。放松、第1步和第2步重复5次。最后，脊柱下沉，练习狮子式，净化舌头，眼睛向上观眉心（凝视眉心契合法），练习3种收束法。坚持片刻，然后放松和呼吸，再次下沉脊柱。反姿势成伸展的婴儿式，呼吸，气沉腹部。

3 吸气，成婴儿眼镜蛇式。如果后背出现任何不适，双手再往前放一些。肩胛骨向下拉，坚持5次呼吸的时间，保持左右对称。然后，双肘放到地上，前臂于身前保持平行，呼吸10次。双臂提起，只用双手着地（眼镜蛇），膝盖弯曲，成垂直式，把头扭向一侧，呼气。吸气，回复到中心位置。呼气，头转向另一侧重复1次，练习5次。反姿势成下犬式或婴儿式。

4 以英雄式坐好（金刚坐式），成下跪式，这样屁股坐于两小腿之间，脚后跟指向大腿两侧。双臂举过头顶，双手交叉，掌心向上。脊柱挺直，以微妙的收腹收束法伸展整个腹腔，呼吸20次，脚尖伸展并保持不动。

5 呼气，上身贴近地面，成卧英雄式。首先要向后仰于手上，然后仰于前臂上，逐渐使全身后仰躺下，必要的话膝盖稍微抬起但不要让双膝间的宽度宽于臂部——这会使臂部和后下背紧张。保持这一姿势，坚持呼吸10次。起身成英雄式结束这一动作。

肩倒立式、半肩倒立式和犁式

肩倒立式是一种极佳的消化姿势，塑绳瑜伽经常把这一姿势描述为所有姿势中的女王。这一倒立式极有助于心脏和大脑疾病患者的康复，并且促进循环。这一系列动作包括从完全肩倒立式到半肩倒立式再到犁式，再到身腿结合压耳式（膝碰耳犁式）。倒立式可以平静、平衡神经内分泌系统，净化腹部器官。

1 以半仰卧式躺好（膝盖弯曲、脊柱挺直），肩膀置于一个垫子上（头部应该稍微低于肩膀以保持颈部曲线）。双臂置于体侧，手心向下。

2 吸气，双腿向上抬起，膝盖向额头方向动。双腿提起，骨盆底部向后。双手紧紧支撑后背下部，拢住肾脏的部位，使肩和肘成一条直线。双腿伸直并拢。咽喉、下巴和脸部放松。保持这一姿势，坚持呼吸 30 次的时间，内视上面的气轮。

3 缓慢放下臀部，拢住骶骨，支撑后背，保持半肩倒立式坚持呼吸 15 次，或者只要感觉舒适坚持时间越长越好。保持臀部挺直，拉伸双腿，眼观肚脐，胸部和耻骨分离。

4 把伸直的双腿越过头顶向下放，成犁式。脚趾触地或者把脚趾放在椅子上。反方向伸直双臂，手指交叉。保持这一姿势，坚持呼吸 10 次。

5 为促进腹部恢复，以脚趾带动双腿向右侧移动，不要绷劲儿，移得越远越好。面部继续朝上，使双肩所受重力相同，保持根基坚实。保持扭转的犁式，坚持呼吸 5 次。然后，双腿移向身体左侧重复 1 次。

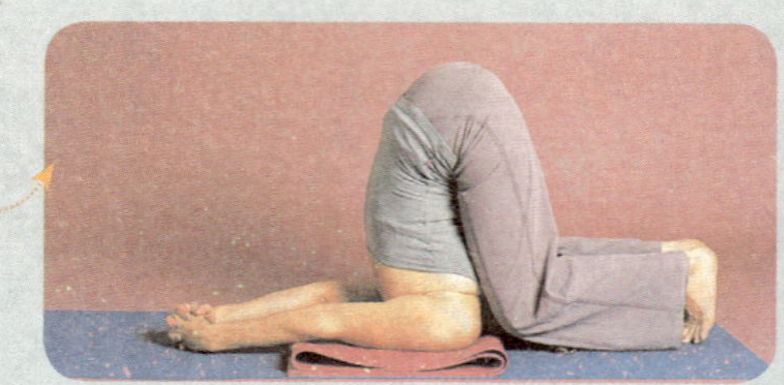

6 双腿回复到犁式，膝盖向头部弯曲成身腿结合压耳式（膝碰耳犁式）。呼吸时气沉肾脏以挤压两耳（注意不要扭伤颈部），也可以把膝盖曲向额头，放松膝盖。放松呼吸 10 次。

7 小心地提起膝盖、支撑后背，就像再次进入肩倒立式（第 2 步）一样，但是保持膝盖弯曲。脚底相对（有技术的人可以成莲花式），臀部展开成蝴蝶状。向右转动骨盆，以右手拢住骶骨，左臂向另一侧伸展，手心向上。保持这一姿势坚持呼吸 5 次，换左侧重复 1 遍。

益处与效果

- 半肩倒立式使腹部器官（脾和肝）的静脉血排出，从而刺激动脉血流入腹部。
- 这一套姿势刺激脐腹之气和与脐轮相关的生命火，即消化之火。
- 通过使用收腹收束法，在第 2 ~ 5 步中膈肌的按摩作用得以增强。这一按摩作用也进一步刺激了对腹部器官的净化。
- 净化小腹和大肠可以促使血流进入上部器官如胸部和头部，并且使肺部、心脏和大脑充满活力。

8 后背和双腿向下放成仰卧式，保持这一姿势坚持呼吸 10 次。反姿势转成鱼式。上半身提起，置于肘上，放松，在体侧压手掌，头部慢慢后仰。胸部向上高高挺起，后背拱成桥形，为心脏开启后部之门。保持这一姿势坚持深呼吸 10 次，然后躺在地上放松。

摩腹术

这种“搅拌式”按摩是收腹收束法的一种发展，也是一种中高级的练习动作。一旦掌握了收腹收束法，腹直肌得到了加强，就可以着眼于这一呼吸练习。这种按摩把肌肉进行了分离，以它们为搅拌器进行强有力的腹部按摩。

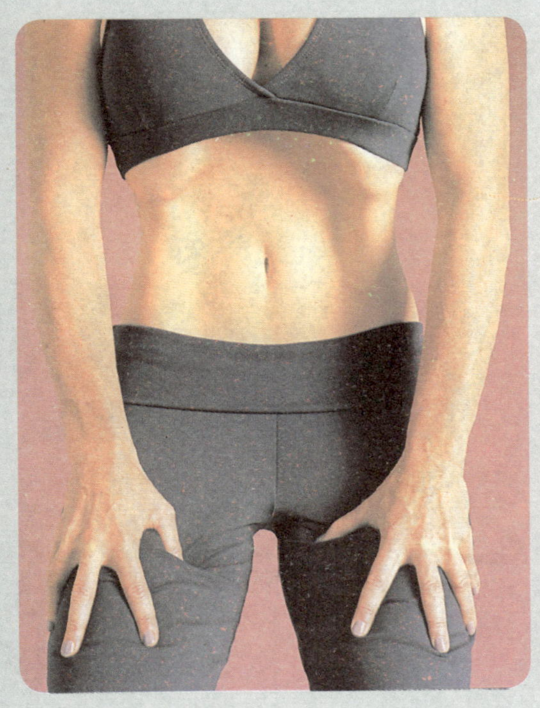

第一阶段（收腹收束法）：站立，双脚叉开，膝盖弯曲，双手置于大腿上。深呼吸。通过口腾空肺部，用收颌收束法持续呼气。收缩直肌，形成一个横亘腹肌的中心下凹的曲线。坚持的时间越长越好，然后放松深吸气。放松。重复练习 5 次（月经期或怀孕期不要做此练习）。

选择：吸气时，双手向上抬起成一个大圆，然后呼气，这时，双手绕过身体前中轴，手心向下。

第二阶段（摩腹术）：熟练后，隔断腹直肌使其移向腹部右侧。向左（左摩腹术）向右（右摩腹术）练习搅动肌肉，每侧 3 次。以前屈式放松。重复 5 次，但是不要在 24 小时内重复练习这一动作。

益处与效果

- 腹部内脏在一种类似于洗衣机的作用下得到按摩，消化道通过腹直肌（垂直于腹部的长带状肌肉）的作用而得到挤压。
- 消化物得以清除，便秘、胃酸过多和腹胀可以得到缓解。
- 一股强有力的净化波通过深层腹肌的作用净化内脏，增强心理和情绪上的消化功能，平衡生命之气的各种形式（在整个系统中流动的能量），并且使人与自身的根源连在一起。

高级扭转瑜伽动作序列

这一动作序列适合所有患有不太严重的消化疾病的人群。如果你觉得这一动作要求太高，就把两个扭转动作分开来练，第1步和第3步每步做3次。为了进行更具挑战性的瑜伽练习，以5轮拜日式或者以原螺旋形开始。

1 双脚并拢抬起成圆球状，身体蹲于脚上，面部向前，脊柱挺直。吸气、提胸伸腹。呼气，上半身向右转，十指触地，下巴向右转，越远越好。也可以右手手掌置于后背下部，肘放在身后并向外指。以双手为杠杆加强扭转幅度。在蹲坐扭转式中练习收腹收束法，保持这一姿势坚持呼吸 10 次。换另一侧重复 1 遍。

2 现在，成站立前屈式，双脚固定于地上。头部向地面弯曲，同时弯曲双臂。脚跟着地，放松后背，必要的话膝盖可以弯曲。上提双脚的弓形圆骨，形成“跃起式”。保持这一姿势坚持呼吸 10 次。

3 从前屈式向扭体侧展式转换。左腿向后滑动，右膝弯曲，成跃进式。呼气，上半身向右转，左肘置于右大腿外侧。手掌合十，双肘弯曲，分别向外伸展。左上臂置于右大腿外侧，右肘向上指。伸展头颈，肩胛骨向下拉伸，眼睛从右肩向上看。呼吸 10 次。吸气，回复到站立前屈式，换另一侧重复 1 遍。

4 跪下、双膝叉开，准备孔雀式。跪在一块垫子上，双手外侧边缘并拢，两个拇指向外指向相反的方向，手指尽可能叉开。手指转而指向体后，双手置于地上的两膝之间，臂肘向腹部弯曲。前额置于垫子上，臀部抬起，向前倾斜，双手、眉心、膝和脚趾之间达到平衡。

5 膝盖逐渐向后伸展，成完全的孔雀式。眼睛看地面，臂肘向身体内侧弯曲，保持这一姿势坚持呼吸 5 次。双腿于体后伸直，使身体成一条直线。保持平衡并呼吸。

6 放松成反姿势，即伸展的婴儿式，腹部伸展，压于大腿上，保持这一姿势坚持呼吸 10 ~ 20 次。

7 右腿向前滑动。双手置于膝盖旁边，手掌放平，后脚脚趾在下面踮起，右膝指向前方，右脚脚跟蜷进耻骨左侧。后腿伸直、脚趾在下面踮起可以加强这一瑜伽动作的作用。胸部和头部抬起，肩胛骨向下压，像天鹅一样伸展颈部，眼睛向上看，保持这一姿势坚持呼吸 5 次。换另一侧重复 1 遍，把这一动作与下式联系起来。

8 后腿向前滑动，休息一下。膝盖弯曲，蜷成宇宙蛋状。双臂抱住胫骨，坐骨平衡，保持这一姿势坚持呼吸 5 ~ 10 次。体会呼气，重点练习会阴收束法和收腹收束法以增强生命之气和下行之气。

9 转成船式。吸气，胸骨向上提起，伸展脊柱，身体后仰。呼气，锁骨放宽，腋窝前部提起，双手向脚的方向伸展。拉伸双腿使身体形成一个“V”形。如果这种动作太难，就弯曲膝盖，胫骨与地面平行成半船式。保持这一姿势呼吸5～10次。卵式和船式（第8步和第9步）交替练习3～5次，吸气时成船式，呼气时成宇宙蛋式。

益处与效果

- 蹲式可以减少通往腿部的血流量，增强腹部的循环，为腹部器官输送氧气，促进废物排泄。
- 蹲式和扭转式与收腹收束法结合练习可以挤压体内器官，使膈肌像降落伞一样下沉，有节奏地按摩这些器官。
- 幅度较大的站立前屈式和下犬式都向前弯曲，这促使静脉血从腹部器官排出并且净化大脑。
- 如第7步中所示，不对称的臂部伸展式可以为与向后伸展的腿同侧的结肠增加能量，消除紧张或滞塞。
- 宇宙蛋状姿势能强化下行之气这种排除模式。下行之气有使身体放松和排毒的功效。
- 船式通过吸腹壁、骨盆横膈和呼吸膈肌从而挤压腹部器官，巩固身体的核心。

能量控制调息法

这一练习可以促进消化系统功能并为消化系统提供更多氧气，对祛除体内有毒气体、消除口臭和便秘、协调消化器官、刺激食欲（加强生命火）特别有益。心脏病、胃溃疡、甲状腺功能亢进或腹泻患者不要做此练习。

1 以一种舒适的姿势坐好，可简单地跪下，双膝打开，双手置于膝上。深吸气，然后呼气，尽可能腾空肺部。身体向前倾斜，双手按在膝上，舌头伸出（见狮子式）。如同气喘一样吸气和呼气，同时扩张（吸气时）和收缩（呼气时）腹部，坚持呼吸20次。不要紧张。

2 在进行更高级的练习时，以同样的方式练习，但要持续呼气，这被称为腹部净化或腹部收缩。

净化消化

这一系列动作构成了摩腹术的附属品，这组动作可以使消化系统充满活力。这一系列动作适合所有的人，但是溃疡或有类似病情的患者应该谨慎练习。可以试着进行全身伸展动作。

1 以山式站立，双脚稍微叉开。吸气，双臂举过头顶，手心相对。想象一股积极的能量进入体内。身体向上伸展，脚尖着地。仰头直向上看，保持这一姿势坚持呼吸5次。呼气，放松，回复到站式，手臂放下，垂于体侧。

2 身体向右侧拱，成风吹树式。双脚叉开，与臀部同宽，右臂抬过头顶。左手置于小腹上。呼气，身体向右倾斜，手臂弯过头顶，持续呼气片刻。低头向下看，放松颈部。吸气，回复到中央位置，换另一侧重复1遍。

3 先回复到山式，再转为腰扭转式。吸气，手臂抬起，向体侧伸展，与肩同高。呼气，身体左转，右手移向左肩处，左手置于身体左后侧，下巴指向右肩。持续呼气，增大扭转幅度。吸气，回复到中央位置。换另一侧重复1遍（有节奏地左右扭转）。

4 蹲式扭转：双脚并拢，蹲于地上，右手臂置于左腿大腿外侧，身体向左扭转以按摩腹部。右手置于左脚旁边的地上，左手放在骶骨（身体的重心）上。保持这一姿势呼吸5次，然后换另一侧重复1遍。

5 眼镜蛇扭转式：以俯卧式起，面部向上。双脚叉开与臀同宽，脚尖叉开并指向外侧。双手置于肩膀下方，吸气，脊柱挺起。呼气，头和上半身向左侧扭转，眼观左脚脚后跟，腹部沿对角线方向拉伸（肘部稍微弯曲）。然后，身体向右侧扭转。

第五章

生殖泌尿系统疾病的瑜伽疗法

提肛契合法

这一契合法通过收缩肛门括约肌部位改善其下面肌肉的健康状况和功能。收缩的作用是有节奏地挤压骨盆器官，改变通往这一部位的血流量，从而达到滋养、净化、治疗的效果。下行之气（排毒，见生命之气的5种形式）会提升，这一提升使人充满活力。这一练习适于分娩前后的护理，也有利于男性前列腺疾病的康复和一般的自信心的建立。在此，我们把提骨盆和肛门括约肌的内部收缩相结合。按照典型的哈达瑜伽所述，“这种提肛契合法是一种重要的契合法；它为人体提供力量和活力，防止过早死亡”。但是，高血压、痔疮或肛瘘患者不要做此练习。

1 以半仰卧式躺好，膝盖抬起，手臂于体侧向外伸出。练习整套喉呼吸法。呼气，开始准备练习收腹收束法和会阴收束法，这样呼气结束时，这两种收束法已进行到一定程度。完全按瑜伽的方式吸气，重复一个循环周期。

2 吸气，双脚、双臂置于地上，骨盆向上提起成桥式，脊柱离地。保持膝盖与双脚平行，膝盖位于脚跟上方，远离臀部，与脚趾成一条直线。慢慢收缩和放大肛门孔，就好像要抑制大肠的活动，重复 10 次，每次收缩时都持续几秒钟。呼气，放松，骨盆向下放回到地上，结束这一姿势。有节奏地重复每个动作，练习 10 次。身体其他部位放松，可能的话也放松其他生殖泌尿肌。

高级动作：收缩括约肌时屏住呼吸（悬息）。重复练习这一系列动作 25 次。

坐式契合法

这种盆底（括约肌）练习（肛门–会阴–性能量）有助于区分、隔断和加强盆底的各种肌床。它能刺激整个盆底，对预防和矫正失禁以及前列腺问题有帮助，而且在怀孕和分娩后都可练习。

1 双腿伸展，坐好，左腿交叉过去使脚底压住右腿的大腿内侧。男性左脚后跟压进会阴。女性左脚后跟压住阴道，右脚置于左腿小腿上，右脚跟位于生殖器上，直接压住盆骨（右脚跟应该垂直于左脚跟上方）。这就是至善坐式，是契合法和调息法的坐姿，会感觉身体如同固定在地上一样，体会骨盆的4个骨关节向下行：耻骨、尾骨和2块坐骨。

2 意守根轮。脊柱挺直，双手放在膝盖上。意守盆底，快而有节奏地练习提肛契合法（肛门收缩），练习10次。然后，把意念转入会阴收束法的练习，重复10次收缩的动作，这比肛门收缩更加微妙。接着，把意念转向性能量运行契合法，意守盆底生殖泌尿肌前面，重复10次收缩的动作。

3 重复这一系列动作，配合呼吸进行：吸气、收缩、屏息上提；呼气、放松。每个部位重复5次。

4 结束时放松，意守觉性空间，即微闭的双眼前面的精神空间，分别回想每种不同的感觉。

蜥蜴契合法

这一练习对治疗与骨盆相关的问题都有帮助，包括性活力、前列腺疾病、男女不孕不育以及月经不调。对治疗背痛和哮喘也有一定的疗效。

1 双膝跪下，成蜥蜴式。臀部上提，前倾，双膝叉开与臀同宽，胸部下沉，下巴向地面方向动，脚趾向下踮起。双臂置于体前、手掌平放于地上成温和的背部弯曲伸展式。躯干伸展。

2 练习会阴收束法，意守会阴，呼吸时缓慢挤压盆底肌，练习10次。

3 回复到坐式，练习性能量运行契合法。意守前面的生殖泌尿肌，就好像要抑制排尿一样，收缩10次。

半肩倒立支撑式到蝴蝶式

做以下练习时需要一个长枕垫或者一两个结实的枕头，靠墙壁提起并支撑骨盆。这有助于你舒适地提起下半身，保持倒立的姿势坚持一段时间，并在这种姿势下放松3～5分钟。半肩倒立式对治疗下垂有好处，因为它可以使子宫在盆腔找到自己合适的位置。蝴蝶式即束角式，可以刺激卵巢、前列腺、膀胱和肾脏，增强净化功能。可能的话每天练习3次，每次10分钟。月经期间不要练习倒立式。

1 把一个长枕垫放在墙边。身体躺下，骨盆置于枕垫上，双腿搭在墙壁上，成半肩倒立支撑式。双腿并拢，双手置于腹部，手心向下。练习整套瑜伽呼吸法，气沉肚脐中央。保持这一姿势，坚持5～10分钟，或者只要感觉舒适，时间越长越好。

2 呼气、膝盖弯曲，脚跟指向骨盆，两个膝盖分别向身体两侧放下，成蝴蝶式。脚心并在一起，膝盖向墙壁靠拢。坚持1～3分钟，意守肚脐中央。

3 双腿向上向外伸直，双脚弯曲，成向下的对角式，即卧角式。只要感觉舒适，尽量叉开双腿，越宽越好，拉伸腿部肌肉。腿的后部顶墙，加大伸展力度，拉伸大腿内侧和四头肌。坚持两分钟，练习呼吸，气沉腹部。放松，双肩放宽，颈部不要绷紧。

益处与效果

- 这一倒立式促使静脉血从腹部骨盆器官中流出，减少重力对肾脏的压力，并改善由此导致的肾脏向肋下倾斜的状况。
- 使用长枕垫有利于深度放松，能改善静脉和淋巴排泄。
- 蝴蝶式能消除小腹压力，为增加血流量提供空间。

坐式瑜伽动作序列

坐式扭转，即身躯转动式，能活动脊柱、按摩腹部器官。在这一系列动作中，臀部伸展与扭转结合，能净化小腹和泌尿生殖器官。意守垂直的脊柱、水平的骨盆和宽阔的肩带。

1 以坐式四肢支撑式坐好，双腿于体前伸直。吸气，双腿叉开，大腿向外侧伸，膝盖指正上方，双脚弯曲（坐角式）。双手置于膝盖下方，双腿尽量叉开，从臀部腿根处伸展，向前伸展时拉伸后背。保持这一姿势坚持呼吸 10 次，每次吸气时上提会阴，扩展腹部和胸部。吸气，上半身提起，双手向上举。呼气，折成前屈式。坚持呼吸 10 次。

2 吸气，回复到坐式四肢支撑式。右膝弯曲，右脚跟指向腹股沟，左膝在上，准备第 3 步（单腿坐式体前屈式，头碰膝式）。吸气，提胸，躯干向两侧伸展。呼气、双手触摸左脚脚趾。保持这一姿势，坚持呼吸 20 次。

3 吸气，回复到坐式。上半身扭转使身体左侧与左腿成一个垂直面。呼气、躯干在左腿上方侧拱，右肩向后收。右臂在头顶上方曲臂伸展，头部同时移动，这样眼观举起的右手。左手向左脚踝滑动，右侧坐骨固定不动，这样骨盆不会向一侧下沉。保持这一姿势，坚持呼吸 10 次或更多次。回复到直视右腿上方的姿势，呼吸 10 次或更多次，每次呼气时提升并挤压肾脏右侧。

益处与效果

- 单腿坐式体前屈式即头碰膝式，通过极度伸展背部肌肉为肾脏提供空间。同时，它也可以伸展脊柱、肩膀、腿筋和腹股沟。
- 臂部伸展扭转动作能净化骨盆中的器官。
- 为避免突然跌倒，重心向坐骨前移动，同时在整个扭转系列动作中保持骨盆后部不动。

4 双膝弯曲，置于胸前，成宇宙蛋状。双手抱住小腿，脚跟着地，以坐骨为平衡点。练习呼吸直到感觉已经恢复且放松。这是一种放松式，可以在两组难度较大的动作之间练习，以缓和后背下部和肾脏部位。右腿伸展，重复第 1 ~ 4 步。

5 以蝴蝶式坐好，脊柱挺直，膝盖弯曲，双脚并拢。以喉呼吸法吸气，深呼气，排空肺部。盆底提起、小腹内凹，下颌向胸部收，坚持呼吸 10 次。肘部弯曲，上半身向脚部前倾成向前弯曲式。每次吸气时肾脏上提，气沉两肾。肘部向膝盖处下压，以谦逊式深入练习这一姿势，保持这一姿势坚持呼吸 10 次。放松，转向第 6 步，即下图的高级动作。

6 吸气、小心回复到蝴蝶式，后背伸直（第 5 步）。左腿小腿向后盘起、左脚跟触碰左臀外侧，成坐式脊柱扭转式（身躯转动式），固定两块坐骨。左手放在右腿大腿上，右手置于身后地面上，躯干向右侧扭转。吸气，伸展时肾脏上提，呼气时身体扭转。重复呼吸 10 次。回复到蝴蝶式，换另一侧重复第 5 ~ 6 步。

高级姿势

从第 5 步开始，要想进一步伸展和按摩腹部，左手握右脚踝、右腿抬起，伸于体前并笔直向外伸展。上半身反方向扭转，右臂于体后伸展，眼观右手，左腿盘于身体下面。保持这一姿势坚持呼吸 10 次。然后放松，换另一侧重复 1 遍。

第六章

脊柱疾病的瑜伽疗法

初学者背部瑜伽动作序列

缓慢、逐渐地练习拜日式可以增强脊柱的柔韧性。第1～3步适于所有水平的练习者，中级练习者则可以练习所有动作。早晨起床时，可以重复练习几次这一系列动作以使你一整天精力充沛。它有助于缓解脊柱及其周围肌肉的僵硬状态，促进身心的协调。如果有任何疼痛现象，以婴儿式休息并调息。

1 以婴儿式坐好，臀部置于脚跟上。双臂于体前伸展、手掌平放在地上，伸展上半身，拉伸腹部，下背和腹部放松。练习腹式呼吸法，呼吸10次。

2 吸气、四肢着地，成桌面式起身。双手位于肩膀下方，膝盖位于臀部下方，手掌向下压地。吸气，脊柱下沉，头往上抬，伸展腹部、胸部和咽喉。尾骨尽量向上提，越高越好。呼气，脊柱拱起。尾骨向下探，下颌向胸部收，肩胛骨向两侧伸展。运用3种收束法，把气挤出体外。配合呼吸重复这两个动作，练习10～20次，直到后背柔韧、心情平和。

3 在瑜伽垫上双手继续向前放。吸气，胸部前移至双臂之间，成简化的木板式，身体上提，使膝盖和头之间成一条直线。眼向前看，体会下背是否有不适之处。呼气、背部放松，脊柱反姿势成伸展的婴儿式（见第1步），保持这一姿势呼吸10次。重复第1～3步3～5次。这一伸展式能让紧绷的后背放松下来。

4 不要绷劲儿，从第3步开始上身下沉，胸部前挺，手臂于腰侧弯曲成婴儿眼镜蛇式。使胸椎位于肩胛骨之间并下沉，胸部扩展，直视前方。体会下背是否有不适的感觉。保持这一姿势呼吸10次。

5 从婴儿眼镜蛇式开始，脚趾向下踮起。吸气。起身成小狗式。小狗式是通过弯曲膝盖、伸展并拉长脊柱，“调整”腿筋和下背，对下犬式进行改进的姿势。保持这一姿势呼吸 8 次或者（不绷劲儿）持续时间越长越好。

6 吸气，右脚前跨一步成跃进式。躯干垂直，双手放在臀部，腋窝前部上提。尾骨向地面方向固定，直视前方。保持这一姿势呼吸 3 次。

7 吸气、双臂从肩膀上方竖直向上举起，收小腹，肩胛骨扩展并下沉。旋转二头肌使手心相对。保持这一姿势呼吸 5 次。

8 呼气、肘部向下、双手保持在与耳朵平行的位置。吸气，双臂伸展，回复到第 7 步的姿势。重复 3 次。

9 呼气，身体向右扭转，左手手背贴在右膝外侧，右手手掌放在骶骨上。缓慢向右扭转，保持收腹收束的状态，呼吸 10 次。半边臀部和下背不要向下沉。复位时以婴儿式坐于脚跟上，呼吸 10 次。然后，提臀成向下的小狗式，换左侧重复第 5 ~ 9 步，然后以婴儿式放松。

益处与效果

- 婴儿式有助于伸缩下背，对减轻过度脊柱前弯症（脊柱弯曲或背部下凹）特别有益。
- 猫式能通过收缩、延伸使整个脊柱变得柔软，把新鲜血液导向脊柱的深层结构和肌肉，活动颈部。
- 木板式能锻炼胸、腹和骨盆压力系统的核心力量，增强上身力气。

中级站式瑜伽动作序列

这一系列动作可以增强踝骨、大腿、小腿和脊柱的功能，促进动态协调、增强脊柱柔韧性。椅式（即幻椅式）以一种有力的半蹲式使膝盖固定在平行的双脚上方。这对于固定尾骨、利用盆底和小腹保护腰椎曲线至关重要。同时把体内提供核心支撑力的“内部组织”与下背的健康结合起来。

1　以山式站好，双臂垂于体侧，两脚平行叉开，大脚趾和脚跟内侧固定不动，脚踝内侧上提。

2　吸气，肩膀不动，手臂向上抬起，双臂平行向前，手心相对。呼气，膝盖弯曲，成椅式，大腿尽量与地面平行，躯干在大腿上方稍微前倾。保持这一姿势呼吸 5 ~ 10 次。

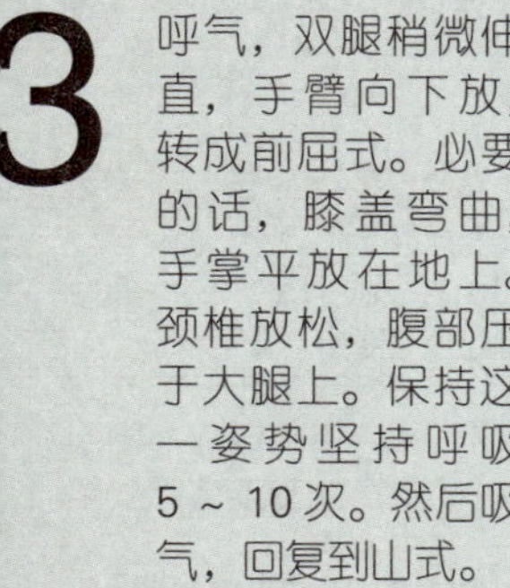

3　呼气，双腿稍微伸直，手臂向下放，转成前屈式。必要的话，膝盖弯曲，手掌平放在地上。颈椎放松，腹部压于大腿上。保持这一姿势坚持呼吸 5 ~ 10 次。然后吸气，回复到山式。

典型脊柱扭转

这种强有力的动作适合高级练习者练习，沿穿过脊柱的很长的重力路径进行练习，与呼吸同步配合。这种向上、向下的对角线运动使人自由放松、充满活力。不过，背痛患者不要做此练习。

1 双腿叉宽站立，双臂垂于体侧。吸气、身体转向右对角线顶端，双臂向上举起，就好像要扔标枪一样，头向上仰，眼观双手。

2 呼气，上身和手臂沿对角平面向下转，直到右手握到左腿胫骨，左手在身后向上指。头朝左脚方向，必要的话膝盖弯曲。重复这一系列动作练习 5 次，然后换另一侧重复练习。

益处与效果

- 这一系列姿势可以通过侧屈和旋转动作展示典型螺旋，人的体型就是围绕这一螺旋形成的。
- “扔标枪”动作要求脊柱首先向远离目标的方向旋转，身体重心稍微后移。然后再向目标方向旋转，身体重心稍微前移以增强身体的本体感受能力，实现自我平衡。
- 这一姿势交替伸展、收缩腹壁和椎间盘的毗邻层（因为这两种结构都有成对角线的纤维）。
- 这一系列动作以交替的深度螺旋伸展和挤压腹部内脏，促进内脏的自由活动和循环。

中级侧身瑜伽动作序列

这一系列动作把对称的弯曲即头倒立变化式与不对称的侧身动作即侧角旋转式相结合。侧角旋转式能扩展脊柱、调节臀部并扩张肺的上部。二者都可以拉伸脊柱、增强背部功能。以双手为支撑可以增强安全性，也可以作为反姿势复位。如果下背有问题，在体前屈式（第2步）中弯曲膝盖，对这一系列动作进行简化。

1 站立、双脚打开大约1米宽，双脚内侧平行，手臂垂于体侧。吸气，手臂向体外伸展，指尖伸展，向前看。深呼吸3次。

2 呼气，膝盖向前弯曲。以髋骨为轴前屈，双手放在地上，位于双脚之间。为减小后背的紧绷感，膝盖尽可能弯曲。颈部放松，头部自然地下垂于肩膀之间。从指根处伸展手指和脚趾。这称为叉腿前弯曲。保持这一姿势呼吸10次。

3 吸气，回复到站式。上提并拉伸躯干前部，双臂向两侧伸展，和第1步一样。呼气，左臂和左脚向内侧旋转，右脚和右髋骨向外旋转90°。直视右方，即右脚和伸展的右臂的上方。

4 吸气，胸部上提，尾骨固定。呼气，不要绷劲儿，上身向右倾斜。右腿稍微弯曲，右肘置于右腿大腿上，左臂向上伸展，指向上方。膝盖弯曲，尽量放松后背，抬头看左臂，保持这一姿势，依据个人能力呼吸5～8次。重复第3步和第4步，练习几次后回复到中央位置。换左侧重复练习。想象自己在两片玻璃之间移动。

5 头朝下，向右脚方向看，左臂放在左髋骨上使身体稳定。颈部放松，吸气，回复到第1步，换左侧重复一系列动作。

益处与效果

侧屈和前屈：

- 头倒立变化式通过重力缓慢伸展下背，尽量减小腿筋承受的压力。
- 在前屈式中，脊柱的分段关节和囊受到牵引（减压）力。
- 弯曲动作会拉伸大腿的内侧和后部以及脊柱。
- 侧身运动即侧角旋转式（第4步）伸展身体的一侧，为外部肌肉组织和内部器官创造自由空间。而侧身练习可以帮助矫正身体的不对称性，特别是躯干和脊柱侧肌的不对称性。能调节腹部器官，并使大脑平静、温和，减轻头痛。

第七章

淋巴系统和免疫系统疾病的瑜伽疗法

树式（平衡树式）

树式可以锻炼脚踝和脊柱，它可以伸展大腿内侧、增强平衡意识、减轻坐骨神经痛并帮助调平双脚。这一系列动作通过举臂使身体得到净化，为精神注入积极的能量。

1 以山式站好。把重心转移到左脚上，左脚完全着地，脚心内侧向上提。右膝弯曲，右脚上提，贴在左腿的大腿内侧，脚尖朝上。右髋骨展开，尾骨向下沉并固定。双手合十成祈祷式，即印度合十礼，手心相扣，臂肘侧向伸展。仰头向上看，保持这一姿势呼吸 5 ~ 10 次。

2 吸气，手心仍扣在一起，双手向上举过头顶。胸骨上提，躯干向两侧拉伸。左脚站稳。

3 双臂分开，手心向上，手指伸展。保持这一姿势呼吸 5 ~ 10 次。呼气，回复到山式，换右腿站立，重复这一系列动作。以骨盆到双腿为根基，固定在地面上。从腰椎通过脊柱向上提气。

4 高级动作：从第 1 步中的树式开始，右腿在身前伸直并抬起，稳定之后左手握右脚外侧，充分伸展右腿，右手放在下背部支撑身体。保持这一姿势，呼吸 5 ~ 10 次。回复到山式，换另一侧重复这一系列动作。

舞王式

这一姿势有助于增强人体的平衡能力，还能锻炼双腿。站立的姿势有助于增强身体免疫力。

1 以山式站好。左脚站稳，吸气时右手握住右脚，在身后提起。左手在头上方笔直伸展。

2 有规律地呼吸，慢慢提起右脚，向上向外拉伸。右腿在身后展开，与地面平行，提升时脊柱拱成弓形，同时，左臂于体前伸直。保持这一姿势，呼吸 10 次，然后回复到站式。换手臂和腿，重复 1 次。

雀尾式

这是一个更高级的、具有挑战性的孔雀倒立式。这一姿势能锻炼上半身，增强核心力量，把后背弯曲放大到整个脊柱，使人重新精神活跃，实现再平衡。

注意：这一动作仅限于有经验的瑜伽修习者。除非你做好充分准备且已经掌握了孔雀式，否则不要练习这个动作。

1 脸朝下躺在垫子上，手指勾在一起，把双手放在耻骨下面。肩膀放宽、胸部扩展。

变化动作：小心地弯曲膝盖，双脚向头部靠拢。保持这一姿势呼吸 5 ~ 10 次，然后慢慢提双腿成垂直式，再按第 2 步放松，用力拱起胸椎。

2 双腿并拢伸直，向上抬起，成全蝗虫式。可能的话，双腿一次性弹起，利用收腹收束法向正上方伸展双腿。双腿挤压在一起，向上伸展。可能的话，保持这一姿势呼吸 5 ~ 10 次。放松时，双腿放下，先放一条再放另一条，反姿势成婴儿式，或者双腿同时下放，腹部着地。

鹰式

鹰式可以增强人的力气、忍耐力和注意力，有助于精神稳定和身体平衡。如有膝盖损伤，不要做此练习，可以只练习膝盖弯曲。

1 以山式站立。稍微弯曲膝盖，以左腿为平衡点，右脚上提，右腿大腿交叉在左腿大腿上。右脚尖勾住左腿小腿，深深下蹲。

2 双臂于体前伸直，右臂于左臂肘部交叉。前臂垂直向上（双手心相对）。手掌合十，肘向上提，手指向上伸展，肩胛骨下沉。

3 保持这一姿势呼吸8次。双腿和手臂都拆开，再以山式站立。换另一侧重复1遍。

益处与效果

- 平衡式是集中性的，把人固定在一个片刻，使思维更清晰，增强对本原的意识。双脚固定，跳起并以脊柱为轴旋转，这些能增强人的内在联系和创造力。
- 帮助净化淋巴管，从而增强整个淋巴系统的功能。

支撑的鱼式

如果免疫功能不高或正在减肥，以垫子、长枕垫和墙壁为支撑，保持这一姿势3～5分钟，这样有助于治疗。在古代，鱼式被看做是“所有疾病的杀手”。

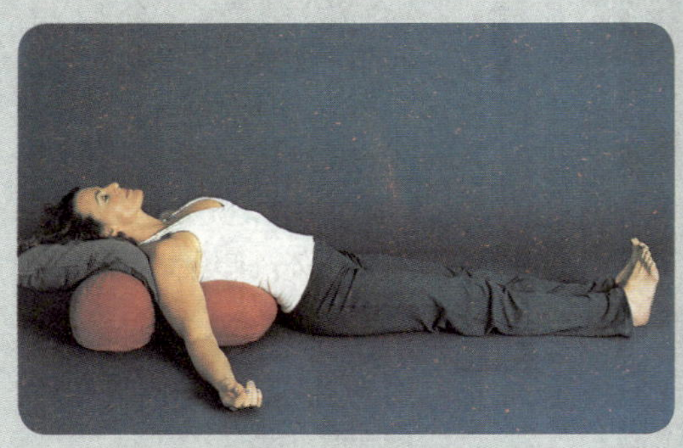

第一种选择：面朝上躺在地上，在后背上部放一个长枕垫或垫子，挺起胸部，使头部和颈部得到支撑。小心地使身体成一条直线，就好像在练习鱼式，但是一条休息的鱼。

第二种选择：大腿下面也可以垫上垫子，以蝴蝶式躺好，这样可以更加放松。在大腿下面放一个垫子可以保护膝盖，但臀部要放在地上。脚底并拢、手掌置于小腹上。

下犬式

下犬式可以放松心脏并以新鲜的血液沐浴大脑。把额头放在一个长枕垫上可更有助于平静大脑和额头。在长枕垫或靠垫上练习可以防止颈部抽筋，练习完毕后休息3分钟。

把一个长枕垫或一个靠垫放在地上，练习下犬式，头部的发线处应位于长枕垫上。通过双臂和脊柱拉伸身体 1 分钟。反姿势成婴儿式，额头放在长枕垫上。

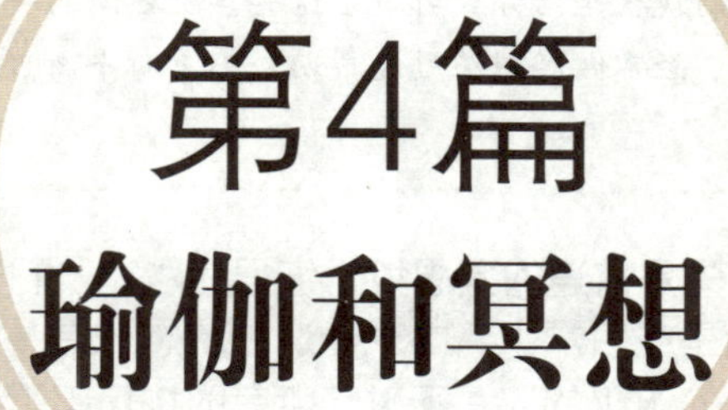

第4篇 瑜伽和冥想

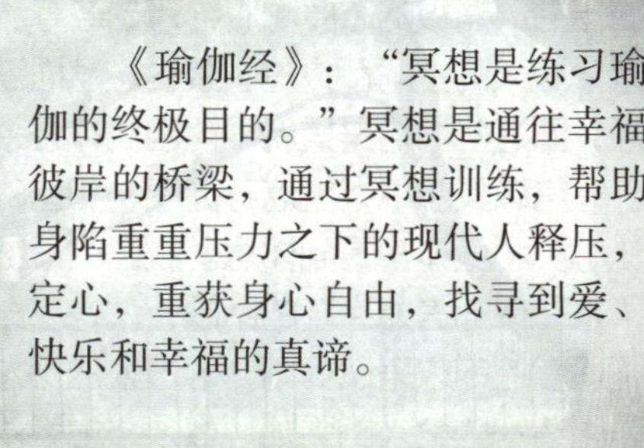

《瑜伽经》：“冥想是练习瑜伽的终极目的。”冥想是通往幸福彼岸的桥梁，通过冥想训练，帮助身陷重重压力之下的现代人释压，定心，重获身心自由，找寻到爱、快乐和幸福的真谛。

找寻内心的自我

人体具有多个层次：肉体层(physical bodies)、能量层(energy folw)、本能心理层(instinctive responses)、理智层(thinking processes)和灵魂层(wisdom)。每个层次都对我们的整体功能起着不可或缺的作用，要保持身体的平衡、健康和良好状态就需要所有的这些层次一起运作。然而，快节奏的现代生活方式打破了这些层次之间的平衡，让我们在身体、精神和情绪上感到疲惫不堪。经常做冥想练习能帮助我们重新平衡自己，使所有的身体层又能和谐地协同运作。

冥想有3个方面：首先是普通的冥想技巧练习，能让我们进入冥想状态；其次是对冥想状态的体验；最后是在日常生活中享受这种状态。有一些传统的冥想技巧，适合不同性情的人和不同修为水平的人。不过，所有的技巧都需要你在象征意义上“历经高峰之孤独”，这样你才能“重返市井之喧嚣”并改变生活方式，而这正是我们冥想体验的结果。

消除内心障碍

通往我们“内心”的大道可能会受到多种因素的阻碍，如缺少认知、自我偏执、不平衡的生活方式所带来的压力、消极的态度和思维方式等等。

我们大多数人的生活都太过于繁忙，从而缺少平和、安静，而这些恰恰是重新平衡自我神经系统所必需的。经常做冥想练习能培养健康、和谐的生活节奏，让心灵和身体都得到休息。我们的思维时刻活跃，不是在仔细考虑当前的问题，就是在充满焦虑地为不可掌控的未来做计划，为过去的行为而懊悔，或是创造一些个人的原则、教条、主张或偏见。这些心理“游戏”就像磁铁一样吸引着我们，使我们远离目前的生活。冥想教导我们活在当下，在此地此时的体验里成长。当我们被消极情绪（如生气或愤恨）所困扰时，当我们想象并不存在的侮辱和危险时，冥想能帮我们将这些消耗能量的戒备不安的心态用开放和信任的心态来取代，并让我们与他人建立起爱的联系。

练习冥想时应保持身体不动，脊背挺直。思维静止，但要保持内心警觉，凝神静气。

同高山的寂静一样，冥想能让我们远离市井之喧嚣。

缓解压力

如果你能够带着热情定期练习本篇所描述的冥想技巧，你就会很快体会到冥想所带来的益处。因为冥想能有效消除引起压力的种种因素，所以压力也就随之烟消云散了。

压力是生活中正常的一部分，而且一定的压力是人所必需的，可用来激励并促进人的发展；但是现代生活的快节奏和复杂度超出了我们身体的承受能力，削弱了我们自身调节压力的能力。据我们所知，人类是唯一能够持续思考的动物——但结果可能是我们陷入消极的思维方式而不能自拔，浪费了宝贵的能量而且还破坏了神经系统的平衡。

和其他动物一样，人类的神经系统能够本能地、自发地应对外来威胁而使我们生存下去。压力是一种本能的反应，让我们能对危险做出回应，要么是回击要么是逃跑。一旦威胁的因素解除了，当我们平静地回到日常生活中来时，神经系统就会自身达到重新平衡。然而，不像其他动物，人类更容易继续保持这种兴奋的状态，因此我们不仅会在此刻保持活跃、兴奋，而且还会一直对过去和将来的事情保持担忧。

正因为压力的存在刺激了激素的分泌，使我们感觉兴奋，所以我们很容易就会对那些能激发压力的活动和挑战沉溺上瘾。这就是为什么我们喜欢看刺激的电视节目并参与测验活动的原因。但是如果我们一直保持这种兴奋的状态，我们的身体系统就无法得到休息和恢复的机会，致使压力不断累积，直到系统崩溃，最终产生各种身心疾病和不适。通过冥想练习，我们可以在最初感到自己产生了消极情绪和心理时就立刻停止并自觉将其清除，以此来平静心境，改善情绪，缓解不断累积的压力。

压力与人体健康

冥想练习有助于减少压力带来的负面影响，保护你免受以下症状的侵扰。

- 肌肉紧张，关节疼痛。
- 紧张不安，偏头痛。
- 注意力无法集中，思维混乱。
- 消化问题，可能包括糖尿病。
- 睡眠紊乱。
- 呼吸困难。
- 心血管疾病。
- 过敏反应。
- 身体衰弱。
- 神经衰弱。
- 免疫力低下。
- 其他免疫系统疾病。

经常进行冥想能让你保持充足的精力和清晰的思维以应对日常生活的各种需要。

第一章

何为冥想

什么是冥想

冥想是一种集中精神的方式，可以平静无尽的心灵嘈杂，减缓精神压力，恢复我们的精力。在瑜伽传统中，冥想即禅，是帕坦迦利上师所说的八支分法的第7个分支，通过冥想我们可以与宇宙意识连为一体。达到冥想状态的途径有多种，可动可静，可以发声也可以保持安静。只要保持经常练习，冥想就像吃饭睡觉一样，会成为我们日常生活不可或缺的一部分。

在冥想体验中，人往往会感到平静、精神集中、快乐并充满爱意。卸下了自我的重负，我们来到了一个更为宽阔的意识状态，通过瑜伽姿势练习和调息法逐渐唤醒自我意识。

到达了冥想这片乐土，我们便可以学着将冥想的心态和觉醒转移到日常生活的各个方面，不为我们周遭发生的事所影响。冥想练习可以增强我们对自我和我们与其他万物的联系的意识，让我们学会以一颗知足、平静、充满爱的心充实生命中的每时每刻。

通过有规律的冥想练习，甚至有可能彻底改变我们的生活质量。许多人常年被消极心态压得喘不过气来，而冥想可以帮助我们从压力中解脱出来，找寻到我们认为不可能实现的宁静。消除内心障碍

踏寻古人之路

冥想的起源早于人类的文字记载，甚至可以说，自人类出现以来就有人练习冥想。放眼那些现今仍存在着的最古老的文明，如澳大利亚的土著居民和南、北美洲当地的民族，我们了解到，冥想以及其他一些精神修行自古以来都只属于一小部分人。这些人被挑选出来，经过多年的训练和考验，才能领悟到隐秘的智慧，成为部落的精神领袖。

在许多文化中，这种精神修行及其方法只能秘密传授给那些注定要成为精神领袖的人，这些人要么是在很小的时候就被选中了，要么出生在世代传道的家庭。只是到了近代，随着世界范围内的交流越来越广泛，这种隐秘的智慧才被广泛传播开来，只要愿意学习的人都可以练习。

冥想方法与传统生活方式

褪去传统的象征意义和神秘色彩，其实每种文化里的冥想方法都惊人地相似。这些技巧无一例外都是帮助冥想者抛弃关于过去、眼前和将来的想法，将注意力转移到内心感受

在北美和其他有着萨满教传统的地区，有节奏地击鼓是一种与宇宙精神相通的有效方式。

上来，找寻身心的宁静。相应地，人体神经系统会转入一种“万事大吉”的安宁状态，大脑电波也从活跃进入沉思。具备了以上条件，就有可能进入到冥想的状态。

在许多传统中，精神修行者通常居住在特定的住所，如远离尘世的静修处或修道院。修行者的生活由两部分组成：常规的冥想练习与日常的宗教仪式活动。如果修行者无论在“闹市”还是“山林”都能保持冥想的心态，他就能被派出去传教布道，向更多的人传授冥想的技巧。

自古以来，只有很少数的一部分人被允许进行冥想训练。在过去，大部分人都是被拒之门外的，特别是妇女（她们被视为男人们的财产）、农奴、农民和体力劳动者（他们实际上是有钱有势的地主的财产）以及外国人。然而，正是这些被排斥的人群里产生了一些最伟大的修行者，他们克服重重阻力，取得了巨大的成就。在当今世界，我们很幸运，因为每个人——不论国籍、阶级或是性别——都有机会从事这种古代精神传统的练习。

冥想与印度教

当今西方流行的两大冥想流派都来自于印度教。

第一个流派来源于印度上师帕坦迦利提出的阿斯汤加瑜伽 。阿斯汤加瑜伽最初是为印度教的僧人所设计的，意味着通往冥想的王者之路。阿斯汤加瑜伽通过传授瑜伽姿势、呼吸法和放松法为冥想做准备，许多派别的瑜伽和其他练习体系都是基于帕坦迦利的教义。另外一个流派则是由印度高僧玛哈社希·玛赫西·优济 (Maharishi Mahesh Yogi) 于上世纪60年代引入西方的超觉静坐 (Transcendental Meditation) 法。他提出的超觉静坐法适用于我们的日常生活，提倡精神放松达到冥想状态，主要做法有每日两次静坐，反复默念依据个人而选定的曼特拉或圣音。

瑜伽修行者在恒河岸上练习冥想和瑜伽，在恒河圣洁的河水中沐浴洁净。印度教徒认为恒河是印度最神圣的河流。

通用冥想方法

大部分经典的冥想技巧在所有伟大的精神传统中都很流行，尽管它们的形式可能有所不同。但不管用什么方法，冥想练习都应该以简单的形式进行。

要想让冥想练习在日常生活中奏效，有4个必不可少的元素：把注意力从那些身心内外不断纷扰的事物中解脱出来；为了进入一个扩张的感知状态（冥想状态），要把思维拉回到一个单独的焦点上来；回顾并反省在冥想状态下获得的洞察力；学会把这些洞察力运用到日常生活中去。冥想的最高层次就是一直生活在冥想状态，“人在世间，受到启蒙(enlightened)”说的就是这个层次。通常说冥想的影响是累积的，而且“所有的努力都不会白费”。

传统的冥想姿势可以使身体保持静止不动，同时使脊椎保持挺直。

让身体静止

保持在一个姿势（或跪，或坐，或莲花坐）上，必须不用费力就能保持住这个姿势，这意味着你的身体将不再占用你的注意力了。眼睛可以闭上，以避免外界干扰，也可以睁开来凝视一个具体的物体。

呼吸和吟唱

缓慢地深呼吸可以促进神经系统的放松。大声吟唱是延长呼吸的传统方法，而不断地念诵曼特拉或祈祷也能抚慰心灵、振奋精神。念珠经常被用来计算念诵曼特拉或祈祷的次数。

把注意力集中到单个的物体上

当注意力集中起来时，头脑里纷杂烦乱的思绪就能自然地平静下来，我们就能摆脱身心内外的诸多干扰。声音是通用的焦点，它可以是音乐，或是西藏颂钵的音符，真言或纳达（nada，我们内在身体振动发出的神秘声音）。

凝视是另一种通用的方法，通常看着一朵花或燃烧的烛火。如果你不喜欢个人化的形象，可以选择梵语里“噢姆（OM，印度教和印度其他宗教的祈祷词语）”的符号——沙利延塔（shri yantra，印度冥想图）或曼陀罗（mandala，这两者都是宇宙能量的图形化象征）。这种焦点也可以是触摸或感觉的东西，比如念珠或体内的呼吸。甚至嗅觉和味

最基本的注意力集中方法之一就是凝视一件物品，而将注意力放在一朵花上可以使你感觉到与万物的归一。

觉都可以作为冥想的焦点。

观察和接受

“不以物喜，不以己悲”包括放松的观察和宽容的接受，而不是完全根据自己的喜好做出反应、判断和评论。以这种方式观察了内心之后，我们可以在日记里把它们真实地记录下来。一旦我们停止本能的反应，我们就能开始用心看待事物，接受生活真实的样子。这是东西方心理治疗的共同目的。

精神的意想

意想是指有意识地创造一个或一系列形象，这些形象可能是物体、感觉或作为冥想练习焦点的符号。西方的心理医生经常运用非正式的意想，如他们可能运用人体所有的 5 种感觉来构建在海边或乡间漫步的体验。意想能够创造并保持健康快乐的生活态度、思维和情绪，能用积极的感觉取代过去消极的感觉。

用爱来治疗

“把思维放在心中”是最根本的一步，因为爱是心（或感知自然）的一个属性，而不是思维的属性。爱应该为我们的最高志向服务。爱的感觉和思想从内心释放出来，就像光芒从灯塔中放射出来一样，这时冥想者和冥想的事物都能得到治疗。

生活在爱中

当我们生活在冥想的最高境界时，我们就是在用心生活了。我们会感到强大、放松、集中、乐于接受、有创造力并且快乐。身处在各个时代和传统中的人们都达到了这个境界。这样的智慧我们所有人都能拥有；我们可以通过修炼冥想来找到它。

帕坦迦利的冥想体系

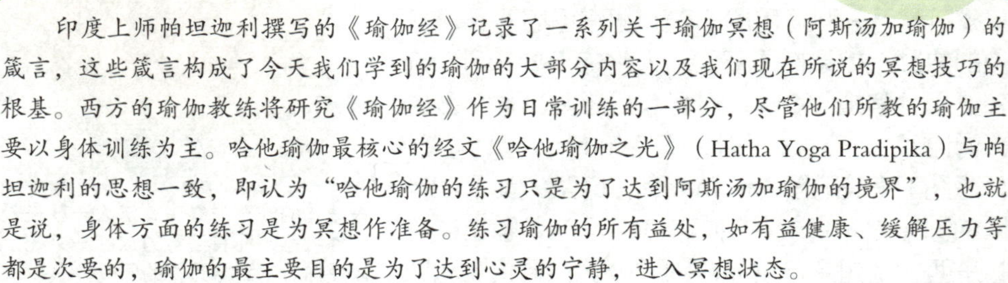

印度上师帕坦迦利撰写的《瑜伽经》记录了一系列关于瑜伽冥想（阿斯汤加瑜伽）的箴言，这些箴言构成了今天我们学到的瑜伽的大部分内容以及我们现在所说的冥想技巧的根基。西方的瑜伽教练将研究《瑜伽经》作为日常训练的一部分，尽管他们所教的瑜伽主要以身体训练为主。哈他瑜伽最核心的经文《哈他瑜伽之光》（Hatha Yoga Pradipika）与帕坦迦利的思想一致，即认为“哈他瑜伽的练习只是为了达到阿斯汤加瑜伽的境界”，也就是说，身体方面的练习是为冥想作准备。练习瑜伽的所有益处，如有益健康、缓解压力等都是次要的，瑜伽的最主要目的是为了达到心灵的宁静，进入冥想状态。

阿斯汤加瑜伽:八支分法

根据帕坦迦利的定义，瑜伽练习由8个紧密相连的分支组成，前5个分支“专外”，为外支，是积极的练习部分，为后3个分支奠定基础，而后3个“专内”，为内支，它们共同组成了三摩地的冥想状态。

持戒：社会制约，反映了对他人的尊重、体谅和爱，这一点和其他所有伟大的宗教一样。

遵行：内心净化，加强了自尊与意识的象征。

体位法：完善冥想坐姿，不受外力（如高温或寒冷）影响。

呼吸法：调整呼吸，平衡、增加体内能量，有利于把我们带入冥想状态。

制感法：将五官感受从外界移到内心世界（目睹和想象）。

执持法：集中注意力到一点，排斥精神的嘈杂之音。

入定法：通过身体放松，精神专注，达到冥想状态。

三摩地：扩张意识，超越一般的思考。

瑜伽哲学贯穿于印度经典经文之中，这其中就包括世界上最古老的经文之一《吠陀经》。

帕坦迦利其人

帕坦迦利并非瑜伽的鼻祖，他甚至可能并非指一个人。关于他我们所知道的是，帕坦迦利把他那个时代——约公元前100年到公元100年之间——的众多瑜伽传统融合成一套连贯的哲学体系，也就是我们现在所知道的《瑜伽经》。许多学者认为，该经文中关于“八支分法”的部分（哈他瑜伽的重要思想由它而来）是后来加进去的，理由是如果没有这部分，《瑜伽经》可以成为一部内容更连贯的冥想论著。不管《瑜伽经》的作者究竟是谁，它都算得上是一部简练、精确的杰作。最初《瑜伽经》是由老师口述一代代传给学生的，到后来才用梵语记录下来，并翻译成英文引入西方。

帕坦迦利的冥想

帕坦迦利推荐的冥想练习步骤包括以下方面：

- “臣服于万能的主——主是最古老传统的老师的老师。对主的臣服可以通过圣音OM来表达。”
- “反复将思维的注意力集中到单一的焦点上。”
- “培养心的特质：对乐者友善，对苦者同情，对单纯者喜悦，对猥亵者公正。”
- “尝试多种呼吸练习。”
- “体验内心的光芒，免于悲伤。”
- “适应另外一种心态（比如圣人或上师的心态），免于被欲望所扰。”
- “目睹梦。”（看梦如何进入潜意识）
- “任何一种冥想都应该受到尊敬。”（帕坦迦利承认他的冥想法并非是独一无二的）

树式要求练习者对于身体、呼吸和精神注意力的控制，在这样的情况下，瑜伽姿势本身就可以成为冥想。

帕坦迦利《瑜伽经》的教义

帕坦迦利一直遵循着一种印度古哲学——数论 (samkhya)，也称二元论。这种哲学认为，自然 (prakriti) 与意识 (purusa) 是永远分离的，而我们所感知到的人类存在反映了自然与意识的关系，或者说纠缠。

这种哲学体系认为，大自然丰富多彩、变化莫测，人类思维只是其中的一部分。帕坦迦利详细地描述了人类的思维，以及我们所必须应付的痛苦、困难等。他还概括说，在人类大脑中有一些永远存在的错觉，比如对未来的希望和恐惧、关于过去的回忆，这些错觉会使我们犯错误。

帕坦迦利列举了一系列的冥想练习步骤，通过使大脑放松，集中到一点，这样意识（永恒的自我或灵魂）才能如水晶般清澈。"瑜伽就是使思维安定下来，达到宁静……只剩下纯净、自由的意识，永远以它本来的方式存在着。这就是开悟"——这才是冥想的终极目标。

接下来的部分详细介绍了瑜伽的八支分法，然后以很长篇幅介绍了大脑通过三摩地的训练所达到的超能，也就是说，通过把注意力完全集中在某件物体上，冥想者与该物合二为一，感知也随之发生了变化。

在《瑜伽经》的最后，帕坦迦利描述了人类感知的顶峰——完全透明的真相。"现在，漫长的进化过程所揭示的真相终于展现在你面前。"

剥下层层外壳

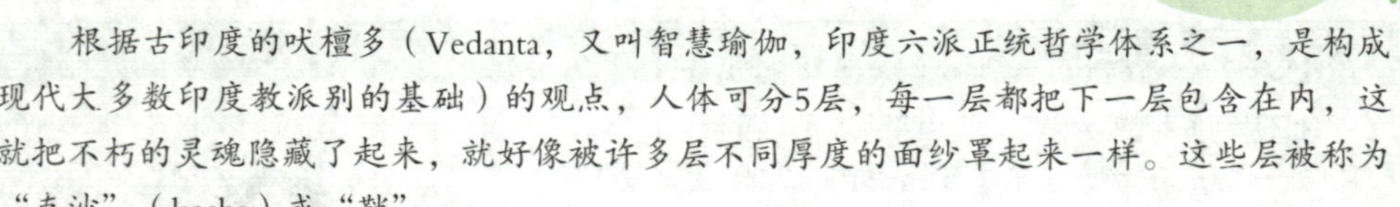

根据古印度的吠檀多（Vedanta，又叫智慧瑜伽，印度六派正统哲学体系之一，是构成现代大多数印度教派别的基础）的观点，人体可分5层，每一层都把下一层包含在内，这就把不朽的灵魂隐藏了起来，就好像被许多层不同厚度的面纱罩起来一样。这些层被称为"克沙"（kosha）或"鞘"。

通过冥想，我们在自我认知上的进步可以被视为通过这5个鞘的旅程，从最外层（肉体层）到最深层（即意识不变的"灵魂层"，在这里我们与所有的灵魂以爱接触）。

5个"身体层"

离肉体越远，"面纱"就越轻薄。最密最厚的身体层能被知觉感受到，它是"肉体层"(sthula-sarira)，可以被科学仪器来称重和测量。

下三层构成"微身体层"(suksmasarira)。首先是"能量层"，对洞察者而言是可以察觉的，它能被克里安 (kirlian) 电子摄影（一种技术，用高电压、低电流充电把身体能量用视觉的形式表现出来）检测到。正是在这个层面上，当别人进入我们的"空间"时，我们能在看见他之前先感知到。它包括了一个能量渠道网，使能量流汇聚到"脉轮"（或说是能量中心），它们与神经网络、大脑和脊髓的集中点相符。所有的生理过程都通过这些渠

5个“身体层”的概念为我们进行冥想提供了一张心理地图，冥想时，这幅地图有助于我们开始通向内心的精神旅程。

道相互作用。

下一层是较低的或本能的“心理层”。这包括了“心理计算机”，它被设置来根据输入的信号做出反应，而输入这些信号的是我们的脾性和之前所受的影响。神经系统运行着这个计算机，但几乎是在本能和习惯的水平上，低于有意识的感知水平。

下一层是“理智层”，包括思维、辨别和选择。它可以不顾心理计算机的设置而进行选择，有意识地对事物做出反应，但不是本能的反应。

最薄的层经常被称为“灵魂层”，它关系到心灵深度，能永垂不朽。如果我们可以在冥想中接触到这一层，就能改变整个的生活态度和生活方式。这是有意识的进化，它开发了大脑中休眠的区域。

本能、互动和推理

我们经常感觉自己体内好像有多种不同的驱动力同时存在，驱动我们走向不同的方向。这是因为我们有3个不同的“大脑”控制着我们的行为、感觉和思维。首先是我们古老的“爬行动物大脑”，非常小但很强大。它处在脊髓的顶端，控制着原始的本能和冲动，以此来保证肉体能以动物肉体的形式存活。它驱动基本的需要来保证我们肉体和物种的存活——这需要有食物、安全、避难所、睡眠和繁殖。其二是“哺乳动物大脑”，在爬行动物大脑之上，处在颅腔后部，它是稍晚些进化的并且它加进了群居、部落和社交的本能。头骨的其他地方包容着最新的进化产物——新皮质（neo-cortex）。这种独特的人类大脑让我们能够思考、推理并在精神上进化。分段大脑皮质进化得太晚，我们目前所能利用的还不到10%，而这已经能轻松地击败原来的大脑了。不管

各个“身体层”作用一览

除了冥想所聚焦的身体层面外，我们还可以通过冥想来影响它以上和以下的层面。

· ananda maya kosha，或称为充满福音的“鞘”，即灵魂层，又叫喜乐层。在灵魂层，我们形成了生活的目的，并用我们的态度来表达它们。

· vijnana maya kosha，或称为充满理性理解的“鞘”，即理智层。这一层影响我们的有意识选择。

· mano ma-ya kosha，或称为充满心理活动的“鞘”，即本能心理层。这个层面影响我们无意识的心理设置。

· prana maya kosha, 或称为充满生命力的“鞘”，即能量层。这一层指引我们生命能量的流动。

· anna maya kosha，或称为充满食物的“鞘”，又叫食物层。这是我们肉体活动的层面，它实现我们的言行举止，比如思考和交流。

我们的意图是怎样的无私，一旦考虑到自己的基本需求得不到满足时，我们就会变得害怕、生气，可能把自己沉溺于自私自利的行为中。我们其实需要很少就能生存，但现代社会靠的就是激起我们本能的恐惧和成瘾的贪婪，这样我们就会不断地去购物来让自己生活得更好——长远来说这是承受不起的。

更多地信任，更少地索取

练习冥想能帮助我们在进化的本性和原始的本性之间达到平衡。吠檀多认为，万物都源于对一个绝对事实的渴望，如同生命（自然）和光明（意识或精神）在同彼此交织的关系中（爱）体验自我。如今，这种联系依然存在，而且被视为是人类存在的意义。生命、光明和爱（sat-chit-ananda）的属性是不朽的，因此我们也可以作为这不可分割的整体的一部分而永垂不朽的。信仰生命－光明－爱的神化过程能给我们创造快乐而不是恐惧，能让聚敛功名利禄看起来不及表达自我真实本性那么重要。这就好像我们有金钟罩护体一样，让我们远离消极，这个保护罩向外面的一切放射着善意的光芒，同时也隐藏了我们还无法理解的光辉。

在人群中害怕被孤立和排斥都可能源于你在根本上不认可自己。

达到一种内心满足的状态则意味着你无论是独处还是与人相处时都能感觉到快乐、放松。

释放生命能量

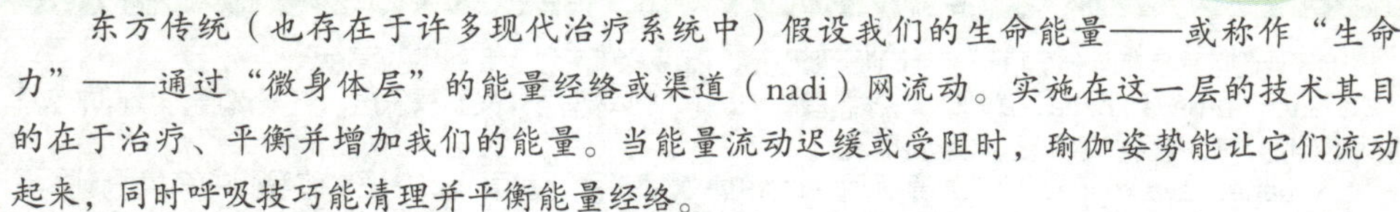

东方传统（也存在于许多现代治疗系统中）假设我们的生命能量——或称作“生命力”——通过“微身体层”的能量经络或渠道（nadi）网流动。实施在这一层的技术其目的在于治疗、平衡并增加我们的能量。当能量流动迟缓或受阻时，瑜伽姿势能让它们流动起来，同时呼吸技巧能清理并平衡能量经络。

脉轮和结点

“微身体层”最主要的能量经络之一沿着脊髓，连接起 7 个主要脉轮。这些脉轮可以被视作旋转的能量漩涡。我们可以通过练习具有感知力的呼吸法（pranayama）来影响脉轮中的能量，弱化三个结点（granthis，连接结点）的影响。这些结点把我们同消极态度绑在一起，阻止我们去体验生命－光明－爱的圆满。尽管这些结点被视为是通向精神认知大道的障碍，但它们也起着安全阀的作用，保护我们，防止生命能量的奔涌和我们对未准备好的改变而投入热情。我们可以通过练习那些试验证明效果不错的方法（如冥想）来慢慢地、自然地打开它们，而不是用药物或刺激强迫它们。

身体所有层内的能量都会在每个脉轮内有所体现。我们可以通过“根轮”用实际的方式来表现精神行为，或用“顶轮”来有效地祭拜神灵。不过无论我们如何行动、感觉或思考，都忍不住把生命－光明和爱联系起来——即使我们只能察觉到冲突和恐惧。感知 (awareness) 是所有冥想练习的关键，因此我们必须在做其他事情之前首先通过那些可以快速“点亮我们”的呼吸技巧，在眉心轮（七大脉轮之一，主意识）“打开光明”。

生命脉轮和生命结点

生命脉轮对应着腹部后面脊柱上的神经丛的位置。它们的能量关系到我们人类肉体的生存（“根轮”，与双腿和双脚相连），关系到我们在人类社会中扮演的角色（腹轮）以及我们作为人类所具有的个性自尊感（脐轮，即太阳轮）。约束我们的生命结点实际上就是我们同物质享受、肉体安逸和奢侈以及聚敛功名利禄的联系。帕坦迦利教导我们用自律去管理那些通过生命脉轮和生命结点的能量。

爱脉轮和爱结点

爱脉轮处在人的胸腔（即心轮，与手臂和双手相连）和颈部（即喉轮，与口、喉、舌、耳相连）。在这个区域里，自私自利的欲望处于下风，同他人分享的思想走上大道。心轮的能量关系的是人与人之间的爱，尤其是无条件的爱；而喉轮用来表达真实的东西，同时倾听他人告诉我们的东西。此时束缚我们的爱结点就是我们与兴奋的情绪和英雄情结之间的联系，这些联系让我们不再善于接受别人的需要。帕坦迦利教导我们用自我臣服 (self-surrender) 来增强通过爱脉轮和爱结点之间的能量。

光明脉轮和光明结点

光明脉轮处在头骨内。它们是眉心轮（与思维，即 mind 相连）和顶轮（与精神，即 spint 相连）。“把思维放在心中”是冥想的基本元素，使我们认识到相互联系才是生活的目的，而不是思考。我们从顶轮接受神性的光明，并在我们身上以“心穴里的永恒之光”体现出来。此时束缚我们的光明结点就是我们同自己的主张、偏见和幻想之间的联系。尽管要我们放弃自己智慧中那些我们所珍视的思想和骄傲是很困难的，但我们要记住，是我们心中的光明和爱让我们具有神性，而不是那些思想。我们不能要求去拥有全宇宙的生命－光明－爱。帕坦迦利教导我们用自知来消融我们心中的骄傲和那些阻碍神性光明的心理习惯。

达到平衡与和谐

自然界万事万物都有其内在特性，许多古印度经文中都对这一点有着详尽的介绍，并把它称之为“古那”(gunas)。古那分为3类（三德），每一类都不同程度地存在于万事万物中——从人类大脑到我们每天的食物——而其中占主导地位的某类古那则决定了该物区别于其他物的特征。

翳质(tamas)

第一种古那称为“翳质”，指的是黑暗、沉寂、愚昧的状态。用科学术语解释，翳质就是惰性，它的存在阻碍了任何改变，阻碍了进化的步伐，因此在经文中不乏对它的非议之词。

处于翳质状态的心灵是自私、愚钝和懒惰的。如果我们为翳质所主宰的话，我们就会缺乏活力，依赖于他人，懊悔过去，恐惧未来。而如果当权者——比如政府官僚或企业家——被翳质控制了，那么这种懒惰、拖沓、冷漠的态度就可能会一直残留下来。

然而，尽管翳质的存在妨碍着个人或体制的进步，它所具有的弹性和持久力的特性也能发挥一定的积极作用。当身体系统精力耗竭时，我们都需要抽出时间来休息，睡觉，恢复精力。当身体表现出翳质的特征，比如感觉到昏昏欲睡或单调乏味时，这可能是身体发出警告的信号，提醒我们身体劳累过度或有可能会生病，从而可以让我们及早避免这样的情况发生。

古那的作用可以比作走钢丝的技巧，即在动静结合中达到和谐、集中、平衡和美。

激质(rajas)

与翳质相反，激质代表的是欲望、觉醒与激情，或者说“动”的状态。在现代社会中，激质成为了一种流行病，每个人都在激质的驱使下，希望拥有更多，甚至不惜贷款

对立面的平衡

在某种意义上，三德或者自然的三大特性之间的相互关系对应着非自然的三大特性（生命－光－爱），当两个对立面融合到一起并达到平衡时便出现了既包涵又超越了这两个对立面的第三种特性。这种原则似乎构成了宇宙运转最根本的基础。下面是一些例子：

· 存在（生命）＋意识（光）＝极乐（爱）
· 翳质（惰性）＋激质（动）＝纯质（平衡）
· 帕坦迦利的自律＋自知 ＝自我臣服
· 男人＋女人＝新生命
· 白天＋黑夜＝时间

买下所有的东西，或者更卖力地工作来买下那些奢侈品。我们的神经系统长久地处于一种“红色警戒”的状态，于是我们四处奔波，脚步越来越快，逃避或对抗着假想的威胁。激质态度使得恐惧、贪婪、妄想、欲望和许多其他刺激在我们的体内一直存在。

尽管激质会导致我们过分痴迷，上瘾，甚至精疲力竭，但它的存在也有着积极的意义。没有了热情和动力，我们的人生便会一事无成。精神之路的探索也需要强烈而持久的责任心。

纯质(sattva)

两个极端融合在一起时，就诞生了纯质——平衡与和谐的状态。这种状态将翳质和激质最好的部分结合在一起，让我们在放松的同时保持活力，在信任、接受的基础上又能创新、创造，全心全意为目标而努力却又不在乎结果。毋庸置疑，人在慵懒时很难集中注意力，而在过于执着时又很难做到摆脱牵绊了，所以纯质就是我们为冥想做准备的理想状态。

激质性格的人（左）在现代社会无处不在，这种人容易激动，常常感到不安和不耐烦；而迟钝乏味与漠不关心则是具有翳质性格的人的特点（右）。

当激质和翳质两种截然相反的特性达到平衡时，就会出现纯质的状态：快乐、警觉、思维清晰、富于同情心。

帕坦迦利的三个冥想预备练习

帕坦迦利认为，在进入冥想状态之前，我们需要培养三种特质，每一种特质都能让我们对体内的翳质或激质看得更清楚，从而帮助我们更好地通过平衡两者达到内心的和谐，即纯质。

· 自律。自律可以消除人体内的翳质特性，如惰性和拖延，没有自我约束的责任感便不能成就任何事情。

· 自知。自知可以让我们发现自己日常思想、感情、行为、反应中的激质和翳质。帕坦迦利还嘱咐我们研习一些振奋人心的经文，从古代圣贤的思想里得到启迪。

· 自我臣服。听从更高的神力，而非受自我人格所驱使。我们可以想象这种力量来自神人或某种非人力。

通过自律和自知的练习，我们便可以抛开先前提到的三大结点的束缚，释放自我，发挥最大的潜力。

第二章

身心的准备

基本的身体意识和呼吸意识

传统的冥想姿势是盘腿而坐，这会形成一个金字塔式的姿势，有一个稳固的三角形的底座，即使在你全神贯注于冥想时，这种坐姿也不会让你摔倒，而且容易保持脊柱挺直。然而，现在西方世界中已经很少有人在平时采用这种坐姿了。

山式：身体从稳固的底部向上伸展，身体的两侧、前面和背面形成笔直的线，这个姿势能让人产生一种平和安宁的感觉。

尽管髋部就像肩膀一样是球窝关节，能够向各个方向活动，但是通常在我们站着或坐着时它们移动的幅度很小。想象一下如果你的肘部只能在身体前上下移动而不能左右移动，你肯定会感到有一种被严重约束的感觉——然而这恰恰就是我们坐在桌旁、车内或者扶手椅上时膝盖的情境。在古代印度，盘腿坐在地上就像我们今天坐在扶手椅上一样自然而舒适，所以只要配合适当的支撑物（如垫子），并且稍加练习，你就会习惯这种坐姿。盘腿而坐能让髋关节拥有更大的活动空间，你肯定能感到它所带来的益处。

冥想姿势和动作中的呼吸

冥想时或者在进行冥想前的准备活动时，合理的呼吸方式至关重要，因为呼吸能带来一种全新的精神意识，并且让人体感受到能量流动，达到放松身心的效果。因此，用自觉的慢呼吸来引导活动，养成这种良好的呼吸习惯很重要。

白天应尽可能多地练习几次下列运动，一次几分钟，用来放松身体，享受练习的乐趣，但是永远不要强迫自己过于坚持某一种姿势。你会为你能很快消除多年来折磨你的肌肉紧张而感到吃惊，同时放松的身心会让你产生强烈的幸福感，觉得做冥想是很值得的。

以经典的山式站立开始——两脚平行，稍稍分开，踮起脚踝，膝部伸直但不要紧绷，保持弹性，尾椎骨收紧，腹部内收，挺胸，

瑜伽姿势

传统的瑜伽姿势（体式）有助于增强体力、提高身体的灵活性和平衡性、改善呼吸，有利于放松身心，凝神静气，可以作为冥想前的准备姿势。另外，只要以与瑜伽相同的意识而进行的伸展运动都可以作为冥想的准备姿势。

树式是经典的瑜珈姿势之一，可以作为冥想的准备姿势。

下巴与地面保持平行，双目凝视前方。想象一下你的身体两侧各有一条直线，它经过脚踝、膝盖、臀部、腰部、肩膀和耳朵，将这些部位固定好。然后吸气，向上伸展身体，接着呼气，再次站直。你会感觉到自己仿佛被一条从天花板上吊下来的结实绳子吊住，四肢如同木偶一样放松。然后重复一次上述动作，也可以坐在椅子或地板上进行。

摆腿运动

当你感觉不舒适时，可以抽空多做做摆腿运动，下列这套运动能有效缓解肌肉紧张、提高身体平衡性、提升身体意识。在完成这一系列动作之后，注意观察你所能感觉到的身体变化。

1 山式站立，让站姿同呼吸、意识和谐一致，这样你就可以在整个运动中都保持舒适。如果感到身体摇晃，可站在桌子、椅子或墙附近，在需要时可以借助这些物体保持身体平衡。

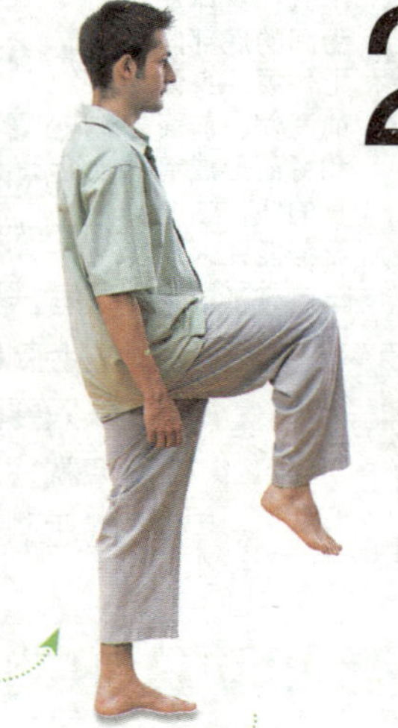

2 抬起一条腿、屈膝，使大腿平行于地面。用另一只脚来维持身体平衡，在呼吸中伸展身体，保持身体直立。当身体恢复平衡后，轻轻地，有节奏地摇晃抬起的脚踝。

3 接着，摇晃抬起的小腿，保持脚踝放松。同时注意力要一直集中在呼吸上，保持山式站立。

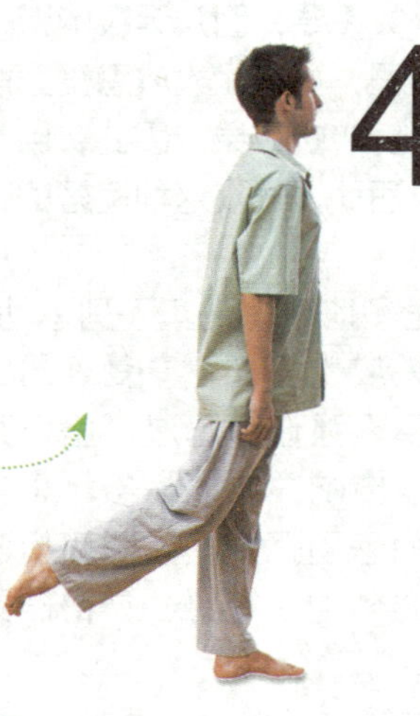

4 然后，仍以山式站立前后摇摆整条腿，腿部肌肉保持放松。随后，停止摇摆，脚着地，并且深吸气再呼气。接着吸气，换一条腿进行相同的动作。

深蹲运动

深蹲运动有助于增强腿部和背部肌肉力量，经常练习还能放松髋关节、膝关节和踝关节周围的肌肉。

身体姿势应保持平稳且让人舒服。只有在完全放松的状态下，心灵被融入无限的宇宙，我们才可能领会其中奥妙。

——帕坦迦利《瑜伽经》

1 站在距桌子或椅子一臂之处，双手紧抓住桌子或椅背，双脚分开呈90°，保持人体姿势的直线性，这样当你蹲下时，脚踝、膝盖和髋部就能处于同一平面上。同时，保持上身挺直，目视前方。

2 吸气，同时向上伸展颈部和脊椎。接着在呼气的同时慢慢尽量往下蹲。如果可能，还可以使脚跟着地，或者可以一直踮着脚直到后背可以自由活动为止。最后，在吸气的同时起身，接着重复上述相同的动作即可。

打开人体脉轮

在正确的呼吸方式中进行轻缓的伸展运动有利于缓解肌肉紧张，消除能量障碍。吸气时向上伸展身体，呼气时向下舒展，这样有利于增强脊椎处流经7个脉轮的能量。

增强人体活力

膝盖、髋部和骨盆部位都是人体较“灵活”的部位，因为这些部位是人体活力的聚集区。大腿和脊椎底端处于根轮控制之下，而髋部和骨盆部位则受到腹轮的影响，所以坐式伸展运动有利于补充这两个脉轮的能量。如果与此同时进行转体运动，则又刺激了脐轮功能。

开阔心胸

扩胸运动有利于改善呼吸状况和人体姿势，而且扩胸运动方式多种多样，既可以站着进行，也可以坐着或跪着进行。

在吸气时开始向上伸展运动。如果你站着或跪着，则先从腿部开始向上伸展，接着是脊椎下端、中部和顶端，然后伸展颈部。向上的伸展运动有助于扩胸，从而为深呼吸创造了空间，同时由于伸展运动伸直了脊椎，使得脊椎处增强的能量流经 7 大脉轮，包括位于胸部的心轮和位于喉咙处的喉轮，从而起到了改善人体姿势的效果。接着，以同样放松的心态呼气，做些四肢运动，同时保持脊椎和颈部伸直。

将呼吸与这些练习中不同的动作相结合，你的身体就会从内而外地发生变化，而并非仅仅是外部体形的改善。通过这种方法，你不仅可以释放身体压力，而且也有助于摆脱精神压力和情绪压力。在刚开始练习时，最好先进行些简单的动作，以将意识集中在身心与呼吸节奏的协调性上。

任何在大脑和身体之间传送的神经冲动都要经过颈部，所以缓解积聚在这个部位的紧张是非常有益的，继续对脊椎、颈部和头颅处进行上述的伸展运动。此外，在做扩胸运动时也要保持身体向上伸展的直立姿势。同时，密切关注喉咙处和脸部的压力，让这两个部位保持放松。

坐广角式伸展运动

坐在地上，双腿分开，尽可能分得大些，但要保持舒适，然后进行伸展运动。练习得越多，就能越快地放松臀部、下背部和脊椎处的肌肉，否则这些受束缚的肌肉会导致疼痛和疾病。

1 增强脐轮能量的转体运动：坐在垫子上，后背挺直，双腿分开，脚趾朝上，膝盖放松（虽然刚开始时由于紧张的腘绳肌腱需要弯曲双腿）。吸气，向上伸展脊椎，将右手放在左大腿上。接着，呼气，将身体转向左边，左肩转至体后。然后再吸气，将身体转回，向上伸展脊椎。随后呼气，将身体转向右边，右肩转至体后。重复几次上述动作。

2 增强腹轮能量的侧屈运动：吸气，向上伸展脊椎。接着，将双手分别放在同侧的大腿上。然后，呼气，将右手慢慢顺着右腿向下滑动，目视左上方，并且将左肩往后移动，以扩展左胸部。接着，再吸气，在右侧重复上述动作。

3 增强腹轮和根轮能量的前屈运动：将双手放在体前的地板上，指尖朝前移动，保持脊椎处于伸展状态，不要将背部拱起，也不要使下巴过于前突，超出人体的舒适程度，否则会导致肌肉紧张，而非释放肌肉紧张。接着，吸气，再次伸展脊椎。当呼气时，再往前倾一点。当你感觉很放松时，可将双肘支在地板上，十指交叉撑住头部。最后，慢慢地起身即可。

开书式运动

可以站着、坐着、跪着进行这个动作，在做这个动作时，要尽量地打开胸腔、提升胸骨。保持脊椎上部和颈部向上伸直，并保持稳固不动。当运动手臂时，手肘应与肩膀同高。

1 笔直站立，脊椎向上伸展，双掌在身前合拢，双肘与肩同高。在这个类似开合书本的姿势中，呼气，伸展后背部。

2 吸气，“打开书本”，双肘（仍与肩同高）伸至身体两侧，手掌朝向前方。整个过程中始终保持脊椎和颈部直立不动。将动作重复几次。

肘部旋转运动

在进行任何手臂运动时，都应始终保持脊椎和颈部直立不动。

1 将双手搭在肩膀上，提胸，双肘位于体前，越高越好。呼气，伸展后背部。

2 吸气，向上、向后（顺时针方向）旋转双肘，这个动作会使肩胛骨收拢，肋骨在身体两侧伸展。整个过程中要始终保持脊椎和颈部向上伸展且不动。重复几次上述动作，不过双肘以逆时针方向转动。

扩胸运动

当手臂上下运动时，应保持脊椎和颈部挺直不动。这对脊椎和颈部是一项静力运动（即无需运动就能加强肌肉力量），而对手臂和胸部肌肉则是一项动力运动（即需要肌肉的伸展和移动）。

1 双手在身后十指交叉，双掌相互压紧，吸气，双手尽可能地往下移动，使肩胛尽量收拢。

2 呼气，将手臂伸直向上抬起，手掌相互压紧。重复几次上述动作。刚开始手臂只能小范围运动，但同样效果显著，随着练习的增多，手臂的运动幅度也会扩大。

积极做准备活动

将放松式的伸展运动和合理的呼吸方式相结合，能有效而快速地让身心进入冥想的状态。下列这些伸展运动和呼吸方式可以在一天中的任何时间进行，最好每天进行几次，这样就能逐渐消除身体所承受的压力，还能使身心平静、思维清晰，使你感到更放松、更舒适，以更加开阔的胸襟去面对生活，接受自己和他人的缺点。

为冥想做积极的准备

帕坦迦利的阿斯汤加瑜伽中的瑜伽“八支”（eight limb，即 8 个达到人和宇宙精神合一的步骤）前 5 支为外支（Bahir），这 5 个方面需要集中练习，都是帮助人体缓解身体压力、精神压力和情绪压力的必要步骤，也是帮助人体达到冥想状态的必要步骤。

如果我们怒火焚心、贪欲滋生、心烦气躁、呼吸不顺、压力过大或者受外物刺激而心生杂念使得心神不宁，那么在这种状态下是肯定无法集中精力进行冥想放松的。此时可以尝试进行瑜伽“八支”练习，前 2 支分别通过道德戒律来加强对他人的尊重和关爱，通过自律净化来关爱自身。紧接着是舒适、稳定的体位法来为冥想做准备，用呼吸控制来平衡和增强体内能量，最后进行的是放松式感官内敛。完成上述的动作之后，则转入后 3 支，即内支练习，包括专注、冥想、入定。

滑雪式运动

滑雪式运动有利于伸展脊椎处肌肉，消除影响血液流动、能量流通和神经传递的体内压力和紧张，同时还有助于扩展前胸，让胸骨变得更加灵活，从而更利于呼吸。

1 双脚分开，平行站立，弯曲膝盖，向下深蹲，手臂向前伸以保持身体平衡。接着，手臂上举，扩展胸部，吸气，扩胸。头脑中想象着自己正手握滑雪杖准备滑雪的情形。

2 呼气，将手臂往后、往下摇摆，并尽可能地在身后举高，就如同用力滑动滑雪杖前行一般，这样的想象会使你感到激动、愉悦。将这个动作重复几次。

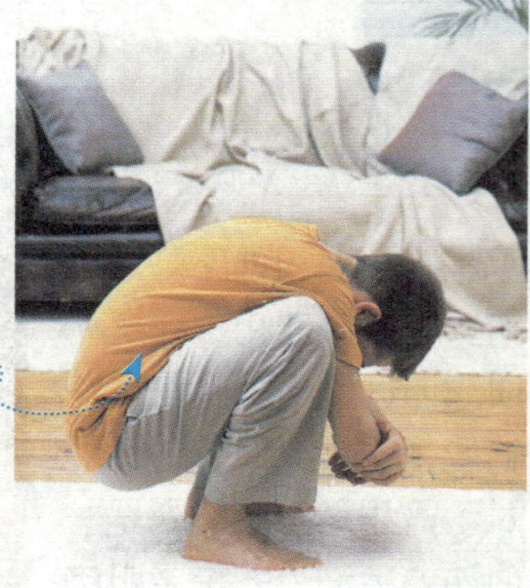

3 当你认为已经达到足够的运动量时，可以深蹲下来，将手臂和上半身夹在双膝之间。休息一下，自然地呼吸，感受身体重量向下拉伸背部和双腿。

放松脊椎和颈部运动

当你躺在地上练习时，重力支撑、托护着你，使你的身体呈摇篮状，你会感到无比的放松，特别是当你感到后背、臀部和颈部肌肉僵化或疼痛时，效果更为明显。在头下（而非颈部）垫上一个软枕可能会增强舒适感，并能使颈部伸展，下巴内收。让颈部能自由活动，在运动中有利于颈部伸展。

1 在胸前抱膝（或抱住大腿后部），呼气，向上屈起脊椎让鼻子或前额（不是下巴，因为这会使颈部收缩）接触到膝盖。吸气，将头重新枕在软枕上，并保持下巴内收。然后呼气，将上述动作重复几次即可。

2 平躺在地上，放松下背部和臀部，抬起并分开双腿，屈膝，双手各放在膝盖上，双肘支在地上，这个开放而放松的姿势有利于减轻神经疼痛（如坐骨神经痛）。自然地深呼吸，双手移动膝盖做相向的圆圈运动，然后做相反方向的圆圈运动，这能真正放松背部和大腿肌肉。

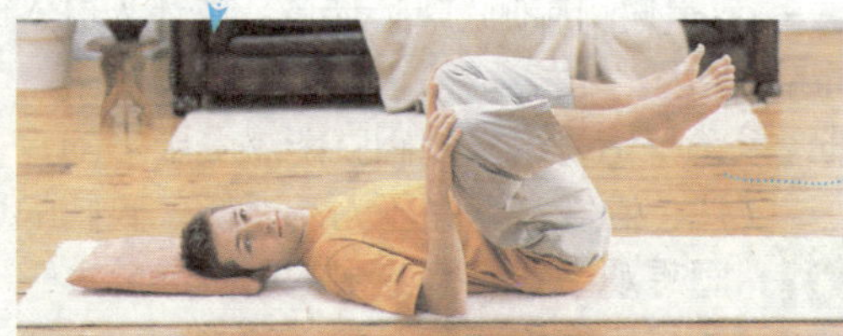

3 保持脊椎放松，用双手支撑住膝盖，双肘支在地上，将注意力集中在颈部。慢慢地呼气，将头转向一边，目视地面。

4 吸气，将头转向中间，接着呼气转向另一边。重复几次这样的动作，将意识集中在颈部肌肉的放松上，同时始终保持脊椎、双腿、双臂和下巴的完全放松。

5 将双臂举过头顶，十指交叉，或者只是尽可能高地抬升手臂，双肘支在地上，这个姿势有助于伸展上半身。接着，双脚合拢，并且靠近臀部，保持上半身、颈部和下巴放松，只能运动腰部以下的身体。吸气，当呼气时，将膝盖往右倾斜。吸气，抬起膝盖，然后呼气往左倾斜。

6 双膝夹住一张纸，当膝盖往左右倾斜时牢牢地夹住纸，这样有利于伸展大腿内侧肌肉。

呼吸练习

把注意力集中到呼吸上是觉悟和养身的通用技巧。很多传统文化都将调息作为冥想的准备活动之一，或直接将其作为冥想的一部分。自觉地控制呼吸是帕坦迦利瑜伽八支分法的第四支。精确地掌握呼吸技巧——不管是吸气还是呼气——已经超越了本篇的内容范围，因为要顺利地达到这个造诣水平需要一对一的师生传授；但要达到感知呼吸程序并引导呼吸气流这样的水平，每个人还是都可以的。

把呼吸的节奏放慢，延长呼气的时间（就像唱歌或诵经时一样）会让神经系统处于更愉快的放松模式。这样既可以缓解压力，还有助于身体各项功能的恢复，对身心健康都有积极的作用。

帕坦迦利的觉悟之路

对呼吸的运用完美地符合帕坦迦利的哲学。他曾描述出3个必要的步骤（它们被称为初步净化修炼）来概括他的觉悟之路。这3个步骤如下所述（引自阿里斯泰尔·希尔拉(Alistair Shearer) 翻译的帕坦迦利《瑜伽经》的第二章）：

“净化（Purification，通过自律实现）、精炼（Refinement，通过自知实现）、臣服（Surrender, 通过自我臣服和不断地放下实现）——这是通向瑜伽的实际步骤，能让人进入‘三摩地’（samadhi）的状态，还能弱化造成痛苦的原因。”

这整个的自我发展过程从有意识地控制神经系统开始，这样我们就能感受更多的专注、愉悦，驱除压力和悲伤。我们的思想观念对事情结果的影响远远大于我们身处的环境对它们的影响，而我们改变呼吸方式的简单动作就可以将思想观念从消极的一面拉回到积极的一面。

在人体的能量层中，呼吸形成了能量层中能量系统和生理过程的一部分，同时神经能量在本能心理层中运行着“心理计算机”。所有的层在能量层的脉轮系统中汇聚、融合，它们都可以通过冥想和调息的练习受到影响。

尽管很多《瑜伽经》的译本都把帕坦迦利的3个“净化步骤”描述为“初步的”，但我们对它们的需求是无止境的。我们必须坚持这些原则，保持注意力集中——并且我们从未停止过要求放下这些或那些。

呼吸练习注意事项

时常进行呼吸练习能镇静头脑、提升能量水平，而且呼吸能增强肺功能和肺容量。在一天中要不时地练习呼吸技巧，但每次练习的时间不宜过长，这样有助于你进行更长时间的冥想放松法。

· 在饭后不宜练习，因为饭后胃部扩大，挤压住膈肌，引起肺部收缩，不利于呼吸练习。

· 无论是站着、坐着还是躺着练习，都应尽可能地保持脊椎直立，因为这样有利于肺部的扩张，从而使空气和能量能更好地流通。

· 提升胸骨以扩张胸部，同时这也有助于膈肌的活动。即便是在呼气时，也要保持胸骨的提升状态。

· 用鼻孔吸气，因为从鼻孔流经的气流不会令肺部受寒，同时鼻孔能过滤掉空气中的杂质和传染性病菌。呼气也要从鼻孔呼出，而且要一直延续到发出声音为止。

· 让自己有意识地关注呼吸方式，这样你就可以控制呼吸的效果，养成观察自己呼吸的习惯。

· 当感到生气或焦虑时，应减慢呼吸速度，特别是慢慢地呼气，这样可以让自己有意识地控制呼吸，从而自动恢复神经平衡。

· 停止练习，以自然地呼吸休息片刻，待神经系统平静和放松之后再次进行练习。无须时刻观察呼吸，因为熟练之后，你常常会无意识地进行这些呼吸练习。

分段呼吸法：把注意力集中到呼吸肌肉

脊柱挺直坐下，双手和双眼不动，这种有效的集中技巧可以在任何地方练习。

1 双手放在膝盖上，掌心同时向上或向下，拇指与食指相连，形成闭合的能量圆环。深深吸气的同时，感觉你的肋骨向外扩张，膈肌在你的胃部下方向下收缩。注意这些动作如何使空气流进你的肺部。

2 当你呼气时，数“1，2…”然后中途停下，数同样的2个数，然后继续呼气，再停下。重复这个过程直到你已经缓慢地、舒适地排出了足够的空气。然后将这个循环重复4次，之后休息。然后反向这个循环，在吸气时数“1，2…”，然后呼气，重复5次。用分段吸气法来开始新的一天，能使你的生命充满能量；分段呼气法则可用来在冥想前放松身体。

交替鼻孔呼吸法

这个通用的呼吸练习能很快地平衡神经系统，这样在几个回合之后你就能感到平静、身心凝聚——准备好去进行冥想练习或精力充沛地迎接新的一天吧！

1 身体挺直坐下，左手放在膝盖或大腿上。右手抬起，与面部相对。右手拇指堵住右鼻孔，食指和中指顶着额头上的“眉心轮”处，无名指堵住左鼻孔。

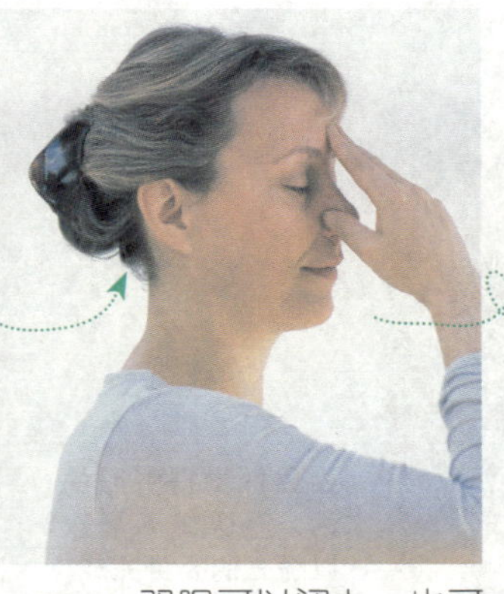

2 双眼可以闭上，也可以轻柔地凝视前方。眼球不动，因为双眼保持平静才会使思维也平静下来。拇指堵住右鼻孔，放开无名指。通过左鼻孔吸入空气。

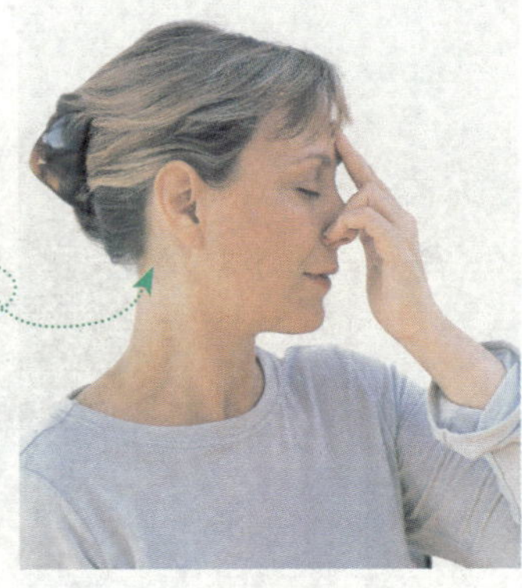

3 松开右鼻孔，用无名指堵住左鼻孔。通过右鼻孔缓慢呼气，然后再次吸气。接着松开左鼻孔，堵住右鼻孔，呼气。以上是一个回合。做5个回合，再用自然的呼吸休息，然后重复数次。

双重呼吸

双重呼吸练习有助于培养自我意识和观察力、锻炼轴心肌肉、补充身体能量和活力、增强自我约束能力、改善身体姿势和促进能量流通。如果站着练习，则从双脚处往上吸气开始。如果是坐着练习，则从脊椎下端往上吸气开始。

1 双手在胸前呈合十礼，双肘持平，胸部挺起，保持脊椎直立。深沉而缓慢地呼吸几次让自己平静下来。

2 手指朝向地面，将注意力集中在下半身。吸气时，收紧大腿内侧肌肉和骨盆，同时腹部内收，这样有利于往上传输能量。

3 呼气时，将手指指向锁骨即喉咙底部，双肘与肩同高。同时，腹肌内收由下向上经过腰部传输能量，抬起下巴将能量传输至头部，并以这个姿势吸气，双掌紧压，使背部肋骨扩张，并且将能量向下输送至心脏处。接着，呼气，放低手指，将能量输送至地面。然后重复2次上述动作再休息。

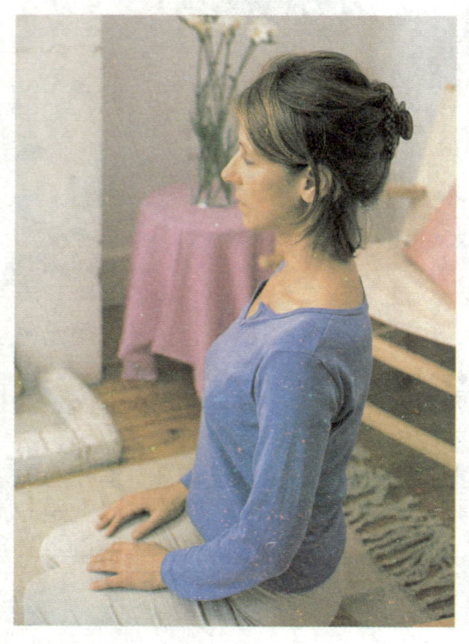

如果你觉得舒服的话，呼吸练习可以以跪立的姿势完成。跪立时，人的身体有一个很稳固的基础，同时脊柱也更易挺直，以便最大程度让能量流通过。当你坐立或跪立时，应练习从下往上呼吸，也就是从脊柱底部开始往上吸气。

伏地祈祷

这是冥想的最后一个必要环节，通过俯地祈祷，你可以澄清思维，重新充满活力、精神振奋地回到现实，不再暴躁、迷惑。这也是个舍己为人的过程，因为你将在冥想中体会到的放松和愉悦通过大地传输给与你有联系的人，同他们分享这种积极的能量，这也是我们为什么要进行冥想的一个原因。

1 在意想或是其他的冥想练习之后，双手合十，吸气，发自内心地感谢这种体验。

2 呼气，身体前倾至地，将手放在地板上，如果可能也让头部触地，将你在冥想中所感受的一切传达给大地。

蜂鸣式呼吸法

这种呼吸技巧利用声音延长呼气的时间，能有效地放松身体、减轻压力，是一种非常好的放松练习。

笔直坐着，将大拇指放在耳孔旁，其他四指放在眼睑和嘴唇处。然后，深深地吸气。当呼气时，堵住耳孔，合上眼皮，闭上嘴巴，发出类似于蜜蜂嗡嗡叫的声音，感受声音振动着流遍全身，释放了紧张和压力。在呼气结束之前，放开双手，接着吸气再重复一次上述动作。

将手先后放在两侧肋骨处、前胸和下腹处可以直观地感受到呼吸对于腹部器官的影响。

冥想姿势

传统的冥想姿势是身体笔直坐着，因为这样天(光)地(生命)之间的能量就能在身体内自由地畅通。身体需要体内的能量沿着脊柱和经络上下自由流通，只有这样才能充分发挥大脑和呼吸功能，同时平衡人体脉轮，让整个身体都充满活力。如果一开始就使用合适的支撑物，并能正确而规律地进行练习，以锻炼维持脊柱直立、打开髋关节的肌肉，在冥想中就能很容易地保持脊椎直立了。最后要牢记在冥想中应自然放松双肩。

冥想练习与放松练习

放松练习不同于冥想练习，其本身是瑜伽八支中的第五支（控制感官的境界）的一部分，或者说是让感官远离外物的刺激。往往要躺着进行放松练习，姿势越舒服越好。西方心理疗法专家就经常利用斜倚式，因为心理疗法的治疗需要患者极其放松，然后患者才能被引导着回答关于过去的种种问题或是被引导着进行意想。而在冥想时由于思想高度集中在一个物体上，所以冥想练习能达到更深层次的治疗效果。通常而言，放松练习是指那些能为冥想创造有利氛围的准备练习，如身体的伸展运动、呼吸意识等等，所以不应将冥想练习同放松练习相混淆。

坐在椅子上

许多人发现笔直坐在椅子上是进行冥想最为简单的方法。大腿应与地面平行，为了达到这个效果，你也许需要脱掉鞋子，将双脚放在垫子上。双手放在大腿上，掌心朝下，双脚平行，脚趾朝前。这个姿势被称为“埃及式”。如果此时你的背部倾斜，就会很快导致背痛，所以要笔直坐立，脊椎下端紧压住椅子后背或是坐在垫子上。

一旦你以这个姿势坐定，你就能很长时间保持不动，而且随着练习次数的增多，你会感到越来越舒服。坐定后，大约花 10 分钟时间关注自己的呼吸，或者进行呼吸练习以便将能量集中到脊椎处，这时你会感到体内充满能量，身体非常的放松。而后你也许会希望将这个姿势保持半个小时甚至更长的时间，来开始你的冥想练习。如果你觉得这样的坐姿非常适合你，你就会经常坐在同一把椅子上以同样的姿势进行冥想练习，或者因为你的髋部通过规律的伸展练习已变得灵活多了，你也希望尝试多种不同的姿势。

如果你想坐在椅子上冥想，则必须确保椅子有坚实的后背，而且高度合适，因为在冥想中你需要保持头部、颈部和脊椎处于同一直线上。

席地而坐

席地而坐是东方人传统的冥想姿势。因为古代东方人日常坐姿便是席地而坐，所以，东方人的髋部比较灵活，能很容易、很自然地盘腿坐在地上的垫子上。西方人可能刚开始需要先放松髋关节才能盘腿坐下来，这是有额外的好处的，能够减少年老后患关节炎的概率。但是，坐在椅子上或是金刚坐姿（Vajrasana，双膝并拢，坐在脚跟上的坐姿）要比尝试交叉双腿却导致垂头弯腰的姿势好得多。无论你采用哪种姿势，刚开始时最好利用一些物体来支撑住身体，帮助脊椎保持直立。当你的肌肉和关节已经达到一定的灵活程度和强壮程度之后，你就能不用支撑物而很舒适地坐下，这时可拿去支撑物。现在，有许多椅子和工具可以帮助你进行冥想练习，本章中我将陆续作些介绍。

脊椎缺乏力量或是没有合适的支撑物往往会导致不利于冥想的坐姿，像图中这样：头部容易往前突出，脊椎无法直立，而且当后背拱起时，人体会自动地收缩颈部，从而限制了能量流动。这样的姿势不可能让人在冥想练习中感到舒适。

良好的冥想姿势从选择正确的坐姿开始：头部、颈部和脊椎要保持处于同一直线上，脊椎保持挺直，以防止疲劳。为帮助保持直立，还可以在双脚上垫一个软枕或一条折叠的毛毯来支撑脊柱底部。

借助支撑物

你的脊椎也许需要帮助才能保持长时间舒服的直立，你可以将一个靠垫放在椅背处或靠住墙（如果你是坐在地板上或床上）然后坐下。此外，坐在自己脚跟上也许是不用支撑而保持直立的最好办法。

在双腿盘坐的姿势中，髋部可能无法自由地张开到一定程度以使膝盖触地。此时，如果在两侧大腿下各垫上一个软枕则能使你从下背部向上伸展，而如将一块厚实的垫子垫在臀部下面来支撑尾骨，由于垫子的高度而使膝盖处于下方，从而有助于消除后背下端的压力。垫子的合理摆放能让坐姿无比舒适。

在臀部下面垫一块垫子能有效消除下背部压力。

冥想姿势的选择

熟能生巧，经常练习能使你的身体很快适应冥想所带来的变化，并且能更容易地进入冥想状态。当你发现某个姿势能让自己感觉很舒服时，就要不断练习它直到你能保持住这个姿势，而且可以一动不动、放松而警觉地保持半个小时或更长时间。当你坐在家里进行冥想，肌肉开始酸痛时，更换一下姿势是很有帮助的，但不要打扰你的内在凝聚。否则由于长时间静坐，注意力会不由自主地集中到身体的疼痛上。

参加冥想练习班可能对你很有帮助，在那里你有机会了解到多种坐姿，并可尝试各式各样的支撑物。

简单双腿交叉式（Sukhasana，简易坐）

挺直身体坐下，髋部放松，双膝分开。每只脚都塞到对侧的大腿下面，这样双腿的重量就落在双脚上，而不是膝盖上了。在大腿下放个软枕，或者如果你感觉后背部有压力的话也可坐在软枕上。尾骨自然放松，让“坐骨”来承担身体的重量。双手放在膝盖或大腿上，掌心向上。

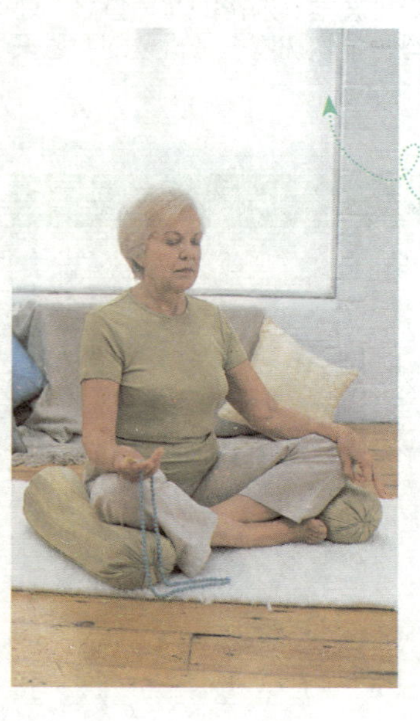

双腿交叉坐下，如果髋部不够柔韧无法将膝部贴住地面的话，就用一对长枕支撑它们。掌心向上握住一串念珠或玫瑰经念珠（由5 ~ 15颗珠子串成的一串念珠，念《玫瑰经》时用来算数的念珠）。

这个轻便折叠型的矮凳子是专为冥想练习而特别设计的。当你双腿交叉坐下时它能支撑你的背部。双手成启蒙契合法（Gyana Mudra，心灵指锁法的一种），拇指和食指指尖相连，形成一个能量圆环，掌心向下。

佛教徒坐式

有时候瑜伽中的“英雄式”（Virasana）也被用来作为冥想的一种姿势。佛教徒经常选择坐在一个结实的坐垫上，它能提起臀部，让膝盖靠在坐垫两侧的地面上，小腿和双脚向后指。以这种方式提臀有助于保持脊柱的自然曲线，而且只要你的膝盖非常柔韧，这个姿势就会很舒服。

坐在专用的“跪椅”上可有助于保持脊柱挺直并得到一个舒服的、良好支撑的姿势，它与佛教徒坐式很相像。

坐在一个结实的坐垫上，身体成“英雄式”，双膝和双脚则用一张厚垫子支撑。注意是坐在双脚之间，而不是脚后跟之上。双手成“拜拉维式”（Bhair-avi Mudra，双手重叠，掌心朝上），为冥想积聚能量。

早晨冥想

很多人喜欢早上起来先做冥想，因为这时候头脑是安静的，不像白天有很多事情会扰乱心境。如果你在床上冥想，可以用一个V形枕或是普通枕头来支撑你的背部，这样你就可以双腿交叉，上半身挺直坐起。肩上披一条围巾，被子盖住双腿，这样你就能在练习冥想时感到温暖。选择一个能给你注入能量而不是让你放松的练习，比如手持念珠吟唱或诵经。你也可以睁开眼睛，温柔地凝视一样东西。

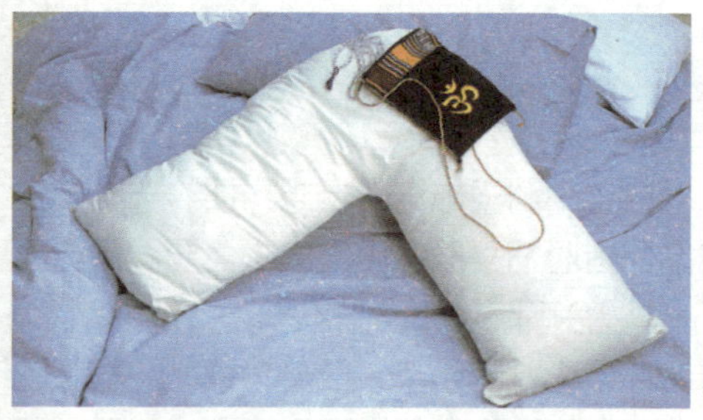

V形枕可帮助你在床上做冥想时保持挺直的姿势。一条念珠，可以用来计算诵经的次数，当不用它时最好把它收藏在特制的小袋子里。

如果你喜欢在早晨醒来时做冥想，那么你的床就是平静而温暖的天堂。

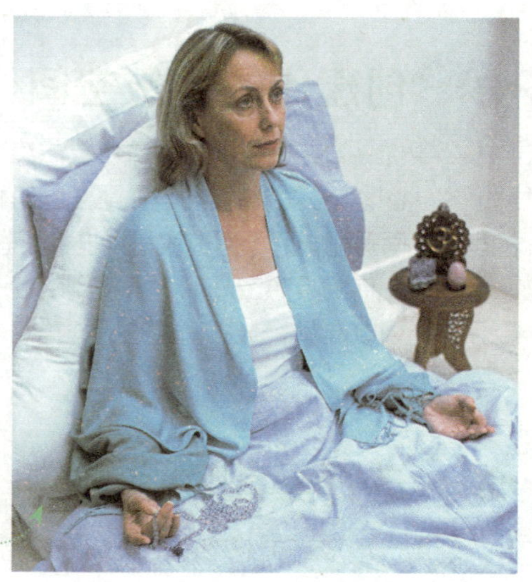

选择冥想时间、地点

要培养一个新习惯，需要下定决心在生活中给这个新的定期活动腾出时间和空间来。在一个合适的时间和地点定期地做冥想，有利于你更快地适应冥想状态。也许有时候你不想做冥想，而想做点别的事，但当你错过了练习时间，身体就会开始感到不舒服。而当你不得不放弃自己正常的冥想习惯时，可能需要花几天时间，但这是一个有意识的决定，而不是简单的遗忘或耽搁。

在固定的时间冥想

把冥想练习放在一个长久养成的习惯前后是很有帮助的——比如放在早晨梳洗之前，刷牙之后，或午饭、晚饭前。正因为你每天都要做这些事情，那么你自然也都会每天去做冥想练习了。早上醒来时或吃饭前（因为在饭后容易犯困），或晚上散步之后，或者聆听了具有抚慰作用的音乐之后，这些都是练习冥想的好时候。你也可以先在床上看会儿书，然后在睡觉前练习冥想。总之，要选一个不受打扰的时段——你的生活越是繁忙，你的冥想练习就越有益、越能帮你消除压力。夫妻可以在共同的空闲时间里一起冥想，或者在一家人醒来之前早起一会儿进行练习。不管你选择什么时间，一定要持之以恒来养成你的冥想习惯。

在床上冥想

如果你喜欢一大早练习冥想的话（最好身上披一条围巾，并把对角系起来），你的床就可以成为你的冥想空间了。先梳洗一下，喝杯水，再伸个舒服的懒腰让自己真正清醒过来——并且要保证坐下时脊柱挺直。

如果你每天早上都在床上练习冥想，而且在床上你才有打开心灵的习惯，那么晚上睡觉前在床上练习一些简单的冥想可能也会让你倍感舒适。

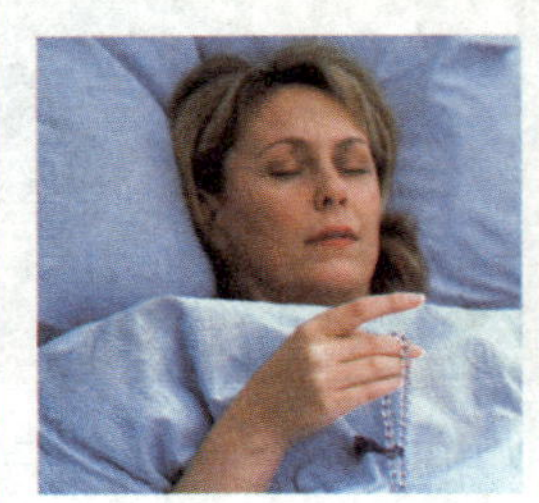

手持念珠，重复一段曼特拉或几句简单的祷告再安心入睡。

创建你的冥想空间

如果你一直在同样的地方进行冥想练习，那么这也有利于你培养冥想习惯。选一个安静、整洁的地方，这样当你坐在那儿的时候，就能保持心情平静，思维集中。要确保自己的身体足够暖和，因为当你放松并进入冥想状态时体温会下降。

可以在你的冥想空间放一张特别的椅子，或者你最喜欢的坐垫、靠垫，或一块舒服的毯子。还可以准备一张摆有香烛和鲜花的桌子，或者任何你觉得具有抚慰身心、启发心灵的物品。

选择冥想物品

利用自己放在冥想空间的物品来进行一项经典的冥想练习吧，这种练习被称为特拉

塔克 (Tratak)，或“凝视”。这需要你坐直不动，同时凝视一件物品。

通常凝视的焦点是一根点燃的蜡烛。如果你练习这种形式的冥想，要确认一下房间内无风，因为风会吹得烛焰摇摆不定，让人头痛（癫痫和偏头痛患者应该避免凝视烛焰）。要柔和地凝视，而不是瞪着眼睛看。片刻后，闭上双眼，在头脑中想象蜡烛的形象。当它逐渐淡化时，重新睁开眼睛，凝视蜡烛，并重复这种意想过程。几次之后，你头脑中的形象就会逐渐巩固，而集中的程度也会加深。

你可以在开始冥想前先点燃蜡烛，在结束时吹灭它，同时心中默念“谢谢你”。烛焰通常代表着神性显灵。如果你会真心喜欢去培养这种对神性的更强烈的感知力，那么神性就会存在于你体内并围绕在你身边。

特拉塔克的形式有很多种。你可以手拈一枝花，在手中把玩，观察它的颜色和结构的每个细节。或者手中拿一块水晶，感觉它的形状和清凉，这是另一种形式的特拉塔克——不过在这个时候，你的双眼要一直闭着，所谓“凝视”其实是通过触觉来完成的。你也可以选择任何能启发你心灵的物品来“凝视”，都同样有效。

你的冥想空间应该要包含一些物品来让你凝神集思：任何物品都可以引导你进入冥想的良好心境中。

对着重物的重力向上伸展脊柱，让你的冥想姿势“稳固而舒服”，这也正是帕坦迦利推荐的做法。

姿势的伸展

如果你整天都驾车出行或伏案办公，你可能希望在开始晚间冥想练习之前先伸展一下自己的身体，以重新得到一个有力的挺直姿势。你可以试着在站立时用头顶着一个重物，以此来强化脊柱，提高平衡感。古代的人常用头顶着一堆书围着屋子转来学习“行为举止”；全世界的搬运工背部都挺直有力，这也是由于他们头部负重而形成的。

放松的水平伸展

伸展背部是绝好的冥想准备活动。在地上躺 10 分钟，伸展背部，轻柔但稳固地把思想集中到此刻的呼吸上，同时放松身体，这能迅速恢复你的身体活力。

仰面躺在地上的时候要保持警觉、温暖。用这种姿势伸展能保持脊柱挺直——因为冥想的时候，脊柱总是要尽量保持挺直。仰面躺下，放松身体，有很多冥想技巧可以用来保持头脑警觉、注意力集中，比如数自己呼吸的次数，从 1 数到 10，再从 10 数到 1，或者想象能量沿着脊柱移动，又或者想象乡间或海边的一幅宁静的图景。放松之后做几个深呼吸，活动你的脚趾和手指，伸个懒腰，打个哈欠，然后慢慢坐起。你现在就可以真正开始做冥想练习了。

第三章

动用五官感觉

冥想与五官

人体的五官感觉是心灵用来探测外部世界和内心世界的天线，正是有了五官的存在，我们才得以感知到周围在发生着什么，我们自己在做什么、想什么。我们无法看见、听见、触摸到、品尝或闻到的东西，也是不可能描述或理解的。没有了五官感觉，我们就无法获得一手信息，对一切事物都只能是懵懵懂懂，甚至可能对自己的身体都无从了解。然而，五官所及范围毕竟有限，即使借助了现代科技，我们所能了解的也只是内心和外在世界很小的一个部分。

我们可能会说那还有“第六感”或者直觉呢？可是第六感也是来自五官感觉综合发挥作用的结果。比如，你可以试试在思考某事时，你有可能做到不去“听”脑中思想的声音，或者不在想象中把它描绘出来吗？当我们在心中对某事打不定主意的时候，我们甚至可以“听”到脑中反复争辩的声音。

我们对外部世界的认识——从一束花的香气到我们自己的心跳——都是通过感官来传达的。

制感法——集中意识

冥想是一种意识扩张的状态，当日常生活的嘈杂静下来后，意识里就只剩下特定感官所传达的信息。

制感法是帕坦迦利八支分法的第五步，通常被理解为“将感官从物体中撤出”，使得我们免于被身边发生的事所干扰。然而，在焦虑或恐惧的状态下，神经系统很难放下警惕，一刻都不行。焦虑的状态容易给人压力，消耗人的身体系统能量，最终导致疾病。

制感法需要身体的彻底放松，与“充满警惕”相反，只有身处一个被保护的环境比如

脉轮与五官感觉

1. 根轮：土元素，嗅觉。

2. 腹轮：水元素，味觉。

3. 脐轮：火元素，视觉。

4. 心轮：大气元素，触觉。

5. 喉轮：空间元素，听觉。

家里的冥想角落，感到绝对的安全和自如时，我们才可能卸下防备，达到彻底的放松状态。可是如果身体五官都停止了工作，这时候的人体应该是属于睡眠状态的。所以，最好的办法是把注意力集中到一种感官上，或者将感官关注转向内心，练习视觉想象和思想观察，这些技巧都有利于我们为进入冥想状态做好准备。

普拉纳手印法：能量流过脊柱的姿势

通过想象能量流上下穿越脊柱、流经脉轮，可以训练身体对与中央神经系统相对应的能量脉络的敏锐性，最终达到把想象中的能量流运动视为实际存在的境界，这时的你就可以开始把冥想的焦点放在脉轮的特性上了。这种练习可以加深你对于五官感觉的体会。

1 盘腿笔直坐立，手掌正对下腹，指尖轻触腹部即可。吸气，感觉自己通过下半身从土地中吸取生命能量，使其进入到腹部位置的腹轮。

2 继续吸气，双手缓缓抬起至前胸，沿着脊柱将能量往上提升，使之流入位于心脏处的心轮。

3 继续吸气，双手进一步上抬，能量流也进入喉部。

4 吸气完成，双手举过面部（光轮所在区域），手臂打开，眼睛向上看。该姿势代表了喜悦与鼓舞。

5 缓慢呼气，身体随之前倾，双手合十，与头部一起放在地面上。

视觉、味觉和嗅觉

许多传统冥想技巧的基础都在于通过制感法将意识集中在五官感觉中的一项或者几项上。在帕坦迦利阿斯汤加瑜伽体系中，制感法是活动分支，或者说外支中的最后一个，而之后的3个分支都转向了内心体验。

将所有的视觉强度集中到一个蜡烛火苗上是一种流行的冥想方法。蜡烛离人一臂远，火焰与眼睛平行。（练习者如患有偏头痛或癫痫症应避免凝视蜡烛火焰。）

视觉

在当代社会，视觉可能是我们了解最多、使用最多的感官。我们每时每刻都会受到视觉信息的“炮轰”，从交通灯到广告牌，从电视机到电脑屏幕，各种各样，纷繁复杂。除了在家中，很难找到一个光线柔和、让人感到舒缓的地方。大多数人都感觉在“想象中”描绘出某物比感觉到或听到某物更容易做到，因此视觉想象在制感法中应用十分广泛。

通过视觉进行冥想

特拉塔克——凝视一件物体比如蜡烛的火焰或一朵花——在许多传统中都是最为常见的冥想技巧，也是虽简单却十分有效的让大脑休息的方法。

1 柔和地凝视选定的物体，注意应避免瞪视、眨眼或思想打岔。感觉需要闭眼时则可以闭上眼睛稍作休息，但应在心中保留该物体静止的画面。当该画面渐渐模糊时，睁开双眼，重新将目光投向该物体。反复该过程，大约持续 10 分钟。

2 练习特拉塔克时可能容易流泪，这可以起到湿润眼球的作用。实际上，古印度人民经常通过练习特拉塔克来洁净眼球。有时候眼泪能冲掉之前的悲伤情绪，对于身体有一定的治疗作用。

凝视一朵花，集中所有注意力观察花的外观的每一个方面，如错综复杂的花形、颜色和质地等。

脉轮的颜色

西方人的看法与东方人不同：东方人用图表来表示能量，即我们所说的扬特拉 (yantras)，而西方治疗圈则通常认为脉轮对应的是彩虹的七彩色：

- 根轮：燃烧的深红色，如煤火余烬一般；如身体感觉不适或运转不畅，根轮的颜色则会变成发黑的红色。
- 腹轮：橘红色；缺乏能量活力时呈土褐色。
- 脐轮：亮黄色；心怀怨恨或嫉妒时稍带绿色。
- 心轮：翡翠绿或是与其互补的浅粉色；能量流通不畅时颜色会暗淡下去。
- 喉轮：宝蓝色，尤其是受到鼓舞或捍卫真理时颜色会更加突出。
- 眉心轮：蓝紫色，有时呈靛蓝色（三原色红黄蓝的混合体）。
- 顶轮：亮白色或淡紫色，如灯塔散发着光芒。

随着呼气、吸气运动，能量流也随之上下流过各大脉轮，你看到的它们是什么颜色呢？完成视觉想象后，别忘了坐下来进行普拉纳手印法的练习。

味觉和嗅觉

味觉和嗅觉紧密相连，互相影响很大。由于它们关联着爬行动物的大脑和人体最底部的两大脉轮，因此也被认为是

想象古那

通过视觉想象更容易形象地理解自然中的三德，在心中形成我们自己的意象。

翳质（惰性，压抑，障碍）：翳质看上去阴暗沉闷，就像一动不动的石头或是一潭死水。当我们感到不开心时，世间万物都变得阴沉沉的。

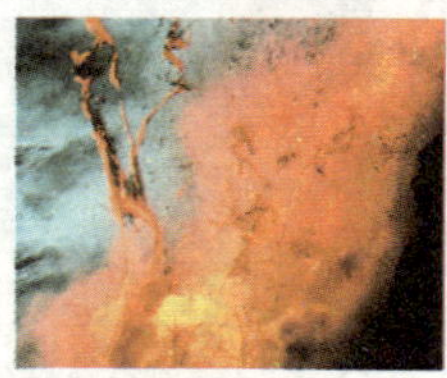

激质（运动，激情，着迷，愤怒）：激质看上去像一团失控的烈火，火热、凶猛、似乎能把一切吞噬。这也解释了为什么人们喜欢用“冒火”、“火冒三丈”来形容自己的愤怒。

纯质（平衡，和谐，宁静）：纯质如抛光的金银器一般闪闪发光。我们可以看到某人的脸上“散发着”爱之光，而天使通常也是披着亮闪闪的白色长袍的。

在上面的这些景象中，有没有哪一幅正好符合你现在的心境呢？古那贯穿于自然界的方方面面，但是往往只有一种古那占据着主导地位。纯质是唯一适合冥想状态的古那，而其他两种都不能带给我们安全、放松的体验。

尝试将注意力集中到味觉上，图中的练习者在全神贯注体会柠檬水的味道。

薰香是传统的冥想辅助物。在冥想角落点上一支香既可以净化空气又有助于集中嗅觉。

人类最原始的感官，在人类的生存中发挥着至关重要的作用。哪怕是最短暂的一缕芬芳也可能释放我们的情绪和回忆，而许多宗教传统都会利用薰香来提升人的灵魂或者改变意识状态。冥想者在练习过程中可以通过点燃薰香、香油，或者下意识地吃点什么或喝点什么将味觉和嗅觉调动起来。

听觉和触觉

人体五官不断地受到来自外部世界的各种干扰，同时又将各种转瞬即逝的信息传递到人的大脑，制感法就是要求练习者有意识地将大脑从来自五官的各种干扰中脱离开来，将思想聚焦到一起。

听觉

生活在现代社会的我们不断地遭到噪声污染的围攻，而听力也往往因为长期暴露在各种刺耳杂音中被损坏。实际上，一旦我们真正掌握了专注倾听的窍门，且能进入完全的放松状态，相对其他五官而言，听觉便可以更快地将我们带入更深入的冥想状态。哈他瑜伽的经典著作《哈他瑜伽之光》中认为，一切动作都是为了一个目的——进入瑜伽冥想状态，而唯有心中听到了这个声音，哈他动作才算完成。

一手持西藏颂钵，一手紧握一根木棒，用木棒敲击颂钵边沿，聆听西藏颂钵发出的响亮的声音。

内心的声音

一旦知道了怎么去聆听，你就能听到内心的震颤，在这里我们称之为“纳达（nada）”。纳达分为许多层，从最粗犷的到最微弱的，这些声音依次被比作“海洋的咆哮……霹雳雷声，铜鼓声……螺号声，铜锣声，号角声……丁当声，笛声，七弦琴声和蜜蜂嗡鸣声”。

只要学会放松身体，平静嘈杂的思想，真正静下来聆听，任何人都可以听到纳达。最初听到的纳达很可能是一种音调稍高的嗡嗡声，有点像在电缆附近听到的那种震颤声。而一旦学会了聆听纳达，应该尽量尝试去聆听那些藏在底层的更为微弱的声音。

当西藏颂钵发出最响亮的声音时，内心的声音，或纳达，与海浪的声音相似。

原始的声音

人们常听说："万物始于声。"圣约翰福音书的开篇就写道："太初有词。"这种神谕和其他所有的声音一样，都是由震颤引起的。《吠陀经》组成部分之一的哲学密教专著《奥义书》也曾记录："过去、现在与将来的一切皆是噢姆（OM），任何超越时间的都是噢姆。"噢姆又称作"pranava（原音）"，通常被放在大多数曼特拉的最前端，也是所有曼特拉的起源。正是因为这种圣音才有了我们所知的世界。因此，虔诚的噢姆吟唱可以把我们带回万物之源，带到上帝或者婆罗门身边。纳达就是每个人心中潜在的神性之音。

培养聆听的能力

有一种有效的制感法就是安静地坐立，注意力集中到听觉上，完全不用调动大脑思维。从最明显的声音开始，比如大街上的汽鸣声，角落里的狗吠声等。聆听这些声音，只是有意识地去听，不要在大脑里作出"这是狗叫"这样的判断，也不要试图用"难听"或"太吵"去描述它们。过一段时间后，尝试去听一些更微弱的声音，比如你自己的呼吸、心跳或者消化的声音，还是不要加入任何大脑的评价。然后再尝试不作任何评价地聆听自己的思想。最终，当你有一天学会了不带任何偏见地去聆听任何声音时，你就能听到纳达了。

通过击鼓可以制造出复杂的节奏，但你可自己掌握节拍的复杂程度。击掌也是一种简单且有效的保持节拍的方法，自己单独一个人或一群人在一起时都可以运用。

一起体验触觉

通过按摩可以挖掘和促进触觉体验，不管你是按摩者还是被按摩者。你并不需要是按摩方面的专家，只要牢记手是心轮的延伸，在按摩过程中随时询问同伴的感受，注意其反应。如果能和同伴统一呼吸节奏，即同伴呼吸放松时按摩的手往下压，同伴吸气时放轻手力，则可以大大促进双方的沟通。

按摩可以帮助按摩双方将注意力集中到触觉上。

学会自己发声

学会了不带偏见地去聆听声音，就可以开始学习轻松地发出自己的声音了，卸下"精神包袱"，抛开一心想制造出如歌唱或乐器演奏那般悦耳声音的念头。你可以选择一段简单的曼特拉，用木棒敲击西藏颂钵，沿着八度音阶上下吟唱或者击鼓掌握节奏，不管你是独自一人还是与人一起，都应放松，而不应感到任何的紧张或是尴尬。聆听与发声都是绝佳的放松方式，可以迅速将你带入冥想状态。

触 觉

每一种情绪反应都是一种"感觉"(feeling)，涉及到身体触觉的某些方面。感觉到安全得就像被爱抚的双手抱着，或者有一大群朋友在身边一样。感觉振奋鼓舞时，内心可以明显感觉到轻松与扩展。还有，无论你感觉炎热还是寒冷，舒服还是痛苦，身体是静止还是移动，你都可以感觉到这是一种“和自己身体的接触”。

大多数这些感觉都未被察觉，除非我们不得不去注意。在日常生活中，我们只有在被绊倒或者面临跌倒的危险时才能意识到支持人体直立的肌肉的存在；只有当我们跑得太快，上气不接下气时也才能发现自己的呼吸循环规律。在保持专注与清醒的状态下学会有意识地找寻安全感和放松感是缓解压力的一剂良药。

用心感觉某个物体，比如水晶制品的形状、重量、温度和质地等也是一种十分有益的冥想法。

五官感觉的结合

感官感受是一种大脑活动。大脑不断地将来自身体的神经脉冲转化成触觉、视觉、听觉、味觉和嗅觉，用内在的知觉理解外在的世界。我们无从真正知道大脑之外的世界，我们所知道的世界只不过是大脑通过解读神经末梢捕捉到的信息向我们描绘的世界。

五官捕捉到的信息大部分被意识过滤掉了，比如当我们津津有味地读着一本书时，我们可能不会注意到其他人在我们身边的走动。宇宙中存在着很多我们无法感知的力量，比如能够径直穿透人的身体和我们的星球的被称为“中微子”的宇宙射线。

占主导地位的感觉

人们往往会更偏爱五官感觉中的某一个。在现代社会，大多数人可能都认为视觉是最主要的感官。事实上，很多人对于听觉和触觉的依赖远大于视觉，而其他几种感官发挥的作用也远比我们想象的重要。

如果我们听不到外面世界的声音，就无法描绘它的美妙；没有触觉帮助我们度量自己身体与周围一切的关系，就无法自在行走。同时，味觉和嗅觉也比我们想象的要活跃得多。因此，在冥想练习中同时调动各种感官比单单集中在某种感官上能发挥更为有效的作用。

调动各种感官深入冥想

从仅运用一种感官的简单技法开始，直到你学会了能一次连续数分钟将注意力集中在该感官上，再逐渐加大练习难度，探索哪种方法最适合你，即可以吸引你最长时间的注意力。

定期练习某一个简单动作，比如用心感受呼吸在体内的运动（需要调动触觉），最终你

一张冥想桌可以满足所有感官的需要：一朵花，用来“看”；一个柠檬或一根带叶的散发着香气的枝条，如罗勒，用来“嗅”和“品尝”；一些放在炉子里的油，其所产生的香气有助于将人带入冥想状态；一个晶体状的物体，以供“看”和“触摸”；一串念珠，以供你在诵念梵咒时使用。

会对该动作熟悉到一定程度，甚至可以边做边开小差。当你发现集中注意力开始变得困难，这时就可以考虑换另一种动作了，比如和默数鼻呼吸的练习（触觉和听觉结合）交替进行，然后尝试去“看”或“感觉”普拉纳，即生命能量。在呼吸过程中，普拉纳可能表现为眼前看到的光亮或者身体上的温暖或刺痛感。吸气时有意识地引导，在呼气时再将普拉纳引至体内某处（动用视觉和触觉）。

上述为达到冥想状态而调动感官看似简单，但从长期来看对身体作用很大。假如三个深呼吸成为你触发冥想的感官调动，那么深呼吸3次，可以立即帮助你摆脱焦虑，恢复内心的宁静。其中的秘诀就在于将多种感官结合在一起，保持大脑的清醒与集中，以免陷入白日梦中不能自拔。

所有的冥想练习都需要调动触觉、视觉、听觉等自然感官，并且往往是多种感官的结合。你可以学着有意识地训练各种感官使之强化，比如每次训练一种，这样当你想创造一个宁静的内心世界时，就可以任意切断对外部世界的感知了。视觉想象是一种创造自我的方法。“我思故我成”（“As we think so we become”），所以一颗轻松快乐的心可以让你浑身散发着光与爱。你周遭的世界其实也可以折射出你内心的想法和态度。

当你完完全全浸在一本书中时，尽管身体五官还在接收着来自外界的各种信息，但是大脑可以做到完全忽略外界的干扰。

当你看着自己写字，并感觉手在指挥着笔时，你同样能够倾听脑中的声音。

念珠与曼特拉

手持念珠（一串传统的冥想念珠）同时吟唱一段曼特拉是将各种感官结合在一起的经典冥想方法。该方法同时调动了听觉和触觉：在动用手指的触觉挨个拨动念珠并记录曼特拉吟唱次数的同时，也需要动用听觉聆听自己重复曼特拉的声音（大声吟唱或心中默念皆可）。

背部挺直，身体放松，坐立在安全的冥想角落。最常用到的曼特拉包括："噢姆"、"和平与善良"、"噢姆！平静吧！平静吧！平静吧！"或其他能给心灵带来慰藉与欢愉的短句。手指轻拨念珠时，应真切地去体会每一粒念珠的存在。

通常是右手持念珠，指位也有其象征意义：大拇指（代表宇宙意识）与中指（代表纯质古那）拨动念珠，食指（代表自我或个性意识）与念珠保持一定距离。

意想艺术

意想调动着人体的感官，能为我们营造一个愉悦的内心世界。在很多不同种类的其他疗法中也经常用到意想技巧，它通过改变我们感知内在自我的方式来改变我们的世界观。意想能以不同的姿势进行，你可以躺着或倚靠着，或挺直坐着。当我们身心疲惫时，当我们卧病在床时，或当我们准备入睡时，意想都能改善情绪、平衡心境、助人入眠。

确立一个内心宣言

在练习冥想时，你可以通过确立内心宣言来创造持续性的改变，从而长期获益。第一个步骤就是要确立一个内心宣言，或决心（sankalpa，意为目标、决心），当你处在深度放松的状态下时不断重复它。你需要问你自己，在你的日常行为（生活）、观念（光明）或态度（爱）中，什么样的积极改变能让你变得更像自己希望做的人。要得到答案需要诚实地反映和评价你的人品。确立了你的"内心宣言"之后，你就可以着手通过利用自己的想象力和五大感官来创造一个合适的意想情景，以此来让你完全身临其境到自己选择的场景中，

采用一个舒服的姿势放松，仰面躺下，双膝弯曲，双脚在地面平伸。头下枕个软枕可防止颈部肌肉紧张。

创造性的想象

一般说来，我们不能想象出没有经历过的场景——不管是直接经历还是间接经历。但我们有无限多的记忆可供选择。我们的生活发生在头脑中，因此我们应该尽可能地为自己营造一个和谐的内心世界。一旦我们知道怎样去改变一个混乱的内心世界时，我们就没有必要继续忍受了。选择在我们自己手中，而冥想可以作为我们实现目的、改变心境的工具。

意想海滩风景

热带海滩风景秀丽、气候宜人，能愉悦我们所有的感官，因此它是意想的理想场景，可用来帮助我们营造愉悦的内心世界。

你已经深度放松了，也许还做了伸展活动或深呼吸练习。那就以舒服的姿势坐着或躺着，开始意想自己正身处在一片美丽的海滩上吧！想象自己正沐浴着美妙的阳光，躺在海边柔软的细沙上。利用所有的感官来享受这个场景里所有的细节，这样你才能完全地体验这一过程。

你能感觉到身子底下沙子的质地和潮湿，把脚趾埋进沙里，让沙子在你脚趾间穿过。欣赏你周围的景色——蔚蓝的大海和天空，金黄的沙子，遥远的地平线，洁白的云朵，海鸥在你头顶飞翔。你能听到海鸥鸣叫的声音，海浪拍打沙岸的声音，还有清风拂过身后树叶的声音。你可以闻到空气中的咸味，用你的双唇去品尝它的味道。你还能感觉到什么，看到什么，或听到什么吗？也许你还能感觉到微风正吹拂着你的身体，你能触摸到大小不一的沙粒和小贝壳，能听到从远处传来的孩子们的嬉笑声，能闻到海的味道，能感觉到热情的海风吹拂起你的头发。

当你建立起这个可爱的场景里所有的细节之后，享受一会儿，去感觉平静和满足、感激与放松。意想的所有目的就是要把你带进这个你知道“所有都会好”的内心世界，不仅是现在，而且以后也可以经常去。在你决定要离开这个海滩前，缓慢、清晰地将你的“内心宣言”（你已经决定好的主意或决心）重复 3 次，然后逐渐地让整个场景消失。要知道不管外面的世界发生什么，这个内心世界永远为你敞开大门。

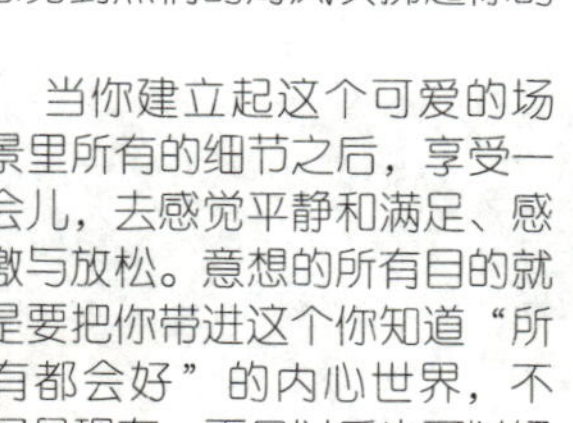

视觉想象越详细，你就越能融入到想象的场景中去。这种体验就好像大夏天喝冰饮的感觉，清爽怡人。

感觉你脚趾间沙子的流动，想象贝壳反射出灿烂的光芒。

在那里你会感到自然、安全和放松。一旦创造好了这个情景，你就可以更深地冥想，并且在自己的态度、展望和目标上实施那些早已决定好要做的改变。你的潜意识头脑会很乐意地回应有意识头脑给它施加的建议，前提是你的神经系统必须处在完全的放松和信任状态下，而且必须用下列方式来表达自己的内心宣言。

一旦你完全放松之后，就可以集中思维想象自己正身处在自己创造的意想情景中。

· 尽量简洁明快地表达你的内心宣言，避免使用“如果”和“但是”之类的词语以及描述性语句和限定句。

· 一次只确立一个内心宣言。当这个内心宣言实现之后，你才可以用新的将其替换，因为原来的将会是多余的了。

· 用现在时态来表达你的期望，比如“我现在……（高兴、健康、自信、在……方面成功了，或原谅……）”或“我正一天天地变得……”。潜意识只关注现在，而无视过去时和将来时。明天仍是个未知数，而且潜意识也不会对它产生兴趣。

· 用积极的语气来表达你的“内心宣言”，因为潜意识会被消极的词汇所迷惑，如“不”或“从不”。

· 避免使用像“尝试”、“努力”或“困难”一类的词语，因为它们能立刻激起神经系统的防范意识，让你功亏一篑，使所有良好的放松努力都成为泡影。

· 缓慢而果断地将你的“内心宣言”重复3次，这样你的潜意识就知道这回你是认真的了。这样一来，即使你非常繁忙，无暇顾及你的内心宣言，你的潜意识也会一刻不停地为你实现你的目标。这就是为什么“内心宣言”有如此强大的影响力的原因了。

意想旅行

在完全放松的状态下进行意想不仅令人愉悦，还能展现出令人惊讶的景象，而且能为传统的冥想做准备。

下页所描述的意想能够带你开始一段旅行，从你的日常意识开始，然后将你引向更高水平的意识，就像你漫步穿越田野，然后爬上一座小山，到达目的地，最后又很快地沿原路返回。漫步冥想法是一种以类似于走路的动作来集中意识的练习，而且能为你的穿越脉轮意想之旅做好准备。在每次意想结束之后，应做一次伏地祈祷以避免产生灵魂分离感。

漫步冥想法

这个流行的冥想法充分结合了人体的视觉、听觉和触觉。漫步时需要集中注意力，同时步伐应同呼吸节奏、念诵经文合拍。

1 （左图）站直，手持念珠，于心轮处持平，慢慢地抬起一只脚，向前屈膝，并弯曲后腿膝盖。当你向前迈步时，将身体重量平均分配在双脚上。

2 （右图）重心移至前脚，踮起后脚，站直，始终目视前方。重复几次上述动作，在迈步的同时念颂经文。

穿越脉轮的意想之旅

完全放松身体，保持感官警觉，这样你就可以注意到你意想情景中的所有细节。

根轮

开始：意想你在一条很短的小道上行走，尽头是一个小栅门，推开走进去是一片辽阔的草原，在草原上，遍野红色的花朵争先开放，它们象征着生命力，象征着根轮的活力。其间有一条小道穿越花丛，你走在小道上，感受你脚下的土地，享受着花朵鲜艳的红色，呼吸着欣欣向荣的花草所具有的天然气息，慢慢地走到另一个小栅门处。

推门而入，你来到一片橘林，橘树上结满了成熟的果实，象征着腹轮的感官享受。享受大自然的丰富多彩，敬畏大自然强大的生命繁衍力。你可以摘几个橘子吃，让美味的橘汁在口中流淌。然后愉快地走向另一个栅门。

腹轮

接着，你来到了一片金色的向日葵地，象征着脐轮（太阳轮）的光和热。在这里，你开始储存能量，就像向日葵充分吸收太阳光一样。尽情地欣赏这美景，并享受阳光的温暖。当你充满能量时，你会信心大增，因为它会支持着你完成所有的目标。然后，接着往前走，你又会看到一扇门。

脐轮

进门之后，你来到了一个四面围墙的花园，中间有一条长长的拱门小道，在拱门上挂满了玫瑰花，绿色的叶子衬托着粉红色的花朵，散发着淡淡的清香。这个美丽的花园代表着心轮的平静和愉悦。你触摸着柔软的花朵，玫瑰花也乐于同你分享它的美丽，你可以采撷一朵，让它伴随你走完院中的小道。

随后，你发现自己来到了一片高原之上，头上是蔚蓝的天空，鸟儿在自由地飞翔、鸣唱。天空倒映在积雪融化形成的湖水中，蓝色的龙胆根也竞相开放，拥抱阳光。这样的场景代表着喉轮，象征着喉轮纯净的声音和空间的能量。你听到有人在呼喊自己的名字，于是你继续前行。

心轮

仔细观察意想旅行中路边茂盛的植物。

脐轮（太阳轮）储存着生命能量，如同向日葵充分吸收着太阳的能量一般。

喉轮

眉心轮

顶轮

有人过来迎接你，引着你向前走去。这象征着眉心轮的智慧，眉心轮又被称为第三只眼，一只洞察内心、连接左右大脑（分别控制人的逻辑思维和想象创造力）的眼睛。你的向导会告诉你一些事或者给你某件物品让你对其沉思。

远处是一片林间草地，中间还有一幢白色的小房子，很明显，这是一个非常特别的精神空间，象征着顶轮。你的向导示意让你独自进入房中，你非常恭敬地走入房子，坐下，慢慢地、清晰地将你的内心宣言默念3次。你静静地坐着，吸收着这里的精神能量，直到你意识到应该回到现实为止。在起身离开之前，你应该郑重地说声“谢谢”，然后慢慢地沿原路返还。你知道不管什么时候只要你想回来，你都可以再次光临。

广袤的蓝天象征着喉轮。

按原路返回到你开始进行意想之旅的起点，再一次感受身体的感觉，做几次深呼吸，动动手指和脚趾，打个哈欠，伸个懒腰，做伏地祈祷来结束整个意想旅行，然后慢慢起身。

随音意想

你可以描述出脑中的意想，并且录音。在下次意想时，跟随你自己的声音，重新开始意想，可以时常暂停录音，以便完整地在脑海中建立起意想情景。还可以请朋友为你朗读，每次大约20分钟。

第四章

日常冥想练习

日常生活中的冥想

很多人把冥想状态看作是“脱俗的”，认为必须与世隔绝才能实现。尽管有规律的冥想练习需要你安排单独的时间来把注意力转向内心世界，但它也是可以融入日常生活的。比如说，你可以通过练习“用心”（把注意力集中到生活中的事物上）把处理凡尘琐事转变成某种形式的冥想；你可以从欣赏周围万事万物的美丽中体验到一种心灵顿悟的感觉；你也可以运用冥想来调节、控制自己的情绪；你还可以把冥想的元素引入到你与他人的交际中。

全身心地将注意力集中在你正在做的事情上，比如饮食，此时你就是在以冥想形式处理日常事务。

关键元素

你要想把冥想融入到日常生活中的每个方面里去，有很多方法。

· 把身心完全集中到你此刻所做的事情上，不要受到干扰而分心。

· 尽量活在当下。

· 试着从你周围的万事万物（及每个人）中感受其美丽和价值，不管它们有多世俗。

· 学会全面调动你的感官。

· 培养自知力，适应感情自我和肉体自我之间的相互影响，与之和平共处——举例来说，注意某种呼吸练习和姿势是如何影响你的心理状态的。

与感觉共处

下面这些基于体验“对立事物”的传统技巧能让你客观地认识自己的感觉（很多感觉经常是潜意识的）。

· 深度放松——可以坐着、斜靠着或躺着。

· 想象不同的“反义词”，并注意它们引起的身体反应有何不同。

· 开始时用一些没有积极或消极情绪联系的“反义词”——比如“冷和热”、“硬和软”、“亮和暗”——并观察你的身体感觉怎样，同时保持深度放松。

· 然后选择一些更能激发情绪的反义词，以积极的那个词开始，并观察它引发了身体什么样的感觉：比如“生和死”、“广阔和狭窄”、“愉悦和悲伤”、“喜欢和生气”以及“欢迎和排斥”。

· 仍然保持深度放松，观察当你注视反义词中消极的那个词时，身体会产生什么样的感觉——这样从今以后你就能认识并辨别它们，并且当你情绪消极时就能够理解是什么让你感到不适以及当你不高兴时的感觉。这样你就可以做出欣赏（他人、事物）的行为来让自己感觉更好，消除在你体内和围绕着你的紧张压力。

· 在继续下一对反义词前，重复这一对反义词中积极的那一个。

· 用你的“内心宣言”和几次柔和的深呼吸来结束这种放松状态，并伏地祈祷。

你感觉如何

自觉地观察你的感官给你的大脑传递了什么信息，这是一种连接生理和心理的方法，养成这样的习惯是非常重要的。当你的情绪受到刺激时，这能让你更容易掌控它们，因为你能通过感官感受到它们。实际上，没有什么别的方法能让你感知自己的感觉。因为每一种心理都有相应的生理反应：比如当我们生气时就会“眼睛发红”，当我们害怕时腿就“像灌满铅一样沉重”，悲伤能让我们“心痛”，当我们感到迷惑时就像“处在黑暗中”。

一旦你学会了认识自己的真实感觉，你就能避免对每天的状况做出消极的反应。不管什么时候当你感到消极的情绪受到激发，就暂停一会儿（“从 1 数到 10”），放松并想象相反的、积极的情绪，然后用积极的态度去回应，把你在平常的冥想练习中所学到的东西运用到日常生活中去。

关爱他人

“博爱”冥想能帮助你更好地与身边的人相处。将博爱和善意吸入体内来帮助和支持你，然后把它们呼出去，把它们引导到一个具体的人或人群上去。经常重复这种冥想，直到给予和接受博爱成为你的第二天性。把它变成你日常生活的一部分：它的任何一部分都可以用在任何情况下，来促进和平与和谐。

· 以坐式深度放松，脊柱挺直。

· 吸气，同时把“博爱”从宇宙中吸入你的体内。

· 呼气，用感恩的心将博爱引导向一个具体的人，或所有曾经教导过你的人（他们曾用很多方式给予你光明）。然后吸入更多的善意。

· 呼气，用感恩的心将博爱引导向一个具体的人，或所有曾经养育过你的人（他们曾以很多形式给予你生命）。然后吸气……

· 呼气，用祝福的心将博爱引导向一个人，或所有你深爱的人。然后吸气……

· 呼气，用祝福的心将博爱引导向你的熟人、邻居和同事。然后吸气……

· 呼气，用宽恕的心将博爱引导向那些曾经干扰或阻挠过你的人，那些曾经对你无情或轻视你的人。然后吸气……

· 呼气，用宽恕的心将博爱引导向那些曾经伤害过你的人。然后吸气……

· 呼气，把祈祷散播出去：“祝福世界上所有的人都快乐！”吸气，并对所有你接受的博爱表达感激。休息片刻，结束冥想，做伏地祈祷将自己与大地相连。

传统的印度问候手势“合十礼”是这样的：在问候的时候鞠躬，同时双手合十放在“心轮”前。这表示对每个人心中神性存在的承认，并传达了这样的感觉——每个人都是宇宙的一部分。

认识你自己

养成认清影响你思维、感觉和行为的各种力量的习惯能让每个人都受益，这时候我们可以参考脉轮、身体层次和古那。甚至当我们独自一人时，我们的行为、思想和态度也反映了各大脉轮中不断进行着的身体各层次之间的互动。

改善身体的不平衡

根据 3 种古那描述内心的各项活动有助于我们察觉身体的不平衡。3 种古那互相交错，在身体的 5 个层次——肉体层，能量层，本能心理层，理智层和灵魂层——发生作用。

我们不能摆脱翳质、激质或是纯质，但是通过冥想，我们可以影响某种古那使其占据主导地位。当翳质主宰着我们时，我们被牢牢地拴住，无法前进，一无所获。我们需要激质的欲望与能量引导我们前行，但是激质太多又会让我们成为热情的奴隶。而翳质和激质的平衡，或者说休息与努力平衡的结果就是第 3 种古那——纯质，这时候我们的身体是被安宁与平衡主宰的，这也是冥想所需要的状态。最初的伸展、呼吸练习都是为了达到和保持纯质，而保持一个平衡的神经系统可以帮助我们适时地在纯质出现时做出反应。

冥想可以使扰乱你的思想的声音安静下来，使你对问题的思考更清晰、更公正，同时可以使你提高对自我的认知。

冥想可以让我们退后一步，就好像一个局外人一样，从更客观的角度观察自己，接受、反思我们发现的一切，并做出改变。每当感觉内心的平衡被打乱时，我们都可以迅速找回内心的和谐，达到帕坦迦利所描述的境界：

> "……培育如下的心灵特质：
> 对欢乐的人友善，
> 对痛苦的人同情，
> 对纯洁的人喜爱，
> 对猥亵的人公正。"
> ——《瑜伽经》第一章

主奎师那(Krisna)的舞蹈——培养和谐与平衡

奎师那是印度爱神，也是神性美与欢乐的象征：他通过动作来表达永恒的爱流。空气流过芦笛，奏出迷人的音乐，身体也随之欢快地舞动。这是一种积极的平衡冥想，有助于促进身体和大脑的平衡。

1 左脚站立，慢慢往左脚抬起右脚。上身朝右转，手臂右抬，好像正在吹笛。"聆听"你奏出的音乐，"感觉"奎师那的欢快。

2 右脚优雅地放回地面，越过左脚放在身体左侧，手臂保持上提。身体的重量转移到右脚上，抬左脚，重复舞步，身体同时往左转。

跟踪记录你的存在状态

一定程度的翳质和激质是生命中必不可少的，只有当它们中的某一种占主导地位时才会对身体造成不利影响。我们一般是从翳质过渡到激质，最后达到纯质的平衡状态。

翳质

翳质是自然中的惰性，是一种困乏和停滞，处处限制我们的发展。翳质阻碍了生命－光－爱的流动，使我们难以体验到自然与我们分享的启发和欢乐；它消耗着我们的精力，在我们四周筑起了一座情绪的高墙。

陷于各种常规惯例。
愚昧、无知、偏见。
羞怯、畏惧、牺牲者的心态。
依赖他人。
缺乏活力，自我忽略，饮食不健康。
疾病，无助，痛苦。
悲伤，后悔。
绝望。
贫穷。

激质

激质带给我们的总是过量，特别是过多的，像林火般迅速蔓延难于控制的热情。激质让我们充满了欲望和不安，争强好胜而不考虑他人的需要和感受。当激质占据主导地位时，在我们眼中，其他人都成了可以被操纵、被利用的工具。

以自我为中心，对他人冷漠、缺乏耐心。
蔑视传统，冒险。
自信，傲慢，进攻性。
野心，任性，想要主宰一切。
贪婪，冲动，最终精疲力竭。
生存的决心，对生活的渴望。
专注未来。
狂热的欲望。
不惜一切决心成功。

纯质

纯质代表的是自然平衡与和谐的一面，它可以用光明驱逐黑暗与热情，让翳质和激质互为补充，产生积极作用而非造成破坏。纯质古那是镇静、纯洁而友善的，但也仍然只是变化莫测的大自然的一部分，而不属于永恒的意识或灵魂。

自觉与合作。
理解与尊重。
信任与分享。
自力更生与自我引导。
健康平衡的生活方式。
乐于接受人和事，充实地生活。
愉快地活在当下。
相信过程与天意。
知足常乐。

活力运动与冥想

如果你的生活方式十分紧张，则会很容易感觉没有时间休息或锻炼，其实一整天保持高度紧张的脑力活动有害无益，只会让你极易感到紧张、疲惫，甚至会生病。

有规律的运动不仅可以使你保持身体的健康，还有利于培养一种平衡的生活方式，在紧张充实的生活中把压力减少到最小。活力运动会刺激大脑中安多酚的分泌，这是人体的天然镇痛剂，可以缓解精神压力，带给人一种自然的幸福感，甚至是一种陶醉的感觉。当你的身体处于翳质状态，或者说感觉疲倦和懒散时，运动可能显得尤其困难，但一旦运动成了你日常生活的一部分，它就可以促进人体内翳质和激质的平衡，达到纯质状态。

内心的平衡有利于促成冥想——无论是在旅行中，工作中，待在家里，还是在玩耍时，只要保持内心平衡，随时随地都可能进入冥想状态。爱、开放、集中、体验占据了主导地位，而沮丧、易怒、情绪多变则离你越来越远。

将锻炼纳入日常生活中可以帮助你在工作和休息之间找到平衡，变得更加有活力。

放松练习

如下所示的活力运动可以消除肌肉紧张，缓解压力，促进体内的能量流动。无论你选择去健身房还是参加集体运动，无论你是练瑜伽还是跳舞、游泳、跑步，任何一种方式都可以缓解压力，让你得到彻底的放松，为进入冥想状态作准备。

培养空间意识

瑜伽练习中，真正地理解经典瑜伽姿势的细微之处可以培养我们的身体意识和精神意识，这对于成功地进行冥想是至关重要的。对于同一个姿势，尝试用不同的方式进行练习可以让我们得到不同的体验，比如下犬式，它是一种强度较大的姿势，可以促进能量的流动。

1 平躺着练习：由于重力的作用，脊柱拉伸，使背部紧贴地面，双臂置于头的后方，肩部到指尖部位触地，胸腔打开。两腿向上伸直，与脊柱成 90°，脚跟朝向天花板。留心身体哪些部位得到了伸展，哪些肌肉得到了活动。

2 站立着练习：这样强度更大，因为用手臂和腿部将身体上撑的同时需要抵抗住重力的吸引。身体成 90° 拱起，感觉到脊柱拉伸，胸腔打开。倒过来练习同一个姿势可以让你体会到不同的空间概念。

交叉练习

该练习由一系列舞蹈般的动作组成，通过要求练习者有意识地进行非常规动作来“唤醒”大脑和身体。总是按照某种特定的方式运动会让神经系统形成习惯性的运作轨迹，而这种练习旨在挑战你的惯性思维，让你学会适应不同的事物。大家熟悉的类似练习包括：一只手拍着头，另一只手打着圈按摩小腹；或者一只手臂绕圈三次，另一只手臂以同样的方式绕圈四次。

1 1.原地踏步，抬右腿，举左臂与地面平行，持续几个拍子。

2 接下来抬右腿，举右臂，然后抬左腿，举左臂。继续原地踏步，每一种动作持续的节拍应保持一致。然后回到第一个动作，反复几次。

能量球

该练习是一种动态的视觉想象，有利于促进身体的自发性和灵活性，为活力运动热身。该练习动用了所有的脉轮，给腹轮（小腹、腿部和脚部）以坚定而有弹性的力量，使心轮（胸部和颈部）开放和伸展并可自由地表达，同时也带给顶轮（头脑）专注与想象。

1 站立，膝部放松但保持弹性，脊柱拉直，胸腔打开。开始想象手掌之间有一个“能量球”，你轻轻地揉捏着它，过一会儿，你会感觉到手掌间有能量流过。

2 把能量球抛入空中，再用手接住，身体稍微放松，膝部保持弹性，双脚牢牢地站稳，不要移动。

3 双手大幅度活动，把能量球推向一侧，再往下，往前，然后推向另一侧。注意力始终放在能量球上，并学会享受整个过程。下半身始终站稳，上半身可以自由移动，所有动作都应自然。

重复性的工作与冥想

从事简单的重复性工作也可以成为冥想的方式之一。重复劳动也可以让人心情舒畅，这一切都取决于你的态度。如果你心情放松，拥有纯质心态，无论你是在散步、切菜，还是在给花园除草、整理文档、织毛衣、做手工活，甚至是打扫屋子、清洗衣服时，都可以集中精力学会欣赏其中的节奏美。相反，如果你感觉到翳质，比如感觉疲惫和厌倦时，这些工作看上去可能就不过是些苦差事，只会让你感觉到束缚。而如果是处于激质状态，你则可能被这些琐事弄得心烦意乱，思维也可能会抛锚，幻想着什么时候能做一些更有意思的事情。

仔细地准备食物可以成为理想的冥想专注练习，当然你不能像图中那位女士那样，被其他事情分心。当你削皮、切菜时，动用所有的感官去充分感受食物的质地、颜色、气味和形状。

专注

把所有的注意力都放在一个简单的重复性工作上可以让你注意到你手头工作的每一个细节，充分地活在当下，调动所有的五官感觉体验这个过程。在放松的意识状态下，大脑只是作为一个冷静的、关注的接收者和旁观者，见证着你的所做所思，而不去评价或做出反应。

笔头记录曼特拉可以加入自己的创意，比如记录噢姆标志时可以用不同颜色的铅笔勾勒一定的图案甚至自创一幅画。印度教徒有时候会用桦树皮或者树叶代替纸，或者直接用这些标志组合成一幅神的画像。

笔头曼特拉

书画（likhit japa）是一种传统的冥想方法，它跟大声吟唱不同，而是要求练习者反复记录或画下曼特拉。这种冥想最常用到的曼特拉则是噢姆（OM），即在每一次默念噢姆的同时，在纸上把它记录下来。

跟其他重复性的工作一样，书画有助于思想的集中与安定。同时它还能增强默念曼特拉的习惯，被认为是一种有效的曼特拉冥想方式。既可以一组人一起练习，比如午饭后大家都希望放松一下时，也可以独自在家单独练习，以放松紧张的情绪，总之书画都可以成为一项愉悦身心、充满创造性的体验。

书画可以有多种练习方式。比如印度教的僧人往往会在口袋里带上一个笔记本和一枝笔，什么时候有空就在纸上写下几行噢姆。这样做的目的是为了完成自己给自己定的任务，比如一共写 10 万遍噢姆，再规定每一页固定写多少遍。

这样的方式同样适用于其他的曼特拉，或者任何对你有意义的词句，比如“世界和平”，重复该词，心里认定世界会因为你思维的震颤而变得更加平和。任何行为都是从思想开始，如果有足够多的人思考着同一个问题，世界就可能因他们而改变。你可以用一个标志来代表你重复的词句，比如在纸上画一群象征世界和平的鸽子，它们会在你进行书画冥想的过程中随时提醒你别忘了让世界变得更美好。还有其他许多我们熟悉的标志可以代表精神的觉醒，比如玫瑰代表“无条件的爱”，火焰代表“人内心的神性”，祈祷或打招呼时双手合一代表“我们是一体的”，通过在纸上按一定的样式重复这些标志可以巩固我们心中相对应的感受。

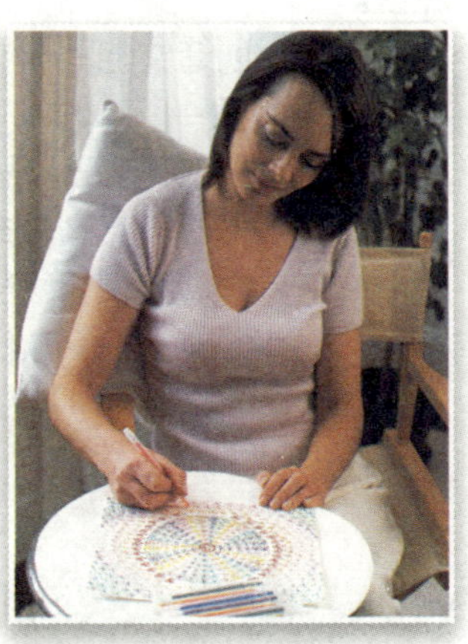

进行书画冥想时，每画一次标志，就在脑子里默念一次曼特拉，这样做的目的在于保证笔头曼特拉跟吟唱曼特拉一样按照一定的节奏进行。

爱好、技能与冥想

和运动、休息一样，花一点时间在培养兴趣爱好或专业技能上是和谐、平衡生活的重要因素，可以让我们远离翳质的消极情绪和激质的执着妄想。只是为了其中的乐趣而去学习新技能，干一点自己真正喜欢的事情，都可以是我们放松心情、培养纯质心态的途径，而纯质也是我们通往更高意识、进入冥想状态的必经之路。

忘我境界

一旦领悟到在日常生活中要进入冥想境界，那么怎么做比做什么更重要，世界就向我们敞开了无限可能。这也是卡玛(Karma)瑜伽的精髓所在，即行为在忘我中进行。纯质状态让你以一种放松的心态集中注意力到手头的工作上，只是为了享受工作本身而去工作。

翳质和激质都只会增加人的自我意识，而纯质却是以开放的心态拥抱每一刻，用无条件的爱对待人与人的关系。在纯质状态下，你可以在手头的事情中忘记自我，且怡然自得。这也是为什么我们总是能从爱好中找到满足感，并培养起纯质品质的原因。

创造性的爱好比如绘画可以培养一种忍让：重要的并不是你做得多么好，也不是最终的结果，而是你能从中找寻到快乐。

例如，创造性的写作也能成为一种冥想体验。想象一下，你一个人在思索着，需要真正地认识自己，拿起笔来写篇日记，记录下你的情感、梦想和见解，可以帮助你培养自我意识。又比如如果你喜欢绘画，你可以花上很多时间观察、记录自然的美，或者像孩子一样，任想象驰骋，画笔飞舞，这些经历都可以给你启迪，让你更好地认识自己。

把工作变成娱乐

经过一段时间的练习后，你可以用另一种心态，把本职工作转变为你的“最爱”。你甚至可以宣称：“我真幸运，有机会做我喜欢做的事情还有人付我薪水。”冥想练习可以帮你从赖以谋生的工作中找到更大的快乐。

反之亦然——如果你把某个爱好当作不得不完成的任务，那么本来有意思的事情可能就变成了无聊的负担。如果带着一种消极的心态去做事，哪怕最有意思的工作或者最巧妙的消遣都会沦为枯燥的琐事。帕坦迦利的3个“预备练习”——自律(self-discipline)、自知(self-awareness)和自我臣服(self-surrender)可以帮助你重新建立兴趣，发现其中的乐趣。

自律是你跟自己订的合约，不管别人对你做出什么样的要求，你都应该完成手头的工作。自我意识的艺术在于，把勉强和拖延看作翳质的一方面，想办法重新燃起你对手头工作的兴趣（和激质平衡），这样你才能以忘我的态度（纯质）重新开始工作。跟古那划分一样，帕坦迦利的三大特质也互相交织，缺了哪一个都无法实现工作的真正价值，或从中找到真正的乐趣。

集中注意力

现代生活的高要求时常让你在同一时间同时处理多件事务，结果导致精力分散，无法将所有的注意力集中起来干好每一件事，同时还会让你认为生活不再愉快。经常做冥想练习能帮你集中注意力，全身心地处理事务。

注意力功能分类

根据瑜伽理论可以把注意力的功能分为两类，一类是能量向心力 (centrifugally)，另一类则是能量离心力 (centripetally)。

当能量从中心向四周扩散时就产生离心力，此时能量被逐渐分散，失去原本的作用力。当你被外物所烦扰时，或情绪消极时，或者心急地想立刻完成某件事情时，就会出现注意力的离心现象。能量离心力将体内能量稀疏地分散在各个部位，造成能量的流失，就如同把水洒在沙堆里一般，因此你会感到精疲力竭、疲惫不堪，最后还可能导致疾病的产生。

当能量从四周向中心积聚时就产生向心力，比如当你感觉良好，并且有意识地将良好的感觉灌输入大脑时，就会产生向心力作用。为冥想而做的各种准备练习都能将能量向中心输送，并在中心积聚，从而让你能以饱满的精神和富有爱心的方式来面对生活，集中注意力去处理生活中的每一件事。

由于现代科技的发展，使得人们可以在同一时间处理多件不同的事务，这也让现代人的生活变得更加复杂和凌乱。请记住：应集中注意力，一次只做一件事。

当你为植物浇水时，也应集中注意力，仔细欣赏它的美丽，关注你所给予它的关爱。将你的注意力全部集中在你的每个动作上，这本身就是冥想的一种形式，会让你生活中的每件事情都充满意义。

引导注意力

可以用主体（我）与客体（你）之间的“心智流”(alternating current）来简单描述所有的人际关系。如果需要培养感情，则需要集中心智流，这在梵语中被称为“ekagrata”，意为精神专一，仅专注于一点，即将注意力从四周汇集起来，然后将集中的注意力引向某一特定客体的过程。

精神专一法（ekagrata）是一种双向性的有节奏的精神交流过程，就如同生理上的呼气、吸气和情感上的接受、回应一样。我们很少能完全意识到究竟有多少能量被我们的恐惧、希望、憎恨等外物所束缚，从而让我们一直停留在过去或幻想未来，而无法真正地享受当下。

正确应对生活事务

现代高科技让人们能够在同一时间应付多件事务。在办公室，你可以边听着上司的指令，边制作电子数据表，同时还能再接个电话，但是你很有可能会漏掉某些重要的信息、搞乱表格，对打电话的人也起不到任何帮助。同样家庭事务也会分散你的精力，当你一边开车行驶在拥挤的马路上想着约会要迟到了，一边心不在焉地回答着孩子的问题，那么你就很有可能会忘记一些事情。总之，如果你能越多地释放因维持消极情绪和不良思维方式而受到束缚的能量，你就能越多地将这些能量用在支持你的繁忙的生活事务上。

学会使用手印语言

梵语中“mudra”（手印）一词指的是“态度”或“手势”，即反映我们心情、改变我们呼吸方式或意识状态的肢体语言。态度往往在无意中影响了我们的肢体语言，这也揭示了身心是一体的：思想（心情）会影响能量，而能量（运动）又反过来影响思想。

肢体语言和古那

心情处于翳质状态的人往往无精打采、弯腰驼背，看上去疲惫不堪或百无聊赖，一副不予配合的样子。而处于激质状态的人往往表现出怒气或兴奋，下颚微扬，张牙舞爪，拳头紧握。这两种情况下，姿势的稍微改变都能改变心情。不同的姿态不仅向他人传达了不同的信息，还能让你完全换一份心情。感到无聊或烦躁时，停下来，深呼吸，全身放松，看看此时心情有些什么变化。

手印法的目标

如果你的心情处于纯质状态，简简单单的坐姿和站姿就能看出你内心的安静和放松。如果你能做到平静呼吸、思维敏捷但身体放松，实际上你已经通过一举一动达到了纯质状态，这也是手印法的目的所在——通过改变普拉纳的流动，平衡神经系统，在肢体语言中达到特定的目的。

手印法

手印法（hasta mudras）意义重大。许多日常的姿势都代表了一种纯质的心态：比如握手象征着信任和友谊（伸出本来拿武器的手致意），双手合一放在胸前并鞠躬——印度人的“合十礼”——表达了对他人的敬意与爱。

许多能量循环都止于指尖，这一点在许多“推动能量流”或“重新平衡能量流”的疗养法比如针灸、指压按摩法、发射疗法中都得到了认可。通过不同的手位法产生的积极能量流，我们可以减少消极情绪，增强积极情绪。

刚开始练习时你可能需要每一种手印持续半个小时左右以体会其中的细微差别，但经过一定量的练习后，每一种手印都可以让你很快进入纯质状态。

你可以用一种隐秘的手印法作为迅速改变能量流的触发器，使用念珠就是一例。如果能坚持练习，在条件不允许的情况下，简单地视觉想象手持念珠（调动内心的视觉和触觉）的情景就足以让你集中注意力，找到内心的平静，进入纯质状态。

一旦习惯了手印练习，可以尝试排列一系列不同的姿势创造你自己的冥想顺序，或发明一套你自己的手印。你还可以设计一套优雅的“手操”营造宁静、沉思的内心境界。

手印法

有许多种手印可以帮助你在任何情况下都保持平静的纯质心态。

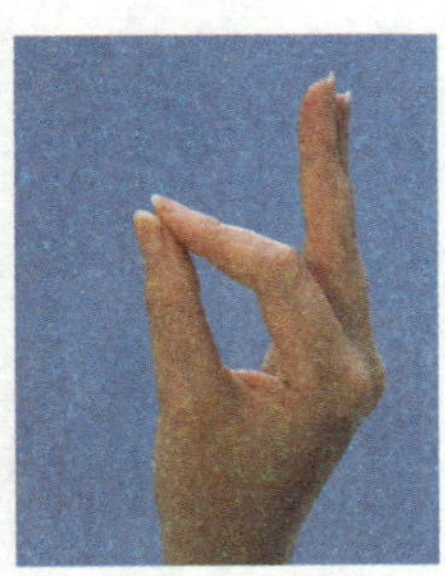

启蒙契合法（gyana mudra）：该手印用于冥想。拇指指尖（连接宇宙意识）与食指指尖（连接个人意识）相连，宇宙能量与个人能量得以协调。通常食指指甲轻按拇指根部代表着放弃自我，服从于更高的神。该手印可以帮助你在感觉到威胁时，抑制以自我为中心的冲动。

母胎契合法（yoni mudra）：合掌，中指（纯质）、无名指（激质）和小指（翳质）扣在一起让各种能量交错。打开手掌，两手食指和拇指相对，食指（自我）朝下，拇指（宇宙意识）朝上。该手印将能量往内引，带回到最初的发源地（“yoni”意为“子宫、发源地”）。当你身处人群、在旅行时，或在任何能量受到干扰的地方时，可以尝试该手印。

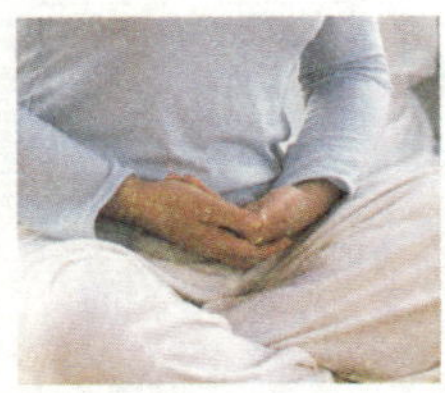

空杯手印(Bhairava mudra为男性手印，bhairavi mudra为女性手印)：男性右手掌置于左手掌上，女性左手掌置于右手掌背部，手心朝上，手指放松。可以将两手拇指合在一起以形成一个闭合的能量循环。该手印有助于冥想时集中精力，或在与他人相处时保持内心的宁静。

海螺手印法(the conch shell)：右手指握住左手拇指，左手指环绕在右手背上，右手拇指指尖接触左手食指指尖，双手放在大腿上。我们都知道，把海螺放在耳边时，会听到类似海浪的声音，这其实是我们内心的震颤声——纳达之音的一种。而当我们向海螺吹气时，听起来又像噢姆音——原始震颤的一种，这提醒着我们，宇宙所有的现象都是基于震颤（声音）的。

第五章 冥想示例

冥想五持戒

帕坦迦利——伟大的瑜伽大师——将他的八支分法瑜伽建立在五持戒的基础上。这五条戒律涉及到个人的正直、自制力、对他人的尊重和各种生活方式，帕坦迦利称为思想语言和行为上的节制。如果每当激质或翳质变得不当时，我们都能立即回到纯质的状态，我们就自动地在运用帕坦迦利的五持戒，即“伟大的誓言”或“生存规则”。

冥想时将注意力放在五持戒之一，练习者可以探索其中的启发，并在冥想后付诸实践，改善与外界以及他人的沟通。

五持戒的精髓即促进人与人之间的容忍、尊重和爱，而不是把彼此当作可以利用的商品。

沉思的冥想

五持戒冥想是一种沉思的冥想。这种冥想把聚焦点放在一种观念上而不是某种感觉或物体上，这可以给练习者带来新的体验。此时有一些相关的想法会出现，你要不加判断地进行观察，同时还可以记录下来，但是不能打断你的思路。在开始练习冥想之前将纸和笔放在旁边，这样就可以在开始冥想后随时记录下思想，以免渐渐遗忘。练习者会对自己新想法的深度和清晰度感到吃惊：它们也许会改变你之前没有意识到的或以为理所当然的态度。

不杀生(ahimsa)

不杀生是指杜绝暴力、侵略、专制和对包括人类在内的所有生命的伤害，它是世界上的普遍原则，也是其他四条原则的基础。

沉思的冥想

至少花半个小时的时间安静地进行帕坦迦利介绍的冥想持戒练习之一。过一段时间，练习者就会希望练习的时间更长。此时，计时器对于练习者来说就会很有用，它可以使练习者知道什么时候停止冥想，以留下充足的时间来记录冥想中出现的想法，之后再认真思考。

1 脊椎挺立坐立，伸展身体，身体放松但保持警觉，通过双臂伸过头顶来调整身体位置，十指交叉。

2 降低肘部使其与肩同高，将注意力集中到呼吸上，提起并打开胸部。

3 打开双手，放在膝上，手掌向上。练习者可能希望重复一会儿曼特拉，或者某个持戒的名称，使自己达到纯质的状态。

不妄语(satya)

不妄语原则即克制欺骗、虚伪、隐瞒，而应追求真理。欺诈别人的欲望源于对真理的不尊重，侵蚀着真理与谎言的界限。帕坦迦利关于自我意识的练习有助于练习者认清和接受自身，同时也使练习者更清楚地认识到随时随地都可能发生的自我欺骗和蓄意歪曲，可以减少被花言巧语蒙骗的机会，将更多注意力集中在真相上。

不偷盗(asteya)

利己心和对利益的追逐都源于一种想法：“别人的东西是我的，我的东西也是我的。”不偷盗就是指杜绝偷窃，欺骗。帕坦迦利关于自我臣服的练习可以放松对“我和我的”的把持，直到练习者意识到自己什么都没有：财产是生不带来死不带去的。在生活中我们使用和享受的一切都只是借来的。

不纵欲(brahmacharya)

不纵欲就是指杜绝性欲和贪念，这两种欲望都属于激质性质，只会让我们耗散掉生命能量。现代社会的人们都痴迷于性的满足，由于受到自由主义的熏陶，人们都热衷于追求获得自己想得到的东西。不纵欲一般是与禁性欲相关，但是事实上它涉及到各种各样的欲望和贪婪。不纵欲即尊重我们体内的生命力，将其引向个人的发展而不是个人的满足。与他人的合作关系可以支持生命和个人发展，但是欲望却起到相反的作用。

不贪婪(aparigraha)

第五点持戒是指节制以自己的利益为目的获取和聚藏钱财，看待自己是看自己有什么而不是自己是谁。保持简单的生活可以避免将时间、金钱和能量整天花在担心物质利益上。不贪婪可以使自身更多地关注更值得追求的东西和更充实的生活本身，而不是追求一些物质性的东西。

冥想相反面

冥想可以增加自我意识，但这不足以实现持续的改变和精神上的进化。如果我们要超越先天基因和后天条件的安排，就需要自律和自我臣服。各大脉轮中所有不同形式的能量都需要相互平衡和协作。

相反面

帕坦迦利所描述的持戒是指行为上的节制，这些都属于行为消极的一面。为了领会帕坦迦利的训谕，我们还需要了解行为的一些积极形式，即事物的另一面。

不杀生是指杜绝暴力——伤害任何生命。暴力的相反面是以感恩、接受、尊重和个人责任感来对待所有形式的生命。

不妄语是指避免虚假——扭曲事实。虚假的相反面是以感恩、接受、尊重和个人责任感来尽可能清晰地表达事实。

不偷盗是指杜绝偷盗——获取不属于自己的东西。盗窃的相反面是以感恩、接受、尊重和个人责任感来管理属于自己的财产。

不纵欲是指杜绝淫荡——通过性欲挥霍生命能量。淫荡的相反面是以感恩、接受、尊重和个人责任感来对待体内的生命力和五官的快感。

不贪婪是指杜绝贪婪——贪图和聚敛物质财富。贪婪的相反面是以感恩、接受、尊重和个人责任感来看待生命－光－爱的发展过程。

好的感觉与坏的感觉

我们感到饥饿（缺乏）、尴尬（怕被批评）或者生气（受挫）时，脉轮系统中会有坏的感觉；当我们品尝美味佳肴、感到开心或者向着目标迈进时，脉轮系统中又会有好的感觉。爱轮中坏的感觉是由于人们以自我为中心和不善于自我表达造成的；好的感觉可以通过分享来获得。光轮中坏的感觉来源于困惑和混乱，好的感觉则来源于理解和达到更高的智慧。

超越取决于培养和保持

好的感觉和积极的人生观。感恩、接受、尊重和个人责任感只是持戒产生的积极特性中的一部分。积极特性可以使自身感觉愉悦，甚至可以给自身带来平和和快乐，它有助于使自身向更深入的冥想状态发展，更深入的冥想状态可以使自己的身心得到平衡，达到纯质的境界。当达到纯质的境界时，冥想可以更进一步地加深自身的良好感觉。

冥想相反面

拿出目前正困扰你的一个障碍作为沉思冥想的焦点十分有益，但前提是你能接受这只是“硬币的一面”，确切地说是消极的一面，并且下决心要让它达到平衡，不再给你带来困扰。问问自己，硬币的另一面，即积极的和纯质的那一面是什么？确定了这一点，并且真正能够强烈地感受到积极的那一面，这时你就作好了准备，可以问自己最重要的问题：现在呈现在你面前，有着互补两面的硬币的“本质”到底是什么？

相反的两面往往总是互为补充，构成一个整体，两极连接着能量的统一体，中间并不存在着单一的好或者是坏。这种形式的冥想可以带给我们更广阔的视野，将我们从“相反对立面的奴役”中解脱出来。

硬币冥想

这种形式的冥想开始于理解相反面的含义，然后再去发现两方面各自的特性，即硬币的本质本身。有一些简单的例子：温度有热和冷的两面；质地有粗糙和光滑的两面；关系有喜爱和憎恨的两面。事物两面的特性越深，就越有可能发现事物的本质原来是爱。

1 使自己进入纯质状态，为冥想做准备。

2 想象自己有一个装着硬币的包。每一个未知的硬币都有两面性，一面代表消极的特性，一面代表积极的特性。

3 拿出一个硬币，弹硬币的一面，无论有什么感觉都任其发展。然后再以同样的方式体验硬币的另一面，接着再去探寻硬币两面的特性。逐渐从冥想中清醒过来。冥想后一定要完全地伸展身体。

冥想通向自由之路

身体和思想完全解放的超脱状态在不同的宗教传统中叫法不一，但含义一样，即都代表着三摩地、明朗的真理、天人合一等。这是一种神圣的状态：存在的终极真理被揭示，灵魂与宇宙不变的意识成为一体。无论处在何种环境中，只要我们决心改变自己，而不是指责这个世界带给自己的问题，就可以迈向通往这种精神自由的道路。

精神进化的冥想之路可以使我们远离恐惧的黑暗，通向真理的光明。

克服障碍和干扰

帕坦迦利告诉我们，冥想练习是通向三摩地的“高贵的通路”，因为它可以减少我们改变和精神成长道路上的障碍，例如疾病、疲劳、怀疑、粗心大意、懒惰、执着、错觉、未成功和停止进步。

所有这些我们熟悉的障碍都是激质和翳质的表现形式。根据我们的经验可以知道，这些障碍会使思想变得焦虑，身体变得虚弱，精神受到妨碍，将练习者带离追求真理的道路。

关注令人振奋的状态

一旦通过冥想练习去除了消极的思想，我们就需要转移到更高的层次，才能达到帕坦迦利告诉我们的三摩地。

·信任（自我臣服的一方面）。精神大师告诉我们，只有恐惧和爱是真实存在的两种情绪，其中恐惧是一种错觉，只要我们愿意，很容易就可以丢弃它。抛弃恐惧就是一种极大的臣服，让我们能够放弃所有其他阻碍我们前进的需要，例如：

——保持受人控制，以及与此相关的所有激质。

——自我保护，而不是愉快地接受生命的自然进化过程。

——自我提升，以及过于在意世人眼中的成功。

——需要证明我们存在的理由，虽然事实上我们的生命本身就是存在的最好理由。

——坚持狭隘的自我看法，而不是陶醉在荣誉和生命—光—爱的统一之中。

·坚持不懈（自律的一个方面），日常的练习可以使我们保持热情和决心。

·回忆（自知的一个方面）可以在我们检验新的技能和

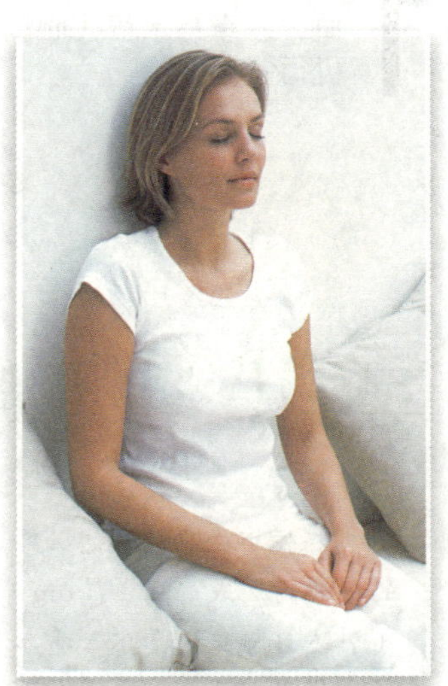

其他人可以告诉我们他们是如何通过冥想来发现自己的真理的，但是我们必须意识到，我们自己完全可以驱除恐惧，拥抱自由。

知识的同时，强化之前学过的知识。驾驶教练总是告诉他们的学生，只有通过考试才算真正地开始学习驾驶。对于冥想者来说也是一样。每一次的“考试”本身都是一个机会。

· 宁静（纯质状态），一旦我们将自我修养、自知和自我臣服结合起来，宁静就成为了我们的第二天性。

· 智慧（通过冥想）将我们带向精神道路的尽头——真正无边的自由实际上是无路可循的。

海鸥：向着自由翱翔

这些动作能够帮助你从各种干扰中解脱出来，精神集中在心轮，这样你能进入振奋的状态，接纳和平衡各种情感，治愈过去的创伤，原谅他人也原谅自己，放下一切的伤痛、愤怒和怨恨。海鸥在天空自由翱翔时，是完全地活在当下的。想象着自己也在蔚蓝的天空中翱翔，一切的消极情感都随着呼气得到释放，而随着每一次吸气，心中都充满了喜悦。

1 以英雄式坐在两脚跟之间，手掌合十放在心轮处行合十礼。

2 呼气，身体向前弯曲，前额放在地面上，尽可能地保持双手和肘部往上抬高并伸展胸部。将肺部的空气呼出。

3 吸气，身体向上提起，提起胸骨，像张开双翼一样向两侧伸展双臂。向上看，以愉悦的心情感受周围的空气。让空气充满整个肺部。重复动作数分钟。

冥想“噢姆”咒

在帕坦迦利的冥想必修事项中，开头就是“要完全地归顺你万能的主……他是通过神圣的‘噢姆’或‘嗡’（om）音来显灵的。这个音咒要重复地念，才能真正理解它的精髓”（引述自阿里斯泰尔·希尔拉翻译的帕坦迦利《瑜伽经》）。“OM”，或“aum”，在很多文化里都存在，作为一种原始的声音，它的振动能把宇宙之气带入人体内。每天都重复“噢姆”咒，或大声吟唱，或悄声低语、重复默念，这些对你都能产生累积的、深远的有益影响。

大声吟唱时（要用拖长的声音吟诵而不是简单的吟唱），“噢姆”的声音——发音起来好像英语单词“家（home）”的声音——应该要深沉且饱满，在生命脉轮里产生共鸣，然后向上移到胸腔和爱脉轮，最后在头部和光明脉轮中哼出一声长长的“姆——”，做上述的所有动作时你都要处在深度稳定状态。你可能有时候会听到一些余音。

a-u-m

“噢姆”的发音可以分成3个音节——A（发音为ah，意为万物的创始），U（发音为ooh，意为持久的现在）和M（发音为m，意为宇宙的消亡）。这三者恰好与真实、存在、至福（sat-chit-ananda，即生命-光明-爱，它们标志一条边界，在这条边界之外只有沉默）相符。A是生命、时间和形态的开始；U通过宇宙之间的爱维持；M只有当我们亲自体验到灵魂就是一切——而其他的只是思维幻觉这一点时才会出现。

用念珠来吟唱

一串念珠有108颗珠子。将它持于右手，穿过拇指（代表宇宙的意识）和中指（代表启发层次，这是精神状态三个层次中的一个，sattva guna）。每念一次冥想咒就拨过一颗珠子。从较大的那个珠子开始（sumeru），当你念完108次又回到这颗珠子时，不要拨过它，而是把念珠转过来原路再做一边。

1 以冥想姿势坐定，使身体和呼吸都平静下来。

2 把念珠放在一个舒服的位置（传统的地方是放在你的心口边或右膝上）。

3 吸气时默默吟唱“噢姆”。呼气时大声（或默默地）吟唱“噢姆”，然后拨过一颗念珠并将这个动作再重复107次。如果你开了小差，要轻轻地再回到冥想咒里来。

4 在把你自己与大地相连前，先静坐一会儿，感觉你体内声音的振动。对这种振动的感觉能给你创造一个引子——当你在其他时候回想起这种振动时，你就会立刻回到吟唱“噢姆”时的这种和谐状态。

一群人一起冥想时吟唱咒文

当一群人一起冥想时，冥想就变得尤其有效。每个人都发出自己的声音，所有人同时吸气（通过组长的指挥），然后在缓慢呼气时一起吟唱 A、U、M。冥想最后结束时，每个人用自己的声音和节奏吟唱“噢姆”，这样所有的声音融合在一起，直到自然地停止。接下来是一片寂静，直到结束时的伏地祈祷仪式。越多的人参与到吟唱“噢姆”的冥想中，它的力量就越强大，而接下来的安静也能持续地更长。

1 大家以舒适的冥想姿势坐成一个圈，脊柱挺直，胸部挺起。双手放在体前，手心朝上，指尖相对。所有人一起吸气，然后在呼气时同时以低沉的音调吟唱“噢——”，在腹部的生命脉轮里产生共鸣。将这个声音至少重复 2 次，给予自己能量，排除障碍。

2 双手上移，掌心放在心口前，指尖相对。大家一起吸气，然后呼气时发出“呜——”的声音，在爱灵轮里产生共鸣。注意声音和振动的不同特性。再重复 2 次，感觉自己的声音在体内共鸣。

3 双手举过头顶，向上伸展，表现出完全自由的快乐，掌心向前，眼睛向上看（但不要绷紧颈部）。大家一起吸气，呼气时吟唱出“姆——”，声音进入颅腔和光明脉轮，体验你身体里的声音。再重复 2 次，然后双手放下，保持安静。最后每个人以自己的节奏和音调吟唱“噢姆”，直到大家都自然地回归平静。安静地坐一会儿。

4 最后做伏地祈祷，即以完全臣服的姿势额头着地、双手合十。

冥想脉轮

那些存在于能量层的脉轮，可以看成是能量转换器，它们处理来自于从心灵世界到肉体世界的各个身体层的能量。肉体、心灵和情绪都是脉轮功能的延伸。一个层次的变化会自动引起其他每个层次的变化。

脉轮就是存在于我们体内的能量旋涡，我们自己可以感知到它们，并与它们和平共处来平衡和激活身体的各个层次。通过运用冥想来探究那些传统上属于各个主要脉轮的特性，我们可以极大地增强心理洞察力。

我们大部分人体内都有一种主导的脉轮能量，传统的和谐能帮助我们定义脉轮的基本特性。我们身体下部的4个脉轮分别与4大元素(古代西方哲学中土、水、火、风4大要素)相对应。

感知这些脉轮

要真正做到洞察自己，你需要了解此刻自己脉轮系统的状态——这意味着要感知它。你可以做以下介绍的“冥想三步呼吸法”来帮助自己达到这个造诣。你需要在探索中引入集中的感知力和辨别力，这样不管你的冥想过程揭示了什么，你都可以保持公平的观察，并从这种体验中学习，而不是被它冲昏头脑——尤其是当你突然变得激动时。

当你在冥想中探究自己的脉轮特性时，尝试着去感知每个脉轮的光明和灰暗。所有的脉轮都会旋转，同时放出光亮、色彩、感觉和声音，正是通过感知这些独特的现象，你才能够在整个系统中某个脉轮衰竭或过度活跃时做出估计。

“特拉塔克(tratak)静心”是一种很好的“打开”练习——集中凝视一个物体，保持一会儿时间，比如烛焰、花朵或水晶。这能平衡神经系统，集中头部中心的能量，以此来照亮心灵。或者，你可以进行短时间的呼吸练习，比如交替鼻孔呼吸法。

1.脉轮感知力：“打开光明”

首先，让自己平静下来，以一个合适的姿势进行冥想练习，以此来促进健康(sattvic，喜乐)状态。感知力是眉心轮(ajna)的一种功能，因此这次的冥想开始于“打开光明”。

脉轮的和谐

我们每一个人都是许多影响因素的融合，但有一个特别的影响因素总是处于主导地位的。就像 12 星座一样，每个脉轮都与一种元素对应，这能帮助我们辨认脉轮的基本特性。下面所述为位于身体较下方的 4 个脉轮的特性：

1.“根轮”（muladhara）与“土”(earth) 元素对应——同样“摩羯座”、“金牛座”和“处女座”也与“土”对应，它们的特性保证了生存，包括实用性、可靠性、坚韧性、逻辑性和一种普遍的唯物主义生活观以及严肃的生活方式。“土”的弱点是僵化，不具有想象力，除非被其他星力影响而缓和。如果“土”元素受到阻碍，我们就不能得到必要的资本来生存；另一方面，如果“土”元素过度活跃，我们将会沉迷于通过掠夺财富来保护自我。

2.“腹轮”（svadisthana）与“水”(water) 元素对应——同样与“水”对应的还有星座“双鱼座”、“巨蟹座”和“天蝎座”，它们的特性保证了社交，包括同情、欢乐、享受、持家和关心他人。“水”的弱点是倾向于流泪、感情敏感，容易过度放任自我来逃避现实。如果“水”元素受到阻碍，我们将会被社会所排斥，而我们的生活又恰恰要依靠社会的认可；反过来说，如果“水”元素过度活跃，我们将沉溺于物质生活、纵欲享乐。

3.“脐轮（太阳轮）”（manipura）与“火”(fire) 元素相对应——同样对应“火”的还有“白羊座”、“狮子座”和“人马座”，它们的特性使我们能实现个人成功，包括温暖、友谊、热忱和热情地鼓励别人相信他们自己和他们自己的观点。“火”的弱点是倾向于因过分自信忽略阻碍而过分燃烧。如果“火”元素受到阻碍，我们将会缺少能量来计划或实现任何事情，而在生活中无助地漂泊；如果它过度活跃，我们就会自我膨胀。

4“心轮”（anahata）与“风”(air) 元素相对应——同样对应“风”的还有“水瓶座”、“双子座”和“天秤座”。“风”相星座的人的主要特点是要超越自我去影响、关爱他人，去接触美丽与和谐、信念与理想。“风”是大家共享的财富，而“风”的符号表达了我们都是一个大统一体里相互影响的小部分。“风”的弱点是倾向于无组织、不现实，尽管是出于好意。如果“风”元素受到阻碍，我们就会被自我所禁锢；如果它过度活跃，我们就不能认清做事做人的边界。

摩羯座 (Capricorn)

金牛座 (Taurus)

处女座 (Virgo)

双鱼座 (Pisces)

巨蟹座 (Cancer)

天蝎座 (Scorpio)

白羊座 (Aries)

狮子座 (Leo)

人马座 (Sagittarius)

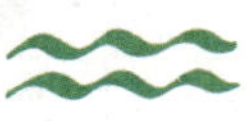
水瓶座 (Aquarius)

双子座 (Gemini)

天秤座 (Libra)

脉轮 1 ~ 3 是生命脉轮，它们结合起来为每个人维持肉体。脉轮 1 ~ 4 可以被认为形成基础，来支撑 3 个“更高级”的元素：以太（或交流）、思维（意识的器官）和灵魂（与大统一体相连）。

2.脉轮感知力：沿着脊柱上下呼吸

这个动作能让你对脉轮经络上的能量流动变得敏感，这经络就好像处在脊髓内高速公路上的交叉路口和会合处。

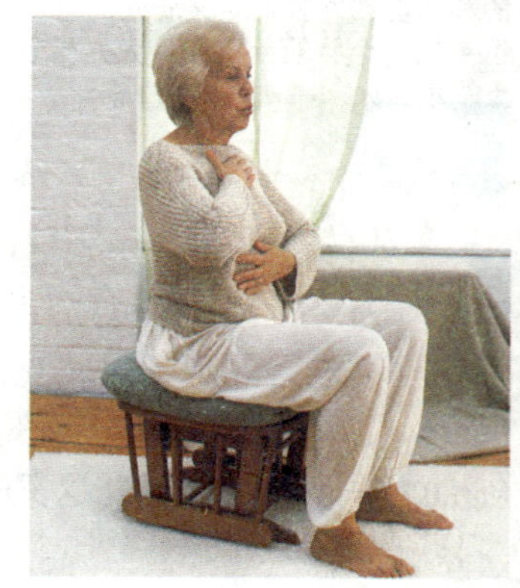

1 首先吸气，然后从尾骨到头顶，沿着这条“高速公路”往上“行驶”。

2 呼气，同时向下往回“行驶”。你可以想象在吸气时把火种往上提，在呼气时向下释放它——就像温度计里的水银柱随着温度高低起起落落一样。在进行这个练习时，你可以用双手来感觉呼吸的流动。

3.脉轮感知力：在每个脉轮处停止

当你进行以下的冥想练习时，你应该会真切地感到每个主要脉轮的特性。

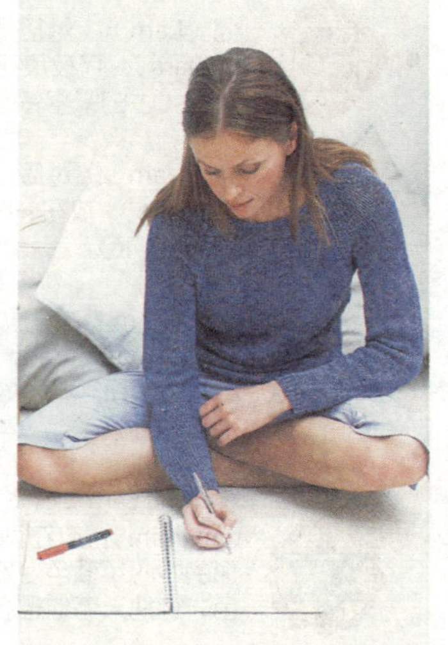

1 从脊柱的底部吸气，将空气从“根轮”呼出。在吸气的时候能量凝聚在这一点，在呼气的时候再从这一点释放。重复2次以上，然后继续向上到下一个脉轮——腹轮。再次吸气，把能量凝聚到腹轮上，然后在呼气时把能量释放出来。

2 呼吸3次后继续沿着脊柱向上，激活每个脉轮。在将空气吸入“顶轮”后，暂停并休息一会儿，让凝聚的能量来激励你并使你平静，然后从“顶轮”开始向下的进程。在到达“根轮”并在这一点吸气呼气3次之后，再次暂停并休息一会儿，以感受大地的支持和你赖以生存的肉体层的安全稳定。这套动作的目的就是要通过了解并纠正造成失衡的因素来恢复脉轮间的平衡。

3 将整个过程重复1～2次，动作要缓慢、放松。然后慢慢地走出冥想状态，完全地把自己与大地相连。

4 一旦你走出了冥想状态，你可能愿意去记录自己的体验来帮助自己巩固这种对每个脉轮的不同感觉不断增加的敏感。

吟唱脉轮的毕加（bija）咒

一旦你找到了自己的脉轮并能在这些脉轮间轻松地呼吸，你就会愿意钻研吟唱方法来点亮它们、滋养它们。每个脉轮都有自己的声音（参见下面框里的内容）。这些就是毕加咒，或“种子”咒，它们没有任何字面意义，但却能在人的心中植入概念的种子。每个音节需要以低沉、缓慢的声音，吟唱3次，并以脉轮振动的速度进行振动。梵语声音“噢姆（Aum）”是比较柔和的——介于“晗（ham）”、“呼姆（hum）”和“哈姆（harm）”的之间发音。

1 从“根轮”开始，在每个脉轮上吟唱，依次往上。在“顶轮”吟唱之后暂停一会儿，然后再开始从“顶轮”继续往下，在“根轮”吟唱之后再暂停一会儿。

2 将整个循环重复2次以上，再慢慢走出冥想状态。毕加咒语由符号形式的梵语字母表示，你也可能会喜欢想象这些符号的样子。

脉轮的声音

当你吟唱这些声音时，想象一下每个脉轮的特性，它们由各自特别的符号完美地表示出来。

蓝（Lam）：对应“根轮”（muladhara），它被放在一个黄色的方块里（土的紧密特性）。

梵（Vam）：对应“腹轮”（svadisthana），放在一弯白色的新月里（月亮主水）。

楞（Ram）：对应“脐轮（太阳轮）”（manipura），放在头朝下的红色三角形里（火焰从每个角向上、向外喷）。

夜暗（Yam）：对应“心轮”（anahata），放在两个交叉的三角形的中心（颜色变幻，就像风的颜色，它把天与地融合在一起）。

哈（Ham）：对应“喉轮”（vishuddhi），放在白色的圆圈里（遍及宇宙的以太或空间）。

噢姆（Aum）：对应“眉心轮”（ajna，也称为天目），放在两片花瓣相交的灰色或紫红色的圆圈里。这是“控制中心”，所有相对（两个花瓣）的事物在这里融合，并通过感知和理解得到升华。

噢姆（Om或整个梵文字母表）：对应“顶轮”（sahasrara），放在光球的中心，向四面八方放射着光芒——灵魂遍及宇宙。

冥想与宇宙共鸣

即使有了最新的仪器，每个原子内部是无人可觉察的媒质。固体、液体和气体的分子均由原子组成，而原子几乎全是空间，人们说固体物质(“solid mather”)在原子内所占空间就像蜜蜂在宏伟的天主教堂圆顶下嗡嗡地飞——其他的都是空间，下一页中的睡莲作为冥想的对象是一种幻觉，尽管它看起来又美又给人灵感。我们的思想也是这样，世界是由固体、液体、气体等东西组成这一说法是一种幻觉因为没有东西是确实的事实。

创造生活的空间真实地面对物质世界这个概念可以改变人们对自身存在的想法。冥想可以帮助人们认清自身对世界的观点、想法和信仰，就好像将自己的思想通过胶片在荧幕上放映一样。如果人们可以像一个公正的观察员一样来看待这些画面，而不是沉浸在其中不能自拔，那么我们个人的戏剧就会变得更加清晰，更加真实。

在我们自动地对情景做出反应之前，我们开始注意思想中的空白处，并且会停下来想一想。我们的生活中应该留出更多的空间一心一意地与他人相处。一旦我们可以放松，学会享受生活中存在的这些空间时，它就会成为我们永远的伴侣和朋友，这就是“万事万物”中的神性。

与宇宙相联系

每个人不仅仅是过去的集合体，还是现在和未来的集合体。人类的进化路程反映在我们的基因上。冥想有助于人们进入这个重要的知识宝库，感受整个宇宙系统的各个部分，而不仅仅是某个隔离的片段。

聆听纳达

宇宙从一个声音——OM 开始，它是最原始的音节。人们可以通过学习如何认知自身内在的声音或者纳达来与环境相互协调。注意力集中在纳达可以平静思想，给我们的生活带来更多灵魂和身体的感知。

以睡莲为对象进行冥想

以睡莲的生长进行冥想有助于人们理解“大生命链”的概念并找到自己与之共鸣的音符。链的概念是以西方的神秘卡巴拉 (kabbala) 和东方的脉轮体系为基础的。人类是低等生存状态和高等生存状态——这两者并无好坏之分——之间的纽带。自然进化的道路使人们具有更复杂的高等意识，但是不管人类进化到哪里，我们都还是紧紧地固定在原点：我们其实并没有走多远，而只不过是扩张了生命的存在。

睡莲的生长阐述了不同“界”或者说“状态”之间的跨越。下面将介绍一些该冥想的要点，练习者也可以根据自身的直觉和洞察力进一步丰富这些要点：

· 固体状态（生命）：睡莲从湖底开始生长，小小的根扎入泥中，从中汲取生长所需的养分。虽然泥又脏又臭，黏黏糊糊，但是它却蕴含了睡莲生长所需的营养物质，也给睡莲提供了一个坚固的基础。睡莲用它的根来固定自己，这对应着人类的动物或者说物质状态，人类也是需要依靠肉体来稳固自己的。

· 液体状态（光）：当睡莲慢慢地从小到大，直至伸出水面，它会本能地吸收微弱的阳光。水代表了人类的情感和想法。就像睡莲对光的吸收有利于幼芽生长成叶子和花蕾一样，我们生活中的经历也可以给我们以经验教训，培养我们的敏感性和观察力。

睡莲向上生长，但是仍然扎根于泥土中。

· 气体状态（爱）：最后，叶子和花蕾生长到水面上，就会暴露在水面上温暖的空气中。花朵在阳光的抚摸下盛开，尽情绽放美丽，散发着香气。等到花儿凋谢，种子便会慢慢生长并成熟，最后掉进湖底的泥土上，开始另一个生命周期。爱和新生的本质就在于付出。

脉轮吟唱

这种强有力的练习有助于人们感知和认识纳达和内在的声音。

1 可以在每一个脉轮中吟唱 OM，如果愿意的话还可以击鼓伴奏。以一个合适的低音开始，逐渐升高音阶以完成高八度音的吟唱。西方国家往往使用 C 调，在根轮用 C 调，在腹轮用 D 调，以此类推。在眉心轮 A 调吟唱结束后，需要找到另外一个脉轮唱 B 调，这时你可以将注意力集中在明点（它是头部后面的一个点）。然后在顶轮唱 C 调，相对于根轮刚好高八度音。这个八度音代表“人界”。

2 顶轮之上的八度音代表“神界”，而根轮之下的八度音代表“动物界”。在这三个界中都贯穿着脉轮——每一个脉轮都会在吟唱中发生共鸣。

3 上上下下穿越脉轮三次之后，完全安静下来，仔细感受吟唱的效应，再彻底地放松。

脉轮吟唱击鼓伴奏

冥想心灵和思想

思想是一个令人惊叹的工具——处理感官信息，指导身体做出相应的反应，从过去的经历中观察、思考、学习、判断和做出决定，为将来做计划。然而，正如爱要通过与他人的相处、互动、分享、来往才能体现一样，只有心灵的活动才能使世界更加美好。

不朽的火焰——每个生灵心中的神火——是心灵冥想的物体。

神火

心灵的能量是人生存的核心，而我们真诚的态度才是生活的动力。在现代社会中，思想以它的能力创造了技术上的奇迹，赢得了人们最终的尊重，而心灵的特性却被贬值——然而思想总是臣服于心灵的，我们也应该“随心而动”，哪怕有时候心给我们指引的方向与我们常理的判断相悖。每种精神传统的教义都会坚持，思想（光）和自我个性（生命）都是为存在于我们心灵中的神火（爱）服务的。

心灵冥想

我们的“心灵之家”都是一处神圣的庇护所，让我们感到安全，免于任何消极因素。心灵冥想就能帮助我们找到这个家。

1. 保持一个安静平和的状态，准备想象。
2. 想象在远处看到自己以冥想姿势盘坐在一个发光的气泡中，悬于天地之间。整个气泡都是你的光环。一根银色的绳子将这个气泡牢固地绑在天上，然后穿过位于光环中心的你的身体，再紧紧地拴在地面上。
3. 看着光环内。穿过身体的银色绳子将脉轮串在了一起，好像一串用珠子串成的项链一样。
4. 想象自己坐在光环中深呼吸。随着吸气，你将绳子拴在天上那一头的光和拴在地上的那一头的生命也吸收进来。再随着呼气，将这种混合物呼进光环中，好像吹气球样，让它变得越来越大，也越来越亮。继续将光（意识）和生命（活力）注入光环，直到它变得光芒四射。
5. 想象自己坐在脑中的“思想空间”内，就像坐在一个房间里，在你前面的那面墙是一块像镜子一样的玻璃。你可以透过它看见外面的世界，但是也可以看到由玻璃反射出的自身的想法。
6. 想象自己站起来走出了“思想空间”，通过电梯或者楼梯向下到达了“心灵空间”。
7. 在这一层有一扇门。虔诚地打开它，走进“心灵空间”，可以看见一个矮桌子，桌子上面有一个点燃的油灯——这就是内在的神火，真正象征了你是谁。这就是每个人心中的自己。
8. 桌子周围是矮长凳。坐下来，凝视着油灯的火焰，让它的温暖和快乐渗透和治愈每一个层次的你。感受自己与神火是连接在一

想象最根本，最永恒的自己，就好像心房中有一盏亮着的灯。

起的。

9. 做好准备后，通过深呼气，让场面散去。放开一切——给我们不堪的星球带来一点平和和快乐。

10. 慢慢地走出冥想，自我放松，也可以写下自己的经历。重复这个冥想，直到对它熟悉到可以随时“把思想放在心灵里”，并在那里休息、疗养。

无条件的爱

灵魂层次的身体即我们最高智慧的极乐层。它了解我们过去的经历，知道我们将来的目标。与思想不同的是，不管我们在思维或情绪层次上感觉到多么消极，灵魂层次经历的只有无条件的爱。因此，用心去接触另外一个人的灵魂，哪怕他可能在个人层次给你带来过困难，这对我们也十分有益。因为所有的灵魂都是彼此相爱的，所以当两个灵魂在神火面前相遇，可以起到极大的康复作用，即使对方在意识层面感知不到。

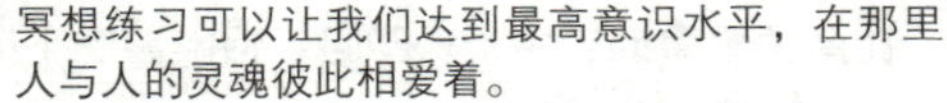

冥想练习可以让我们达到最高意识水平，在那里，人与人的灵魂彼此相爱着。

冥想在灵魂层次上的生活

通过冥想，人们可以真正感受到自身的“灵魂层次”。我们可以学会聆听自己的灵魂，同时接触其他的灵魂和周围的世界——就像本节所讲的群体冥想一样。

内在的老师

在通向灵魂的道路上，我们往往会感觉需要引导，需要更高的智慧可以寻求帮助。这可以是较高的自我，或者是来自于我们信仰体系中的任何合适的人物。无论我们最终选择的是谁，他都会进入我们的心灵私处，解答我们的疑问。通过学会询问，倾听指教，相信我们内心深处的动力，我们才能把这种高级智慧引入我们的生活。

群体冥想有力地表现了宇宙的统一性，通过爱的合作将所有的成员团结起来，往往指向某个特殊的目标，例如疗养。

疗养群体冥想

这种冥想指导利用群体能量来治疗某个个体，整个群体或者整个星球。它可以持续 10 ~ 20 分钟，由一个人坐在众人中间，通过摇铃来开始每一段，使每个人统一进程。

疗养群体冥想的物体

1. 围坐成一个圈，中间放一根蜡烛，每个人都面向蜡烛——这代表了需要治疗的个人或群体，或整个星球以及所有生命。给大家一定的时间安静下来。
2. 点燃蜡烛，开始冥想。
3. 第 1 段：每个人与上（光）和下（生命）相连，随着每一次吸气，光向下，生命向上自动地进入群体光环，就像一个大球一样将整个群体包括在内，火在球的中心位置。
4. 随着每一次呼气，群体光环被爱的能量所填满，变得越来越明亮。继续这一段冥想几分钟，加强群体的光环。

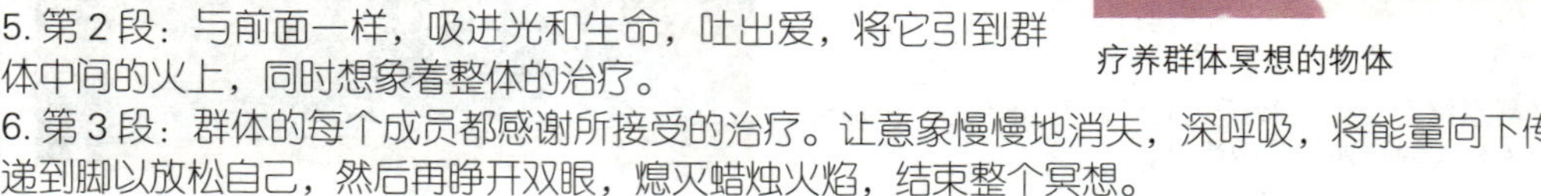

5. 第 2 段：与前面一样，吸进光和生命，吐出爱，将它引到群体中间的火上，同时想象着整体的治疗。
6. 第 3 段：群体的每个成员都感谢所接受的治疗。让意象慢慢地消失，深呼吸，将能量向下传递到脚以放松自己，然后再睁开双眼，熄灭蜡烛火焰，结束整个冥想。

到达你的灵魂

在本冥想中，想象你自己穿着微闪着能量的灵魂外袍，其象征并掩护着精神的光芒。

1. 让自己进入平静、安静的状态，开始准备视觉想象。
2. 看到你自己被包围在一层保护性的光环中，这个光环被一根银色的绳子牵着，一头连接着天（光），一头连接着地（生命），并穿过你身体的各大脉轮。
3. 同时吸入光（从天上）和生命（从地上），让两者交织在一起形成爱，再把它呼出到光环中。
4. 看到你自己离开了“思想空间”，走进了“心灵空间”。
5. 在心灵空间的中心是一盏小油灯，你坐在灯火面前，尊敬地凝视着爱的火焰，进入了一种平和的境界。
6. 过一会儿后，看看周围，你会注意到其他的物品或意象，它们让你想起了一些活着或死去的朋友或亲人。爱的联结是永恒的，可以给人带来安慰与支持。

进入平静、安静的状态，开始准备视觉想象。

7. 看看你自己——你穿着旋转着能量的灵魂外袍，你看到了什么颜色？你看到的颜色就是你个人的“能量标记”。
8. 这个时候你可以结束冥想了。要记得感谢冥想给你带来的治疗作用，感谢你得到的帮助和指导。看看你的周围，你的“心灵空间”现在变得漂亮了，你与他人的关系在你的心房留下了各种美丽的图画。在彻底放松之前，让这些图画消失。你可能想邀请另外一个灵魂（例如你的至亲）与你一起分享“心灵空间”，他们会安静地出现在你身旁的椅子上，直到你自己意识到了他们的存在。感谢这种相聚，感谢他们的回应，在结束冥想之前，让他们的意象也消失。
9. 一旦你有足够的自信，知道在灵魂层次上你只会与他人分享爱，而不会相互指责，这时你还可以邀请另外一个在生活中与你有冲突的灵魂到你的空间来，和他开诚布公地“谈论”彼此的态度和看法十分有益。真正的灵魂是永远处于一种平静中的。而冥想这种持续的治疗作用可以达到惊人的程度。

瑜伽　冥想